职业技能等级证书
系列教材

KINGSOFT
OFFICE

WPS
办公应用项目化教程
（高级）

组　编　北京金山办公软件股份有限公司

主　编　何小苑　胡斌　曾乐

中国教育出版传媒集团
高等教育出版社·北京

内容提要

本书为WPS办公应用职业技能等级证书系列教材之一，依据《WPS办公应用职业技能等级标准》编写，参照职业技能等级标准对能力和素养的各项要求，以企业实际项目为导向，采用项目－任务的编写模式，将教学内容和职业技能紧密结合，由浅入深、循序渐进，详细介绍WPS办公软件应用及其高级处理的功能和方法，主要包括质检报告文档的编辑与美化、商务产品宣传演示文稿的制作与美化、商务运营数据分析报表设计、云文档与智能办公应用4个项目，每个项目由若干个任务组成，每个任务提供详细的操作步骤和效果图并配有相应的任务测试和任务验收，以巩固所学知识和操作技能。

本书配有微课视频、授课用PPT、案例素材、习题答案等数字化资源。与本书配套的数字课程在"智慧职教"平台（www.icve.com.cn）上线，学习者可登录平台在线学习，授课教师可调用本课程构建符合自身教学特色的SPOC课程，详见"智慧职教"服务指南。授课教师如需获得本书配套教辅资源，请登录"高等教育出版社产品信息检索系统"（xuanshu.hep.com.cn）搜索下载，首次使用本系统的用户，请先进行注册并完成教师资格认证。

本书可作为WPS办公应用职业技能等级证书的高级认证相关教学和培训教材，也可作为高等职业院校"信息技术"公共基础课程的教材，还可作为全国计算机等级考试二级WPS Office高级应用与设计考试及各类培训班的教材。

图书在版编目（CIP）数据

WPS办公应用项目化教程：高级 / 北京金山办公软件股份有限公司组编；何小苑，胡斌，曾乐主编 . 北京：高等教育出版社，2025.9. -- ISBN 978-7-04-065150-8

I. TP317.1

中国国家版本馆CIP数据核字第2025NV9048号

WPS Bangong Yingyong Xiangmuhua Jiaocheng（Gaoji）

| 策划编辑 | 吴鸣飞 | 责任编辑 | 吴鸣飞 | 封面设计 | 王 鹏 | 版式设计 | 杨 树 |
| 责任绘图 | 杨伟露 | 责任校对 | 高 歌 | 责任印制 | 刘思涵 | | |

出版发行	高等教育出版社	网 址	http://www.hep.edu.cn
社 址	北京市西城区德外大街4号		http://www.hep.com.cn
邮政编码	100120	网上订购	http://www.hepmall.com.cn
印 刷	高教社（天津）印务有限公司		http://www.hepmall.com
开 本	787mm×1092mm 1/16		http://www.hepmall.cn
印 张	17.5		
字 数	380千字	版 次	2025年9月第1版
购书热线	010-58581118	印 次	2025年9月第1次印刷
咨询电话	400-810-0598	定 价	49.50元

"智慧职教" 服务指南

"智慧职教"（www.icve.com.cn）是由高等教育出版社建设和运营的职业教育数字教学资源共建共享平台和在线课程教学服务平台，与教材配套课程相关的部分包括资源库平台、职教云平台和 App 等。用户通过平台注册，登录即可使用该平台。

● **资源库平台：为学习者提供本教材配套课程及资源的浏览服务。**

登录"智慧职教"平台，在首页搜索框中搜索"WPS 办公应用项目化教程（高级）"，找到对应作者主持的课程，加入课程参加学习，即可浏览课程资源。

● **职教云平台：帮助任课教师对本教材配套课程进行引用、修改，再发布为个性化课程（SPOC）。**

1. 登录职教云平台，在首页单击"新增课程"按钮，根据提示设置要构建的个性化课程的基本信息。

2. 进入课程编辑页面后，在"教学任务"的"课程设计"中"导入"教材配套课程，可根据教学需要进行修改，再发布为个性化课程。

● **App：帮助任课教师和学生基于新构建的个性化课程开展线上线下混合式、智能化教与学。**

1. 在应用市场搜索"智慧职教 +"App，下载安装。

2. 登录 App，任课教师指导学生加入个性化课程，并利用 App 提供的各类功能，开展课前、课中、课后的教学互动，构建智慧课堂。

"智慧职教" 使用帮助及常见问题解答请访问 help.icve.com.cn。

编　委　会

序 一

作为一个比这本书所有目标读者或者"用户"都要年长许多的"程序员",作为 WPS 软件这个已经有超过 30 年历史的产品的最初缔造者,我很惊讶于本书是专门给中国职业教育的学生群体准备的——这首先是一种巨大的进步。

对于如今的"90 后""00 后"甚至"10 后"来说,操作一台智能设备(不管是手机还是平板电脑抑或笔记本电脑,甚至家里的智能音箱和扫地机器人)是一件十分自然且相当容易的事情,然而这一切仅仅发生在刚刚过去的 5 ~ 8 年。

假如时间回到 30 年前,据我所知,当时的书店里最火爆的正是各类 WPS 相关的培训书籍,甚至一度出现"学电脑就是学 WPS"的盛况。但不可否认的是,即便那时候几乎所有中国的计算机里都装有 WPS,但能有机会接触计算机,能学会并最终有机会使用 WPS 进行办公的人,其实在数以亿计的人群中,寥寥无几。

所以事实上,稍微对照过去二三十年发生在中国的持续不断的技术浪潮和产业革新,我们就能觉察到技术进步尤其是软件技术的进步,正在大大解构和改造我们所处的世界——而其价值之一,就是技术随着时间日益"普惠",直白地说,就是技术帮助到越来越多的人,技术从精英和高知群体不断渗透到整个社会,渗透到每一个普通人。

从这个意义上看,今天的 WPS 才算真正做到了可以运行在每一台计算机或者智能设备上。而这正是我们在当初创立金山软件时所有的"最初的梦想"。在今天,WPS 软件不仅是整个社会部分人群会使用的"高级工具",更是很有可能覆盖超过成千上万种各色职业人群,当这些"三千六百行"也都能借助类似 WPS 这样的软件产品技术驱动其生产、学习和工作效率,我相信其价值是巨大的。而这也是我理解的"商业向善""技术向善"。

2021 年春节前后,有一位还在金山工作的老朋友告诉我,WPS 已经正式成为中国职业教育"职业技能等级考试"唯一入选的办公软件类产品,说到 WPS 如今被越来越多年轻人喜欢、使用,像很多云办公、多人协作办公和人工智能的新鲜技术也被用在 WPS 产品中,一时间感慨良多。

　　说实话，单就技术的维度和产品能力的丰富度，今天的 WPS 远超 30 年前，但就我的理解，这款产品背后的技术初心——让人们在信息化和数字化世界里，更简单、轻松地表达和创作，更好地分享和传递自己的思想和价值（有兴趣的朋友可以找到金山办公前不久梳理的企业使命来看看），是一直没有变的。我想，这恐怕也是 WPS 这支队伍，从 1988 年起步开始，最初可能是我一个人，但能快速崛起，即便后来和跨国公司竞争到最低谷时只剩两三个研发人员，但能最终一路走到现在，受到越来越多用户尤其是年轻人喜欢的根本原因。

　　我不是教育专家，但我深知发展职业教育对于中国经济社会发展全局会有重大影响。并且我也了解，国家层面正拟立法规定职业教育与普通教育同等重要，希望能够培养数以亿计的高素质技术技能人才。

　　所以，我很认真地向中国所有选择走职业教育道路的年轻人推荐这套书，我也希望 WPS 可以成为你未来职业发展和人生前行中的一个有力帮手，希望大家都有远大前程和美好人生。

金山软件有限公司非执行董事、

金山软件有限公司前首席执行官

及前董事会主席

WPS 创办人

2025 年 1 月

序 二

人类社会正处于由工业文明向信息文明转型的时期。信息技术是当今先进生产力的代表，是经济发展的重要支柱，是建设创新型国家、制造强国、网络强国、数字中国的基础支撑。适应信息时代发展要求，熟练掌握必要的信息技术应用技能，做合格的"数字公民"，已经不仅是信息社会背景下劳动者胜任职场的基本要求，也是每个社会成员融入信息社会、提高生活质量的必备素质，因而不论是信息技术行业的专业人员，还是其他行业的从业人员，熟练掌握办公软件都是成为"数字公民"的基本条件。

国家高度重视信息素养教育，尤其在学校教育中，从 20 世纪 90 年代以来，逐步构建起了从中小学到各类大中专院校的一体化信息素养教育体系。早在 1999 年，国务院作出《关于深化教育改革全面推进素质教育的决定》就指出："在高中阶段的学校和有条件的初中、小学普及计算机操作和信息技术教育"，而高校开展信息技术教育则更早。在教育部近年来持续颁布和更新的《高等职业学校专业教学标准》中，将"信息技术"课程列入了全部专业的公共基础课程，成为高职学校各专业学生的必修课程。如今，不论是普通高校、职业院校还是中小学的信息技术课程，都将文字处理、电子表格、幻灯片制作等办公软件应用内容列入基础模块，作为信息技术学习的基础和信息技术应用的必备能力。教育部 2020 年颁布的《中等职业学校信息技术课程标准》，将图文编辑、数据处理等办公应用列入课程基础模块的 8 项内容之一，2021 年颁布的《高等职业教育专科信息技术课程标准（2021 版）》，将文档处理、电子表格处理、演示文稿制作等办公软件应用列入课程基础模块 6 项内容之一，充分体现出办公软件应用在学生信息素养培养中的基础性作用，尤其是对于提高高校毕业生、职业院校毕业生就业竞争力，促进灵活、高质量就业具有重要意义。

2019 年 1 月，国务院印发《国家职业教育改革实施方案》，提出"启动 1+X 试点"，文件提出"鼓励职业院校学生在获得学历证书的同时，积极取得多类职业技能等级证书，拓展就业创业本领，缓解结构性就业矛盾"，随后，教育部牵头面向社会开展了"X 证书"培训评价组织招募和遴选。2020 年 12 月，由北京金山办公软件股份有限公司申报的"WPS 办公应用"正式入选教育部"1+X"职业技能等级证书。2021 年 4 月，《WPS 办公应用职业技能等级标准》也由教育部授权颁布，成为国家资历框架的一部分，这充分体现国家对办公软件技能教育的高度重视和 WPS 作为办公软件龙头的影响力。

《WPS 办公应用职业技能等级标准》分为 3 个级别，划分如下。一是"WPS 办公应用"（初级）：主要面向企事业单位专职文员或技术岗位基本技能的需要，能够实现文案的编辑、排版和打印，汇报型演示文稿的制作与演示，应用数据表格对较规范数据的管理、排版打印。二是"WPS 办公应用"（中级）：主要面向企事业单位专职文员或技术岗位基本技能的需要，能够实现长文档的编辑、美化和打印，交互式多媒体演示文稿的制作与演示，应用数据表格对数据进行相关的处理并打印。三是"WPS 办公应用"（高级）：主要面向企事业单位专职文员或技术岗位团队协作的需要，能够实现在线团队协作办公，创意型演示文稿的创作与演讲，应用数据表格对数据进行可视化处理并打印。

为了加速办公应用人才培养，促进 WPS 办公软件培训、教育、认证的发展，推动 WPS 办公应用 1+X 职业技能等级证书实施，为广大 WPS 授课教师、考证人员和其他 WPS 学习者提供一套实用的教材，促进职业院校及其他各类院校学生办公应用技能水平提升，提高就业竞争力，由北京金山办公软件股份有限公司组织高水平职业院校的一线教师和企业工程师联合开发了本系列教材。本系列教材分为初级、中级、高级三册，分别对应"WPS 办公应用"职业技能等级标准的初级、中级、高级，比较完整地覆盖了最新版的 WPS Office 办公应用知识与技能体系。

本系列教材主要有以下 3 个突出特点。

一是权威性。本系列教材由北京金山办公软件股份有限公司官方组织编写推出，编写团队由金山办公教育研究院专家、资深软件工程师、金牌培训师和拥有 15 年以上办公软件教学经验的职业院校一线教师组成，成稿后又经过金山办公编委会的审阅和修订，内容精准、全面，是目前市场上经过官方认可与 1+X 职业技能等级证书配套的 WPS 教材。

二是针对性。本系列教材作为 WPS 办公应用 1+X 职业技能等级证书的配套教材，内容涵盖教育部《WPS 办公应用职业技能等级标准》对应的等级标准要求，保证读者在学完本书后具备参加相应职业技能等级证书考试的能力，是"书证融通"的专用教材。

三是实用性。本系列教材在编写过程中，充分考虑了不同层次学生的差异性，突出了职业教育特色，从职业岗位群分析入手，针对初、中、高级提出了不同层次的职业技能要求，围绕职业技能要求设计教材内容。同时配套有北京金山办公软件股份有限公司官方提供的大量在线学习视频资源，为教师教学和学生学习提供了很好的支持。

　　在这里推荐参加 WPS 办公应用 1+X 职业技能等级考试的教师和学生使用本系列教材，也推荐其他职场人士学习 WPS 办公软件使用本系列教材。

中等职业学校信息技术课程标准研制组　组长

高等职业教育专科信息技术课程标准研制组　成员

北京交通大学　教授、博士生导师

2025年1月

前　言

　　为深入贯彻落实全国职业教育大会和全国教材工作会议精神，以及教育部制定的《"十四五"职业教育规划教材建设实施方案》的工作部署，紧密对接产业数字化转型，服务职业教育专业升级和数字化改造，加强长学制专业相应课程教材建设，加快建设中高职衔接教材和新形态一体化教材。编者以培养我国自主可控软件 WPS 办公应用人才，提升 WPS 办公应用人员所需的职业能力和职业素养为目标，在充分调研和分析的基础上，对接企业职业岗位需求，以"新标准、新技术、新理念和新体系"（"四新"）标准编写了本书，突出"岗课赛证"融通，旨在将职业岗位能力要求、课程内容体系、职业技能大赛、职业技能等级证书认证考试和全国计算机等级考试等内容相互融合，从而提升读者应用 WPS 办公软件的综合职业能力和职业素养，并提升办公效率。

　　本书精心选取了我国新能源汽车销售工作业务中的质检报告、宣传演示文稿、数据分析、云文档与智能办公应用四大主题工作作为实训项目，突出展示我国高质量发展科技创新、支撑促进国家传统制造业转型升级、推进绿色低碳环保和催生新的经济增长点的新引擎作用，贯彻"创新、协调、绿色、开放、共享"的新发展理念。本书以培养新时代高素质技术技能人才为出发点，在每个项目开始处设置知识目标、技能目标和素养目标，将创新意识、质量意识、协作意识、安全意识、数字素养、社会责任等融入知识技能学习过程中，落实立德树人的根本任务。

　　本书以项目化的方式组织内容，共设计 4 个项目，内容涵盖了质检报告文档的编辑与美化、商务产品宣传演示文稿的制作与美化、商务运营数据分析报表设计、云文档与智能办公应用 4 个方面知识和技能。每个项目均围绕一个具体的 WPS 办公软件功能，以项目－任务的形式展开，创设了具体的典型岗位任务，设置相应的工作场景和学习情境，融入《WPS 办公应用职业技能等级标准》高级证书对能力和素养的要求，以及职业技能大赛对知识和技能的要求，每个任务提供了完整的操作步骤，遵循学生的认知规律，强化培养学生的知、行、思、辩的全方位学习能力。本书具有以下特点：

（1）项目引领、任务驱动的编写模式。所选项目基于企业真实工作过程，针对 WPS 文字、WPS 演示、WPS 表格、智能办公应用精心设计了若干个任务，注重理实一体化。

（2）课程思政有机融合。为推进党的二十大精神进教材，进一步全面落实立德树人的根本任务，本书选取新能源汽车产业作为实践载体，将"高质量发展""创新驱动""绿色低碳"等核心战略和高质量服务融入项目案例设计。在"质检报告文档的编辑与美化"项目中，不仅讲授文档排版的规范操作，更通过案例背景强调我国新能源汽车产业在全球竞争中的创新突破，引导读者认识高质量发展促进科技自立自强的深刻内涵，结合"双碳"目标，深化对绿色能源发展理念的认知；在"商务产品宣传演示文稿的制作与美化"项目中，引导读者以服务客户对美的向往视角，设计和讲好创新故事，提升听觉、视觉与美感的冲击效果，培养高质量服务思维，提升对人民美好生活的服务意识；在"商务运营数据分析报表设计"项目中，通过分析国产新能源汽车销售排行榜，引导读者关注国产新能源产业的升级发展，激发科技报国热情；在"云文档与智能办公应用"项目中，强调数据安全与隐私保护的重要性，培养读者网络安全意识；通过"云文档的高级应用"任务，培养读者运用 WPS 智能工具解决复杂业务场景的能力，助力数字经济时代复合型技能人才培养。

（3）"岗课赛证"融通。本书为校企"双元"合作开发的系列教材之一，对标 WPS 办公软件应用岗位技能要求，满足企业需求和学生就业需求，融入职业院校技能大赛相关知识和技能要求，兼顾 WPS 办公应用职业技能等级证书（高级）认证和全国计算机等级考试，以便读者融会贯通、学以致用，书中涉及个人信息等敏感数据均经过脱敏处理。

（4）中高职贯通新形态一体化教材的设计。本书配有微课视频、授课用 PPT、案例素材、习题答案等数字化资源。与本书配套的数字课程在"智慧职教"平台（www.icve.com.cn）上线，学习者可登录平台在线学习，授课教师可调用本课程构建符合自身教学特色的 SPOC 课程，详见"智慧职教"服务指南。授课教师如需获得本书配套教辅资源，请登录"高等教育出版社产品信息检索系统"（xuanshu.hep.com.cn）搜索下载，首次使用本系统的用户，请先进行注册并完成教师资格认证。

本书由北京金山办公软件股份公司组织编写，何小苑、胡斌、曾乐担任主编，陈梦瑶、曾锦琳、黄奕炜、王冰、罗慧敏、谢智利担任副主编，陈蓉、陈燕莲、叶清贤、张锋利、方丽君担任参编，由广东水利电力职业技术学院、汕头市鮀滨职业技术学校等一线教师团队联合编写。全书由何小苑、胡斌负责设计和统稿，项目 1 由何小苑、陈梦瑶、黄奕炜、曾锦琳编写；项目 2 由曾乐、罗慧敏、张锋利、叶清贤编写；项目 3 由胡斌、王冰、陈燕莲、陈蓉编写；项目 4 由曾锦琳、谢智利、方丽君编写。北京金山办公软件股份有限公司高级讲师郑晓琼、万涛，教育行业部总经理吴增谂、副总经理张广磊，教育行业部职业教育负责人张小平等对书稿内容进行了审核，刘怀恩、常爽等也对书稿内容提出了宝贵意见，在此一并表示感谢。由于编者水平有限，书中难免存在疏漏和不足之处，敬请广大读者批评指正。

编　者

2025 年 7 月

目　录

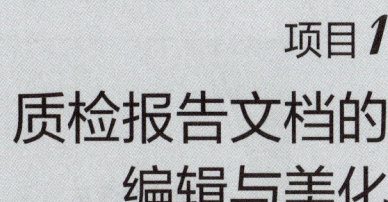

项目 **1**

质检报告文档的
编辑与美化

WPS 文字是 WPS Office 中的文字处理软件，提供了丰富的功能，包含文字编辑、格式设置、图表编辑、批注与评论、多媒体导入等功能，广泛应用于学术研究、职场办公、团队协作等场景。

本项目根据《WPS 办公应用职业技能等级标准》高级证书的相关要求，采用项目教学法，制作某公司新能源汽车车辆质检报告，样例如图 1-1 所示，按工作过程内容设计

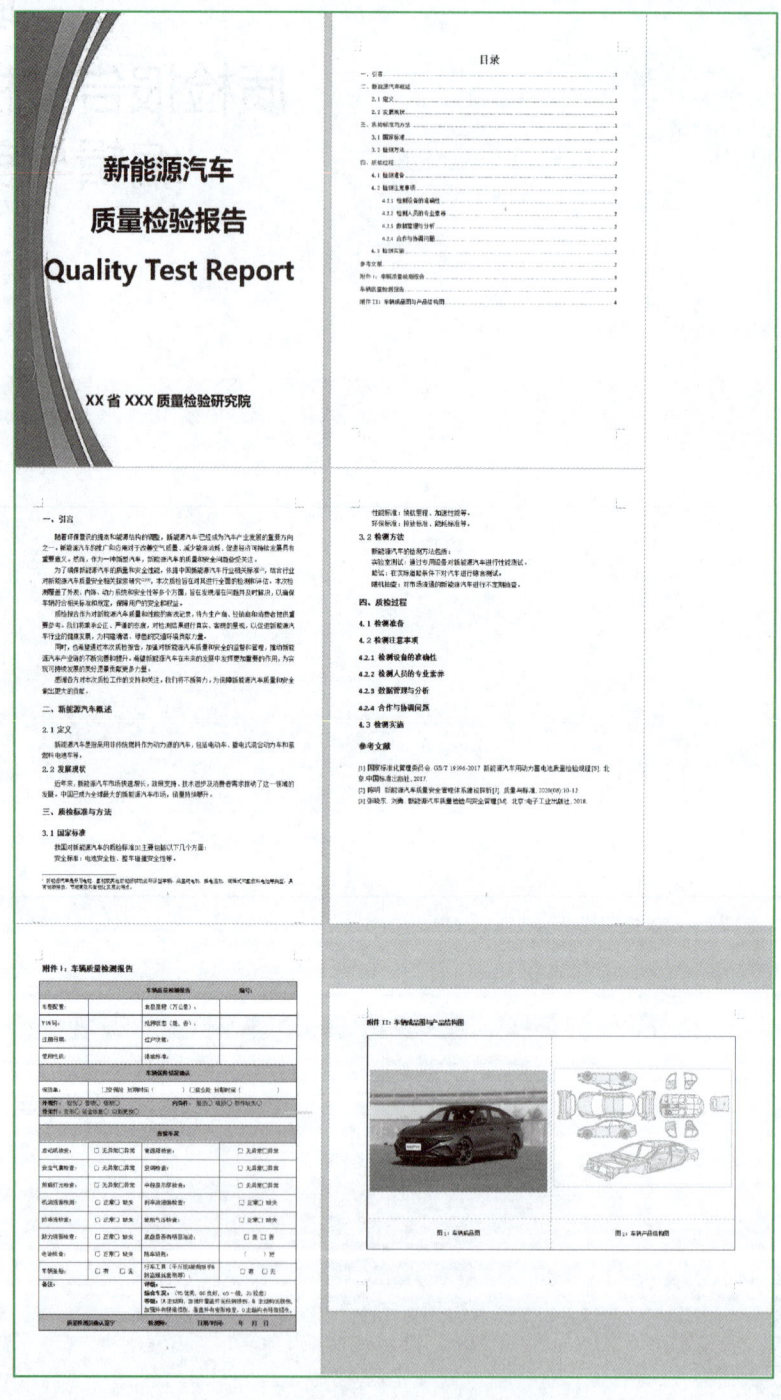

图 1-1　新能源汽车车辆质检报告样例

学习任务，将 WPS 文字的学习内容划分为 5 个任务，分别为质检报告文档的编辑技巧、质检报告文档的快捷排版、质检报告文档的修订审阅、质检报告文档的邮件合并。本项目主要讲解如何使用 WPS 文字编辑综合内容文档，提高文档编辑的效率，实现高效办公。

项目目标

➤ 知识目标

- 掌握双行合一、数字转换、划词翻译、截图取字、生成条形码等文字编辑技巧
- 掌握运用多重剪贴板、公式工具、特殊符号、智能图形等文字编辑工具的方法
- 掌握商务文档编写的规范和技巧
- 掌握横向页面的插入方法
- 理解表格协助排版的操作方法
- 掌握文档的引用技巧
- 掌握修订和审阅的方法
- 掌握邮件合并的方法

➤ 能力目标

- 能够对文档进行基础编辑
- 能够运用多重剪贴板
- 能够插入公式、特殊符号、智能图形
- 能够使用文字工具快速整理格式
- 能够使用表格协助排版
- 能够对文档进行美化排版
- 能够应用修订和审阅功能，实现文档的修订和审阅的显示、接受和保护
- 能够使用邮件合并批量处理文档，实现统一模块的快速打印

➤ 素养目标

- 通过对文字基础编辑技巧的学习，培养读者脚踏实地、认真细致的工作态度
- 通过对多重剪贴板的学习，提升读者高效编辑与信息管理能力，提高工作效率
- 通过对插入公式、特殊符号、智能图形等商务文档编写规范与技巧的学习，树立读者精益求精的工作态度，培养其良好的职业素养
- 通过对快速整理格式的文字工具的学习，提高文字处理的准确性和效率，使文档更加清晰易读，培养其条理化的能力
- 通过对表格协助排版的学习，锻炼逻辑思维和数据可视化能力，确保信息呈现直观有序
- 通过对文档美化排版技巧的学习，在排版中主动平衡效率与质量、统一性与个性化的关系，养成精益求精的职业态度
- 通过对修订和审阅的学习，培养读者认真严谨的工作态度，增强其对文档修改过

程的责任意识以及信息保护和安全管理的意识，提升文档的安全性和合规性

● 通过对邮件合并的学习，提升读者的数据管理和分析能力，培养其开拓创新、追求卓越的工匠精神

项目导图

项目 1 的项目导图如图 1-2 所示。

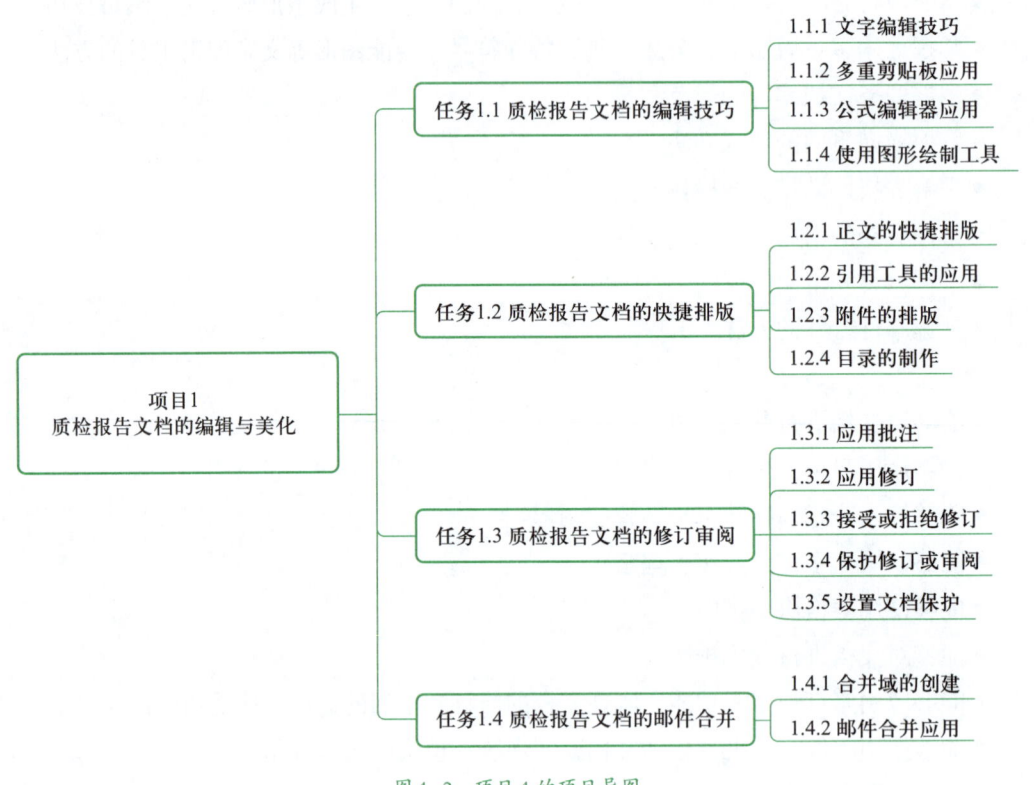

图 1-2　项目 1 的项目导图

任务 1.1　质检报告文档的编辑技巧

🔍 任务情境

党的二十大报告中明确提出要积极稳妥推进碳达峰碳中和，立足我国能源资源禀赋，坚持先立后破，有计划分步骤实施碳达峰行动。随着我国碳达峰"双碳"目标的提出，我国新能源汽车行业迅速发展，而作为评价新能源汽车产品质量和低碳节能的质检报告是生产商和市场最关注的一份文档，通过质检报告的监测和分析，可以及时发现产品质量问题和生产环境中的问题，以保障产品质量和推动绿色环保。

质检报告文档的
编辑技巧

　　某新能源汽车公司员工小敏被安排到公司汽车质检部，协助部门经理制作新能源汽车车辆质检报告，每周都需要在规定的时间内完成一份质检报告的编辑，这既需要脚踏实地、认真严谨地完成基础编辑，又需要应用编辑技巧高效地完成任务。为此小敏需要应用 WPS 文字编辑技巧、多重剪贴板、公式编辑器和图形绘制等工具，灵活应用工具处理多任务，以达到对信息组织和表达的规范性、逻辑性与精确性。

1.1.1　文字编辑技巧

微课 1-1
编辑文字
基本格式

　　商务文档的内容往往比较综合，经常需要使用双行合一、数字转换、划词翻译、截图取字、生成条形码等文字编辑技巧来完成文档的基础编辑，WPS 文字提供了这些文字编辑功能。本节通过使用文字编辑提供的相应功能来完成小敏所在公司的新能源汽车车辆质检报告，具体要求如下：

① 使用双行合一技术调整车况查验格式。
② 使用数字转换技术插入车辆表显里程。
③ 使用划词翻译技术完成质检报告封面编辑。
④ 使用截图取字技术识别车辆车牌中的文字。
⑤ 通过生成条形码技术实现车辆编号的添加。

➤ **知识技能点**

● 双行合一、数字转换、划词翻译、截图取字、生成条形码等文字编辑操作

　知识窗

双 行 合 一

　　WPS 文字的"双行合一"功能通过调整行间距、字体大小或页面布局，使两行文本紧凑地显示在同一行。可以使用文本框、表格或调整段落设置来实现。在特定情况下，也可以通过字符替换或自动化工具来优化排版效果。

数 字 转 换

　　WPS 文字的"数字转换"功能是指其具备将数字与文字之间相互转换的能力。用户可以轻松地将阿拉伯数字转为相应的中文大写，或将中文大写转为阿拉伯数字，方便处理金额、数字表达式等文档编辑需求。

划 词 翻 译

　　WPS 文字的"划词翻译"功能是指支持同步划词进行翻译文字。通过"翻译窗口"展示翻译界面，并且支持中文、英语、日语、韩语、法语、德语、西班牙语等多种语言进行二次翻译。

截 图 取 字

　　WPS 文字的"截图取字"功能是指通过截图工具捕捉屏幕上的图像区域，并从该图

像中提取文字内容，该功能通常用于快速获取屏幕上的文字信息，并可直接将其插入到文档中，而无须手动输入或复制粘贴。

生成条形码

WPS 文字的"生成条形码"功能是指利用特定的条形码生成工具或软件，将一串数字或字符编码转换成条形图案的过程。这种图案通常包括一系列平行的黑色垂直条和相应的数字或字符编码，常用于在商业、物流、库存管理等领域，可迅速而准确地识别商品信息。

在生成条形码的过程中，用户需要提供相应的数据，然后使用专业的条形码生成工具将数据转化成条形码图案。这种图案可以打印在商品包装、标签上，或者用于电子文档和系统中，以实现快速而可靠的自动识别。

常见的条形码包括 Code 39、Code 128、EAN-13 等，不同的条形码标准适用于不同的应用场景。

1. 使用双行合一功能调整车况查验内容格式

在车辆质检报告中，对于新能源汽车的车况查验情况，在对行车工具是否具备的情况登记时，可以使用双行合一功能进行格式整理，操作步骤如下：

选中文字并完成双行合一。选中需要编辑的文字，单击"开始"→""ᴬ""下拉按钮，在弹出的下拉列表中选择"双行合一"命令，在打开的对话框中确认文字并单击"确定"按钮，如图 1-3 和图 1-4 所示，实现效果如图 1-5 所示。

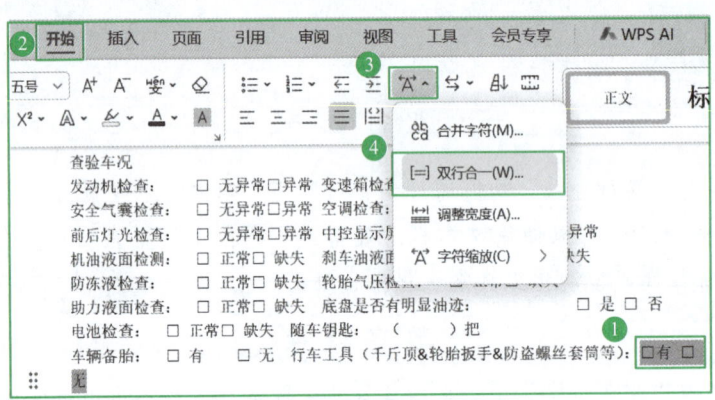

图 1-3 "双行合一"操作步骤

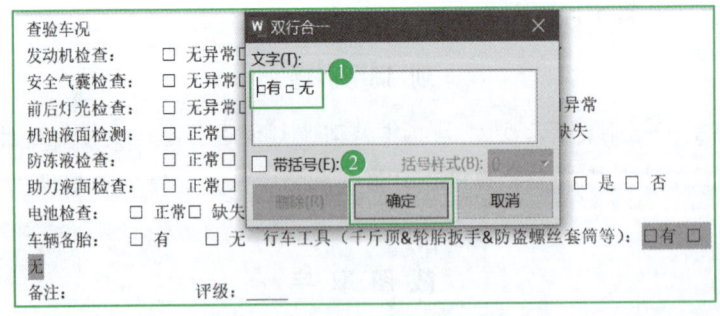

图 1-4 "双行合一"确认步骤

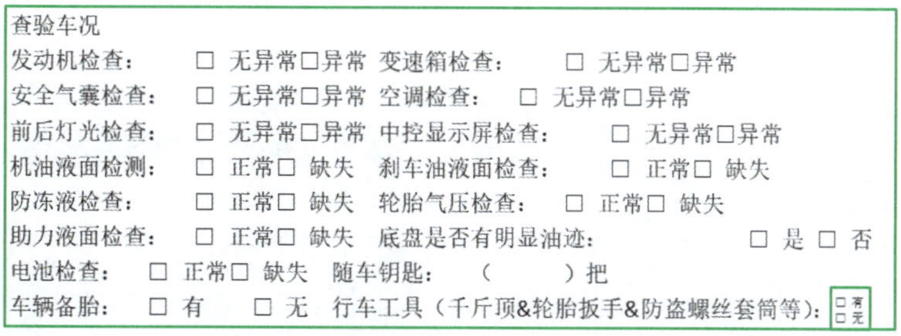

查验车况
发动机检查：　　□ 无异常□ 异常　变速箱检查：　　　□ 无异常□ 异常
安全气囊检查：　　□ 无异常□ 异常　空调检查：　　　　□ 无异常□ 异常
前后灯光检查：　　□ 无异常□ 异常　中控显示屏检查：　　□ 无异常□ 异常
机油液面检测：　　□ 正常□ 缺失　刹车油液面检查：　　□ 正常□ 缺失
防冻液检查：　　　□ 正常□ 缺失　轮胎气压检查：　　　□ 正常□ 缺失
助力液面检查：　　□ 正常□ 缺失　底盘是否有明显油迹：　　　　□ 是□ 否
电池检查：　□ 正常□ 缺失　随车钥匙：　　（　　　）把
车辆备胎：　□ 有　　□ 无　行车工具（千斤顶&轮胎扳手&防盗螺丝套筒等）：□ 有
　　　　　　　　　　　　　　　　　　　　　　　　　　　　　　　　　□ 无

图 1-5　"双行合一"实现效果

2. 使用数字转换功能插入车辆表显里程

在车辆质检报告中，对新能源汽车的表显里程进行登记时，可以通过数字转换功能，将数字形式（1，2，3……）的等级转换成大写数字形式（壹，贰，叁……），操作步骤如下：

1）插入数字。单击"插入"→"符号"下拉按钮，在弹出的下拉列表中选择"编号"命令，如图 1-6 所示。

图 1-6　"插入数字"步骤

2）将数字转换成文字表达。在"表显里程（万公里）"右侧，选中需要输入数字的区域，在打开的对话框中输入数字"16"，选择一种数字类型，如"壹，贰，叁…"，单击"确定"按钮，如图 1-7 所示，效果如图 1-8 所示。

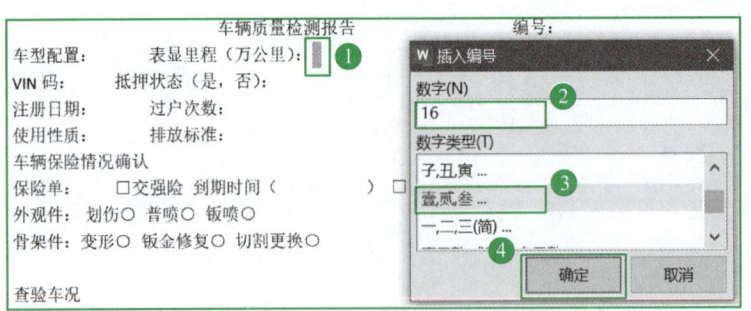

图 1-7 "数字转换"的实现

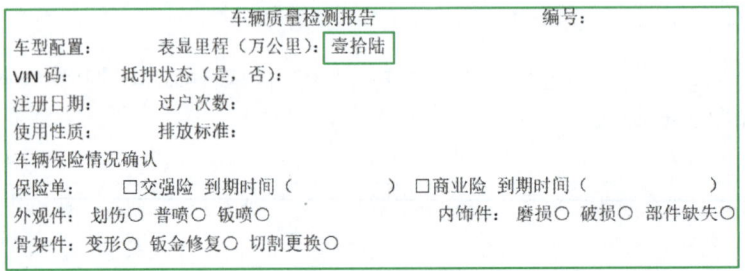

图 1-8 "数字转换"的效果

 自主探究

请切换数字类型，测试数字转换效果。

3. 使用划词翻译功能完成质检报告封面的编辑

为新能源汽车质量检验报告的封面添加英文标题，可以通过对中文标题进行划词翻译并进行复制，完成质检报告封面中英文标题的编辑，操作步骤如下：

1）选择文字进行划词翻译。用鼠标选中待翻译的文字并右击，在弹出的快捷菜单中选择"翻译"→"翻译"命令，如图 1-9 所示，翻译结果如图 1-10 所示。

2）复制并粘贴翻译结果到指定位置。单击翻译结果下方的"复制"按钮，复制翻译结果，将结果粘贴到质检报告封面指定位置，如图 1-11 所示。

3）修改英文标题格式。将英文标题中的每个单词首字母修改为大写字母，效果如图 1-12 所示。

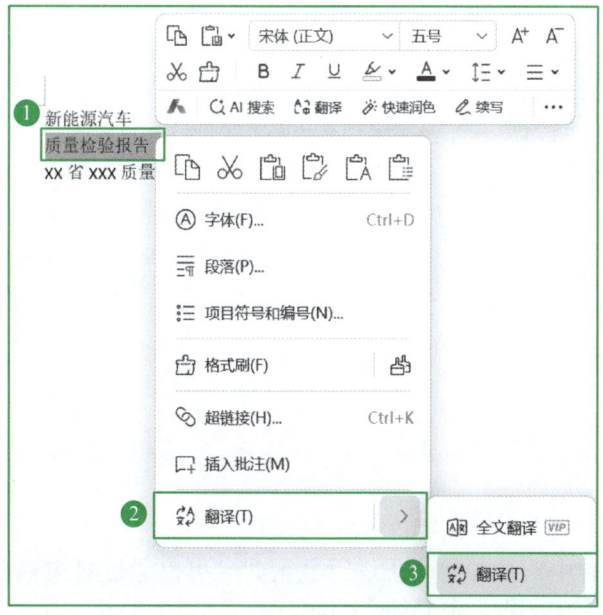

图 1-9　"划词翻译"功能实现步骤

图 1-10　"划词翻译"结果

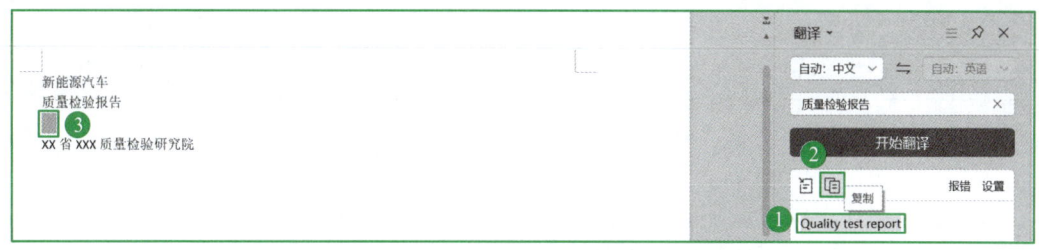

图 1-11　"划词翻译"翻译结果复制

图 1-12　"划词翻译"功能效果实现

自主探究

请切换翻译语种，测试划词翻译的不同效果。

4. 使用截图取字功能识别车辆车牌中的文字

在车辆质检报告中，对车牌号码进行登记时，可以通过对车辆照片进行截图取字，完成车牌号码的自动识别和提取，以提升质检报告的编辑效率，操作步骤如下：

1）选中图片提取文字。插入一张截图到文档中，右击该图片，在弹出的快捷菜单中选择"提取与转换"→"提取文字"命令，如图 1-13 所示。

图 1-13　"截图取字"功能步骤

2）插入图片识别的文字结果。文字识别结果将显示在弹出的对话框中，单击"复制"按钮，将提取的文字粘贴到文档的指定位置中，如图 1-14 和图 1-15 所示。

图 1-14　"截图取字"识别结果

图 1-15　"截图取字"应用

 自主探究

请切换图片，测试图片识别效果。

微课 1-2
生成条形码

5. 通过生成条形码功能实现车辆编号的添加

每一辆参与质量检验的汽车均有对应的车辆编号，可以通过生成条形码的功能为每辆汽车生成对应的条形码，后续结合条形码扫描仪可以高效完成车辆质检信息录入和车辆溯源，操作步骤如下：

1）选择插入条形码命令。单击"插入"→"更多素材"下拉按钮，在弹出的下拉列表中选择"条形码"命令，如图 1-16 所示。

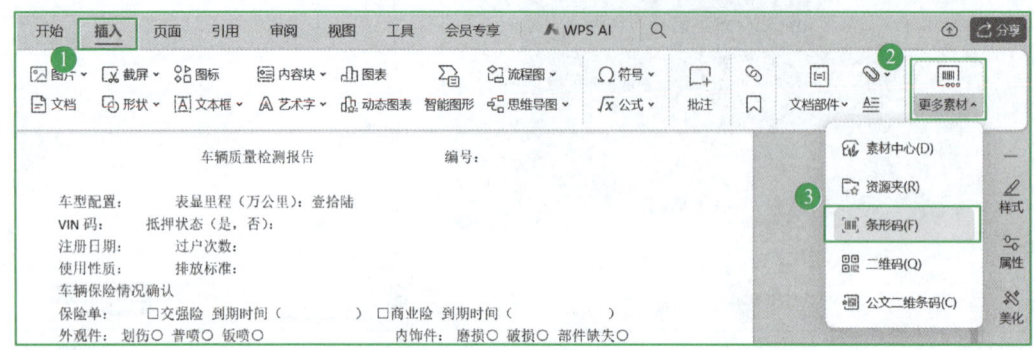

图 1-16　"生成条形码"功能

2）插入条形码到文档指定位置。在打开的对话框中，在"编码"下拉列表中选择"Code128(Auto)，在"输入"框中输入"New Energy Vehicle-1"将生成相应的条形码，单击"插入"按钮，如图 1-17 所示，将条形码插入到文档中。

图 1-17　"生成条形码"步骤

3）设置条形码格式。调整条形码的位置、大小、填充效果等属性，以适应文档布局，如图 1-18 所示。

图 1-18　"生成条形码"实现效果

请插入新的条形码，查看生成效果。

1.1.2　多重剪贴板应用

微课 1-3
应用多重
剪贴板

在文档编辑时，经常需要频繁复制和粘贴多项内容，为提高重复利用率和操作效率，WPS 文字提供了多重剪贴板功能，能够实现多项内容的复制和粘贴，通过对复制内容的批量存储，可以自由选择需要粘贴的内容，将其插入到文档指定位置，从而大大提高工作效率。本节通过使用多重剪贴板来实现车辆综合评估情况的输入，如图 1-19 所示，具体要求为：在质检报告中使用多重剪贴板输入车辆综合评估情况。

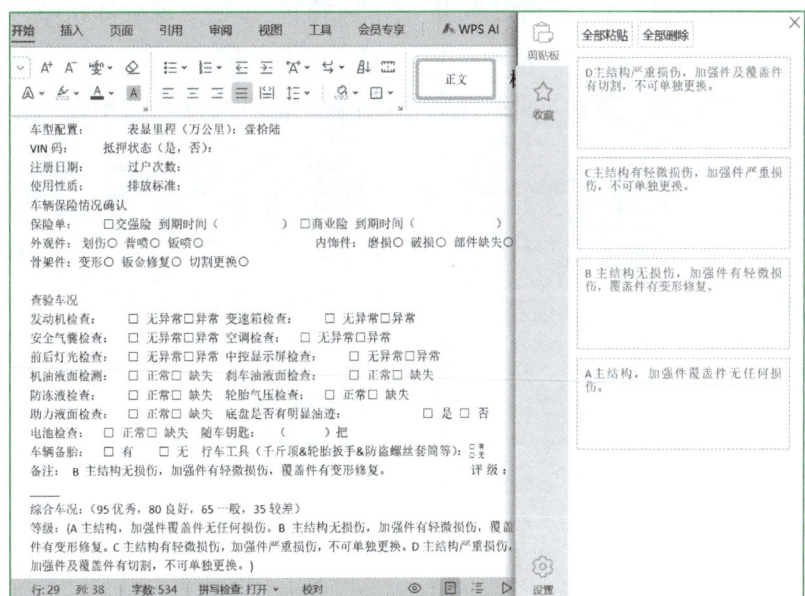

图 1-19　车辆综合评估情况

➤ **知识技能点**

● 使用多重剪贴板工具进行复杂的编辑操作

 知识窗

多重剪贴板及其应用

多重剪贴板用于保存多个剪贴板内容，用户可以在不同的时间点复制多个内容，并在需要时进行有选择性地粘贴，该功能可以提高复制和粘贴的效率，尤其是在需要频繁切换复制内容的情况下。

在质检报告中使用多重剪贴板输入车辆综合评估情况。综合车况可以分为四个等级，通过提前将每个等级的信息进行复制，可以在车辆质检报告编辑的过程中，打开多重剪贴板并选中对应车况等级信息完成快速粘贴，操作步骤如下：

（1）打开多重剪贴板，复制或剪贴内容

单击"开始"→"格式刷"按钮旁边的"↘"按钮，打开"剪贴板"对话框，可以多次复制文字，将自动显示在多重剪贴板中，如图1-20和图1-21所示。

（2）选择文字并进行粘贴

单击其中一段待粘贴文字，实现粘贴，如图1-22所示。

（3）进行文字预览和删除、全部粘贴和全部删除操作

1）选中指定文字，单击"预览"按钮进行文字预览，如图1-23所示。

2）单击"删除"按钮，进行删除，如图1-23所示。

3）对剪贴板所有内容可以通过单击"全部粘贴"按钮实现全部粘贴，如图1-24所示。

4）单击"全部删除"按钮，可实现全部删除操作，如图1-24所示。

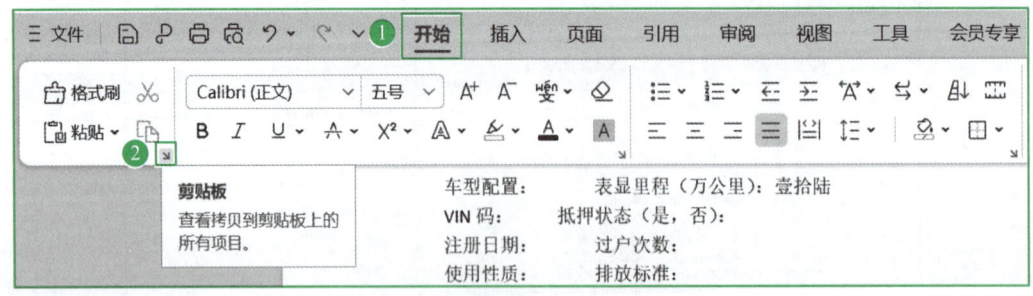

图1-20　"多重剪贴板"打开步骤

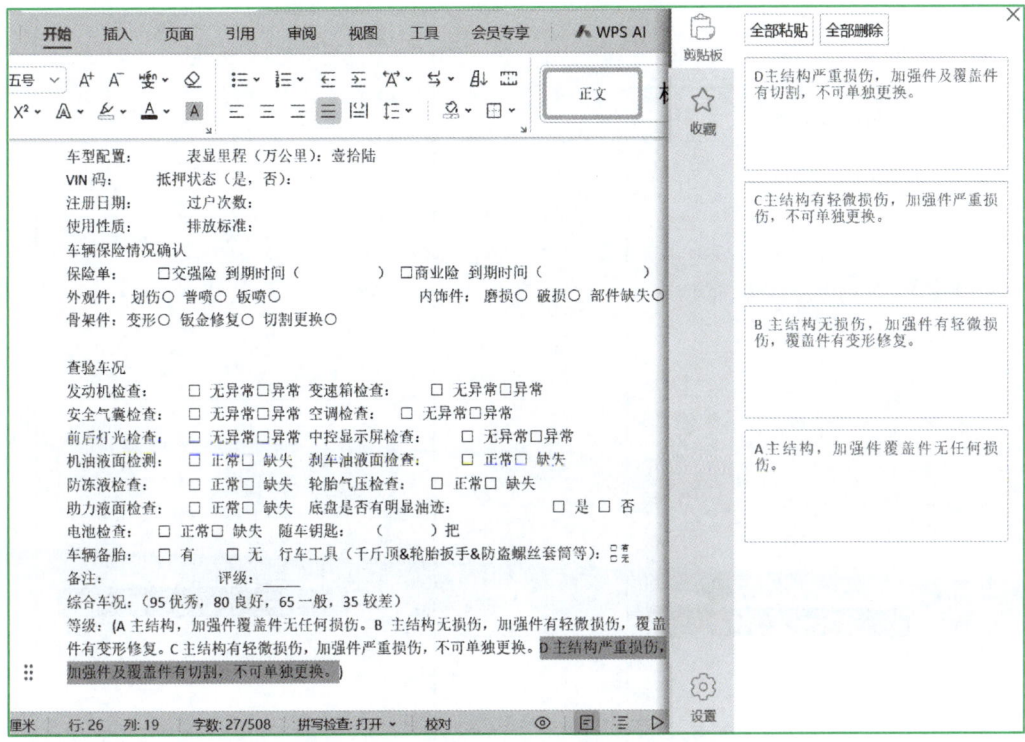

图 1-21 "多重剪贴板"功能

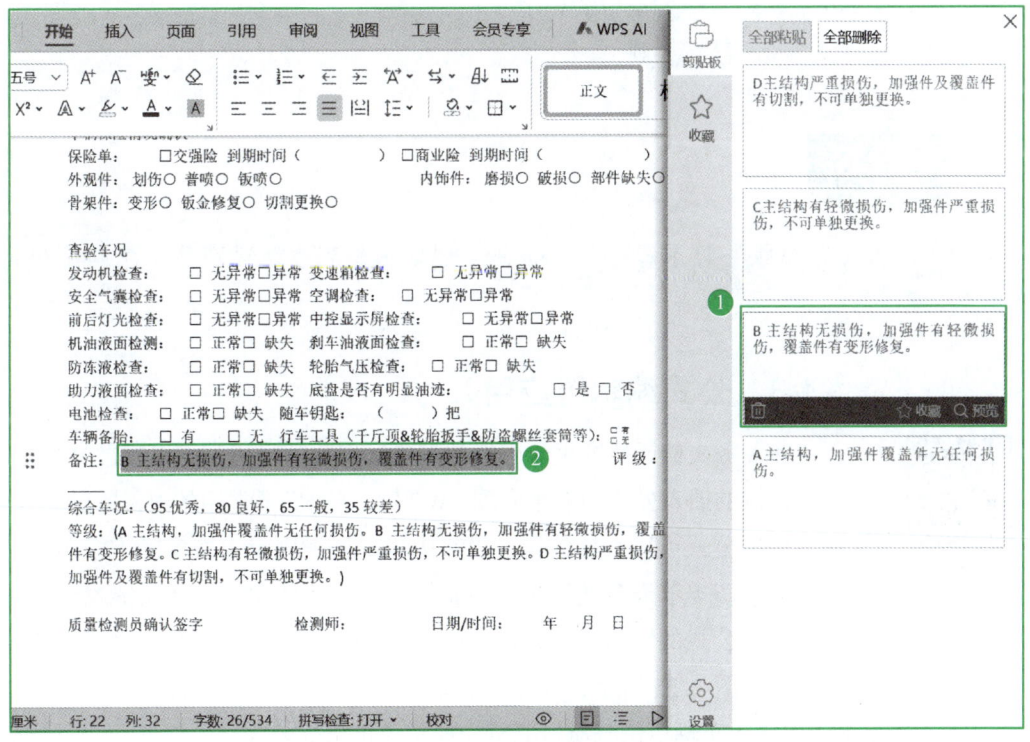

图 1-22 "多重剪贴板"选择性粘贴功能

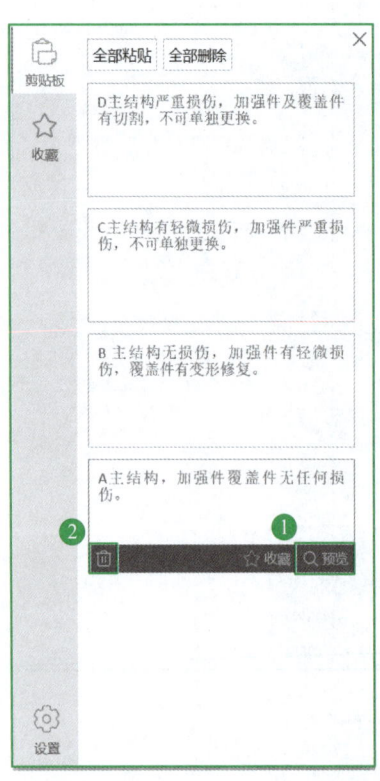

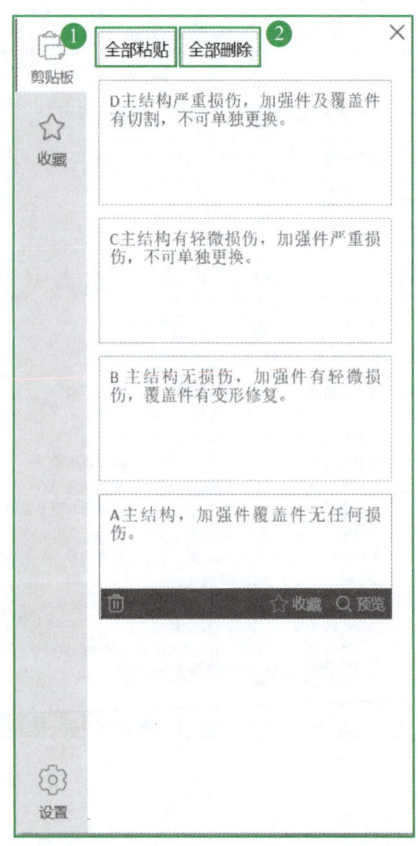

图 1-23 "多重剪贴板"指定文字预览和删除功能　　　　图 1-24 "多重剪贴板"的全部粘贴和全部删除功能

 自主探究

使用"多重剪贴板"记录每个项目信息，创建汇总列表，逐一将信息粘贴到列表中。

1.1.3　公式编辑器应用

微课 1-4
插入数学
公式

在商务文档或研究报告中经常需要呈现数学公式，可以通过 WPS 文字中提供的插入公式功能来实现。WPS 文字提供了常用的内置数学公式，这些内置公式可以直接使用，没有内置的公式则可以按实际需求进行自定义编辑。本节通过使用公式编辑器来实现车辆单位载质量能量消耗量评价指标公式的输入，并添加方框打钩功能来表示车辆消耗量是否符合要求，如图 1-25 所示，具体要求如下：

1）在质检报告中输入车辆单位载质量能量消耗量评价指标公式。

2）插入勾选框实现方框打钩功能。

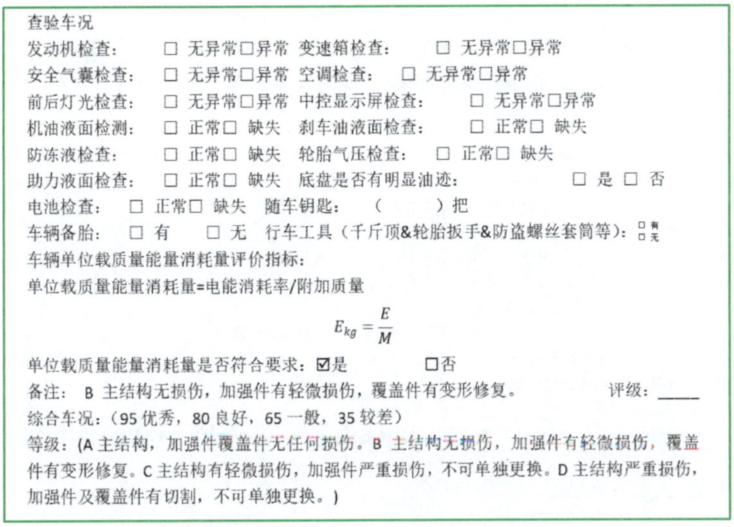

查验车况

发动机检查：　　□ 无异常□异常　变速箱检查：　　□ 无异常□异常

安全气囊检查：　　□ 无异常□异常　空调检查：　　□ 无异常□异常

前后灯光检查：　　□ 无异常□异常　中控显示屏检查：　　□ 无异常□异常

机油液面检测：　　□ 正常□ 缺失　刹车油液面检查：　　□ 正常□ 缺失

防冻液检查：　　□ 正常□ 缺失　轮胎气压检查：　　□ 正常□ 缺失

助力液面检查：　　□ 正常□ 缺失　底盘是否有明显油迹：　　□ 是 □ 否

电池检查：　□ 正常□ 缺失　随车钥匙：　　（　　　　）把

车辆备胎：　□ 有　　□ 无　行车工具（千斤顶&轮胎扳手&防盗螺丝套筒等）：□有□无

车辆单位载质量能量消耗量评价指标：

单位载质量能量消耗量=电能消耗率/附加质量

$$E_{kg} = \frac{E}{M}$$

单位载质量能量消耗量是否符合要求：☑是　　　□否

备注：　B 主结构无损伤，加强件有轻微损伤，覆盖件有变形修复。　　评级：____

综合车况：（95 优秀，80 良好，65 一般，35 较差）

等级：(A 主结构，加强件覆盖件无任何损伤。B 主结构无损伤，加强件有轻微损伤，覆盖
件有变形修复。C 主结构有轻微损伤，加强件严重损伤，不可单独更换。D 主结构严重损伤，
加强件及覆盖件有切割，不可单独更换。)

图 1-25　车辆单位载质量能量消耗量评价

➤ **知识技能点**

- 使用公式工具创建和编辑公式
- 应用特殊符号

 知识窗

公式编辑器

　　WPS 文字的公式编辑器是创建和编辑数学公式的工具，可以插入各种数学符号、运算符号、上下标、分数、矩阵等数学元素，以创建复杂的数学公式，从而满足文档编辑需求。

特 殊 符 号

　　WPS 文字提供多种特殊符号，包括方框勾选符号、各类序号、数学符号、货币符号等。运用特殊符号可以提升文档的编辑效率，让内容更加清晰直观。

　　1. 在质检报告中输入车辆单位载质量能量消耗量评价指标公式

　　在车辆质检报告中，对于车辆单位载质量能量消耗量评价指标需要进行公式的添加，以便在录入信息时进行计算，可以使用公式工具插入特殊符号，创建和编辑公式，完成信息录入，操作步骤如下：

　　1）插入 WPS 内置公式。单击"插入"→"公式"下拉按钮，在弹出的下拉列表中选择"傅立叶级数"选项，将该公式添加至当前文档中，如图 1-26 和图 1-27 所示，效果如图 1-28 所示。

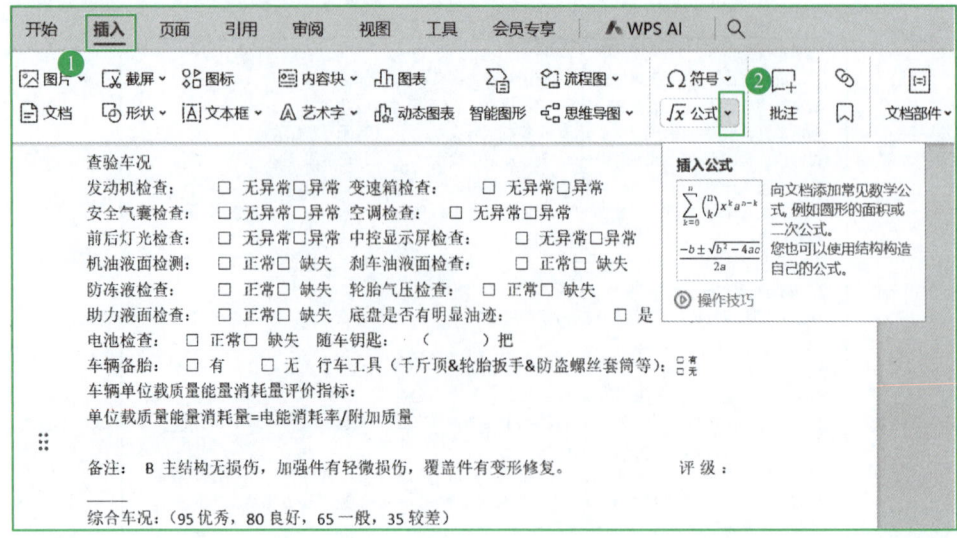

图 1-26　添加内置公式步骤

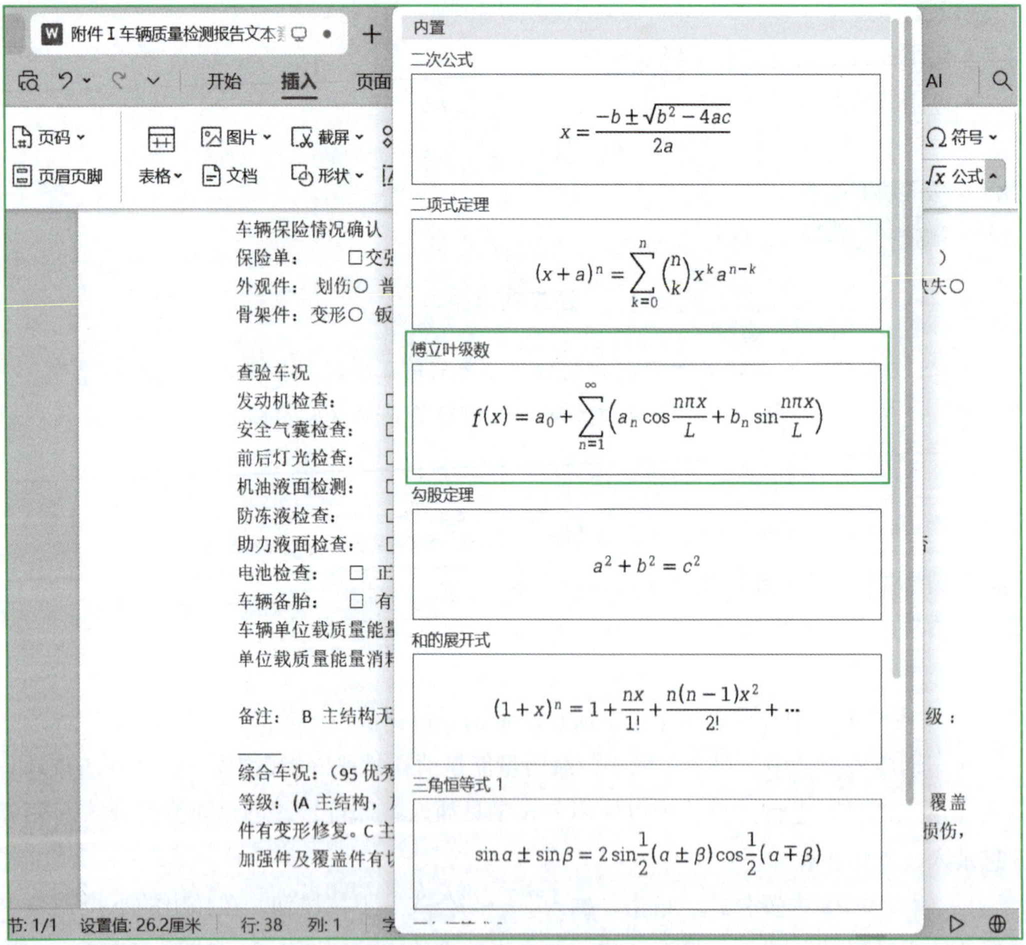

图 1-27　选择内置公式

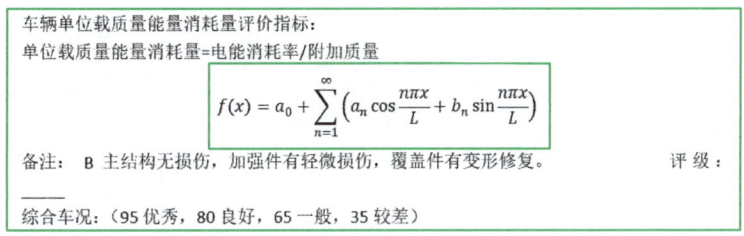

车辆单位载质量能量消耗量评价指标：
单位载质量能量消耗量=电能消耗率/附加质量

$$f(x) = a_0 + \sum_{n=1}^{\infty}\left(a_n \cos\frac{n\pi x}{L} + b_n \sin\frac{n\pi x}{L}\right)$$

备注：　B 主结构无损伤，加强件有轻微损伤，覆盖件有变形修复。　　　　评级：

____

综合车况：（95 优秀，80 良好，65 一般，35 较差）

图 1-28　添加内置公式效果

2）插入自定义公式。单击"插入"→"公式"按钮，如图 1-29 所示。

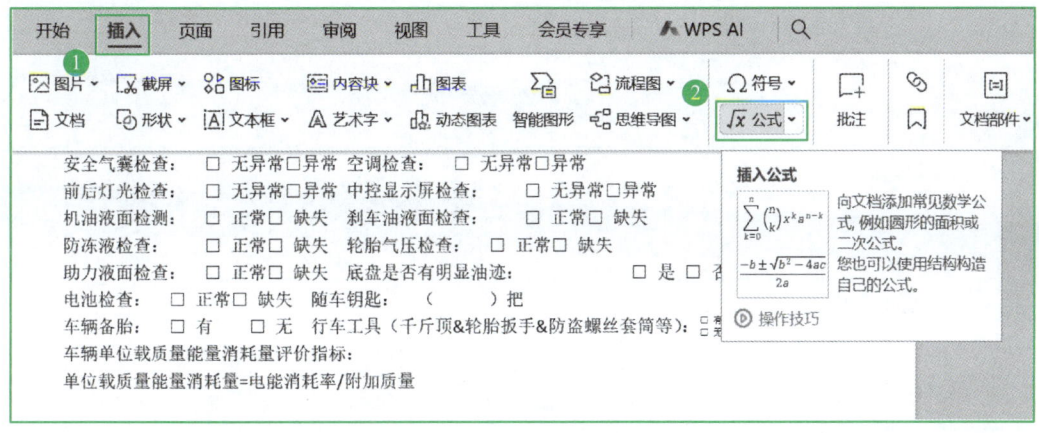

图 1-29　插入自定义公式步骤

3）插入并编辑单位载质量能量消耗量符号。单击"公式工具"→"上下标"下拉按钮，在弹出的下拉列表中选择"下标"选项，输入单位载质量能量消耗量符号，如图 1-30 所示。

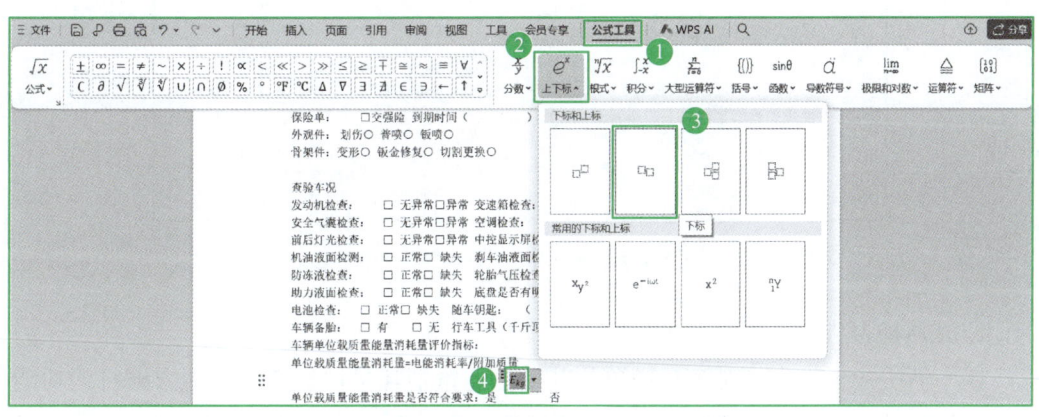

图 1-30　插入并编辑单位载质量能量消耗量符号步骤

4）插入并编辑车辆单位载质量能量消耗量评价指标公式。单击"公式工具"→"分数"下拉按钮，在弹出的下拉列表中选择"分数（竖式）"选项，编辑车辆单位载质量能量消耗量评价指标公式，如图 1-31 所示，效果如图 1-32 所示。

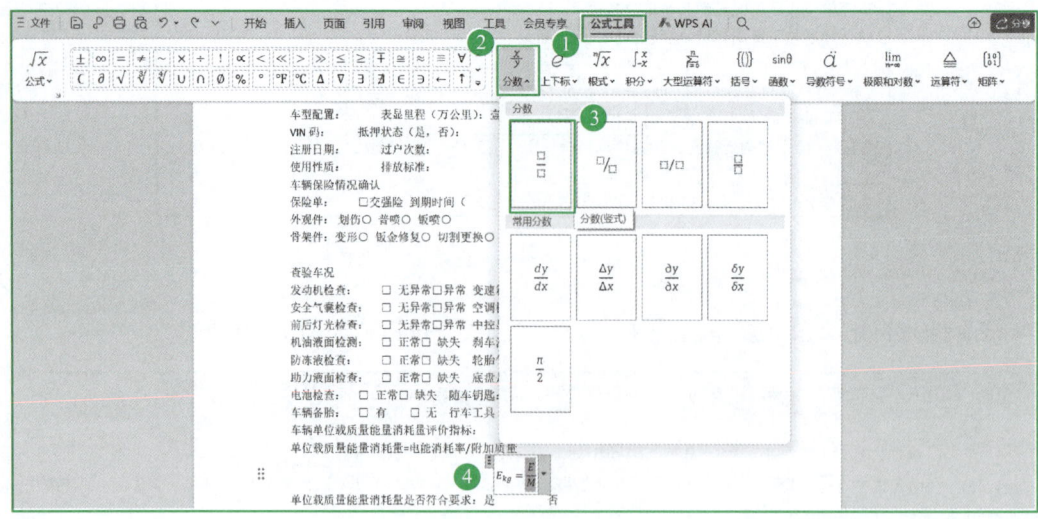

图 1-31   插入并编辑车辆单位载质量能量消耗量评价指标公式步骤

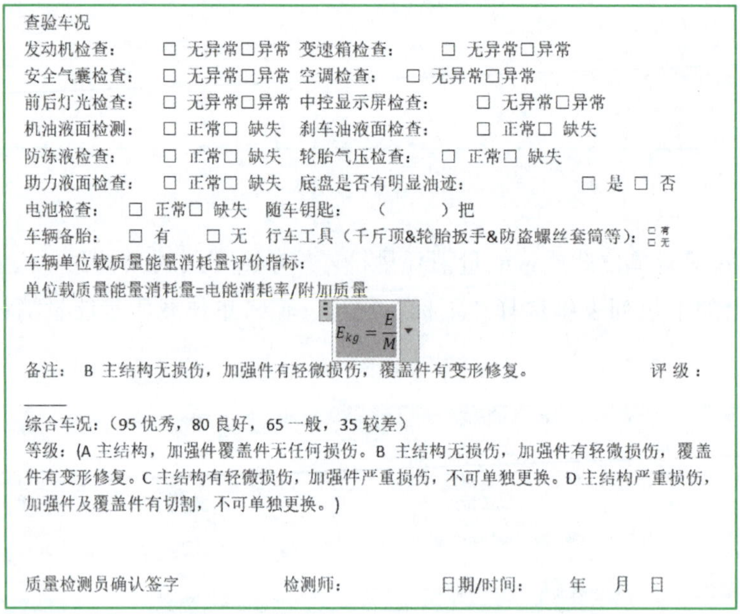

图 1-32   插入并编辑车辆单位载质量能量消耗量评价指标公式效果

2. 在质检报告中添加勾选框

在车辆质检报告中，对于车辆单位载质量能量消耗量评价需要添加方框打钩功能，以便进行质量检验时更加清晰地表示车辆单位载质量能量消耗量是否符合要求。可以使用特殊符号功能添加勾选框，完成报告编辑，操作步骤如下：

1）添加勾选框。单击"是"前面的位置，单击"插入"→"符号"下拉按钮，在弹出的下拉列表中选择"勾选框"选项，如图 1-33 所示，在"是"前面插入勾选框。在"否"前面用同样的方法插入勾选框，效果如图 1-34 所示。

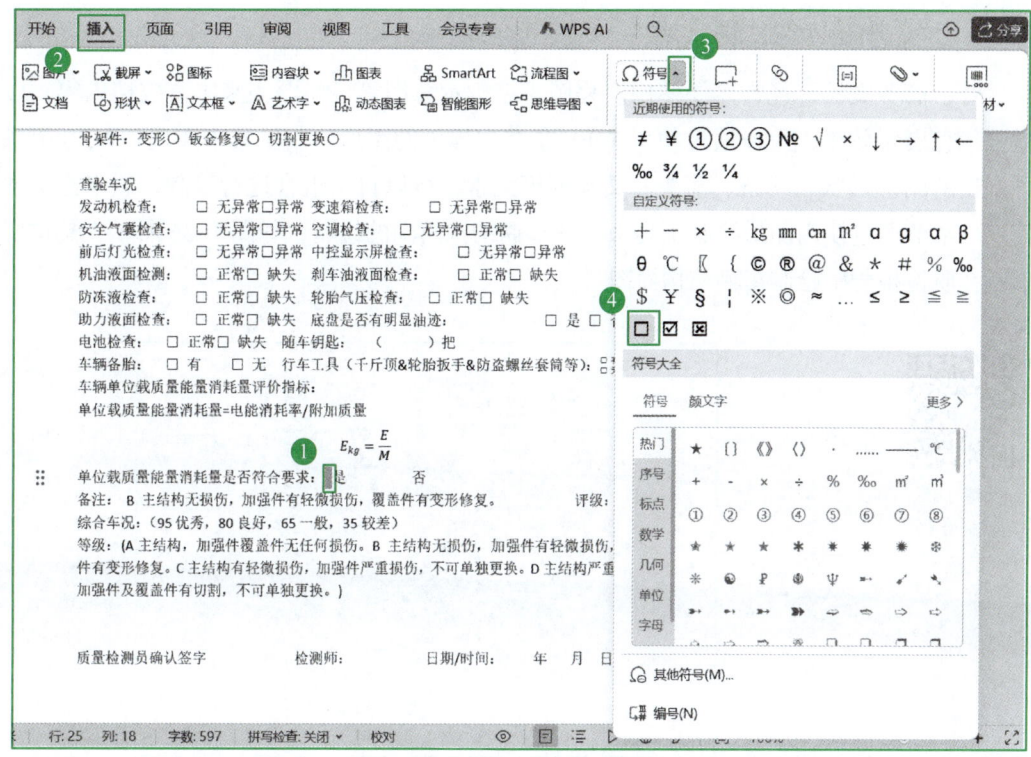

图 1-33　添加勾选框步骤

单位载质量能量消耗量是否符合要求：□是　　　　□否
备注：B 主结构无损伤，加强件有轻微损伤，覆盖件有变形修复。　　　　评级：____
综合车况：（95 优秀，80 良好，65 一般，35 较差）
等级：(A 主结构，加强件覆盖件无任何损伤。B 主结构无损伤，加强件有轻微损伤，覆盖件有变形修复。C 主结构有轻微损伤，加强件严重损伤，不可单独更换。D 主结构严重损伤，加强件及覆盖件有切割，不可单独更换。)

质量检测员确认签字　　　　检测师：　　　　日期/时间：　　年　月　日

图 1-34　添加勾选框效果

　2）应用方框打钩功能。单击"是"前面的方框，实现方框打钩功能，如图 1-35 所示。

车辆单位载质量能量消耗量评价指标：
单位载质量能量消耗量=电能消耗率/附加质量

$$E_{kg} = \frac{E}{M}$$

单位载质量能量消耗量是否符合要求：☑是　　　　□否
备注：B 主结构无损伤，加强件有轻微损伤，覆盖件有变形修复。　　　　评级：____
综合车况：（95 优秀，80 良好，65 一般，35 较差）
等级：(A 主结构，加强件覆盖件无任何损伤。B 主结构无损伤，加强件有轻微损伤，覆盖件有变形修复。C 主结构有轻微损伤，加强件严重损伤，不可单独更换。D 主结构严重损伤，加强件及覆盖件有切割，不可单独更换。)

图 1-35　应用方框打钩功能

1.1.4　使用图形绘制工具

对于商务文档，经常需要使用流程图、结构示意图等各类图表来丰富文档内容，以增强信息展示效果，可以通过使用 WPS 文字中提供的图形绘制工具来实现。WPS 提供了常用的图形形状、线条、箭头、文本框等元素，可以自由组合进行绘制，以丰富呈现信息。本节通过使用图形绘制工具来实现车辆结构简图的绘制，如图 1–36 所示，具体要求：在质检报告中绘制车辆结构简图。

微课 1–5
绘制图形
元素

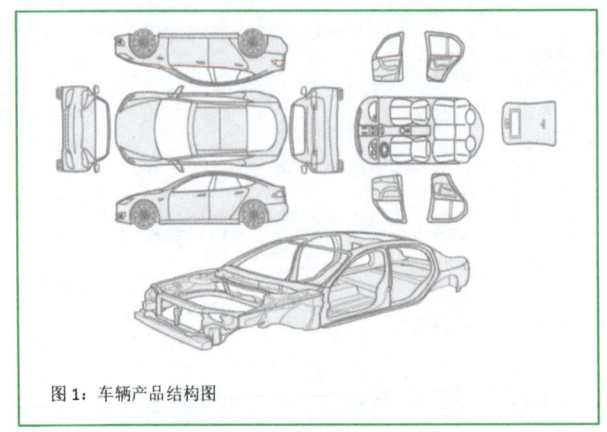

图1：车辆产品结构图

图 1–36　在质检报告中绘制车辆结构简图

➤ **知识技能点**

- 绘制具有相互逻辑关系的智能图形
- 应用智能图像高效表达信息

　知识窗

图形绘制工具

通过 WPS 文字的图形绘制工具，可以插入形状、线条、箭头、文本框等元素，能够创建和编辑各种图表、流程图、示意图等智能图形。

在质检报告中，当前检测车辆的结构简图需要加以呈现，可以通过智能图形绘制完成对车辆结构图的绘制，以更清晰直观地展示车辆的基本结构，操作步骤如下：

1）绘制图形。将光标移动到要插入图形的位置，单击"插入"→"形状"下拉按钮，在弹出的下拉列表中选择想要插入的形状，在文档中拖动鼠标以绘制该形状，如图 1–37 和图 1–38 所示。

2）设置图形样式。可以使用图形工具栏中的各种工具来编辑和格式化所插入的形状，如改变填充颜色、线条颜色、添加文本等。

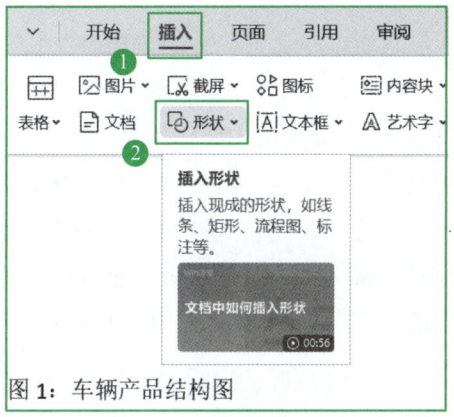

图 1-37　绘制图形步骤

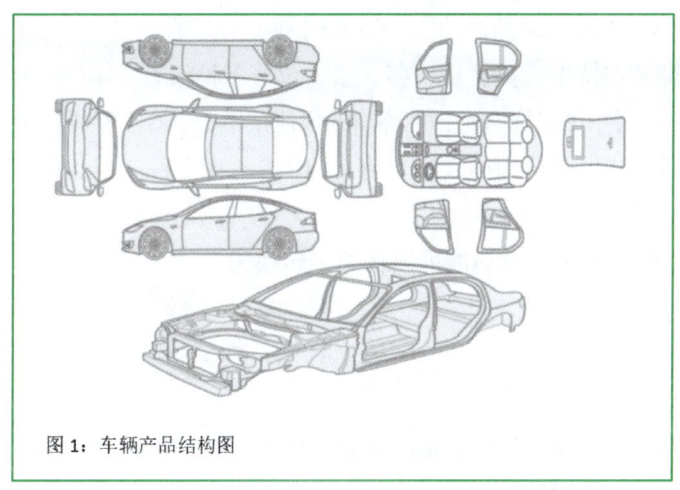

图 1-38　绘制图形效果

职业技能要求

职业技能要求见表 1-1。

表 1-1　任务 1.1 对应 WPS 办公应用职业技能等级认证要求（高级）

工作任务	职业技能要求
质检报告文档的编辑技巧	① 能够掌握双行合一、数字转换、划词翻译、截图取字、生成条形码等文字编辑技巧； ② 能够使用多重剪贴板工具进行复杂的编辑操作； ③ 能够使用公式工具创建和编辑公式； ④ 能够应用特殊符号，如方框打钩等，实现在特殊工作场景中的操作需求； ⑤ 能够绘制具有相互逻辑关系的智能图形，从而快速、轻松、有效地传达信息和观点

🔍 任务测试

一、单项选择题

1. 在进行制表位对齐操作时，标尺的主要作用是（　　）。

    A. 有助于观察是否对齐　　　　　　B. 通过拖曳标尺控制缩进

    C. 设置和调整制表位位置　　　　　　D. 控制文字间距

2. 如果需要在 WPS 文档中插入一个数学公式，推荐的方法是（　　）。

    A. 使用插入公式功能　　　　　　B. 使用插入图片功能

    C. 使用插入表格功能　　　　　　D. 使用插入对象功能

3. 双行合一功能在 WPS 文字中主要用于（　　）。

    A. 合并两个段落　　　　　　B. 合并两行文本为一行

    C. 将表格中的两行合并　　　　　　D. 将两段不同格式的文字合并

4. 下列关于 WPS 的划词翻译功能，错误的是（　　）。

    A. 划词翻译支持中、英、日、韩、法、德等多种语言

    B. 选中文字后单击鼠标右键，在弹出的快捷菜单中选择"翻译"命令即可启动翻译

    C. 翻译后的结果会自动插入到当前文档中

    D. 划词翻译必须联网才能使用

5. WPS 文字中的数字转换功能可以将数字转换为（　　）。

    A. 大写字母　　　　　　B. 中文数字

    C. 英文字符　　　　　　D. 时间格式

二、多项选择题

1. WPS 文字中的多重剪贴板工具的主要功能有（　　）。

    A. 可以保存多个剪贴内容

    B. 可以设置剪贴内容的格式

    C. 可以同步不同设备的剪贴板

    D. 可以恢复先前的剪贴内容

2. WPS 文字的划词翻译功能可以翻译（　　）内容。

    A. 文字内容　　　　　　B. 图片内容

    C. 网页内容　　　　　　D. 表格内容

3. 在 WPS 文字中，使用智能图形功能可以绘制（　　）类型的图形。

    A. 组织结构图　　　　　　B. 流程图

    C. 甘特图　　　　　　D. 思维导图

三、实操题

操作要求：

美化"新能源汽车质检报告"文档，完成数字转换、划词翻译、截图取字、生成条形码功能。

（1）在文档中输入阿拉伯数字，使用 WPS 的"数字转换"功能将其转换为中文大写形式。

（2）在文档中输入一段英文文本，使用 WPS 的"划词翻译"功能选中该英文文本并将其翻译为中文。

（3）使用条形码生成工具生成条形码，插入文档，并调整条形码的大小和位置。

（4）在 WPS 文字中使用截图取字功能，从屏幕上截取一段包含英文文本的区域，并提取其中的文字内容插入到文档中。

任务验收

按表 1-2 对本节任务的学习情况进行评价

表 1-2　任务 1.1 验收评价表

任务评价指标			
序号	内　容	自评	互评	教师评价
1	能够使用双行合一设置质检报告的格式，将复杂的信息条理化，形成清晰的逻辑框架，提升条理化能力			
2	能够使用数字转换功能将数字转换成文字形式，提升对数字信息的理解与表达能力，增强信息转换与组织表达的准确性			
3	能够将质检报告的中文标题翻译为英文，理解和应用专业术语的准确翻译，提升国际化视野			
4	能够使用截图取字技术识别车辆图片的车牌信息，注重技术工具在实际工作中的合理运用，提升工作的精确性与高效率			
5	能够生成车辆条形码，强化对工具应用的灵活性和应变能力，推动工作质量的持续提升			
6	能够使用多重剪贴板工具进行复杂的编辑操作，提升高效编辑与信息管理能力，掌握多任务处理技巧，提高工作效率			
7	能够创建车辆单位载质量能量消耗量评价指标公式，培养严谨的工作态度，遵守技术标准和评估规范			
8	能够绘制车辆产品结构图，培养精益求精的工作态度，注重细节和规范			
9	通过对文字编辑技巧的学习，培养脚踏实地、认真细致的工作态度			

任务 1.2   质检报告文档的快捷排版

任务情境

质检报告文档的
快捷排版

新能源汽车质检报告是当前用户市场最为关注的材料之一，其承载着新生产汽车的重要参数信息，其呈现表达形式也代表着企业的实力。作为企业内部沟通汇报和对外宣传的重要载体，其排版呈现效果会直接影响信息的有效传递和企业的品牌形象。一份逻辑清晰、排版布局舒适的文档，不仅需要从标点符号到段落间距的精准把控，更要在规范框架内不断调整字体、配色和版式布局，在标准化要求与个性化表达中找到一个平衡点，以达到最佳的阅读效果。

新能源汽车公司员工小敏在完成质检报告的编辑后，还需继续对报告进行排版。为提高排版效率和版面效果，小敏需要应用 WPS 文字的快捷排版、引用等工具，快速实现文档排版、文档批注、建立附件和目录设置，优化版式布局和逻辑层级，从而提升文档的可读性和美观性。这项工作需要具有严谨的工作态度、精益求精的职业精神和服务意识，以及集体大局观。

1.2.1   正文的快捷排版

微课 1-6
正文的快捷
排版

在质检报告正文排版中，需注意标题与段落的清晰呈现，确保标题层次分明，段落格式合理，便于读者把握文章结构。本节通过使用文字工具进行文档格式整理，并使用段落布局功能进行快捷排版，效果如图 1-39 所示，具体要求如下：

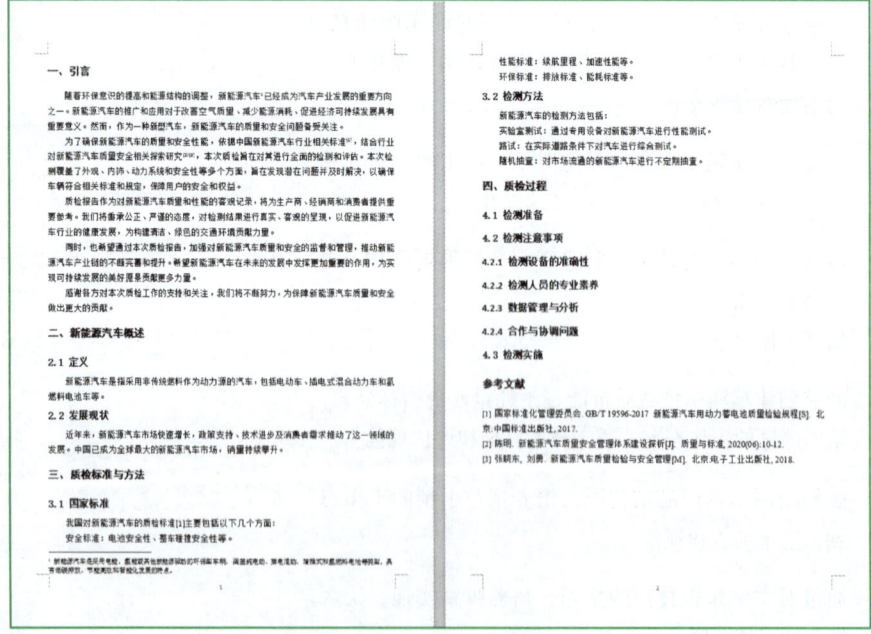

图 1-39   正文设计效果

1）使用文字工具进行文档格式整理。

2）应用对齐方式和大纲层级来调整文本的布局和显示顺序。

3）使用缩进来调整文本。

4）使用间距调整来区别各类标题。

➤ 知识技能点

● 使用文字工具

● 应用左对齐、右对齐、居中对齐、两端对齐

● 设置大纲层级

 知识窗

文 字 工 具

针对从互联网或其他来源复制粘贴过来的不规范文本，WPS 提供了一系列专业的文字整理功能。例如，"段落重排"可以帮助用户解决因不当换行导致的混乱问题；而"智能格式整理"则能自动修复常见的格式错误，如多余的空格符或回车符。对于包含大量空白行或软回车的文档，"删除空行"与"删除软回车"等功能尤为实用，它们能够迅速清理杂乱无章的内容，使文档恢复整洁有序的外观。

WPS 文字还特别加入了针对 PDF 文档的操作支持。当从 PDF 文档中提取文本时，可能会遇到每行都被视为单独一段的情况，这时可以通过组合使用"换行符转为回车""段落重排"及"智能格式整理"等功能来解决该问题。另外，WPS 文字还包含"表格转换成文本"特色工具，可以把复杂嵌套的表格结构转化为简单的纯文本形式，非常适合处理来自网页内容的复杂表格信息。

大 纲 等 级

在 WPS 文字中，大纲等级具有定义文档结构中段落层级的特性。其通过将文档的不同部分划分为从 1 级到 9 级的多个层次，来帮助组织和展示文档的逻辑框架。这种等级结构类似于书籍中的章节划分，其中 1 级通常代表最重要的标题或章节，而更高级别的数字则表示子章节或更详细的细分部分。

通过设定大纲等级，用户可以在文档中创建清晰的层次关系，这不仅有利于文档的撰写和编辑，还便于后续生成目录、导航文档结构和进行快速查找。此外，利用大纲等级，用户还可以在大纲视图中折叠或展开各个级别的内容，实现对文档复杂结构的有效管理和概览。

1. 用文字工具进行文档格式整理

为了提升报告的视觉效果，用户通常需要利用文字处理工具以实现报告的美化，这些工具提供了丰富的功能，如段落重排、智能格式整理、转为空段分割风格、删除操作、

将换行符转换为段落标记、设置段落首行缩进为两个字符、将段落首行缩进改为空格、增加空行等。本节将使用 WPS 文字工具中的删除功能，移除文档中的不美观元素，如多余的空格和空行，操作步骤如下：

1）使用"删除空段"功能删去文档中多余的空段。打开正文素材文档，选择"开始"→"文字工具"下拉按钮，在弹出的下拉列表中选择"删除"→"删除空段"命令，如图 1-40 所示，效果如图 1-41 所示。

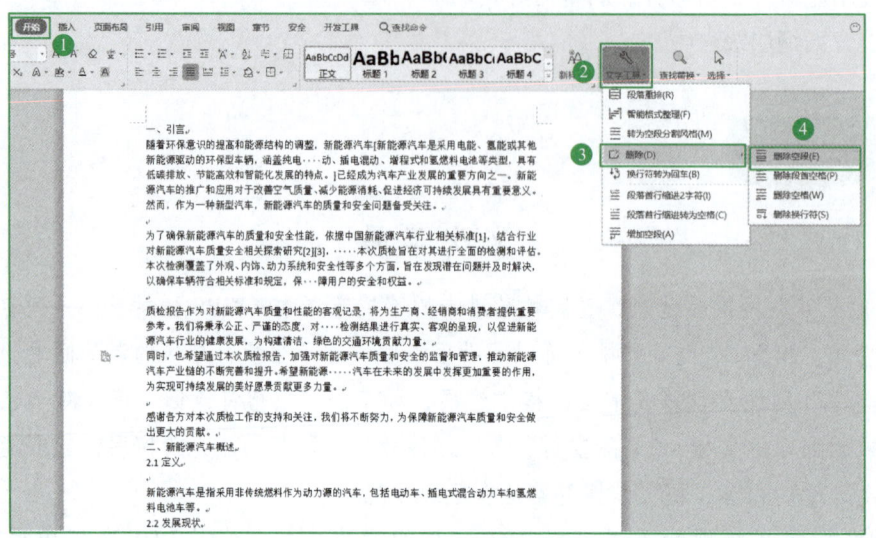

图 1-40　"删除空段"步骤

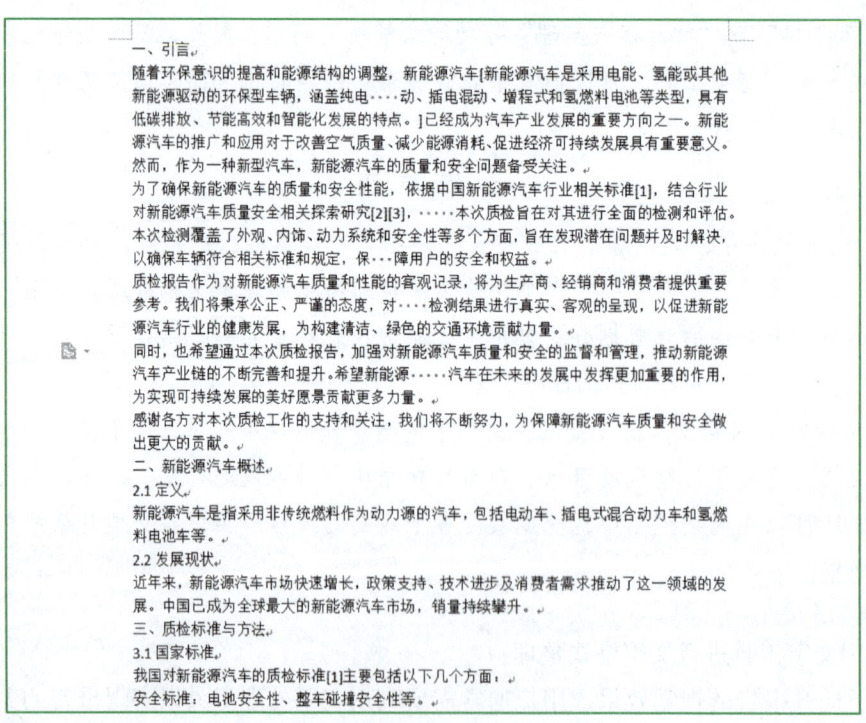

图 1-41　"删除空段"效果

2）使用"删除空格"功能删去段中多余的空格。单击"开始"→"文字工具"下拉按钮，在弹出的下拉列表中选择"删除"→"删除空格"选项，如图 1-42 所示，效果如图 1-43 所示。

图 1-42　"删除空格"步骤

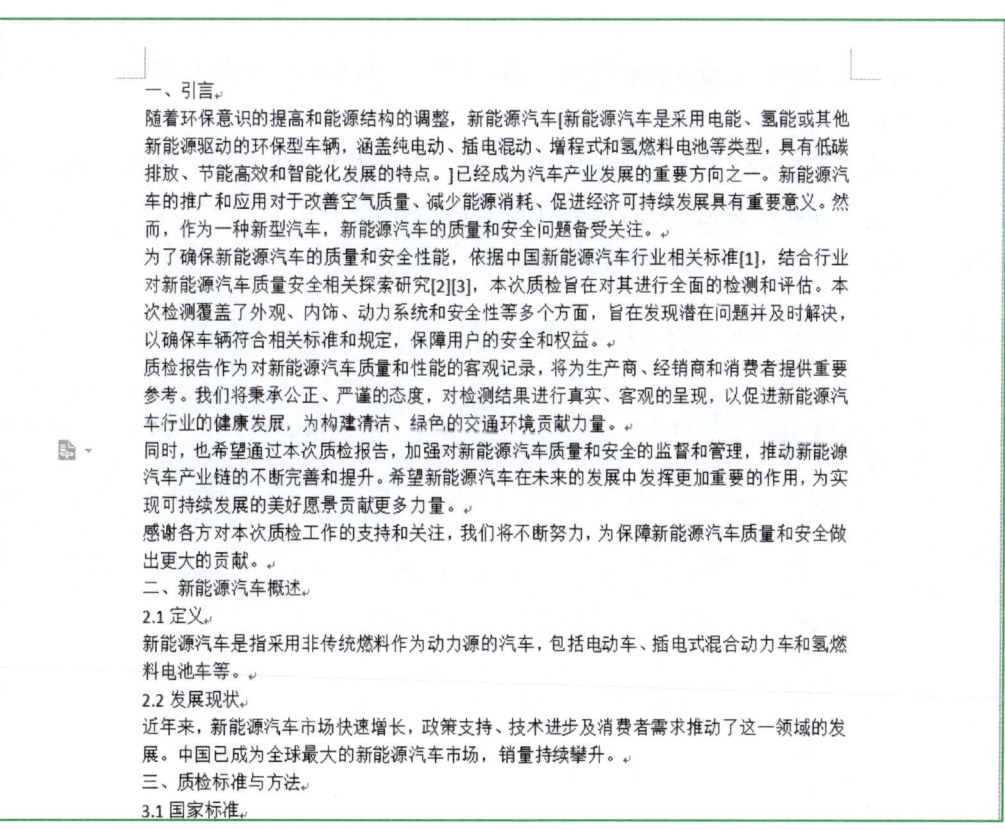

图 1-43　"删除空格"效果

自主探究

请选取一段文本或段落，以验证删除功能模块的效果。

2. 应用对齐方式和大纲层级来调整文本的布局和显示顺序

在 WPS 文字中使用对齐功能和大纲等级，主要是为了提升文档的整体质量和阅读体验。通过对文本进行恰当的对齐，如左对齐、居中对齐或右对齐，可以使文档的布局显得更加整洁有序，使读者对信息的接收也更加高效。大纲层级可以强化文档结构的清晰度和逻辑性，最终呈现出既美观又实用的文档格式。本节将讲解如何将一段文字应用相应的对齐方式和大纲层级来美化文段，操作步骤如下：

1）设置正文文档一级标题格式。打开正文文档，选中一级标题的内容，将文字样式设置为黑体、小三、加粗，单击"开始"→"段落"组扩展按钮，在打开的对话框中选择对齐方式为"左对齐"，大纲级别选择"1 级"，如图 1-44 所示，效果如图 1-45 所示。

2）设置文档二、三级标题格式。选中二、三级标题的内容，将文字样式设置为宋体、四号、加粗，单击"开始"→"段落"组扩展按钮，在打开对话框中选择对齐方式为"左对齐"，大纲级别分别选择"2 级"和"3 级"，如图 1-46 和图 1-47 所示，效果如图 1-48 所示。

3）设置文档正文格式。选中正文内容，将文字样式设置为宋体、小四，单击"开始"→"段落"组扩展按钮，在打开的对话框中选择对齐方式为"两端对齐"，大纲级别选择"正文文本"，如图 1-49 所示，效果如图 1-50 所示。

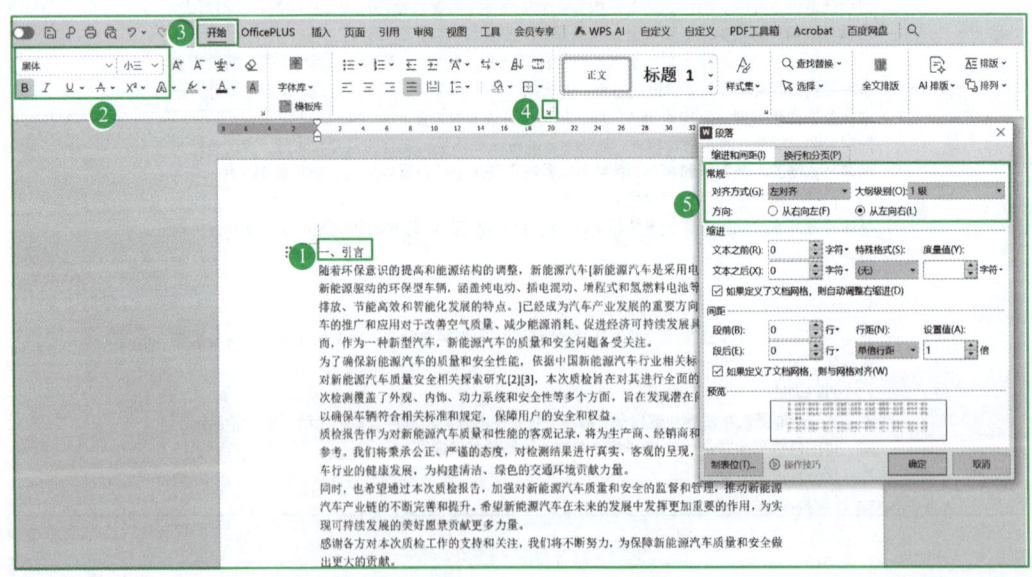

图 1-44 "一级标题设置"步骤

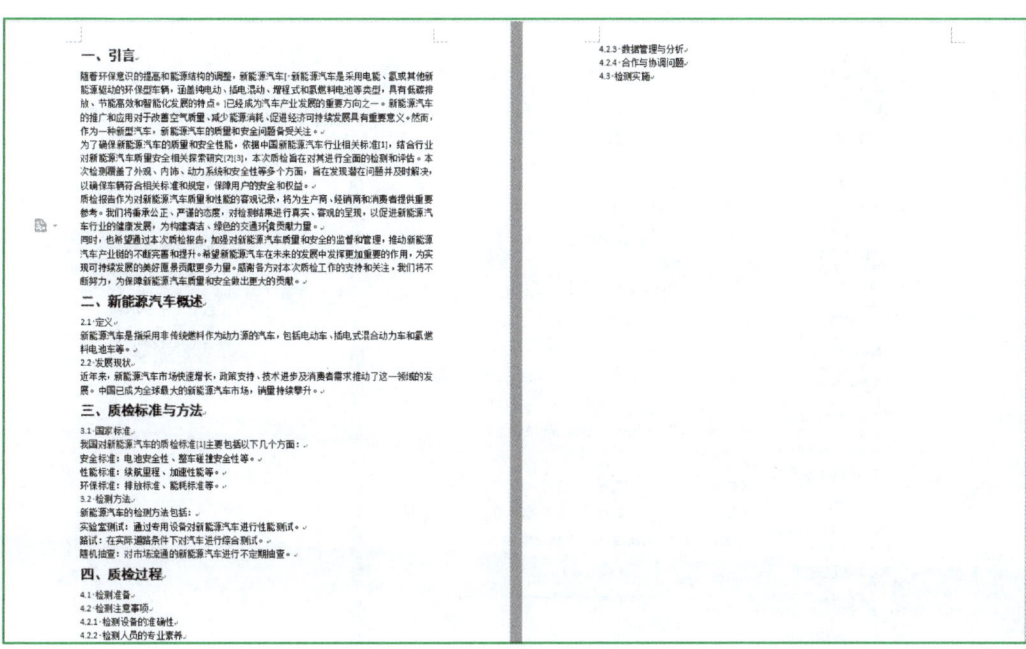

图 1-45　"一级标题设置"效果

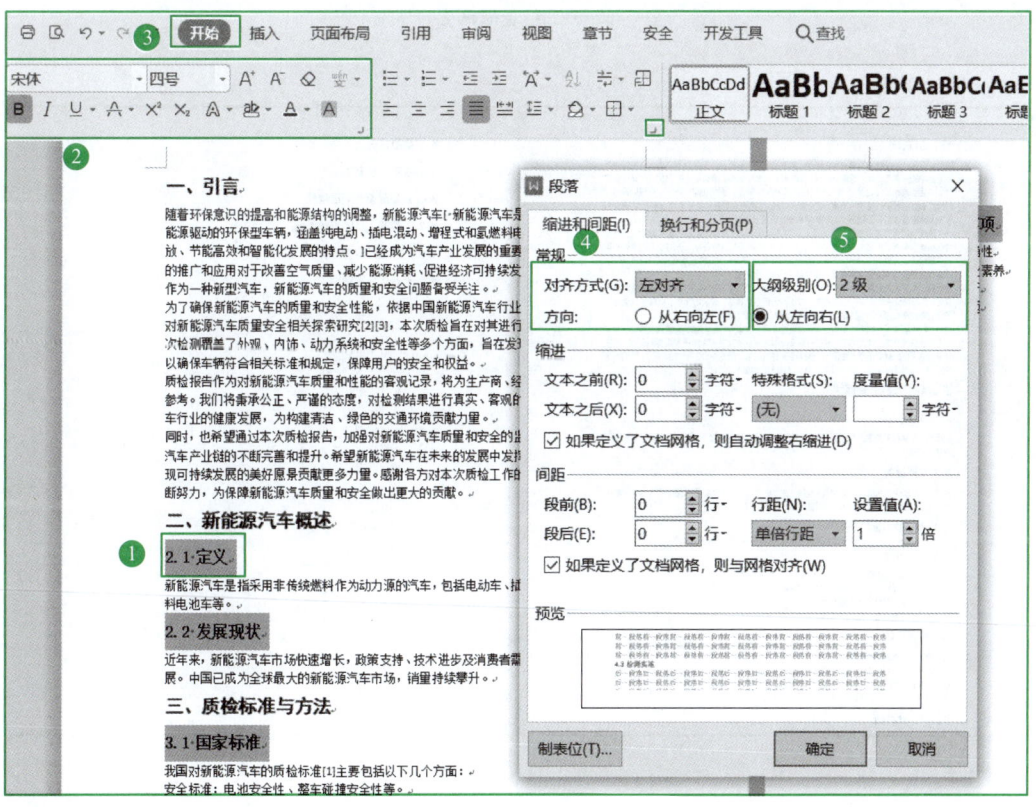

图 1-46　"二级标题设置"步骤

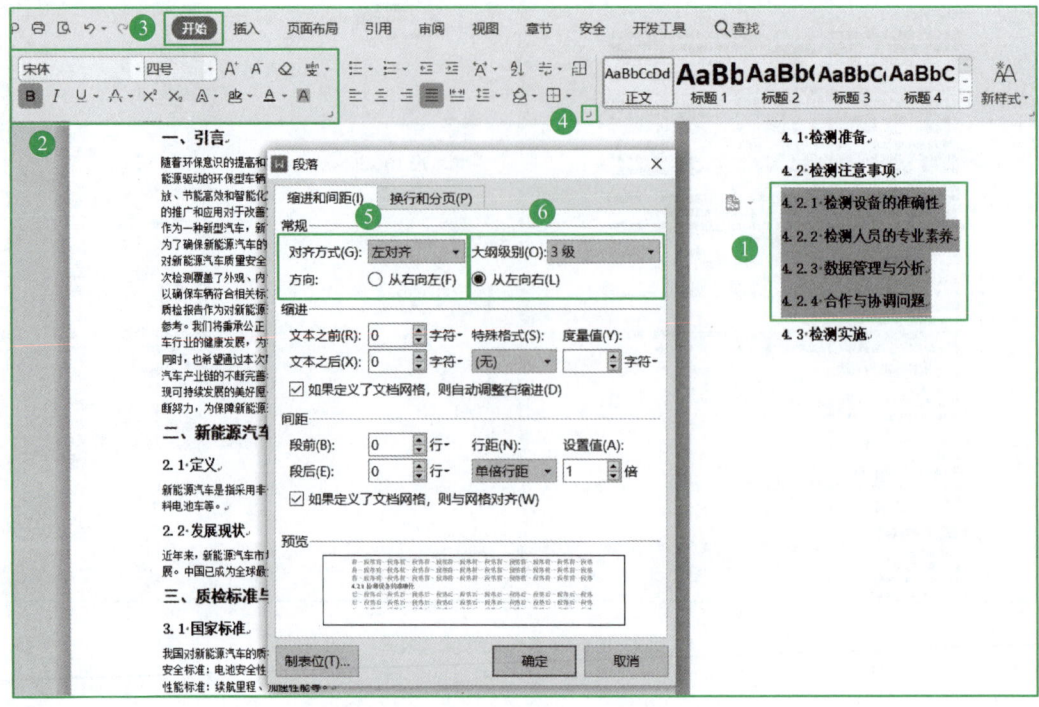

图 1-47 "三级标题设置"步骤

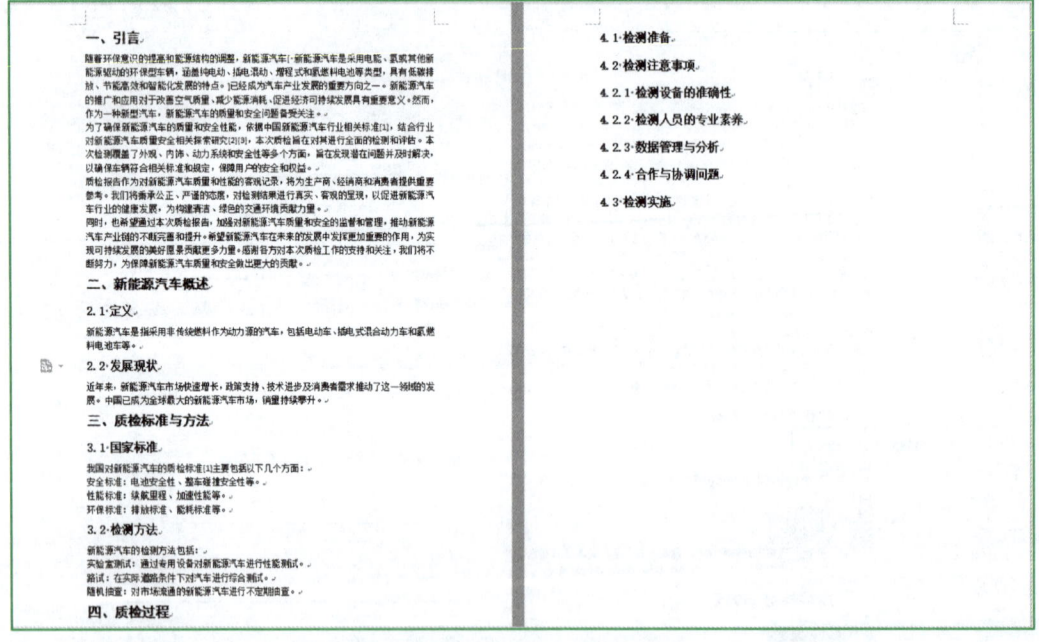

图 1-48 "二、三级标题设置"效果

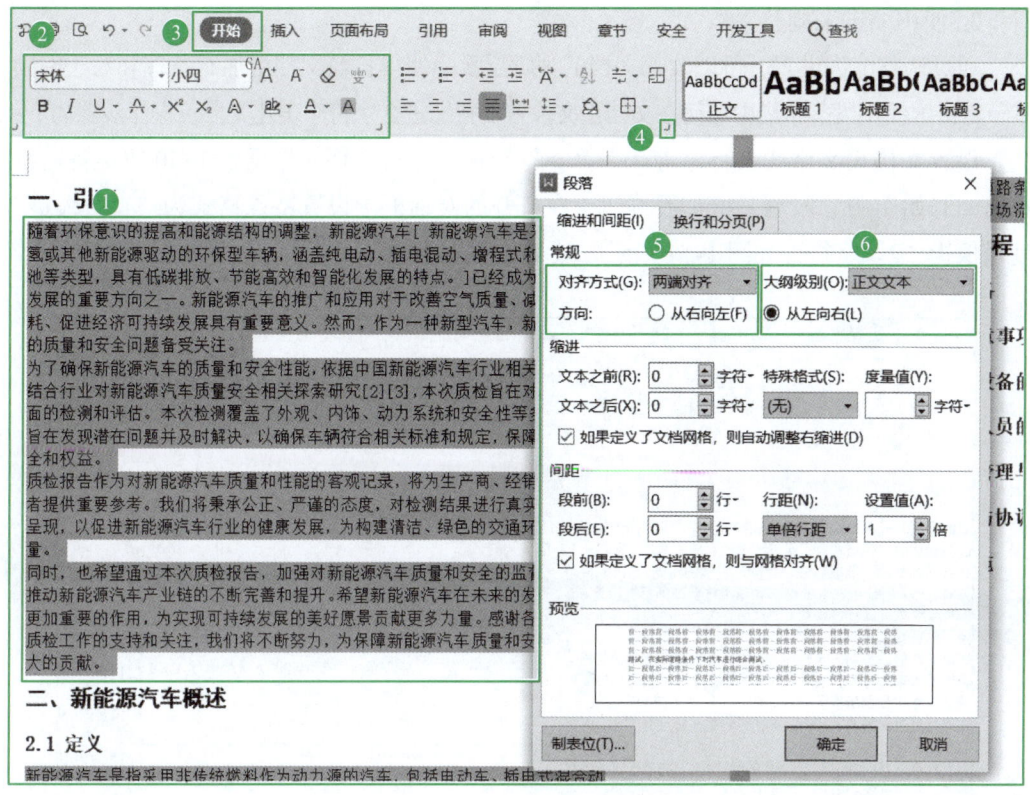

图 1-49　"正文"设置步骤

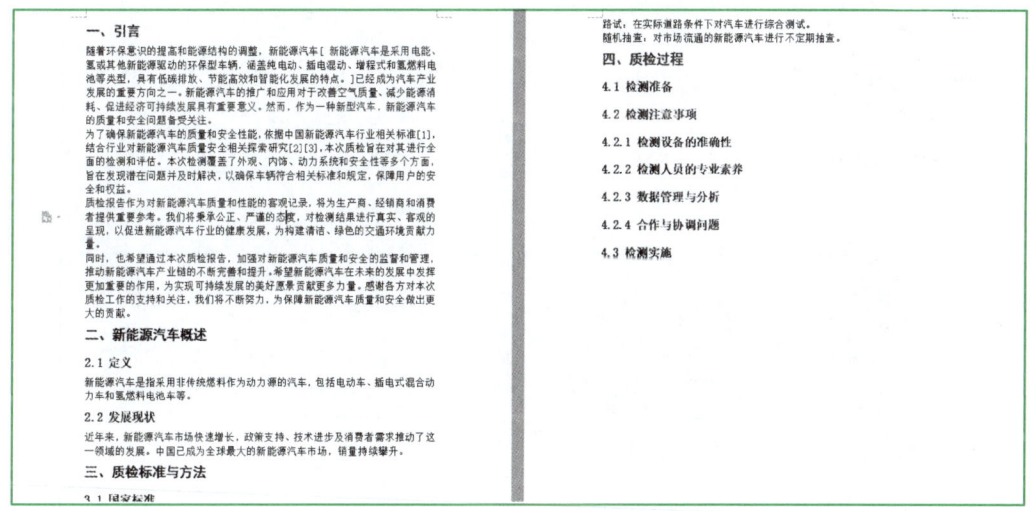

图 1-50　"正文"设置效果

自主探究

请使用其他文本或者段落，测试常规的文段排列方式效果。

3. 使用缩进来调整文本

通过调整缩进设置，可以改善文档的视觉层次，使得长篇文档更加有条理和易于阅读。本节将讲解使用段落布局中如何在文档正文段首首行缩进2字符来美化文段，操作步骤如下：

设置文档正文格式首行缩进2字符。打开正文素材文档，根据图1-50所准备内容。单击"开始"→"段落"组扩展按钮，在打开的对话框中设置特殊格式为"首行缩进"，度量值为"2"字符，如图1-51所示，效果如图1-52所示。

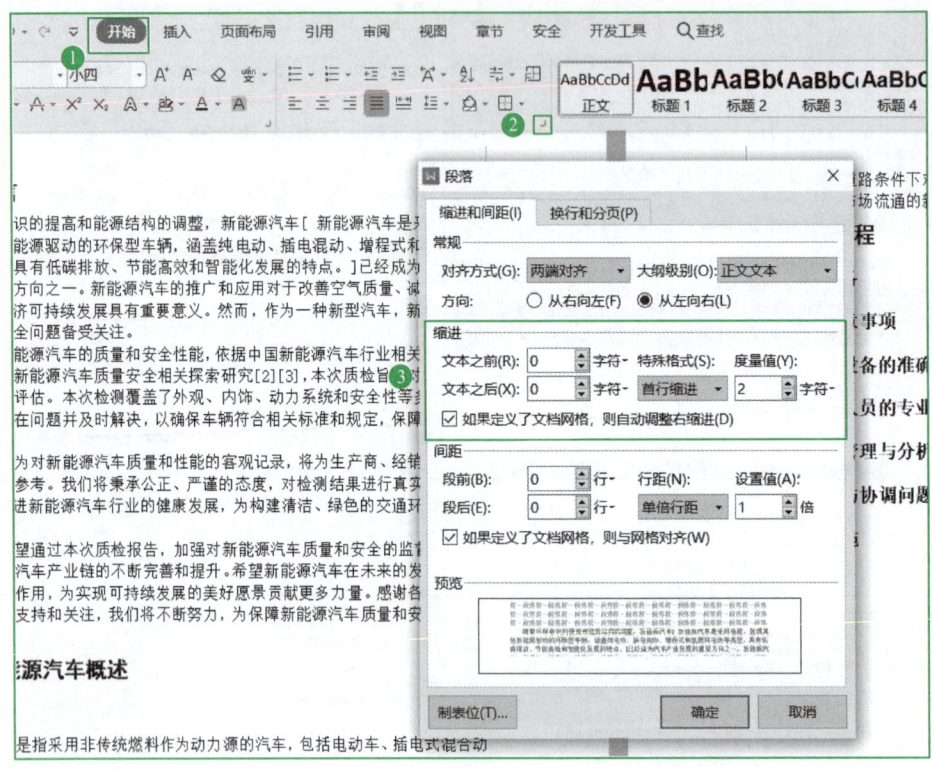

图1-51　"正文缩进2字符"步骤

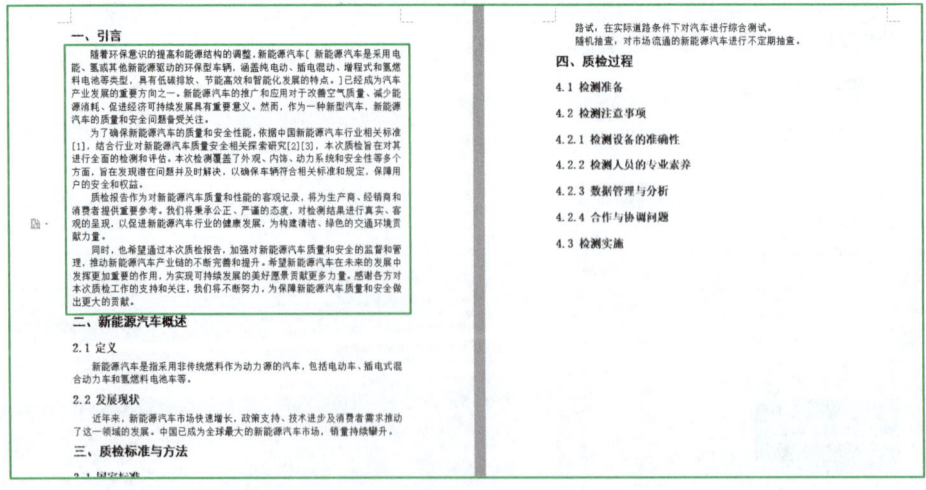

图1-52　"正文缩进2字符"效果

自主探究

请使用其他文本或者段落，测试文档使用缩进的排列方式效果。

4. 使用间距调整来区别各类标题

使用间距调整在文档排版中至关重要，因为它能够显著提升文档的可读性、美观性和专业度。合理的间距设置能让文本内容在视觉上形成有序的结构，避免文字过于密集或松散，创造一个既不过于拥挤也不显得空洞的阅读环境。本节将讲解如何添加文档段前段后间距、整个文档的行距等，操作步骤如下：

1）设置一级标题段前段后 0.5 行，行距 1.3 倍。选中一级标题的内容，单击"开始"→"段落"组扩展按钮，在打开的对话框中将间距中的段前、段后均设置为 0.5 行，行距选择"多倍行距"，设置值"1.3 倍"，如图 1-53 所示，效果如图 1-54 所示。

2）设置文档二级、三级标题，正文行距 1.3 倍。选中二级、三级标题的内容，单击"开始"→"段落"组扩展按钮，在打开的对话框中将间距中的行距设置为"多倍行距"，设置值为"1.3 倍"，如图 1-55 所示，效果如图 1-56 所示。

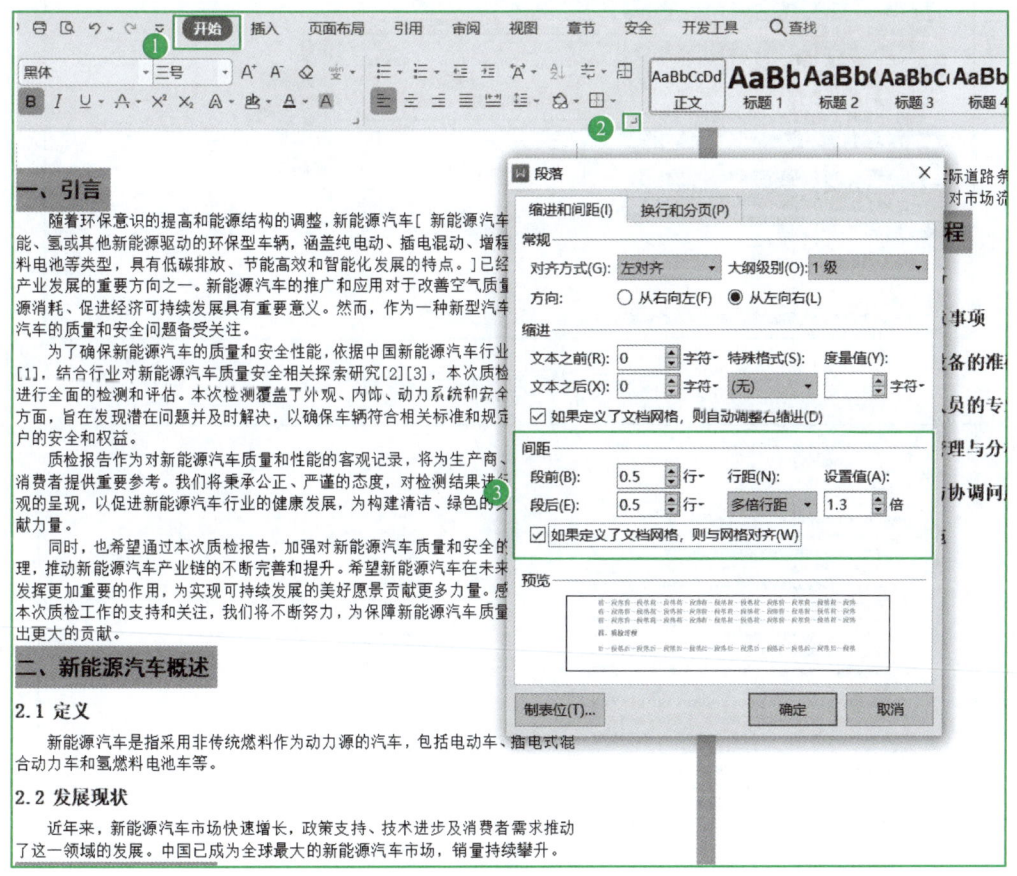

图 1-53　"一级标题"间距设置步骤

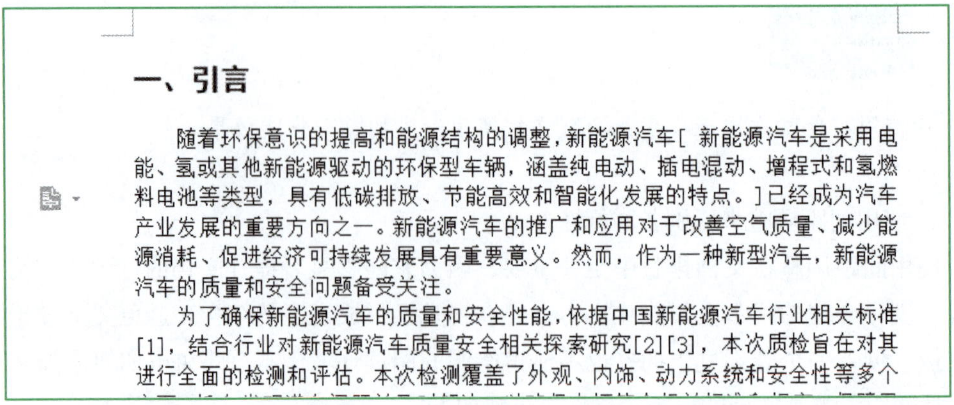

一、引言
随着环保意识的提高和能源结构的调整，新能源汽车[新能源汽车是采用电能、氢或其他新能源驱动的环保型车辆，涵盖纯电动、插电混动、增程式和氢燃料电池等类型，具有低碳排放、节能高效和智能化发展的特点。]已经成为汽车产业发展的重要方向之一。新能源汽车的推广和应用对于改善空气质量、减少能源消耗、促进经济可持续发展具有重要意义。然而，作为一种新型汽车，新能源汽车的质量和安全问题备受关注。
为了确保新能源汽车的质量和安全性能，依据中国新能源汽车行业相关标准[1]，结合行业对新能源汽车质量安全相关探索研究[2][3]，本次质检旨在对其进行全面的检测和评估。本次检测覆盖了外观、内饰、动力系统和安全性等多个

图 1-54 “一级标题”间距设置效果

开始
插入
页面布局
引用
审阅
视图
章节
安全
开发工具
查找
宋体
正文
标题 1
标题 2
标题 3
标题 4
新样式
文字工具
查找替换
选择
1
2
3
段落
缩进和间距(I)
换行和分页(P)
常规
对齐方式(G):
大纲级别(O):
方向:
从右向左(F)
从左向右(L)
缩进
文本之前(R): 0 字符
特殊格式(S):
度量值(Y):
文本之后(X): 0 字符
如果定义了文档网格，则自动调整右缩进(D)
间距
段前(B): 0 行
行距(N):
设置值(A):
段后(E): 0 行
多倍行距
1.3 倍
如果定义了文档网格，则与网格对齐(W)
预览
制表位(T)...
确定
取消
一、引言
二、新能源汽车概述
2.1 定义

图 1-55 “1.3 倍”间距设置步骤

一、引言
随着环保意识的提高和能源结构的调整，新能源汽车[新能源汽车是采用电能、氢或其他新能源驱动的环保型车辆，涵盖纯电动、插电混动、增程式和氢燃料电池等类型，具有低碳排放、节能高效和智能化发展的特点。]已经成为汽车产业发展的重要方向之一。新能源汽车的推广和应用对于改善空气质量、减少能源消耗、促进经济可持续发展具有重要意义。然而，作为一种新型汽车，新能源汽车的质量和安全问题备受关注。
为了确保新能源汽车的质量和安全性能，依据中国新能源汽车行业相关标准[1]，结合行业对新能源汽车质量安全相关探索研究[2][3]，本次质检旨在对其进行全面的检测和评估。本次检测覆盖了外观、内饰、动力系统和安全性等多个方面，旨在发现潜在问题并及时解决，以确保车辆符合相关标准和规定，保障用户的安全和权益。
质检报告作为对新能源汽车质量和性能的客观记录，将为生产商、经销商和消费者提供重要参考。我们将秉承公正、严谨的态度，对检测结果进行真实、客观的呈现，以促进新能源汽车行业的健康发展，为构建清洁、绿色的交通环境贡献力量。
同时，也希望通过本次质检报告，加强对新能源汽车质量和安全的监督和管理，推动新能源汽车产业链的不断完善和提升。希望新能源汽车在未来的发展中发挥更加重要的作用，为实现可持续发展的美好愿景贡献更多力量。感谢各方对本次质检工作的支持和关注，我们将不断努力，为保障新能源汽车质量和安全做出更大的贡献。
二、新能源汽车概述
3.1 国家标准
我国对新能源汽车的质检标准[1]主要包括以下几个方面：
安全标准：电池安全性、整车碰撞安全性等。
性能标准：续航里程、加速性能等。
环保标准：排放标准、能耗标准等。
3.2 检测方法
新能源汽车的检测方法包括：
实验室测试：通过专用设备对新能源汽车进行性能测试。
路试：在实际道路条件下对汽车进行综合测试。
随机抽查：对市场流通的新能源汽车进行不定期抽查。
四、质检过程
4.1 检测准备
4.2 检测注意事项
4.2.1 检测设备的准确性
4.2.2 检测人员的专业素养
4.2.3 数据管理与分析
4.2.4 合作与协调问题
4.3 检测实施

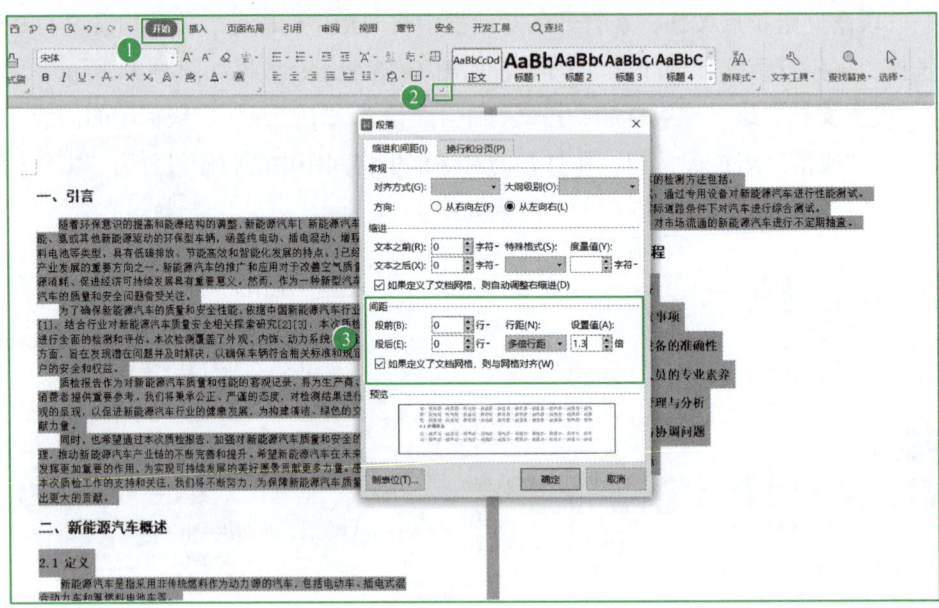

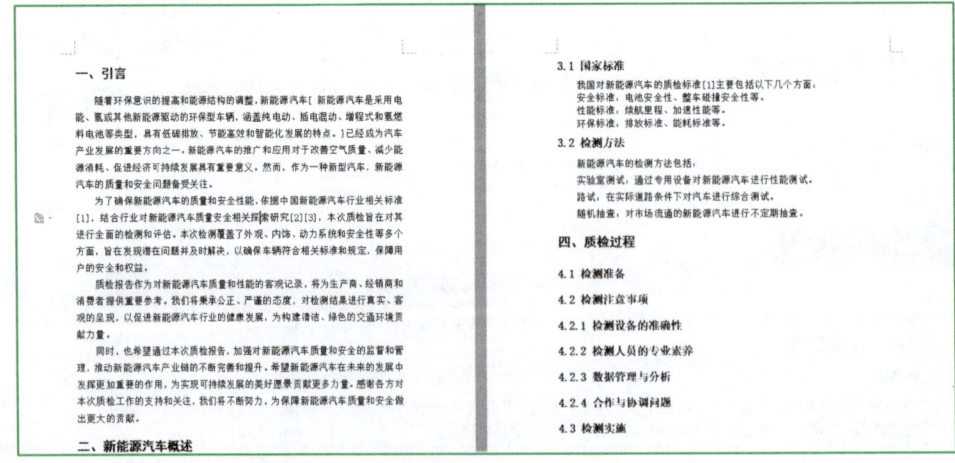

图 1-56 “1.3 倍”间距设置效果

自主探究

　　请使用其他文本或者段落，测试文本中多种行距来练习文本的编排效果。

1.2.2　引用工具的应用

　　在学术写作和专业文档编制过程中，引用功能是一种关键工具，用于管理文献、注释、脚注、尾注和目录等元素。WPS 文字中的引用功能对于需要严格遵守引用规范的文档类型，如学术研究、法律文件和科学报告等至关重要，其不仅简化了引用文献的管理，提高了文档的专业性和可信度，还维护了学术诚信。本节将通过使用 WPS 文字中的引用工具为质检报告插入脚注与引用，效果如图 1-57 所示，具体要求如下：

微课 1-7
应用引用
工具

　　① 使用脚注功能来提供对正文内容的补充说明或引用来源。
　　② 使用引用功能标记相关政策、标准的来源。

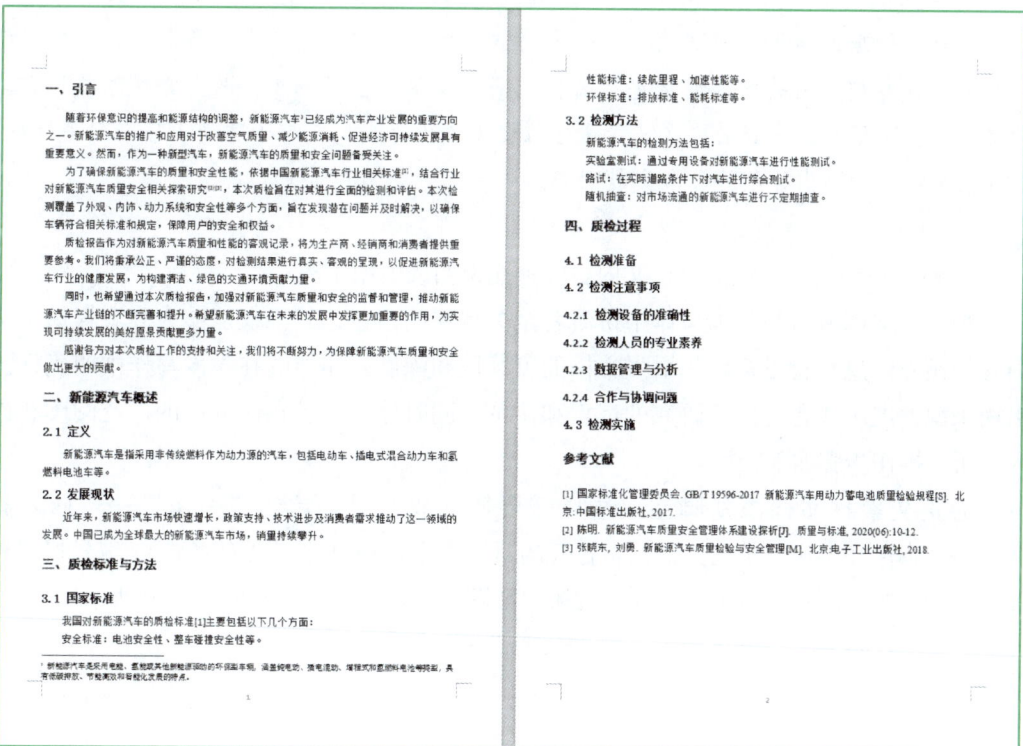

图 1-57　插入脚注及引用后正文效果图

➤ **知识技能点**

- 添加脚注
- 应用引用工具

 知识窗

脚　　注

脚注是文档中的一种注释形式，通常位于页面底部，用于对正文中的某些内容提供附加信息、解释、引用来源或参考资料等。脚注通过特定的标记（如数字、符号或缩写）与正文中的相应内容相连接，使读者能够在需要时可方便地查阅相关信息。

对脚注的使用有助于维护学术诚信，确保引用的准确性和完整性，同时也有助于提升文档的专业性和可读性。在撰写文档时，作者应根据需要合理使用脚注，并遵循相应的格式和规范要求。

参考文献引用

参考文献引用的定义是指在学术写作、研究论文、书籍等文档中，作者为了支持自己的观点、数据或结论，而明确标注并引用他人已发表的研究成果、数据、观点或理论的行为。这些被引用的内容通常包括书籍、期刊文章、会议论文、网页资料等各种类型的文献。在引用时，作者需要在文内适当位置（如段落末尾或句子旁边）插入引用标记，并在文末或文后列出详细的参考文献列表，以便读者查阅和验证。

1. 使用脚注功能来提供对正文内容的补充说明或引用来源

脚注在文档编辑和学术写作中扮演着至关重要的角色，其不仅能够为读者提供正文内容的额外信息和背景资料，增强文档的可读性和深度，还能够在学术写作中明确标注引用来源，展示作者对前人研究的尊重和认可，同时体现自己在研究中的广泛阅读和深入分析，操作步骤如下：

为正文素材文档添加脚注。选择需要插入脚注处，单击"引用"→"插入脚注"→"脚注和尾注"扩展按钮，在打开的对话框中选择脚注"页面底端"，编号格式选择"1，2，3，……"，单击"插入"按钮，如图1-58所示，效果如图1-59所示。

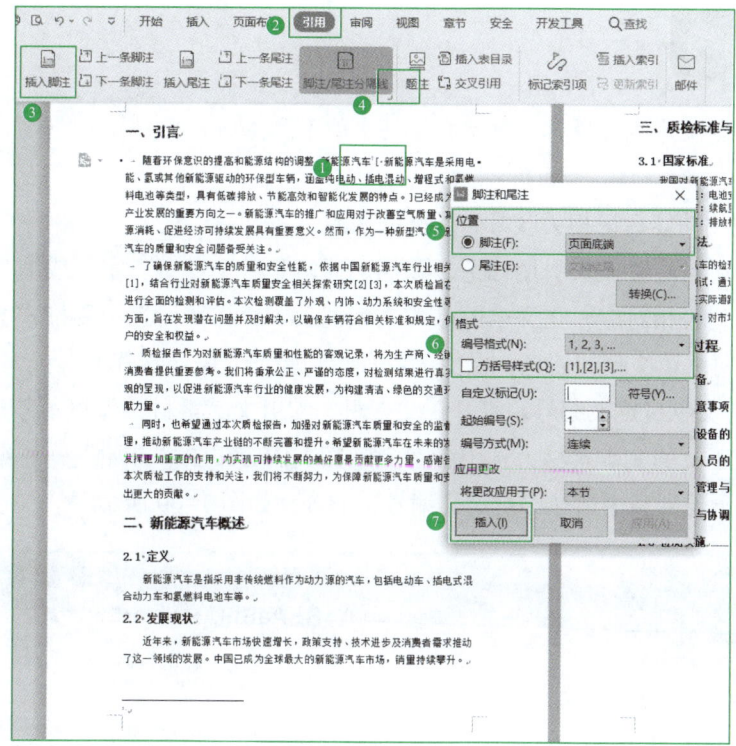

图 1-58　插入"脚注"步骤

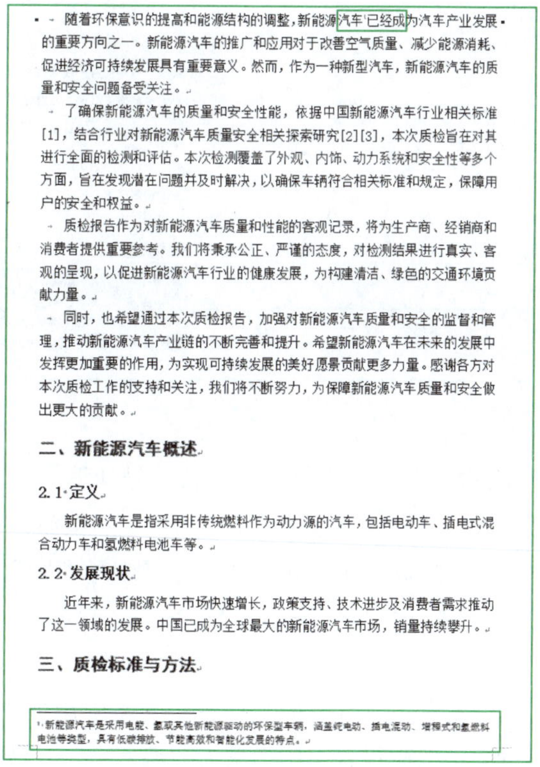

　　　随着环保意识的提高和能源结构的调整,新能源汽车已经成为汽车产业发展的重要方向之一。新能源汽车的推广和应用对于改善空气质量、减少能源消耗、促进经济可持续发展具有重要意义。然而,作为一种新型汽车,新能源汽车的质量和安全问题备受关注。

　　　为确保新能源汽车的质量和安全性能,依据中国新能源汽车行业相关标准[1],结合行业对新能源汽车质量安全相关探索研究[2][3],本次质检旨在对其进行全面的检测和评估。本次检测覆盖了外观、内饰、动力系统和安全性等多个方面,旨在发现潜在问题并及时解决,以确保车辆符合相关标准和规定,保障用户的安全和权益。

　　　质检报告作为对新能源汽车质量和性能的客观记录,将为生产商、经销商和消费者提供重要参考。我们将秉承公正、严谨的态度,对检测结果进行真实、客观的呈现,以促进新能源汽车行业的健康发展,为构建清洁、绿色的交通环境贡献力量。

　　　同时,也希望通过本次质检报告,加强对新能源汽车质量和安全的监督和管理,推动新能源汽车产业链的不断完善和提升。希望新能源汽车在未来的发展中发挥更加重要的作用,为实现可持续发展的美好愿景贡献更多力量。感谢各方对本次质检工作的支持和关注,我们将不断努力,为保障新能源汽车质量和安全做出更大的贡献。

二、新能源汽车概述

2.1 定义

　　　新能源汽车是指采用非传统燃料作为动力源的汽车,包括电动车、插电式混合动力车和氢燃料电池车等。

2.2 发展现状

　　　近年来,新能源汽车市场快速增长,政策支持、技术进步及消费者需求推动了这一领域的发展。中国已成为全球最大的新能源汽车市场,销量持续攀升。

三、质检标准与方法

---

[1] 新能源汽车是采用电能、氢或其他新能源驱动的环保型车辆,涵盖纯电动、插电混动、增程式和氢燃料电池等类型,具有低碳排放、节能高效和智能化发展的特点。

图 1-59　插入"脚注"效果图

自主探究

请使用其他文本或者段落，测试在文档中使用脚注的效果。

2. 使用引用功能标记相关政策、标准的来源

在正文的适当位置插入引用标记，该标记通常是一个数字、字母或缩写，用于与文末的参考文献列表相对应。在文末的参考文献列表中，按照所选引用格式的要求，详细列出所引用的每一篇文献的信息，以便读者查阅和验证，操作步骤如下：

1）为参考文献自定义编号。打开正文素材、参考文献素材，先将参考文献的文本素材全部复制到正文的文本素材，选中参考文献相关内容单击"开始"→"编号"下拉按钮，在弹出的下拉列表中选择"自定义编号"命令，如图1-60所示。

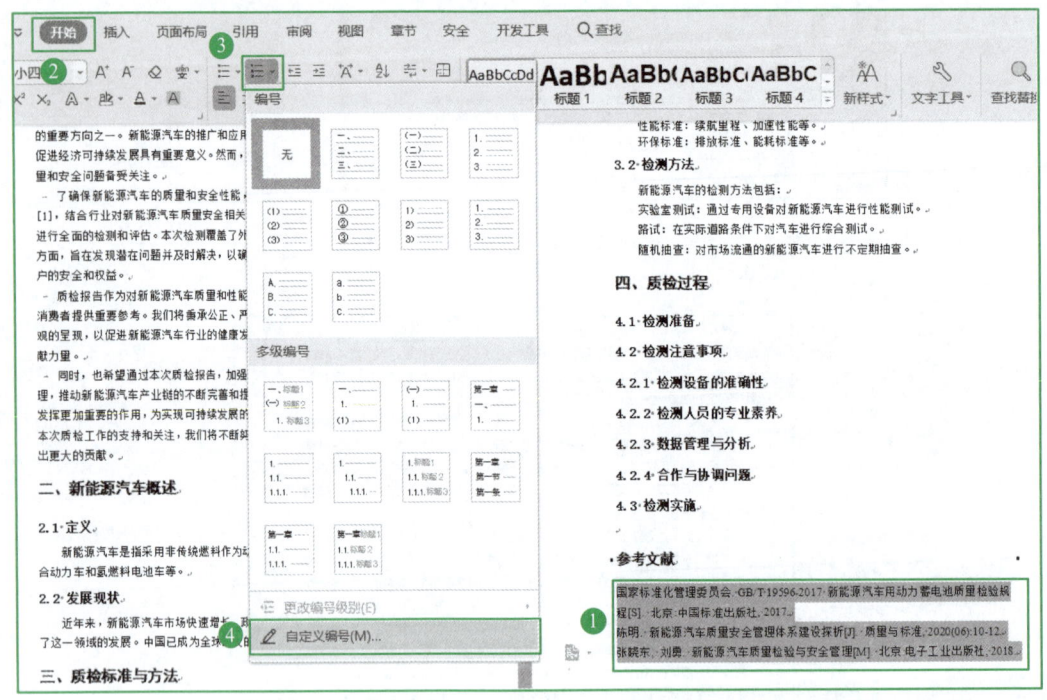

图1-60 "自定义编号"步骤

2）选中自定义编号相关模板。在打开的"项目符号和编号"对话框中选择"编号"选项卡，选择相关编号样式，在列表编号中单击"自定义"按钮，如图1-61所示。

3）设置自定义编号相关模板。在打开的"自定义编号列表"对话框中，编辑"编号格式"为"［①］"，编号样式设置为"1，2，3…"，起始编号为"1"，如图1-62所示，效果如图1-63所示。

4）为正文文段添加交叉引用。将鼠标光标置于交叉引用处，单击"引用"→"交叉引用"按钮，在打开的对话框中设置引用类型为"编号项"，设置引用内容为"段落编号"，如图1-64所示，效果如图1-65所示。

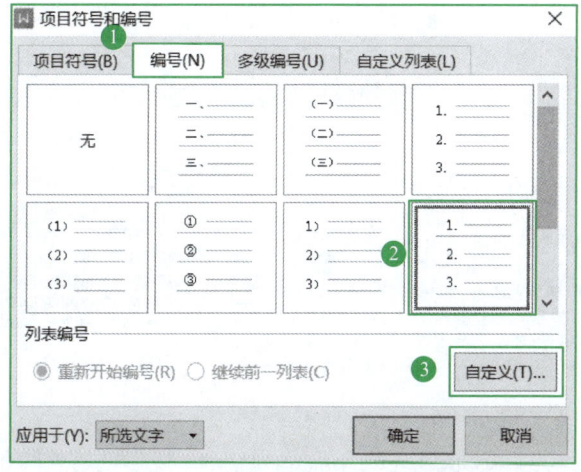

图 1-61　选中“自定义编号”模板

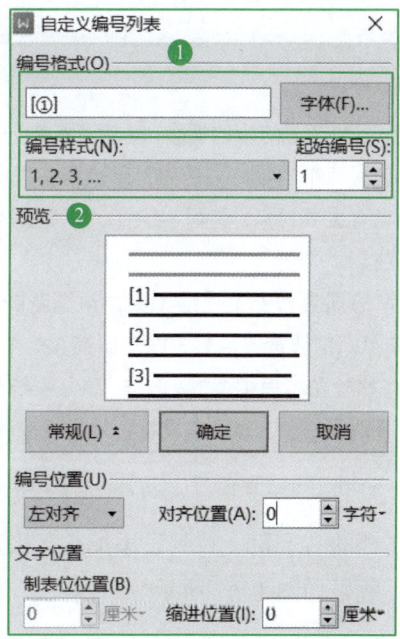

图 1-62　设置“参考文献”模板

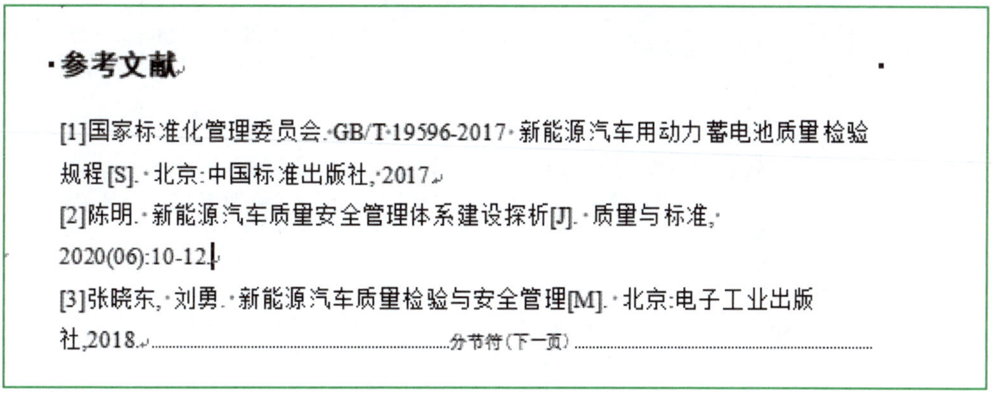

参考文献

[1]国家标准化管理委员会. GB/T 19596-2017 新能源汽车用动力蓄电池质量检验规程[S]. 北京:中国标准出版社, 2017

[2]陈明. 新能源汽车质量安全管理体系建设探析[J]. 质量与标准, 2020(06):10-12

[3]张晓东, 刘勇. 新能源汽车质量检验与安全管理[M]. 北京:电子工业出版社,2018.

分节符(下一页)

图 1-63　设置“参考文献”效果

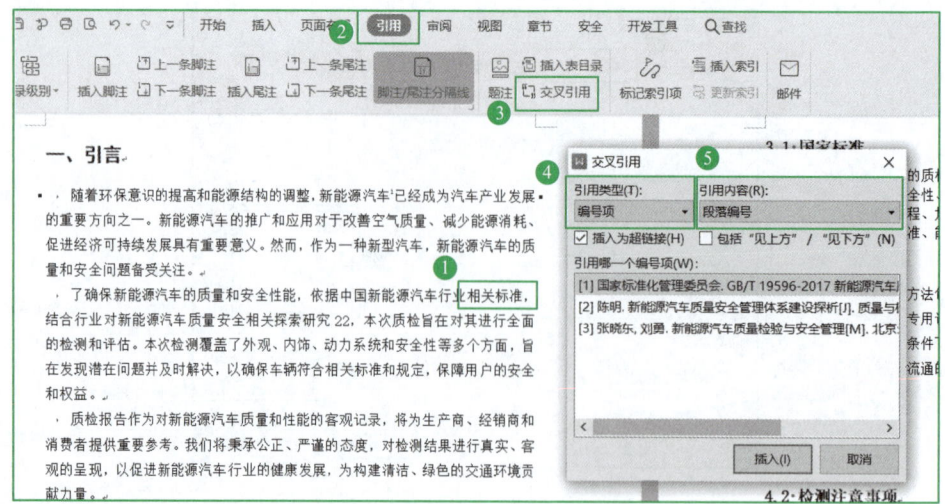

图 1-64　设置"交叉引用"步骤

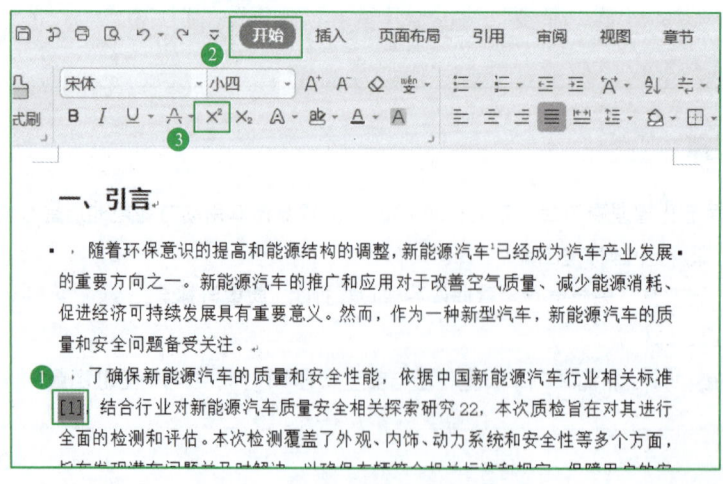

图 1-65　设置"交叉引用"效果

5）将交叉引用放置在文档的右上角。找到已添加交叉引用处，单击"开始"→"上标"按钮，如图 1-66 所示，效果如图 1-67 所示。

图 1-66　设置"交叉引用"上标步骤

一、引言

■　，随着环保意识的提高和能源结构的调整，新能源汽车[1]已经成为汽车产业发展 ■
的重要方向之一。新能源汽车的推广和应用对于改善空气质量、减少能源消耗、
促进经济可持续发展具有重要意义。然而，作为一种新型汽车，新能源汽车的质
量和安全问题备受关注。

　　，了确保新能源汽车的质量和安全性能，依据中国新能源汽车行业相关标准[1]，
结合行业对新能源汽车质量安全相关探索研究，本次质检旨在对其进行全面的检
测和评估。本次检测覆盖了外观、内饰、动力系统和安全性等多个方面，旨在发
现潜在问题并及时解决，以确保车辆符合相关标准和规定，保障用户的安全和权
益。

图 1-67　设置"交叉引用"上标效果

自主探究

　　选择一段文本或一个段落，利用文档编辑软件中的引用功能，在引用他人观点的地
方自动插入引用标记；接着在文档的末尾部分，根据所需的学术格式创建并格式化参考
文献列表，以确保遵循学术规范并保持学术诚信。

1.2.3　附件的排版

　　表格可以用于整理和呈现各种数据、信息对比、实验结果等内容。
表格将信息以行列的形式进行排列，避免了文字叙述中可能出现的混乱
和冗长情况。通过对表格进行美化设置，如添加边框、底纹、背景颜色
等，可以使表格在文档中更加突出和美观，与文档的整体风格相协调，
以增强文档的视觉吸引力和阅读体验。本节通过在质检报告中使用表格，
并完成质检报告附件Ⅰ、附件Ⅱ的排版，效果如图 1-68 和图 1-69 所示，具体要求如下：

微课 1-8
附件的排版

　　① 在正文结尾处插入分页符。

　　② 使用表格完成附件Ⅰ的协助排版。

　　③ 在附件Ⅱ插入横向空白页。

　　④ 使用表格完成附件Ⅱ的协助排版。

附件 I：车辆质量检测报告

车辆质量检测报告		编号：
车型配置：	表显里程（万公里）：	
VIN 码：	抵押状态（是，否）：	
注册日期：	过户次数：	
使用性质：	排放标准：	

车辆保险情况确认		
保险单：	□交强险 到期时间（　　　　） □商业险 到期时间（　　　　　）	
外观件： 划伤〇 普喷〇 钣喷〇	**内饰件：** 磨损〇 破损〇 部件缺失〇	
骨架件： 变形〇 钣金修复〇 切割更换〇		

查验车况		
发动机检查：	□无异常☑异常	变速箱检查：	□无异常□异常
安全气囊检查：	□无异常□异常	空调检查：	□无异常□异常
前后灯光检查：	□无异常□异常	中控显示屏检查：	□无异常□异常
机油液面检测：	□正常□缺失	刹车油液面检查：	□正常□缺失
防冻液检查：	□正常□缺失	轮胎气压检查：	□正常□缺失
助力液面检查：	□正常□缺失	底盘是否有明显油迹：	□是□否
电池检查：	□正常□缺失	随车钥匙：	（　　）把
车辆备胎：	□有 □无	行车工具（千斤顶&轮胎扳手&防盗螺丝套筒等）：	□有 □无
备注：	**评级：**_____ 综合车况：（95优秀，80良好，65一般，35较差） 等级：（A 主结构，加强件覆盖件无任何损伤。B 主结构无损伤，加强件有轻微伤，覆盖件有变形修复。C 主结构有轻微损伤，	

质量检测员确认签字	检测师：	日期/时间： 　年　月　日

3

图 1-68　附件 I 效果

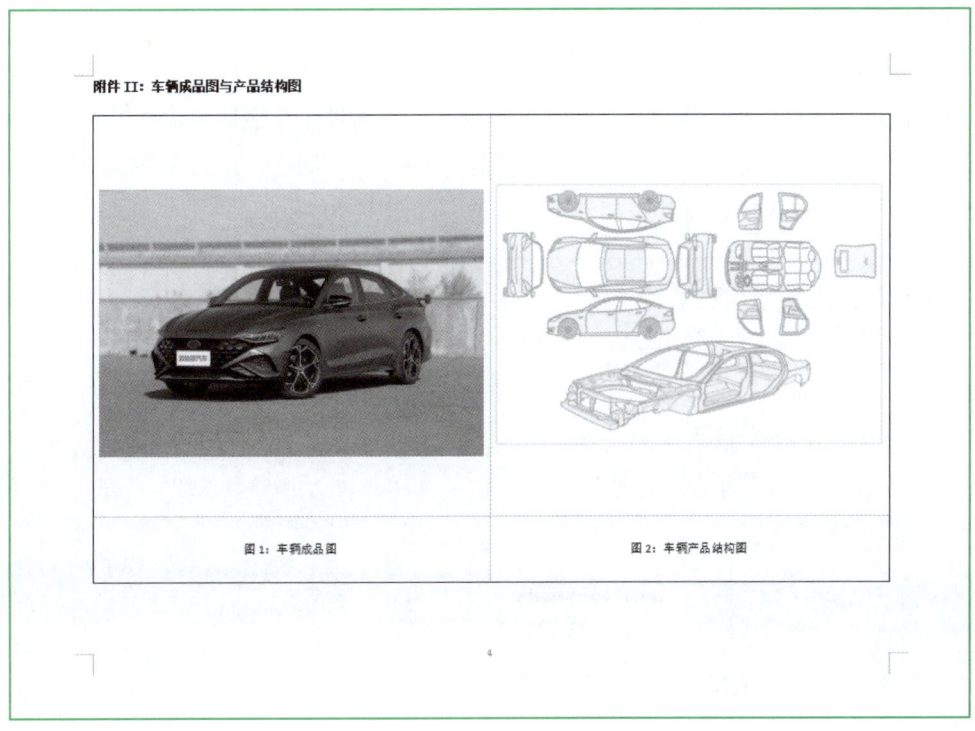

图 1-69　附件 II 效果

➤ **知识技能点**

- 插入分页符
- 创建和编辑表格
- 调整表格样式
- 插入横向页面

 知识窗

分　页　符

在 WPS 文字中，分页符是文档排版过程中一个极为重要的工具，它允许用户对文档内容的分页位置进行精确控制，从而极大地提升了文档的专业性和可读性。通过使用分页符，用户不仅能够确保文档中的关键部分如章节标题、节标题，或是独立的部分，如附录或参考文献等从新的一页开始，还能避免自动分页可能带来的内容割裂问题，以确保文档的逻辑结构更加清晰且条理分明。

WPS 文字还提供了快捷键 Ctrl+Enter 作为快速插入换页符的方法，极大地方便了用户的日常操作。同时，如果想要查看文档中已有的换页符位置，可以通过显示非打印字符的功能来实现；而要删除不需要的换页符，则只需将光标置于其前或后按 Delete 或 Backspace 键即可完成。

1. 插入分页符完成附件页与正文的分页

操作步骤如下：

1）在正文素材中插入附件Ⅰ并修改文字样式。将附件Ⅰ车辆质量检测报告文本素材的文字复制粘贴进正文，将字体修改为"黑体"、字号为"小三"，设置段前段后间距为"0.5 行"、间距为 1.3 倍，将其添加到正文素材，如图 1–70 所示。

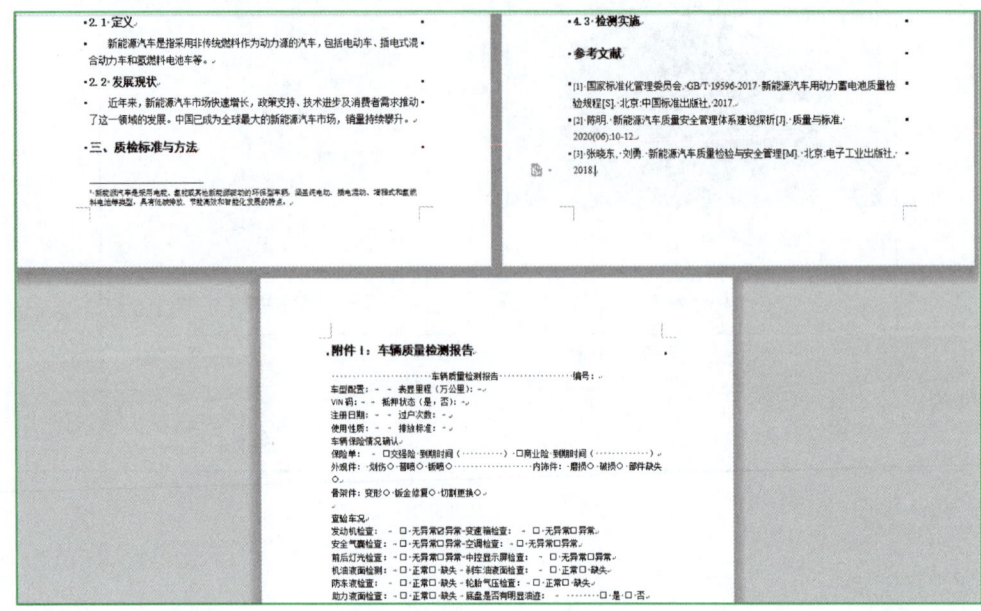

图 1–70　将附件Ⅰ添加到正文中

2）为正文与附件Ⅰ添加换页符。将光标放置在正文结尾处，单击"插入"→"分页"下拉按钮，在弹出的下拉列表中选择"分页符"命令，如图 1–71 所示。

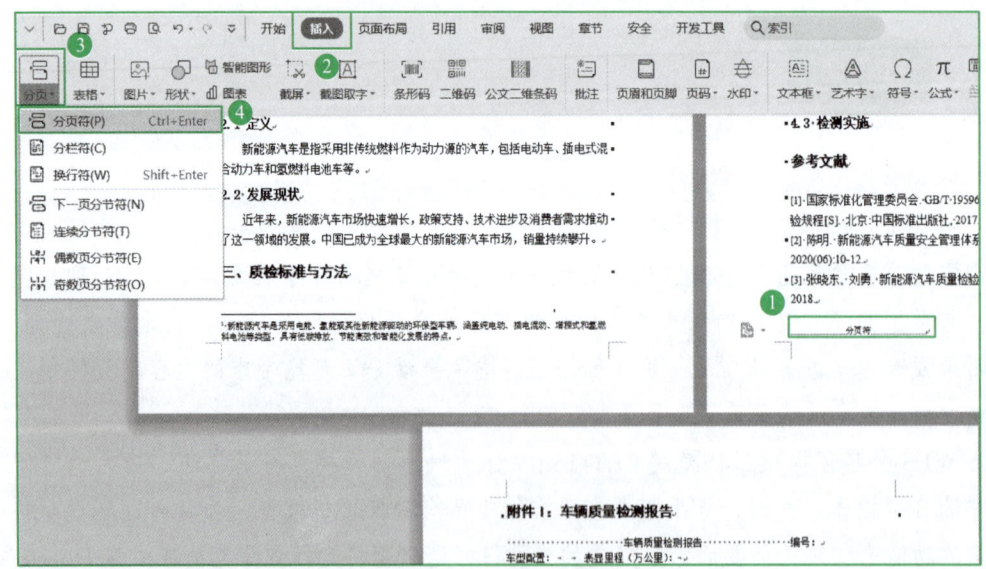

图 1–71　将附件Ⅰ添加到正文中

自主探究

请选择另一段文本或数据，应用分页符进行分页，以此美化整个文档。

2. 使用表格协助排版

表格是组织和展示数据的有效方式。无论是简单的数据列表、复杂的统计数据，还是详细的日程安排，表格都能帮助用户清晰地呈现信息。通过表格，用户可以轻松地对数据进行分类、排序和比较，从而更直观地理解数据之间的关系和趋势，操作步骤如下：

1）为附件 I 插入表格。选中附件 I 内容，单击"插入"→"表格"下拉按钮，在弹出的下拉列表中选择"文本转换成表格"命令，在打开的对话框中设置表格尺寸列数为"4"、行数为"20"，如图 1–72 和图 1–73 所示，效果如图 1–74 所示。

2）合并多余单元格。选择需要合并的单元格，单击"表格工具"→"合并单元格"按钮，如图 1–75 所示，效果如图 1–76 所示。

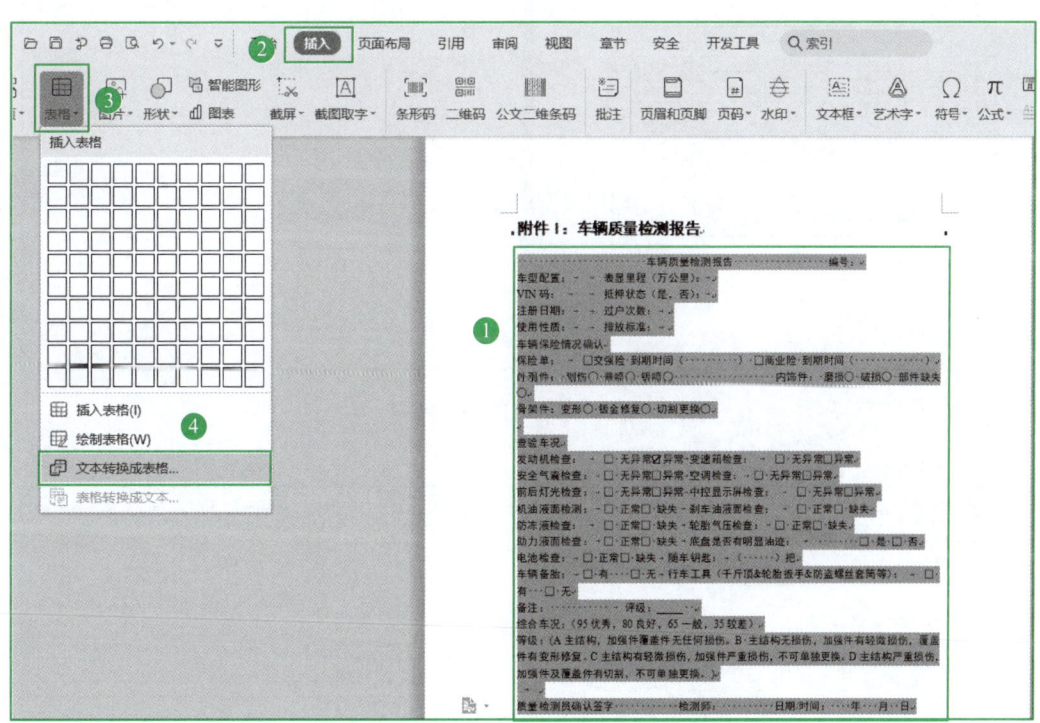

图 1–72　文本转换成表格步骤

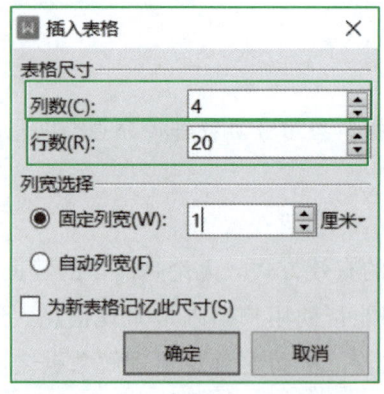

图 1-73　文本转换成表格步骤（续）

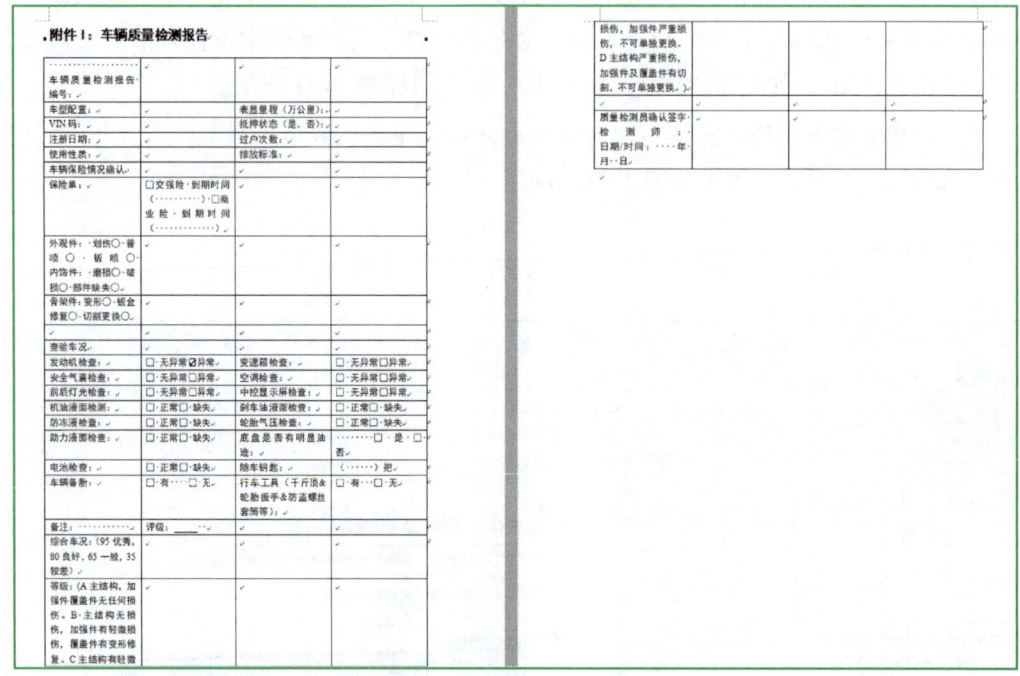

图 1-74　文本转换成表格效果

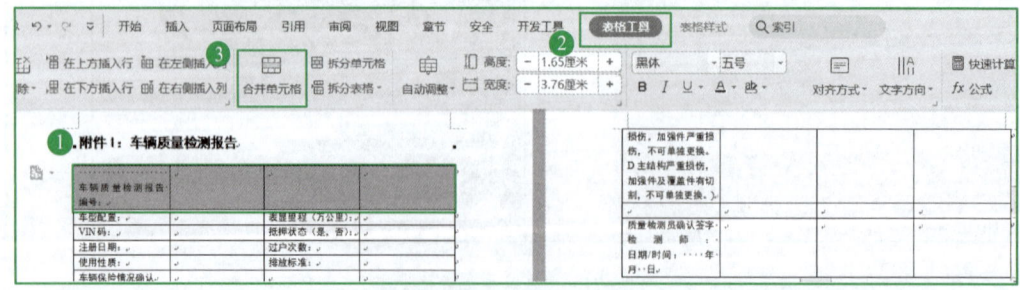

图 1-75　合并多余单元格

附件 I：车辆质量检测报告

车辆质量检测报告		编号：	
车型配置：		表显里程（万公里）：	
VIN 码：		抵押状态（是，否）：	
注册日期：		过户次数：	
使用性质：		排放标准：	
车辆保险情况确认			
保险单：	□ 交强险·到期时间（…………）·□商业险·到期时间（…………）		
外观件：·划伤〇·普喷〇·钣喷〇　　　　　内饰件：·磨损〇·破损〇·部件缺失〇			
骨架件：变形〇·钣金修复〇·切割更换〇			
查验车况			
发动机检查：	□·无异常☑异常	变速箱检查：	□·无异常□异常
安全气囊检查：	□·无异常□异常	空调检查：	□·无异常□异常
前后灯光检查：	□·无异常□异常	中控显示屏检查：	□·无异常□异常
机油液面检测：	□·正常·□·缺失	刹车油液检查：	□·正常·□·缺失
防冻液检查：	□·正常·□·缺失	轮胎气压检查：	□·正常·□·缺失
助力液面检查：	□·正常·□·缺失	底盘是否有明显油迹：	…………□·是·□·否
电池检查：	□·正常·□·缺失	随车钥匙：	（……）把
车辆备胎：	□·有···□·无	行车工具（千斤顶&轮胎扳手&防盗螺丝套筒等）：	□·有···□·无
备注：…………		评级：_____ 综合车况：（95 优秀，80 良好，65 一般，35 较差） 等级:(A 主结构，加强件覆盖件无任何损伤。B·主结构无损伤，加强件有轻微损伤，覆盖件有变形修复。C 主结构有轻微损伤，加强件严重损伤，不可单独更换。D 主结构严重损伤，加强件及覆盖件有切割，不可单独更换。)	
质量检测员确认签字…………检测师：…………日期/时间：····年··月··日			

图 1-76　合并多余单元格效果

3）删除多余空行。选中需要删除的空行，单击"表格工具"→"删除"下拉按钮，在弹出的下拉列表中选择"行"命令，如图 1-77 所示，效果如图 1-78 所示。

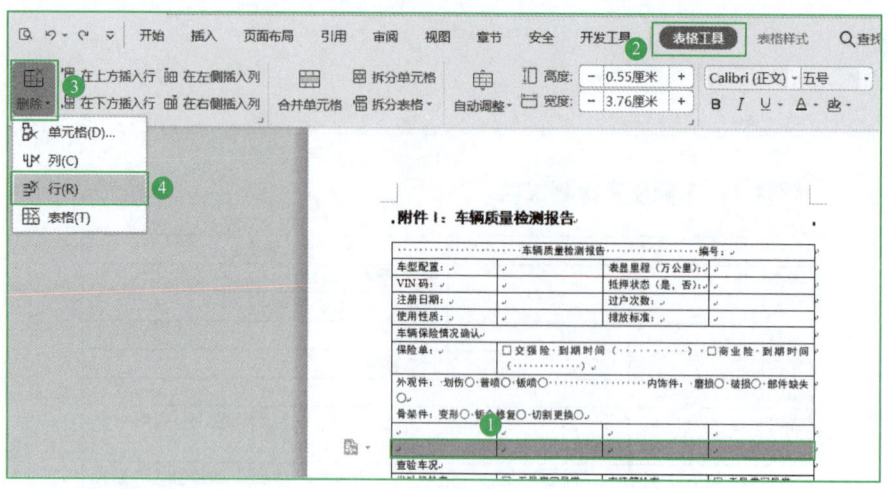

图 1-77　删除多余空行

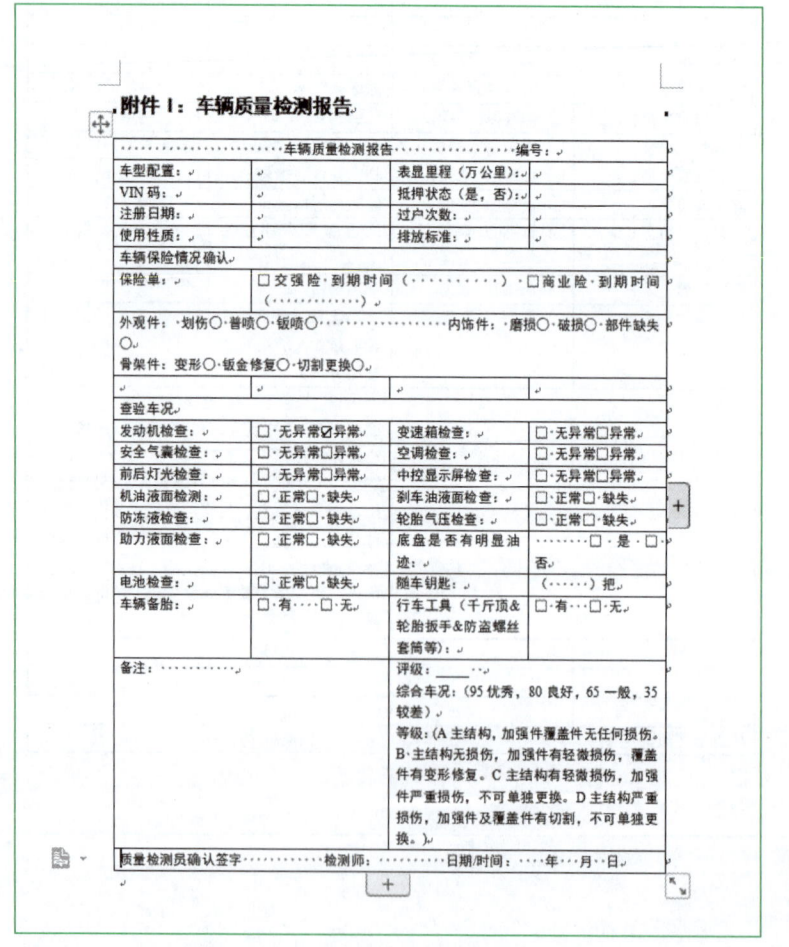

图 1-78　删除多余空行效果

4）设计表格小标题样式。选中表格小标题，单击"表格工具"→"加粗"按钮，设置行高为"1.14厘米"，单击"对齐方式"下拉按钮，在弹出的下拉列表中选择"水平居中"命令，单击"表格样式"→"底纹"下拉按钮，在弹出的下拉列表中选择"灰色"选项，如图1-79和图1-80所示，效果如图1-81所示。

5）加粗表格内必填选项。选中需要加粗的内容，单击"表格工具"→"加粗"按钮，如图1-82所示。

6）手动调整非重要部分样式。在"表格工具"选项卡中将第2行～第5行调整高度为"0.90厘米"；第7行为"1.10厘米"；第8行为"0.16厘米"；第10行～第17行为"0.90厘米"。单击"表格样式"→"对齐方式"下拉按钮，在弹出的下拉列表中选择"中部两端对齐"命令，如图1-83和图1-84所示。

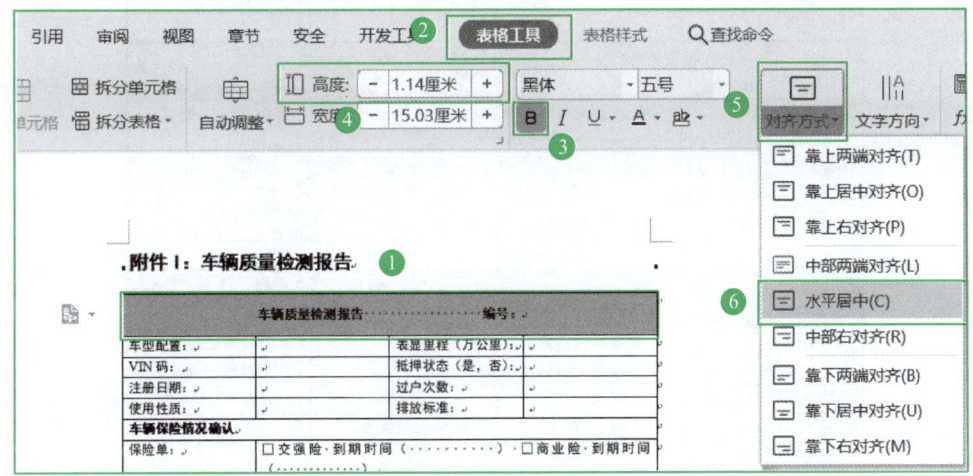

图 1-79　设计表格内小标题样式1

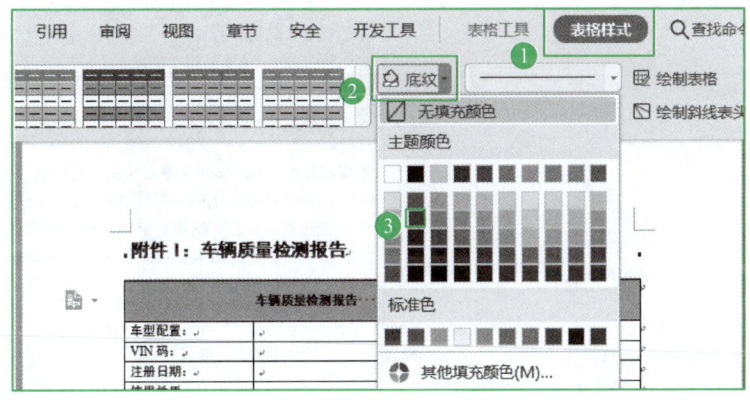

图 1-80　设计表格内小标题样式2

附件 I：车辆质量检测报告

车辆质量检测报告		编号：	
车型配置：		表显里程（万公里）：	
VIN码：		抵押状态（是，否）：	
注册日期：		过户次数：	
使用性质：		排放标准：	
车辆保险情况确认			
保险单：	□ 交强险·到期时间（·········）·□ 商业险·到期时间（··········）·		
外观件：·划伤○ 普喷○ 钣喷○·····················内饰件：·磨损○ 破损○·部件缺失○·			
骨架件：·变形○·钣金修复○·切割更换○·			
查验车况			
发动机检查：	□·无异常☑异常	变速箱检查：	□·无异常□异常
安全气囊检查：	□·无异常□异常	空调检查：	□·无异常□异常
前后灯光检查：	□·无异常□异常	中控显示屏检查：	□·无异常□异常
机油液面检测：	□·正常□·缺失	刹车油液面检查：	□·正常□·缺失
防冻液检查：	□·正常□·缺失	轮胎气压检查：	□·正常□·缺失
助力液面检查：	□·正常□·缺失	底盘是否有明显油迹：	·········□·是·□·否·
电池检查：	□·正常□·缺失	随车钥匙：	（······）把·
车辆备胎：	□·有···□·无·	行车工具（千斤顶&轮胎扳手&防盗螺丝套筒等）：	□·有···□·无·
备注：··········		评级：＿＿＿·· 综合车况：（95 优秀，80 良好，65 一般，35 较差）· 等级：(A 主结构，加强件覆盖件无任何损伤。B·主结构无损伤，加强件有轻微损伤，覆盖件有变形修复。C 主结构有轻微损伤，加强件严重损伤，不可单独更换。D 主结构严重损伤，加强件及覆盖件有切割，不可单独更换。).		
质量检测员确认签字·········检测师：·········日期/时间：··年··月··日·			

图 1-81　设计表格内小标题样式效果

3. 使用插入选项卡中的插入横向空白页完成附件 II

横向页面能够提供更宽的页面宽度，在阅读体验方面，有助于减少页面翻动次数，使长表格、图表等内容可以更完整地展示在同一个页面中，对于展示复杂数据、多栏内容、宽幅图表等有明显优势，具体操作步骤如下：

1）插入横向页面，编辑附件Ⅱ。打开正文素材、附件Ⅱ素材文档。在附件Ⅰ后单击"插入"→"空白页"下拉按钮，在弹出的下拉列表中选择"横向"命令，并将附件Ⅱ素材文档相关内容复制到横向页面，如图 1-85 所示，插入横向空白页效果如图 1-86 所示。

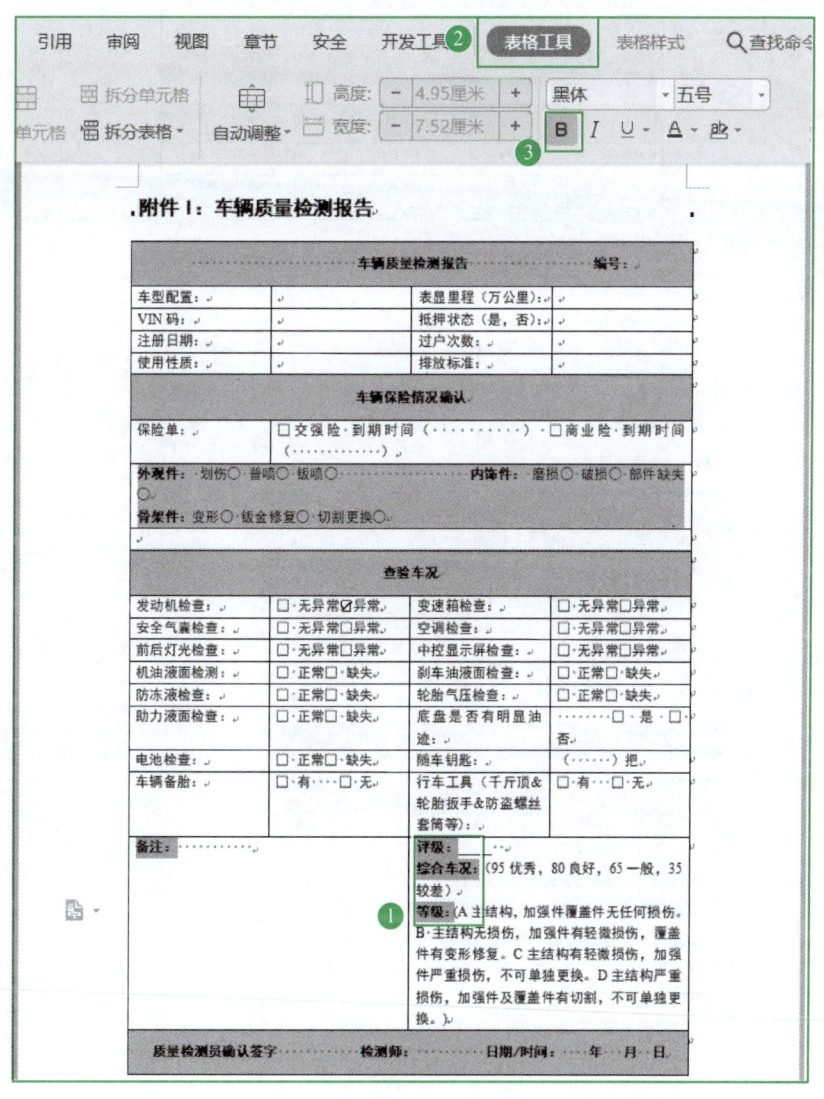

图 1-82　加粗表格内必填选项

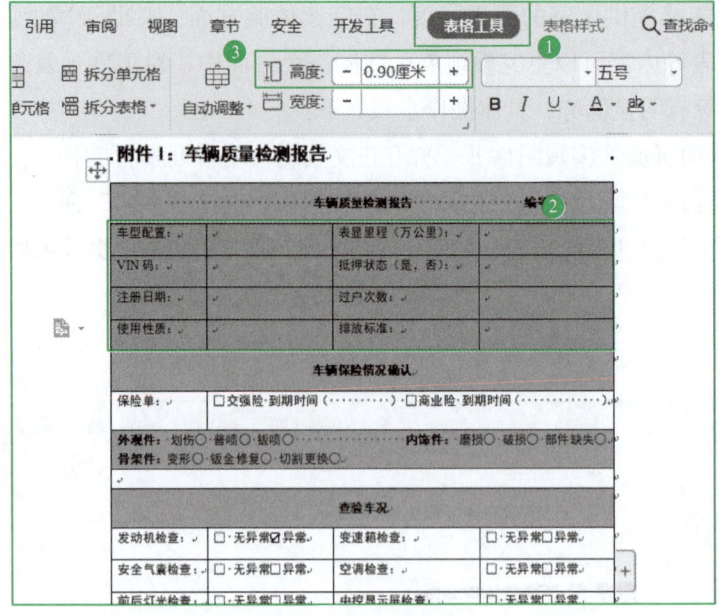

图 1-83 调整表格内非重要内容

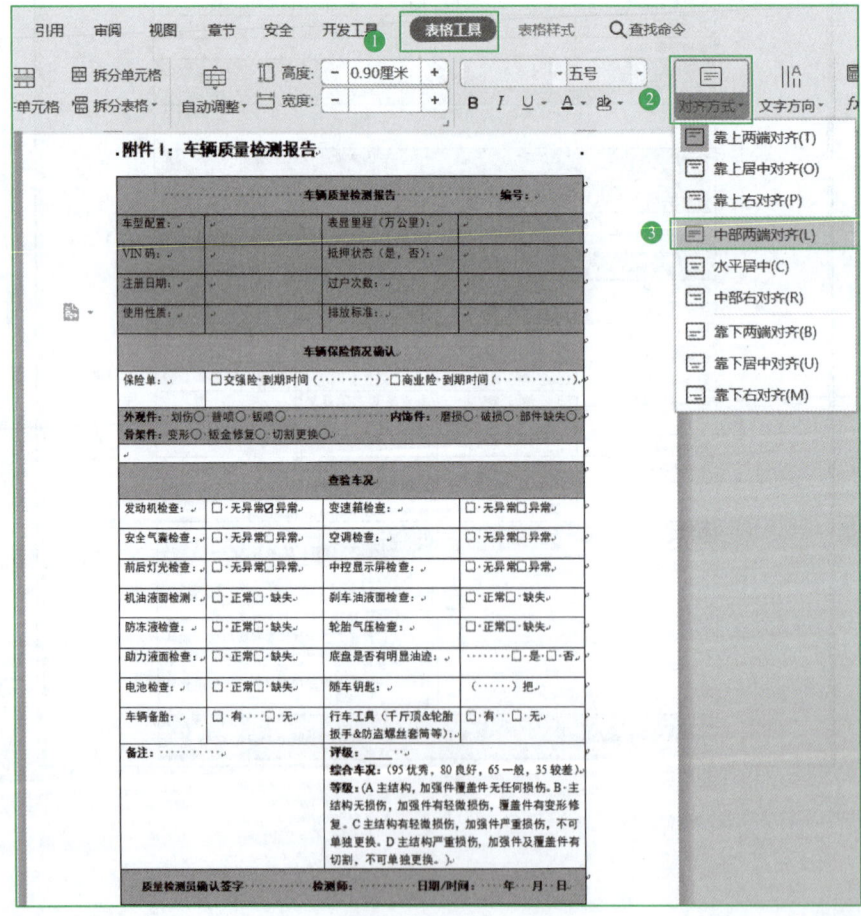

图 1-84 调整表格内非重要内容对齐方式

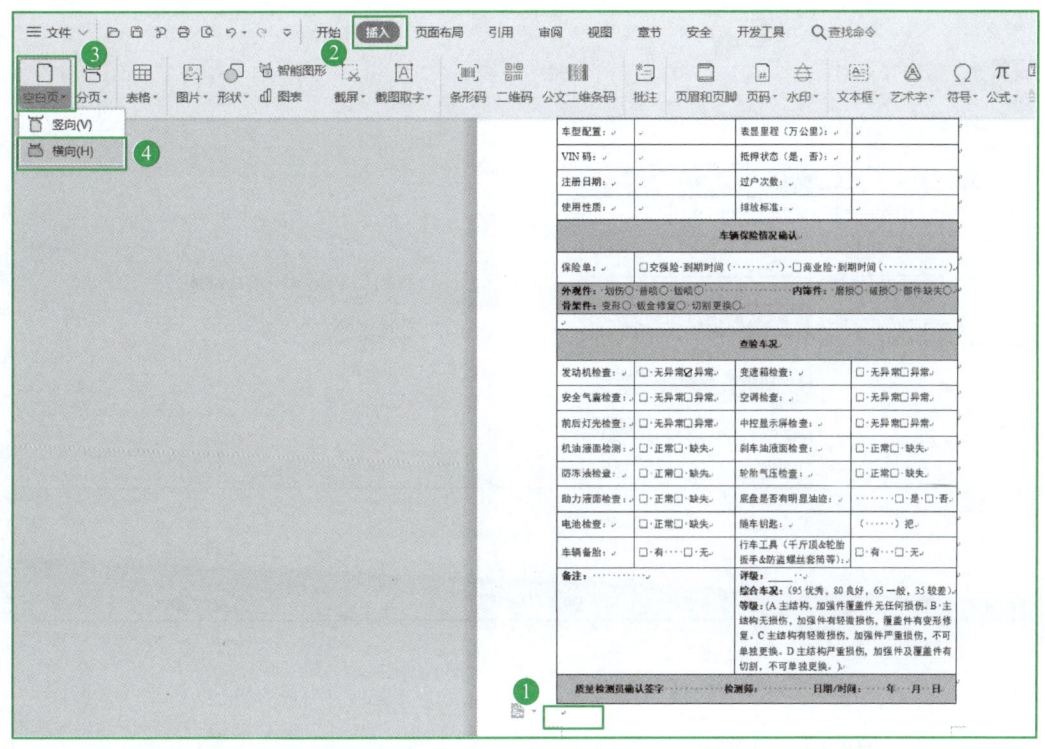

图 1-85　"插入横向空白页"步骤

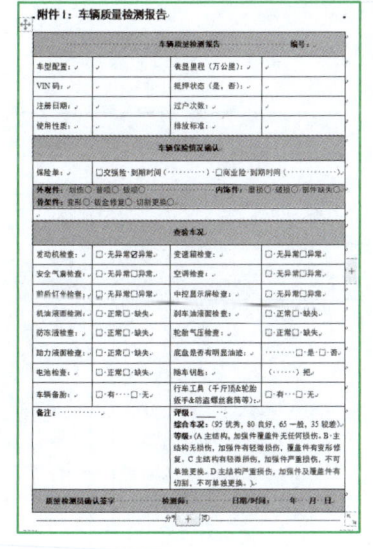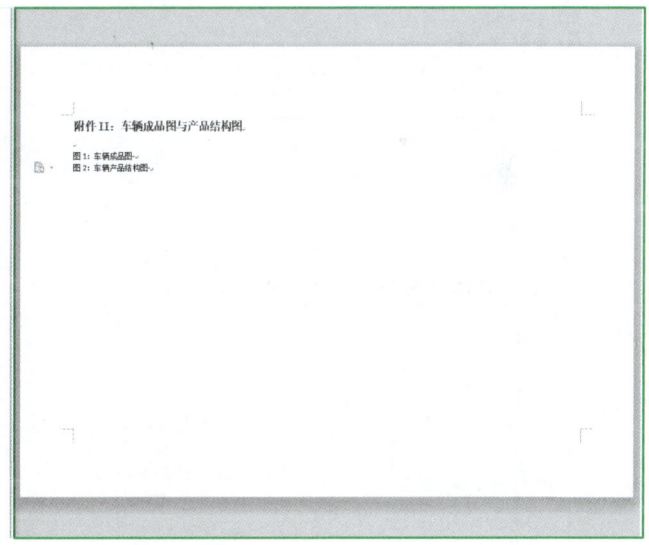

图 1-86　"插入横向空白页"效果

　　2）在附件 Ⅱ 中插入表格，同时展示多张大图片。打开上文已完成的正文素材文档，单击"插入"→"表格"下拉按钮，在弹出的下拉列表中选择"2 行 2 列表格"选项，如图 1-87 所示，效果如图 1-88 所示。

　　3）在表格内插入文字。将相关的文字内容插入表格，拖动表格，使得表格大小适合整个页面，效果如图 1-89 所示。

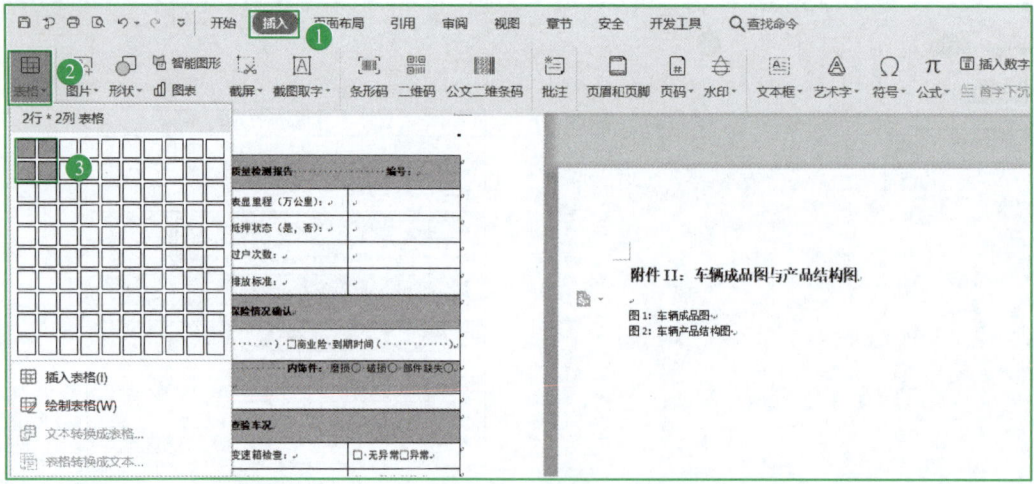

图 1-87　快速"插入表格"的实现

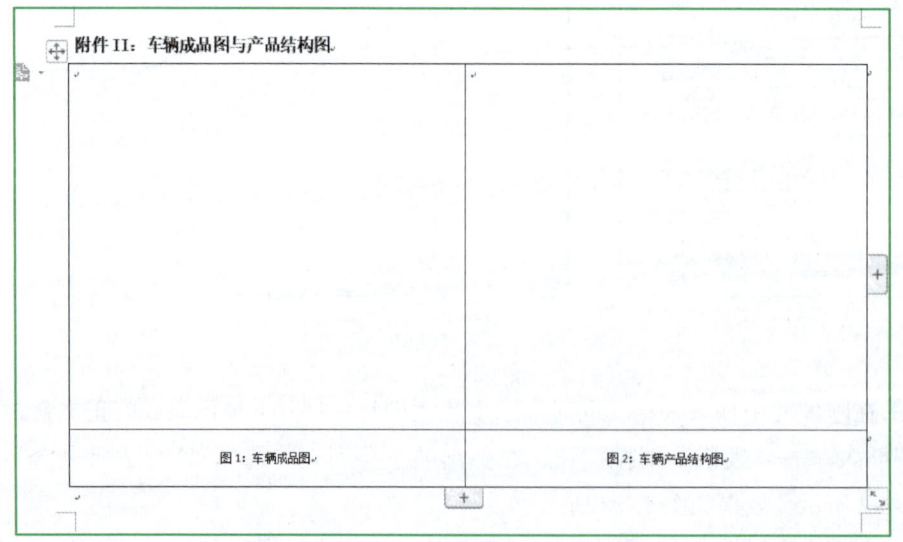

图 1-88　快速"插入表格"效果

图 1-89　文字"插入表格"

4）在附件Ⅱ表格中插入大图片。单击"插入"→"图片"按钮，在打开的对话框中插入图片；选中插入的图片，单击"表格工具"→"对齐方式"下拉按钮，在弹出的下拉列表中选择"水平居中"命令，如图 1-90 和图 1-91 所示，效果如图 1-92 所示。

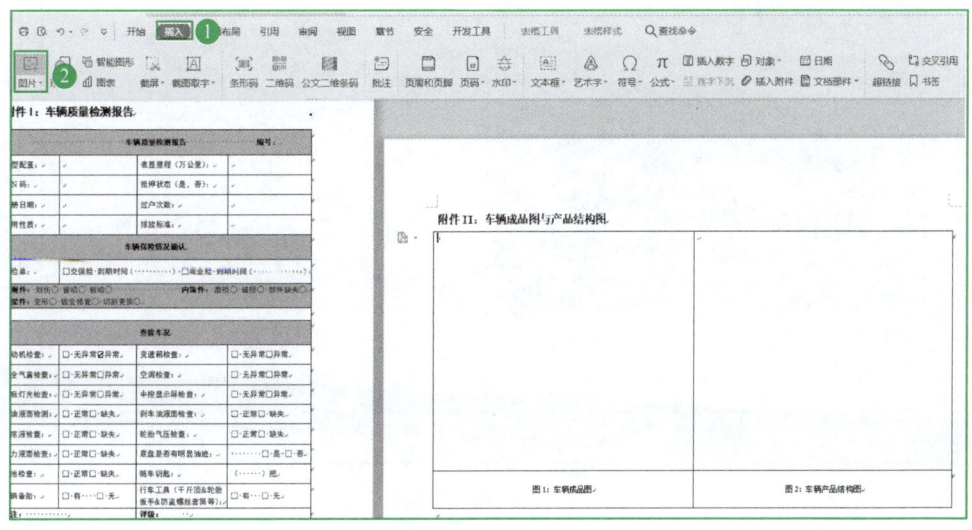

图 1-90　图片"插入表格"

图 1-91　图片"插入表格"样式设置

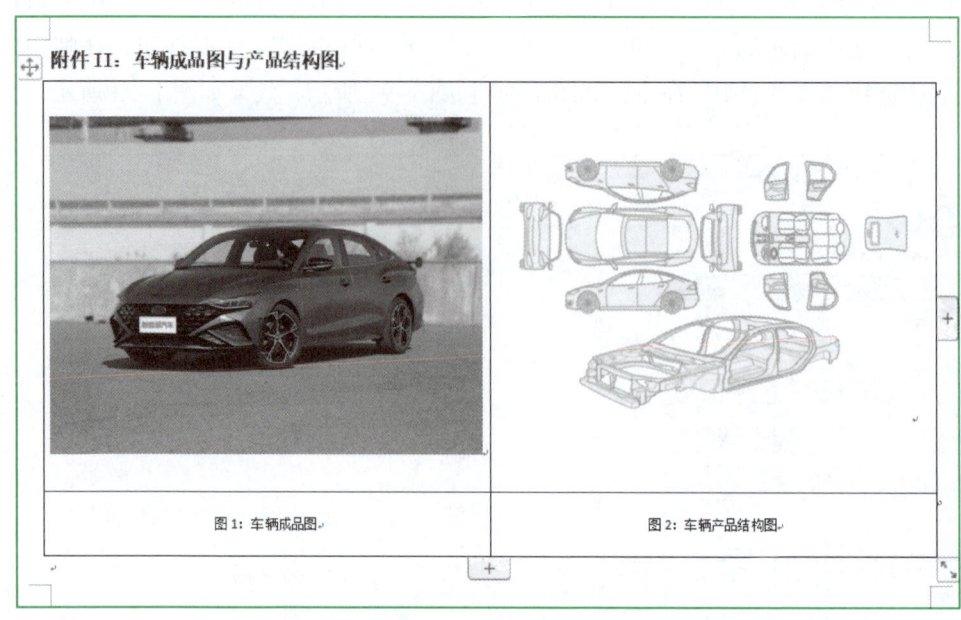

图 1-92　图片"插入表格"效果

5）设置表格边框。选中附件Ⅱ表格，单击"表格样式"→"边框"下拉按钮，在弹出的下拉列表中选择"内部框线"命令，从而去掉内部框线，如图 1-93 所示。

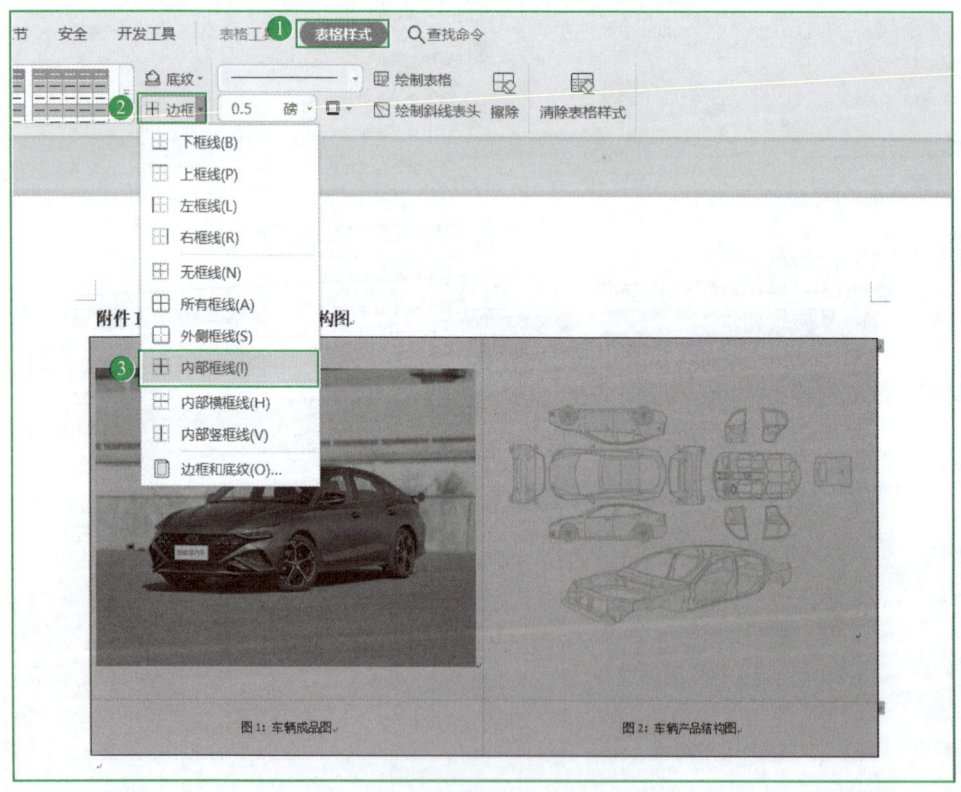

图 1-93　设置附件Ⅱ表格边框

1.2.4 目录的制作

在 WPS 文字中设计文档目录的方式可以通过多种方法实现，可利用 WPS 内置的功能来创建自动化的目录，也可以使用制表位来手动设置目录。制表位是 WPS 文字中的一项强大功能，其允许用户精确控制文本在页面上的水平位置，实现文本的整齐排列和格式化。通过设置制表位，可以创建类似于表格的效果，但比表格更加灵活，尤其适用于不需要单元格边框的情况。

微课 1-9
制作目录

制表位的另一个优点是节省空间。相比使用全尺寸的表格，制表位可以在同一行内安排更多的信息，因为不需要为每个单元格预留额外的空间。同时，它也提供了更多的格式化选项，如可以设置不同的对齐方式（左对齐、居中、右对齐、小数点对齐等），以及制表引导符（如线条、点或空格），用于帮助指示文本应如何对齐。本节通过使用制表位制作目录。

➢ 知识技能点
- 使用制表位快速对齐文本
- 设置制表位位置、对齐方式
- 使用制表符进行精确文本定位

  知识窗

制 表 位

制表位（Tab Stop）是 WPS 文字中用于精确控制文本对齐和排版的功能，其通过在文档中设置固定的位置点，使文本在按下 Tab 键时自动对齐到指定位置，从而实现复杂的排版效果。

使用制表位制作手动目录的操作步骤如下：

使用制表位制作手动目录。打开目录文本素材文档，单击"开始"→"段落"组扩展按钮，在打开的对话框中单击"制表位"按钮，在打开的"制表位"对话框中设置默认制表位为"2"，添加制表位位置为"38"字符，对齐方式为"左对齐"，前导符为"2……"，如图 1-94 和图 1-95 所示，效果如图 1-96 所示。

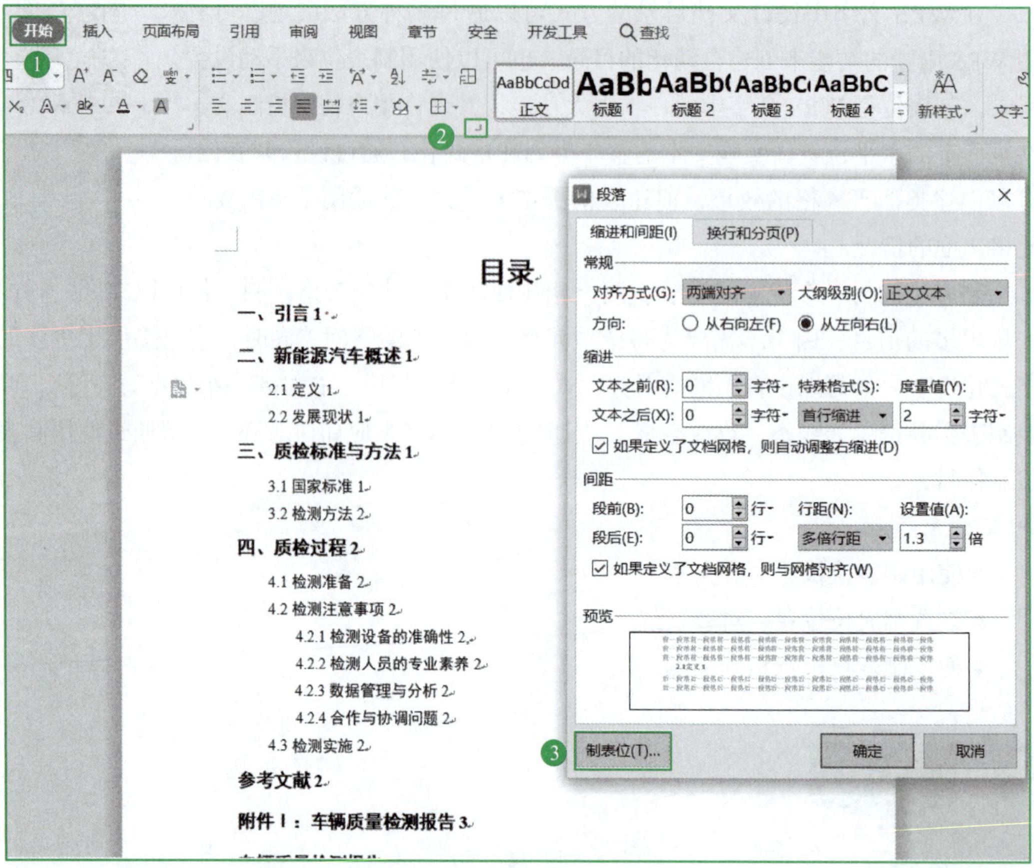

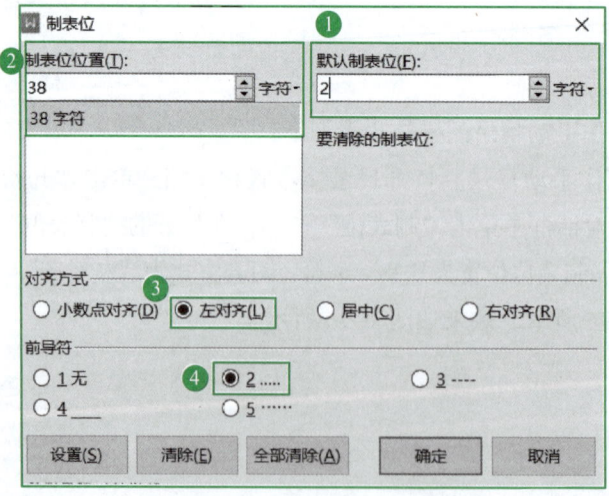

图 1-94　设置"制表位"步骤

图 1-95　设置"制表位"相关参数

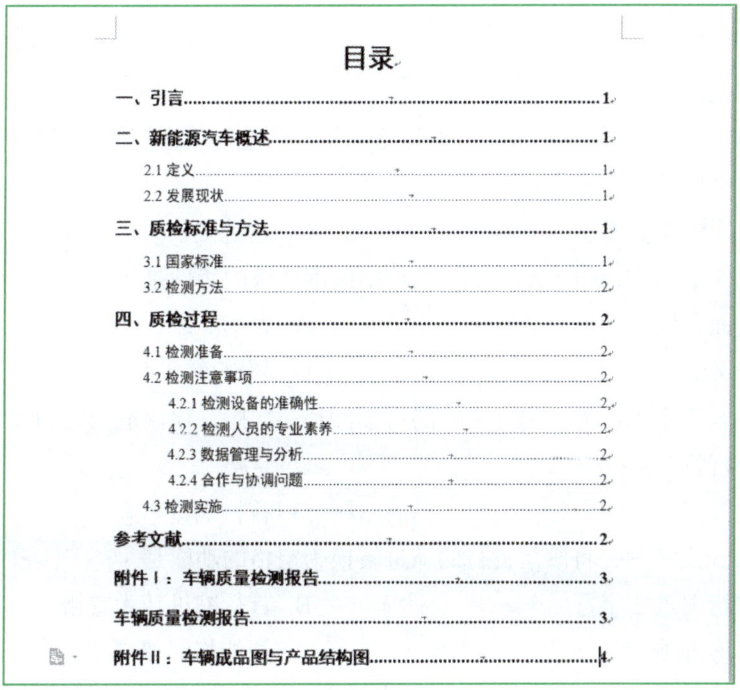

目录

一、引言..1
二、新能源汽车概述..1
2.1 定义..1
2.2 发展现状..1
三、质检标准与方法..1
3.1 国家标准..1
3.2 检测方法..2
四、质检过程..2
4.1 检测准备..2
4.2 检测注意事项..2
4.2.1 检测设备的准确性..2
4.2.2 检测人员的专业素养..2
4.2.3 数据管理与分析..2
4.2.4 合作与协调问题..2
4.3 检测实施..2
参考文献..2
附件Ⅰ：车辆质量检测报告..3
车辆质量检测报告..3
附件Ⅱ：车辆成品图与产品结构图..4

图 1-96　设置“制表位”效果

自主探究

选择一段文本进行制表位设置，然后利用 Tab 键实现各列文本的快速对齐，可以有效地提高文档排版的准确性和一致性。在实验过程中，可以学习到如何定义制表位、使用 Tab 键在预设点间导航，并最终达到整齐的文本布局效果。这种技巧在处理需要严格对齐的数据或列表时尤为有用，能够确保文档的专业外观和易于阅读的格式。

职业技能要求

职业技能要求见表 1-3。

表 1-3　任务 1.2 对应 WPS 办公职业技能等级认定要求（高级）

工作任务	职业技能要求
质检报告文档的快捷排版	① 能够使用文字工具整理文档格式； ② 能够使用段落布局按钮进行快捷排版； ③ 能够利用插入横向页面自动单独成节的功能； ④ 能够使用制表位快速对齐文本； ⑤ 能够使用表格协助排版； ⑥ 能够掌握文档的引用技巧，能够通过设置图表目录、交叉引用、超链接，能够添加参考文献、书签，能够制作索引等美化文档排版； ⑦ 能够应用模板，并掌握商务文档编写的规范

任务测试

一、单项选择题

1. 在 WPS 文字中，（   ）功能可以帮助用户快速优化文档的格式与布局。

    A. 段落重排   B. 插入表格

    C. 智能格式整理   D. 超链接

2. 在 WPS 文字中，用于定义文档结构中段落层级的特性是（   ）。

    A. 页面布局   B. 大纲等级

    C. 交叉引用   D. 超链接

3. 在 WPS 文字中，为了提升文档的可读性和层次感，建议适当增加（   ）。

    A. 换行符   B. 空格

    C. 空行   D. 首行缩进

4. 在 WPS 文字中，将段落首行的缩进转换为空格的功能是（   ）。

    A. 首行缩进 2 字符   B. 首行缩进转为空格

    C. 段落重排   D. 智能格式整理

5. 在 WPS 文字中，如果需要在文档中插入一个横向页面，并保持其他部分的布局和格式不受影响，应（   ）。

    A. 单击"插入"选项卡中的"分页符"按钮

    B. 单击"页面布局"选项卡中的"纸张方向"按钮

    C. 单击"插入"选项卡中的"空白页"并选择"横向"按钮

    D. 单击"视图"选项卡中的"页面视图"按钮

二、多项选择题

1. 以下（   ）功能属于 WPS 文字工具中的智能格式整理。

    A. 自动添加段落首行缩进   B. 移除段落开头多余空格

    C. 自动生成目录   D. 清理不必要空白行

    E. 消除隐形格式代码

2. 在 WPS 中，以下（   ）操作可以帮助调整文档的段落布局。

    A. 应用对齐方式   B. 设置大纲层级

    C. 调整行间距   D. 插入分页符

    E. 使用制表位

3. 以下（   ）是关于"转为空段分割风格"的正确描述。

    A. 每个段落独立且段首不缩进

    B. 段落之间通过加大间距来区分

    C. 适用于所有类型的文档排版

    D. 通常在需要清晰区分段落时使用

    E. 会增加额外的空行在段落之间

三、实操题

WPS 文字提供了多种应用模板，方便用户快速创建各类文档。当打开 WPS 文字后，在新建文档时选择相应的模板即可。用户还可以根据自己的需求对模板进行修改和定制，保存为自己的专属模板，以便日后使用。请应用素材提供的报告封面模板，如图 1-97 所示，完成新能源汽车质量检测报告封面的制作，效果如图 1-98 所示，具体要求如下：

（1）中文标题为"新能源汽车质量检验报告"。

（2）英文标题为 Quality Test Report。

（3）最下方的文字为"XX 省 XXX 质量检测研究院"。

图 1-97   报告封面模板   图 1-98   新能源汽车质量检测报告封面

任务验收

按表 1-4 对本节任务的学习情况进行评价。

表 1-4   任务 1.2 验收评价表

任务评价指标				
序号	内容	自评	互评	教师评价
1	能够进行段落重排、智能格式整理、空段分割、内容删除、换行符转段落、首行缩进设置等操作，提高文字处理的准确性和效率，使文档更加清晰易读，培养条理化能力			
2	能够精准设置缩进、间距、换行与分页控制，确保文档符合企业规范，强化规范意识和标准化执行能力，避免因格式混乱影响专业形象			

续表

任务评价指标				
序号	内容	自评	互评	教师评价
3	能够利用插入横向页面自动成节的功能，灵活应对复杂版式需求，提升问题解决能力和效率意识，在保证质量的同时优化工作流程			
4	能够掌握制表位快速对齐文本，结合表格进行结构化排版，锻炼逻辑思维和数据可视化能力，确保信息呈现直观有序			
5	能够熟练使用引用工具管理文献与标注，遵循商务文档编写规范，培养学术严谨性和知识产权意识，增强文档可信度			
6	通过规范学习与操作实践，在排版中主动平衡效率与质量、统一性与个性化，养成精益求精的职业态度，并能在团队协作中传递专业价值			
7	通过对商务文档编写规范的学习养成良好的职业素养			

任务 1.3　质检报告文档的修订审阅

任务情境

质检报告文档的修订审阅

PPT

　　新车质检报告作为新能源汽车产品质量和安全的重要依据，记录新车出厂前各项检测结果，以确保车辆符合相关标准和质量要求，质检报告的严谨性必须经过相关负责人的层层审核把关才能定稿，达到规定标准才能发布。小红作为质检部门组长，负责审查和修订公司生产的新能源汽车的质检报告以及沟通反馈，确保报告的准确性、完整性和一致性，以满足相关标准和法规要求，并确保报告内容能够清晰地传达给相关人员。

　　为保持原文档信息不丢失，同时可查看审批的修订和建议信息，小红应用 WPS 文字的文档修订、批注与保护功能，完成对质检报告的审阅。在这项工作任务中，审阅人员需要具有规范化和版本意识，以及信息安全意识，既要确保文档修改过程的有效沟通、规范性与可追溯性，又要保证文档的安全性和有效性。

1.3.1　应用批注

微课 1-10
应用批注功能

　　在商务文档编辑和审阅过程中，经常需要对内容或反馈信息进行批注说明，WPS 提供了应用批注功能，包括插入批注、隐藏批注、删除批注，用于完成文档的高级应用。本节通过应用批注功能来完成对质检报告文档的编辑，具体要求如下：

①　使用插入批注功能插入对质检报告的修改批注。

②　使用隐藏批注功能完成质检报告的批注隐藏。

③　使用删除批注功能删除质检报告的指定批注。

➤ **知识技能点**

● 应用批注功能，包括插入批注、隐藏批注、删除批注等文字高级应用

 知识窗

批　　注

WPS 文字的"批注"功能是指其具备在文档中添加的注释、意见或说明性文字的功能，可以在需要添加批注的地方插入批注，以便对特定内容进行解释或提供反馈。这些批注通常以气泡形式显示在文档旁边或底部，并带有指示性的箭头指向相关文本或区域。批注功能在协作编辑和审阅文档时非常有用，可以促进团队成员之间的交流和合作。

修　　订

WPS 文字的"修订"功能是指其具备对文档内容进行修改或编辑的过程进行跟踪的功能。修订功能可以记录对文档的所有改动，如对文字内容的插入、删除和格式更改，以便于审阅和追溯编辑历史。

文 档 保 护

WPS 文字的"文档保护"功能是指其具备对帮助用户保护其文档的内容不被未经授权的访问或修改，具有保护文档的机密性和完整性的功能。

1. 使用插入批注功能插入对质检报告的修改批注

质检报告在进行审核时，可以将修改意见通过添加批注的方式显示在需要修改的内容旁边，以提升质检报告审核和修改的效率，操作步骤如下：

添加批注。选中需要添加批注的文字，单击"插入"→"批注"按钮，在右侧批注框写入批注内容，如图 1-99 所示。

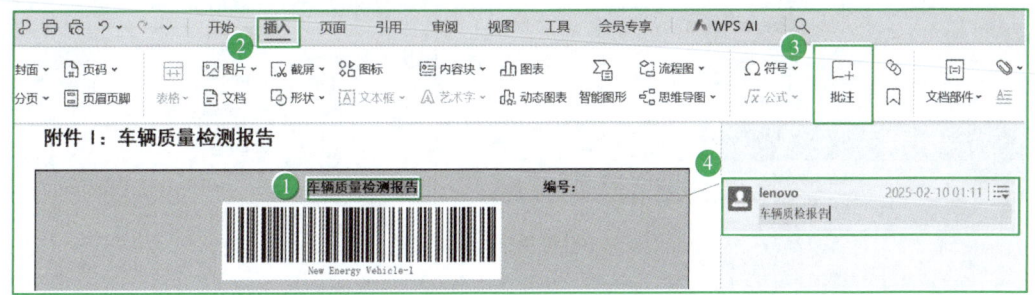

图 1-99　"插入批注"步骤

2. 使用隐藏批注功能完成质检报告的批注隐藏

质检报告在进行审核时，可以将已修改完毕的内容对应的修改批注暂时隐藏，以提升质检报告审核和修改的效率，操作步骤如下：

隐藏批注。单击"审阅"→"显示标记"下拉按钮，在弹出的下拉列表中选择"批注"命令，"批注"选项前的"√"消失，实现批注隐藏，如图 1-100 所示。

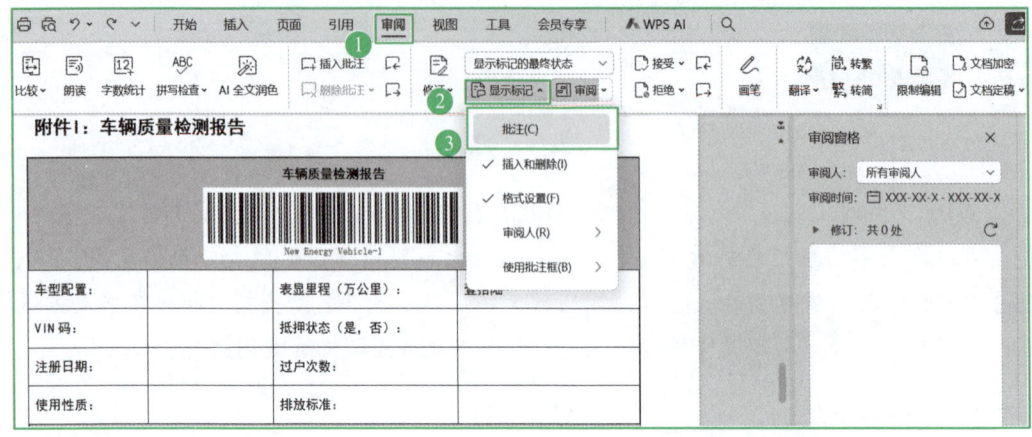

图 1-100 "隐藏批注"步骤

3. 使用删除批注功能完成质检报告的批注删除

质检报告在进行审核时，可以将已修改完毕的内容对应的修改批注进行删除，以提升质检报告审核和修改的效率，操作步骤如下：

删除批注。右击需要删除的批注，在弹出的快捷菜单中选择"删除批注"命令，从而实现批注删除，如图 1-101 所示，效果如图 1-102 所示。

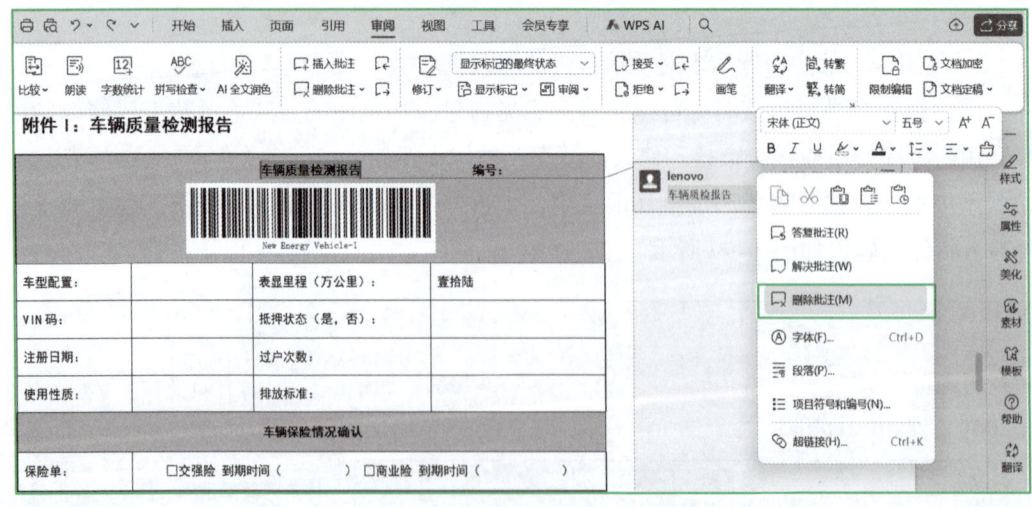

图 1-101 "删除批注"步骤

图 1-102　"删除批注"功能实现效果

 自主探究

请应用新的批注，查看实现效果。

1.3.2　应用修订

对商务文档的编辑不能一蹴而就，经常要经过不断修订或上级审核反馈，需要将修改的内容标识出来。WPS 提供了应用修订功能，包括启用修订、显示修订，用于完成文档的高级应用。本节通过在质检报告中使用启用修订和显示修订功能来实现对修订内容的展示，具体要求如下：

① 使用启用修订来切换文档模式。

② 使用显示修订来显示文档的修订记录。

微课 1-11
应用和管理
修订

➤ 知识技能点

● 应用修订功能，包括启用修订、显示修订等文字高级应用。

1. 使用启用修订来切换文档模式

当质检报告经过审核，并进入修改阶段时，可以启用修订模式跟踪对文档的改动内容，方便对编辑历史进行溯源，提升管理人员二次审核的效率，操作步骤如下：

启用修订模式。单击"审阅"→"修订"按钮，启用修订模式，如图 1-103 所示。

图 1-103　"启用修订模式"步骤

2. 使用显示修订来显示文档的修订记录

当质检报告经过审核，并进入修改阶段时，可以启用修订模式，并通过显示修订内容来查看对文档的编辑历史，方便管理人员再次进行审核，操作步骤如下：

显示修订记录。在"审阅"选项卡中设置"显示标记的原始状态"选项，显示修订，如图 1-104 所示，效果如图 1-105 所示。

图 1-104　"显示修订"步骤

图 1-105　"显示修订"功能实现效果

 自主探究

启用修订模式并显示修订，查看实现效果。

1.3.3　接受或拒绝修订

在商务文档编辑或审核过程中，修稿人经常会设置修订标志，以提醒写稿人修订内容，写稿人可以根据情况接受或拒绝修订标志的内容，会常需要应用修订功能对文档的改动进行跟踪，包括接受修订、拒绝修订，来完成文档的高级应用。本节通过使用接受修订和拒绝修订功能来实现对修订内容的跟踪，具体要求如下：

① 使用接受修订来确认文档修订内容。

② 使用拒绝修订来撤回文档修订内容。

➤ **知识技能点**

● 应用修订功能，包括接受修订、拒绝修订等文字高级应用

1. 使用接受修订来确认文档修订内容

质检报告在修改阶段时，编辑人员对于审核过程中修订与改动的内容，可以根据实际应用情况选择接受修订，操作步骤如下：

接受修订。选中修订记录，单击"审阅"→"接受"下拉按钮，在弹出的下拉列表中选择"接受修订"命令，也可以根据实际需求选择"接受对文档所做的所有修订"命令，如图 1–106 所示，效果如图 1–107 所示。

图 1–106　"接受修订"步骤

图 1–107　"接受修订"功能效果实现

2. 使用拒绝修订来撤回文档修订内容

质检报告在修改阶段时，编辑人员对于审核过程中需要修订与改动的内容，可以根据实际应用情况，选择对不需要修改的内容进行拒绝修订，以还原该部分文档内容，操作步骤如下：

拒绝修订。选中修订记录，单击"审阅"→"拒绝"下拉按钮，在弹出的下拉列表中选择"拒绝所选修订"命令，也可以根据实际需求选择"拒绝对文档所做的所有修订"命令，如图 1–108 所示，效果如图 1–109 所示。

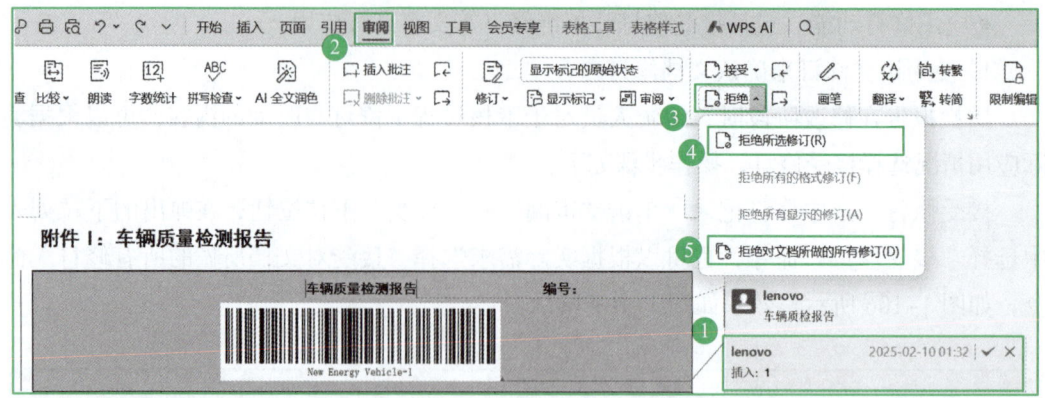

图 1-108　"拒绝修订"步骤

图 1-109　"拒绝修订"功能实现效果

 自主探究

选中修订记录，选择接受修订或拒绝修订，查看其实现效果。

1.3.4　保护修订或审阅

微课 1-12
保护修订或
审阅

商务文档在上一级审核过程中，有时需要将修订的内容反馈给写稿人或其他人，但不希望修订内容被取消，这时可以使用 WPS 的应用修订功能，包括使用保护修订和审阅功能，来完成文档的高级应用。本节通过在质检报告中使用保护修订和审阅功能来防止对文档修订状态的恶意取消，具体要求如下：

① 使用限制编辑来保护修订。

② 使用审阅模式来显示文档修订和审阅信息。

➤ 知识技能点

● 应用保护修订和审阅功能等文字高级应用。

1. 使用限制编辑来保护修订

对于已经过审核的质检报告，可以启用"限制编辑"模式来保护修订内容的完整性，以防止修订内容被误改或误删，操作步骤如下：

保护修订。单击"审阅"→"限制编辑"按钮，在弹出的"限制编辑"任务窗格中选中"设置文档的保护方式"复选框，选中"修订"单选按钮，单击"启动保护"按钮，在打开的对话框中设置密码后，单击"确定"按钮，启用保护修订模式，如图 1-110 所示，效果如图 1-111 所示。

图 1-110　"保护修订"步骤

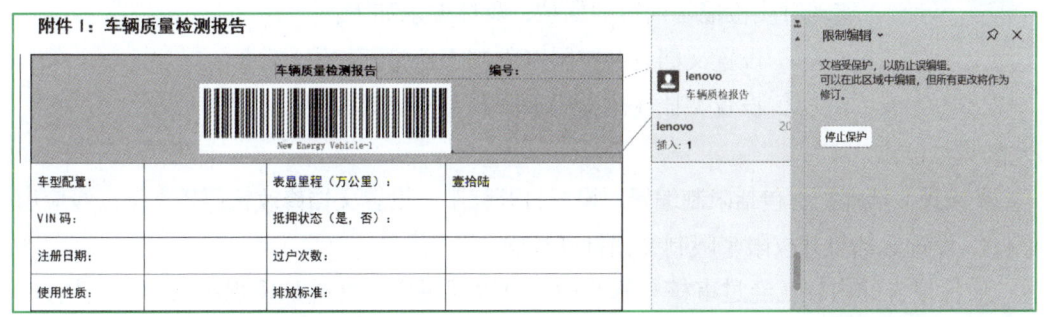

图 1-111　"保护修订"功能效果实现

2. 使用审阅模式来显示文档修订和审阅信息

质检报告的修订和审阅信息可以通过开启审阅模式，并设置指定的审阅人来筛选修订和审阅信息，从而提升修改效率，操作步骤如下：

启用审阅模式。单击"审阅"→"审阅"按钮，在弹出的"审阅窗格"任务窗格中根据实际需求选择指定的审阅人，如图 1-112 所示。

图 1-112   启用"审阅"模式

 自主探究

启用保护修订、审阅模式，查看实现效果。

1.3.5 设置文档保护

微课 1-13
设置文档
保护

对于有些商务文档在传阅过程中，不允许其他人随便修改，以保证信息传阅的正确性和完整性，这时可以使用 WPS 文字的文档保护功能，包括启用限制编辑、设置打开权限、设置文档修改密码等，用于完成文档的内容保护。本节通过设置文档打开权限和设置文档修改密码功能来实现对质检报告内容的保护，具体要求如下：

① 设置文档打开权限来限制文档打开权限。

② 设置文档修改密码来限制文档修改权限。

➢ **知识技能点**

● 设置文档保护，包括限制编辑、设置打开权限、设置文档修改密码等文字高级应用

1. 设置文档打开权限来限制文档打开权限

质检报告的内容在经过审核与修改后，可以通过启用文档加密保护来限制文档打开权限，从而保障质检报告内容的完整性，操作步骤如下：

设置文档打开权限。单击"审阅"→"文档加密"按钮，在打开的对话框中启用"文档加密保护"模式，在弹出的对话框中选中"确认为本人账号，并了解该功能使用"复选框，单击"开启保护"按钮，如图 1-113 所示，效果如图 1-114 所示。

2. 设置文档修改密码来限制文档修改权限

质检报告的修改权限可以通过设置文档修改密码，并添加指定授权人来限制文档编辑权限，以保护文档内容完整性，操作步骤如下：

1）设置文档修改权限。单击"审阅"→"文档加密"按钮，在打开的对话框中单击"添加指定人"按钮，在打开的对话框中选中查看和编辑等权限，如图 1-115 所示。

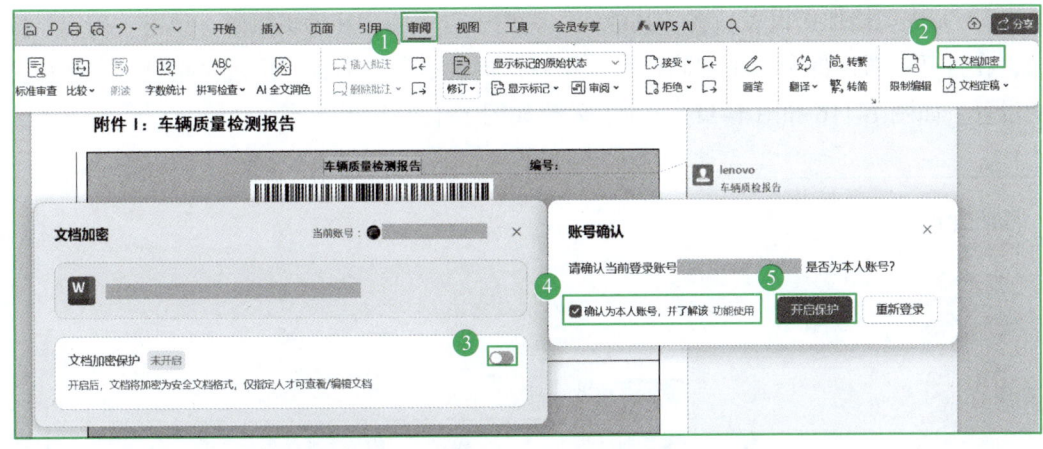

图 1-113 "设置文档打开权限"步骤

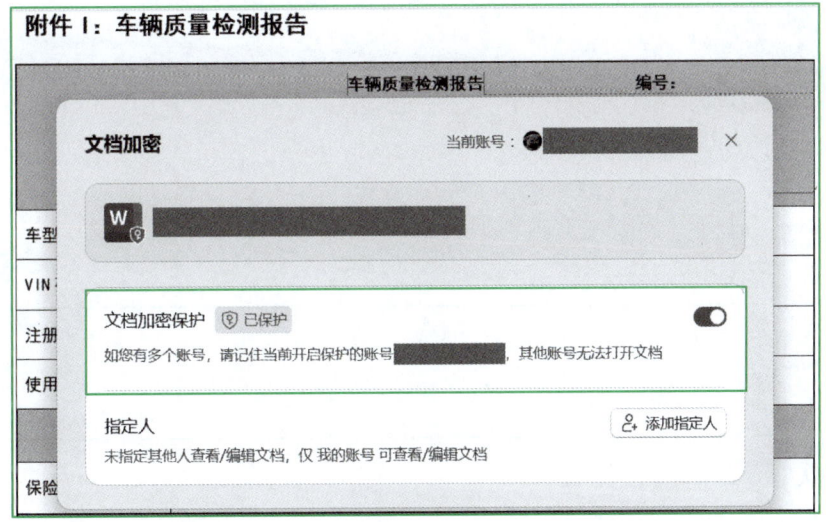

图 1-114 "设置文档打开权限"功能实现效果

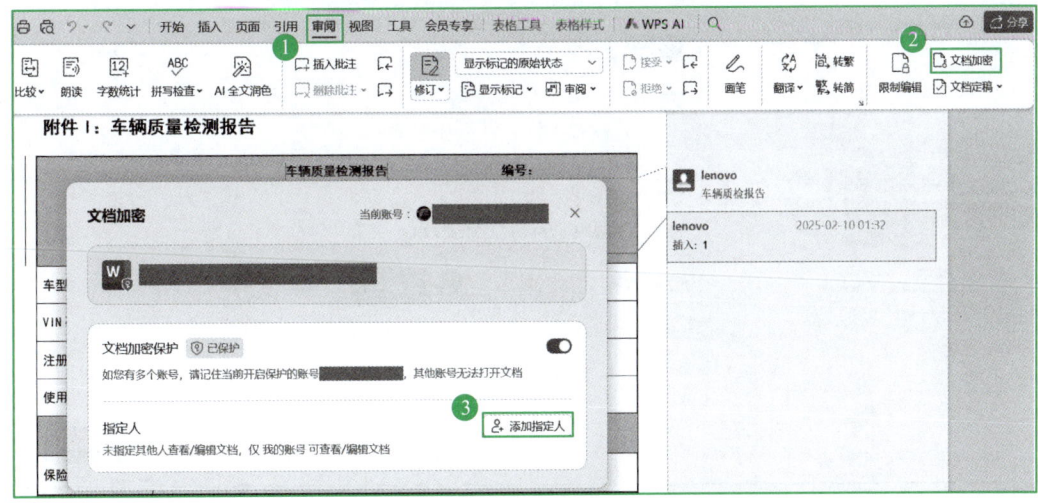

图 1-115 "设置文档加密"步骤

2）完成文档加密设置。在"其他人"一栏中选中阅读和编辑权限，单击"确定"按钮，在打开的对话框中单击"确认"按钮后，再次单击"确定"按钮，完成对文档加密的设置，如图 1-116 和图 1-117 所示，效果如图 1-118 所示。

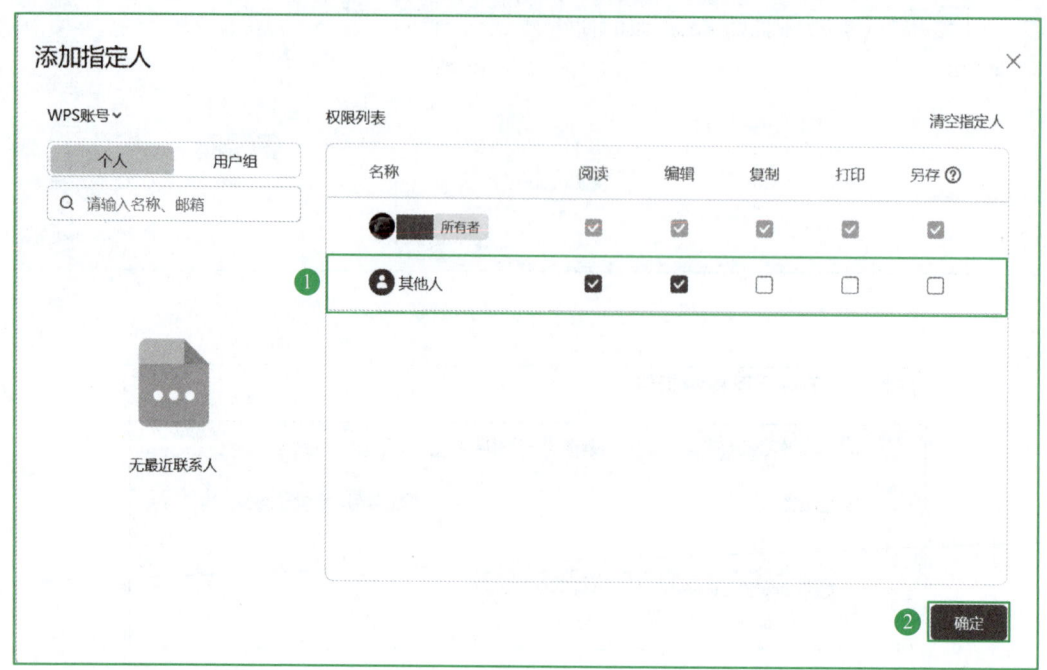

图 1-116 "设置文档加密"权限

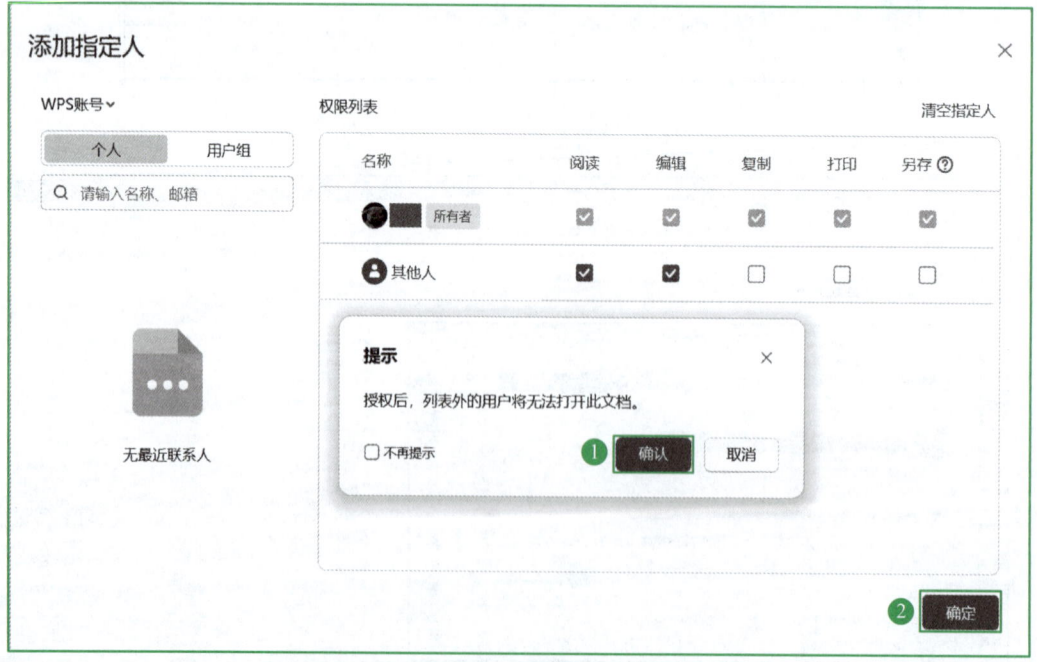

图 1-117 确认"文档加密"授权用户

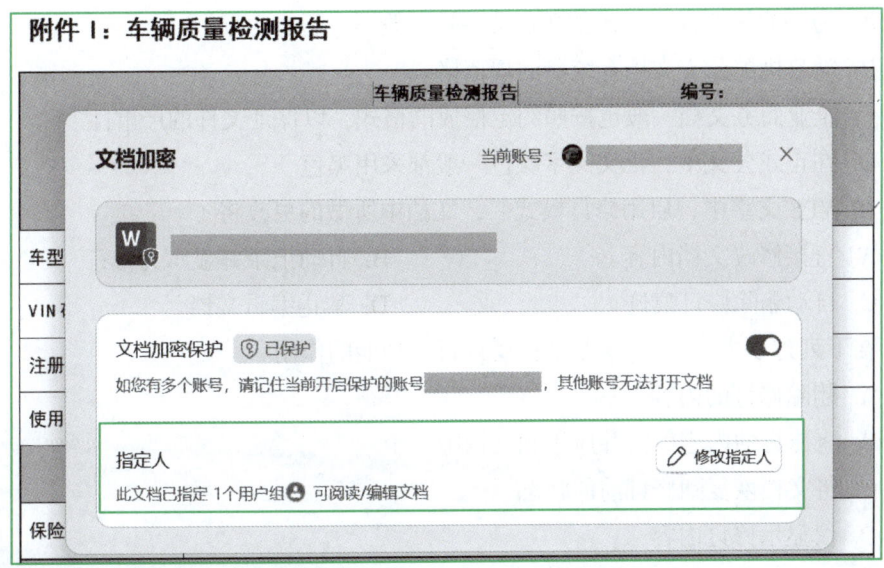

图 1-118　"文档加密保护"功能实现效果

 自主探究

保护文档，限制文档打开和修改权限，查看实现效果。

职业技能要求

职业技能要求见表 1-5。

表 1-5　任务 1.3 对应 WPS 办公应用职业技能等级认证要求（高级）

工作任务	职业技能要求
质检报告文档的修订审阅	① 能够应用修订和审阅功能，包括启用修订模式、接受或拒绝修订、显示修订、保护修订和审阅。 ② 能够应用批注功能，包括插入批注、隐藏批注、删除批注。 ③ 能够对文档进行保护设置，包括限制编辑、设置打开权限、设置文档修改密码等

任务测试

一、单项选择题

1. 如果希望保留对文稿的修改痕迹，可以使用 WPS 的（　　　）功能。

    A. 插入备注　　　　　　　　　　　B. 格式刷

    C. 查找和替换　　　　　　　　　　D. 修订和审阅

2. 下列关于商务文档的说法，错误的是（　　　）。

A. 为了节约纸张，正式公文正文字号一般不大于小四号

B. 党政机关公文文档有统一的规范格式

C. 企业商务文档一般也按照约定俗成的格式，以保证文件的严肃性

D. 在正式公文中，正文文字颜色一般都采用黑色

3. 在 WPS 文字中，启用修订模式后，文档中所做的更改将（   ）。

A. 直接修改文档内容   B. 自动记录并显示为修订

C. 自动删除修订痕迹   D. 禁止编辑文档

4. 在下列选项中，（   ）是"接受修订"功能的作用。

A. 删除修订的内容

B. 将修订的内容保留并应用到文档中

C. 将文档恢复到修订前的状态

D. 仅显示修订内容

5. WPS 文字中的"保护修订"功能可以实现（   ）。

A. 禁止接受所有修订   B. 防止修改文档的格式

C. 防止修订内容被删除   D. 防止文档的任何修改

二、多项选择题

1. 在 WPS 文字中，修订模式启用后，可以进行（   ）操作。

A. 查看修改的内容   B. 删除修订内容

C. 接受或拒绝修订   D. 查看批注

2. 在 WPS 文字中，批注的主要功能包括（   ）。

A. 在文档中添加评论

B. 为文档中的每个段落加上编号

C. 在文档中添加说明

D. 在文档中插入音频或视频

3. 在 WPS 文字中，保护文档的功能包括（   ）。

A. 设置修改密码   B. 限制编辑

C. 设置查看权限   D. 限制批注

三、实操题

操作要求：

在"新能源汽车质检报告"文档，完成应用修订和审阅功能、应用批注功能，并对文档进行保护设置。

（1）启用修订模式，修改文档中的文本，使用"接受修订"功能将修改内容应用到文档中。

（2）在文档的某一段落插入批注，修改批注内容，删除批注并保存文档。

（3）设置文档修改密码，限制文档的编辑权限，确保文档只有在输入正确密码后才能编辑。

任务验收

按表 1-6 对本节任务的学习情况进行评价。

表 1-6　任务 1.3 验收评价表

任务评价指标				
序号	内容	自评	互评	教师评价
1	能够启用修订模式，培养严谨的工作态度，确保修订过程的透明性和可追溯性，增强对文档修改过程的责任意识			
2	能够接受修订，保持开放与合作的心态，注重改进和优化内容，提升自我调整能力			
3	能够拒绝修订，培养判断力和决策能力，保持对规范和标准的坚持			
4	能够显示修订，提升信息共享意识，培养清晰表达与沟通的能力，促进工作的高效协作与质量管理			
5	能够保护修订和审阅，强化文档管理和信息安全的意识，注重保护信息的完整性和可追溯性			
6	能够应用批注功能，包括插入批注、隐藏批注、删除批注。培养辩证思维和精确表达的能力，注重工作中细节的完善与交流			
7	能够对文档进行保护设置，包括限制编辑、设置打开权限、设置文档。增强对信息保护和安全管理的意识，提升文档的安全性和合规性			
8	通过对修订和审阅的学习，培养不断学习、积极探索、精益求精的精神			

任务 1.4　质检报告文档的邮件合并

任务情境

质检报告文档的
邮件合并

为配合公司新一批新能源车型的上市计划，新能源质量检测部门文员小敏需要应用质量检测报告参数表，批量生成不同参数车辆的新能源汽车质量检测报告，以向监管部门及消费者展示新出品车辆的高品质和合规性。针对使用同一份质检报告参数表，如图 1-119 所示，需要填入每辆车的车型配置、表显里程、注册日期等不同具体值，使用传统手动逐份填写不仅效率低下，还容易出错。为此，小敏决定利用

WPS 文字的邮件合并功能，通过创建合并域来批量生成报告，需要熟练掌握如何插入并预览合并域，以确保生成的报告内容准确无误，同时实现高效、规范的文档管理。这一举措不仅提升了部门的工作效率，也为公司树立了严谨、专业的品牌形象。

附件 I：车辆质量检测报告

车辆质量检测报告			编号：	
车型配置：		表显里程（万公里）：		
VIN码：		抵押状态（是，否）：		
注册日期：		过户次数：		
使用性质：		排放标准：		
车辆保险情况确认				
保险单：		□交强险 到期时间（　　　　） □商业险 到期时间（　　　　）		
外观件： 划伤○ 普喷○ 钣喷○ 骨架件：变形○ 钣金修复○ 切割更换○		内饰件： 磨损○ 破损○ 部件缺失○		
查验车况				
发动机检查：	□ 无异常☑异常	变速箱检查：		□ 无异常□异常
安全气囊检查：	□ 无异常□异常	空调检查：		□ 无异常□异常
前后灯光检查：	□ 无异常□异常	中控显示屏检查：		□ 无异常□异常
机油液面检测：	□ 正常□ 缺失	刹车油液面检查：		□ 正常□ 缺失
防冻液检查：	□ 正常□ 缺失	轮胎气压检查：		□ 正常□ 缺失
助力液面检查：	□ 正常□ 缺失	底盘是否有明显油迹：		□ 是 □ 否
电池检查：	□ 正常□ 缺失	随车钥匙：		（　　　）把
车辆备胎：	□ 有　　□ 无	行车工具（千斤顶&轮胎扳手& 防盗螺丝套筒等）：		□ 有　　□ 无
备注：		评级：_____ 综合车况： （95优秀，80 良好，65一般，35 较差） 等级：(A 主结构，加强件覆盖件无任何损伤。B 主结构无损伤， 加强件有轻微损伤，覆盖件有变形修复。C 主结构有轻微损伤，		
质量检测员确认签字		检测师：　　　　日期/时间：　　年 月 日		

图 1-119　车辆质量检测报告模板

1.4.1　合并域的创建

邮件合并功能可以批量生成格式统一的文档，如质检报告、证书等文档，能够节省大量时间。在使用该功能之前，需要先创建文档和数据源，具体要求如下：

- 使用 WPS 文字创建主文档，并在 WPS 表格中创建数据源。

➢ **知识技能点**

- 创建主文档

● 创建数据源

 知识窗

邮 件 合 并

邮件合并是通过创建一个主文档和一个数据源来批量生成文档。主文档包含所有需要打印的文本和图形，而数据源则是一个像电子表格的列表，其中包含变化的信息，如收件人的姓名和地址。使用邮件合并，可以轻松、快捷地创建一组打印文档，如信件、信封、标签或电子邮件。

1. 创建 WPS 文字主文档

主文档是包含固定内容和合并域模板的文字文档，如批量制作质量检测报告，操作步骤如下：

新建 WPS 文字，设计质检报告模板，在需插入动态信息的位置预留空白（如车型配置、VIN 码等），如图 1–120 所示。

附件 I：车辆质量检测报告

		车辆质量检测报告		编号：	
车型配置：		表显里程（万公里）：			
VIN 码：		抵押状态（是，否）：			
注册日期：		过户次数：			
使用性质：		排放标准：			

图 1-120　车辆质量检测报告

2. 创建数据源

数据源是存储动态信息的电子表格，里面包含需要用到的信息，字段需与主文档的合并域一一对应。针对制作"质量检测报告"，需要用到的信息有"车型配置""VIN码""注册日期""使用性质""表显里程""抵押状态""过户次数""排放标准"等，创建一个工作表，并输入相关的信息，操作步骤如下：

1）新建电子表格。打开 WPS 表格，新建表格，在首行分别输入字段名（"车型配置""VIN 码""注册日期""使用性质""表显里程（万公里）""抵押状态（是，否）""过户次数""排放标准"），如图 1–121 所示。

2）保存数据源。从第 2 行开始逐行输入每辆车的具体信息，将表格保存命名为"车辆质检报告数据源 .xlsx"，如图 1–122 所示。

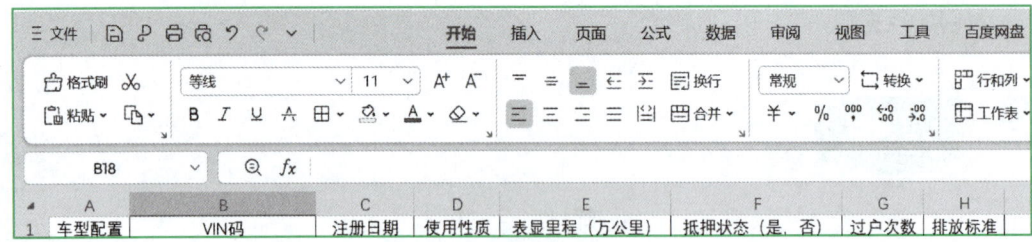

图 1-121　车辆质量检测报告信息

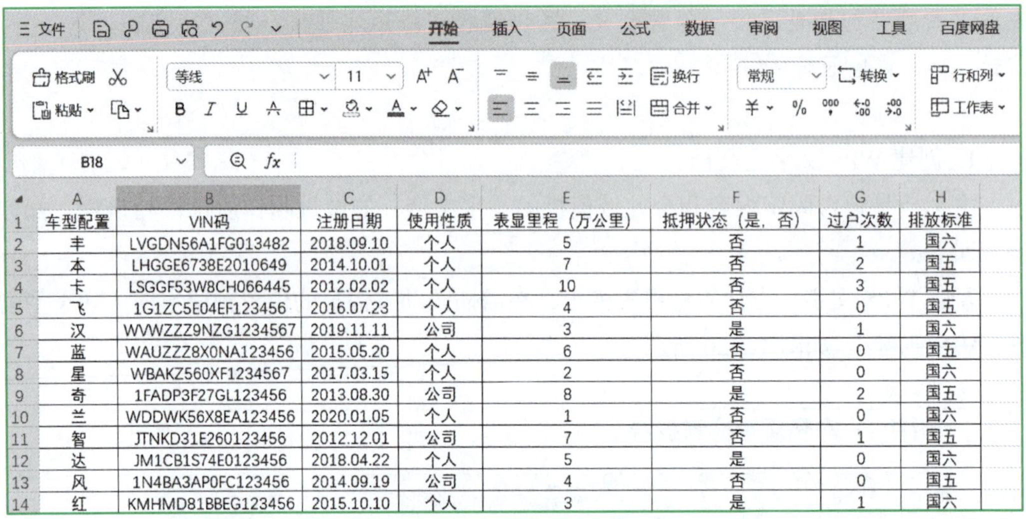

	A	B	C	D	E	F	G	H
1	车型配置	VIN码	注册日期	使用性质	表显里程（万公里）	抵押状态（是，否）	过户次数	排放标准
2	丰	LVGDN56A1FG013482	2018.09.10	个人	5	否	1	国六
3	本	LHGGE6738E2010649	2014.10.01	个人	7	否	2	国五
4	卡	LSGGF53W8CH066445	2012.02.02	个人	10	否	3	国五
5	飞	1G1ZC5E04EF123456	2016.07.23	个人	4	否	0	国六
6	汉	WVWZZZ9NZG1234567	2019.11.11	公司	3	是	1	国六
7	蓝	WAUZZZ8X0NA123456	2015.05.20	个人	6	否	0	国五
8	星	WBAKZ560XF1234567	2017.03.15	个人	2	否	0	国六
9	奇	1FADP3F27GL123456	2013.08.30	个人	8	是	2	国五
10	兰	WDDWK56X8EA123456	2020.01.05	个人	1	否	0	国六
11	智	JTNKD31E260123456	2012.12.01	公司	7	否	1	国五
12	达	JM1CB1S74E0123456	2018.04.22	个人	5	是	0	国六
13	风	1N4BA3AP0FC123456	2014.09.19	公司	4	否	0	国五
14	红	KMHMD81BBEG123456	2015.10.10	个人	3	是	1	国六

图 1-122　车辆质量检测报告数据源

1.4.2　邮件合并应用

微课 1-14
邮件合并

为了提高工作效率和减少人为录入错误，可以通过 WPS 的邮件合并功能来批量生成车辆质量检测报告。本节任务是通过 WPS 的邮件合并功能，实现批量生成车辆质量检测报告的目标，车辆质量检测报告效果图如图 1-123 所示，具体要求如下：

●使用邮件合并功能批量生成车辆质量检测报告。

附件Ⅰ：车辆质量检测报告

		车辆质量检测报告		编号：	
车型配置：	丰	表显里程（万公里）：		5	
VIN 码：	LVGDN56A1FG013482	抵押状态（是，否）：		否	
注册日期：	2018.09.10	过户次数：		1	
使用性质：	个人	排放标准：		国六	

图 1-123　车辆质量检测报告效果图

➤ **知识技能点**
- 插入合并域
- 导入数据源
- 合并数据源

 知识窗

邮件合并的应用

典型应用场景：

1）批量信函与通知。生成个性化邀请函、录取通知书、账单等，自动填充收件人信息。

2）质检与报告管理。快速生成车辆检测报告、产品质检单，动态插入车型、检测结果等数据。

3）标签与证件制作。批量打印员工工作证、会议桌签、产品标签，确保格式统一。

4）电子邮件群发。通过邮件合并功能，向客户发送定制化营销邮件或服务提醒。

核心优势：

1）效率倍增。一键生成数百份文档，告别重复输入。

2）零误差保障。数据源自动匹配，避免手动填写遗漏或错误。

3）灵活性强。支持 Word、Excel、PDF 等多种格式输出，适配不同场景需求。

职场实用技巧：

1）数据源规范。字段名简洁无空格，数据完整无空行。

2）格式预检查。合并前预览部分记录，避免排版错乱。

3）动态更新。若数据源修改，右击合并域，在弹出的快捷菜单中选择"更新域"命令，即可同步内容。

1. 打开文档，插入合并域

操作步骤如下：

给文档插入合并域。打开"质检报告样例"素材文档，单击"引用"→"邮件合并"按钮，如图 1-124 所示。

2. 导入数据源

操作步骤如下：

1）链接数据源。单击"邮件合并"→"打开数据源"下拉按钮，如 1-125 所示。

2）选择数据源文件。在打开的"选取数据源"对话框中，选择"车辆质检报告数据源 .xls"素材文件，单击"打开"按钮，如图 1-126 所示。

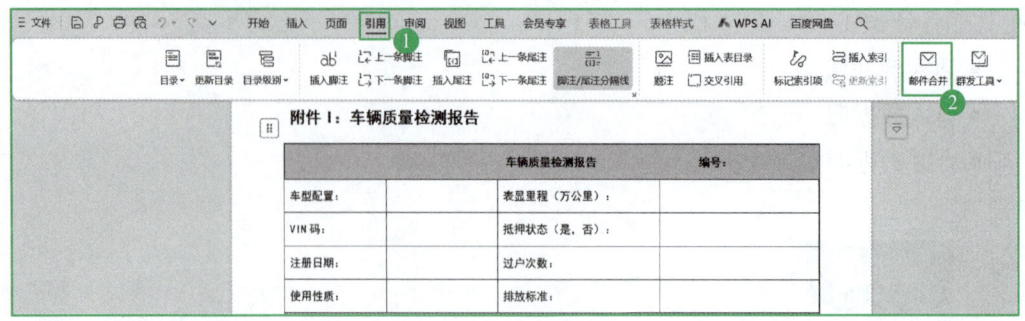

图 1-124　插入合并域

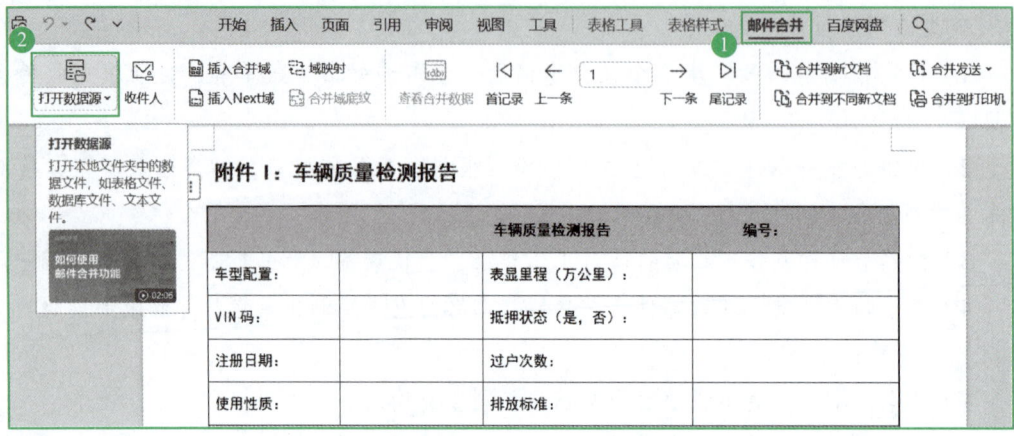

图 1-125　打开数据源

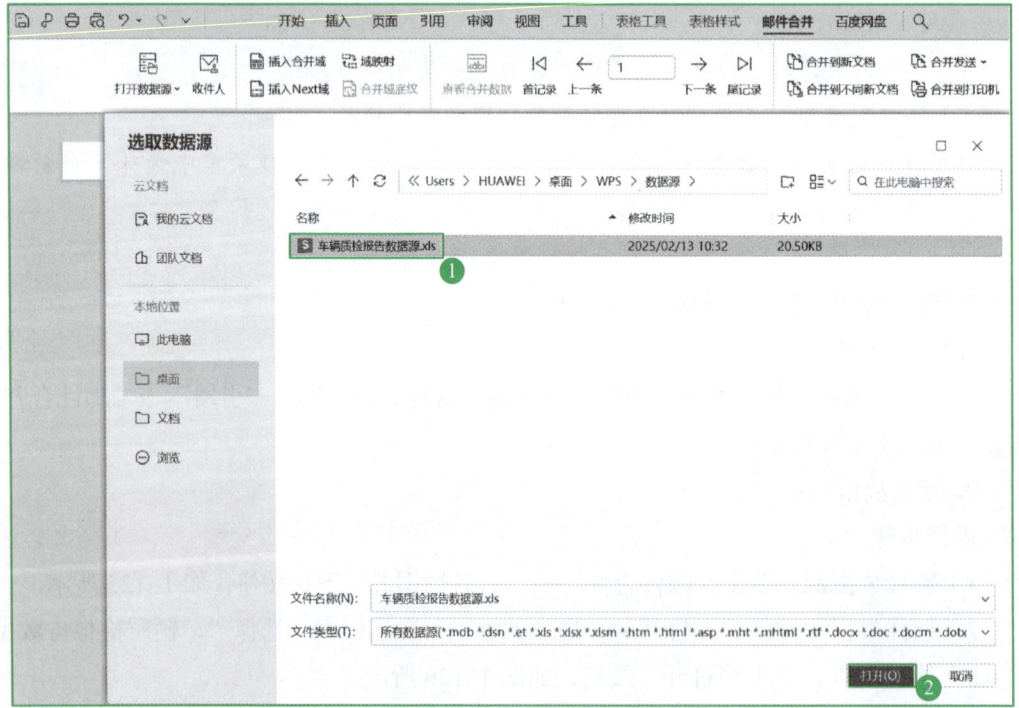

图 1-126　选取数据源

3. 合并数据源

操作步骤如下:

1）定位并插入合并域。将鼠标光标定位在需要使用邮件合并功能的目标位置,单击"邮件合并"→"插入合并域"按钮,如图 1-127 所示。

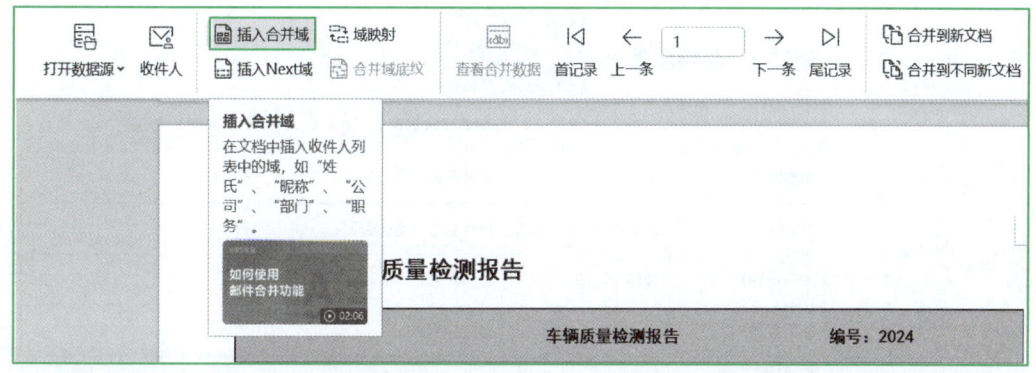

图 1-127　插入合并域

2）选择并插入字段。在打开的"插入域"对话框中,选择"车型配置"选项,单击"插入"按钮,如图 1-128 所示,此时光标所在单元格已插入《车型配置》。

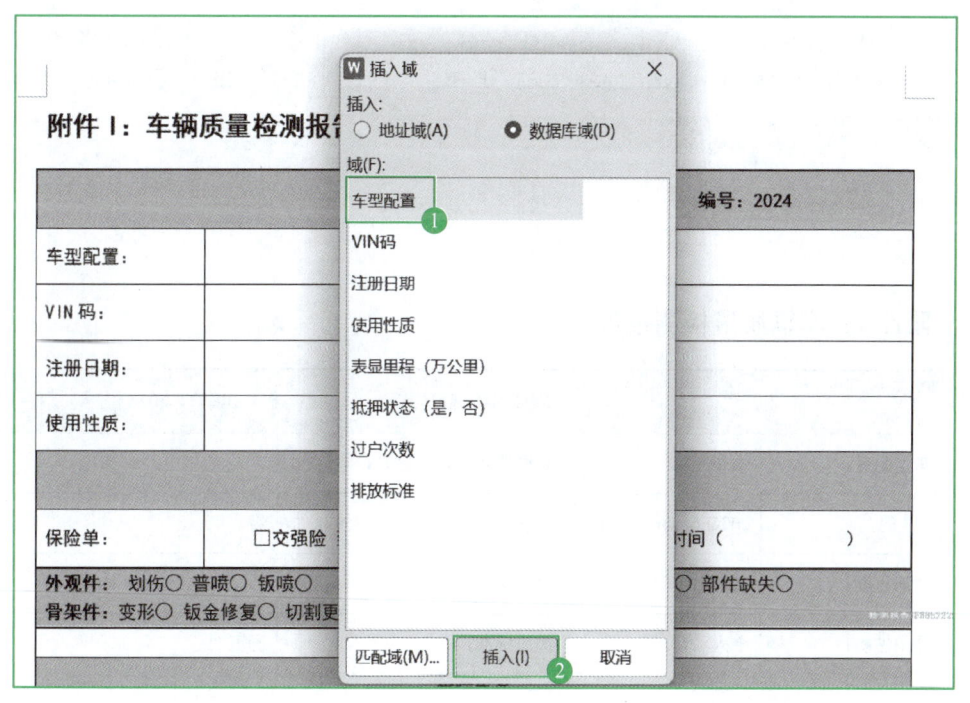

图 1-128　插入域

3）完成合并域插入。使用如上所述同样的方法,将剩余的单元格插入合并域。完成后,单击"查看合并域数据"按钮,查看预览效果,如图 1-129 所示。

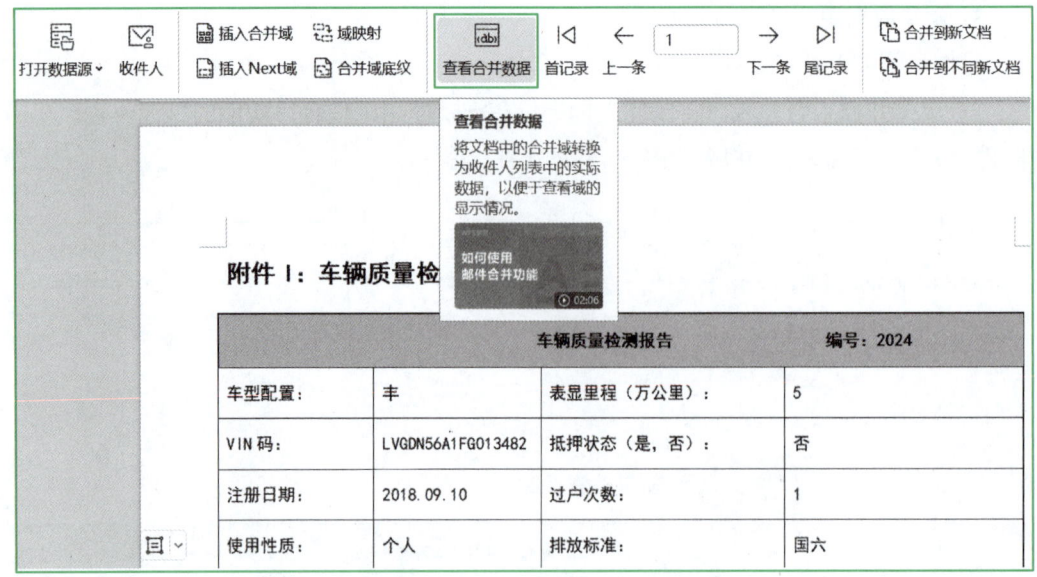

图 1-129　查看合并域

4）预览合并数据。预览第一条记录后，单击"邮件合并"→"下一条"或"上一条"按钮，可以预览其他记录，如图 1-130 所示。

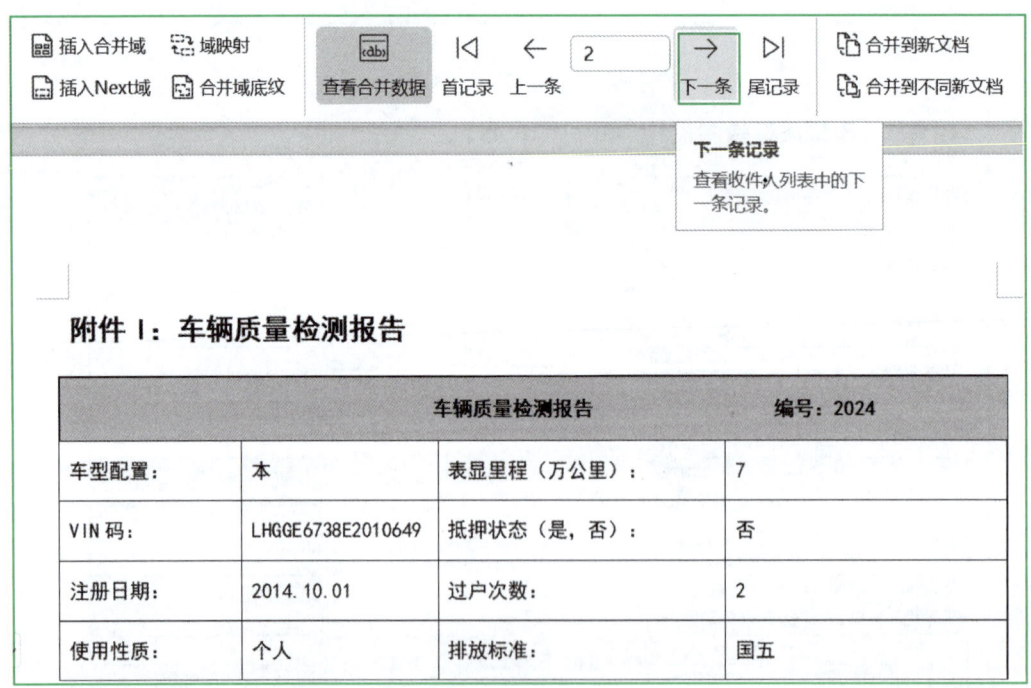

图 1-130　合并域预览

5）生成最终文档。预览后确认无误，单击"邮件合并"→"合并到新文档"按钮，在打开的对话框中选中"全部"单选按钮，最后单击"确定"按钮，如图 1-131 所示。

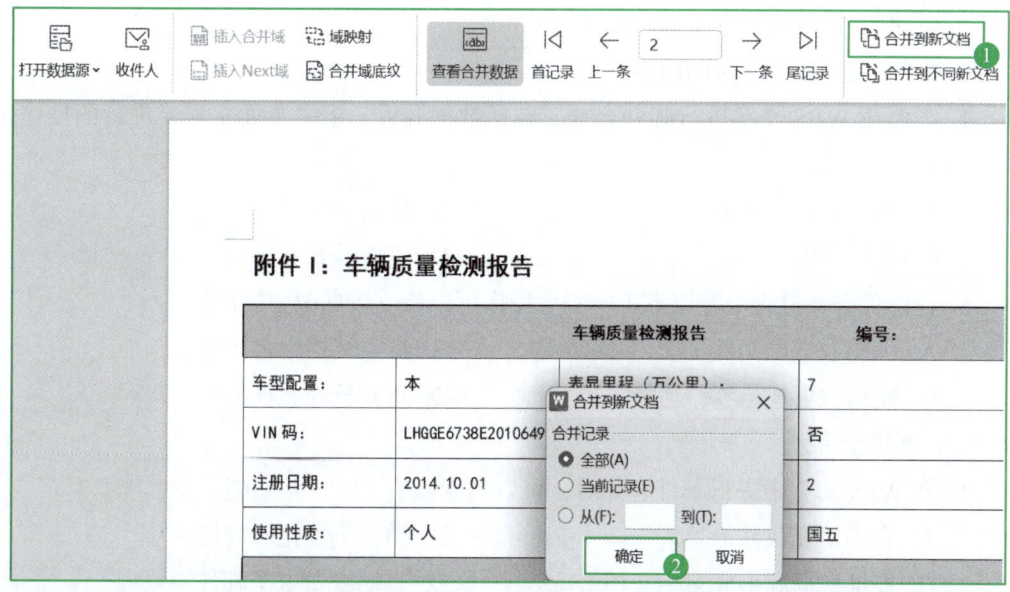

图 1-131 合并到新文档

 职业技能要求

职业技能要求见表 1-7。

表1-7 任务 1.4 对应 WPS 办公应用职业技能等级认证要求（高级）

工作任务	职业技能要求
质检报告文档的 邮件合并	① 能够运用邮件合并功能批量制作统一格式的文档。 ② 能够在文档中插入自动图文集和域

任务测试

一、单项选择题

1. 在 WPS 文字中，合并域主要用于（　　　）。

    A. 合并多个文档

    B. 合并多个表格单元格

    C. 合并文档中的多个段落

    D. 将多个数据项合并为一个数据项

2. 在创建合并域时，以下（　　　）步骤是必须的。

    A. 选择数据源　　　　　　　　　　B. 插入图片

    C. 设置字体格式　　　　　　　　　D. 调整页面布局

3. 在 WPS 文字中，合并域后，若要更新合并域的内容，应（　　　）。

    A. 重新创建合并域

    B. 双击合并域，选择"更新域"选项

C. 删除合并域后重新输入数据

D. 无法更新合并域的内容

4. 当使用 WPS 文字进行邮件合并，选择数据源后，下一步通常需要进行的操作是（　　）。

A. 编辑收件人列表 　　　　　　　B. 插入合并域

C. 预览结果 　　　　　　　　　　D. 完成并合并

5. 在邮件合并过程中，以下（　　）操作可以修改数据源中的内容。

A. 编辑数据源文件 　　　　　　　B. 在主文档中直接修改

C. 使用"更新标签"功能 　　　　　D. 重新选择数据源

二、多项选择题

1. 在 WPS 文字中进行邮件合并时，可以实现以下（　　）功能。

A. 自动填充收件人地址 　　　　　B. 插入个性化的问候语

C. 根据数据源生成多个文档 　　　D. 自动发送电子邮件

2. 在使用 WPS 文字进行邮件合并时，若要预览合并结果，可以采取以下（　　）方式。

A. 单击"邮件"→"预览结果"按钮

B. 单击"邮件"→"完成并合并"按钮，选择"编辑单个文档"选项，然后进行查看

C. 单击"邮件"→"编辑收件人列表"按钮，查看数据源

D. 直接打印文档查看

3. 在 WPS 文字邮件合并中，若要对合并后的文档进行进一步的编辑和调整，可以采取以下（　　）措施。

A. 在合并前对文档模板进行详细设计

B. 合并后使用"返回文档"功能进行修改

C. 对生成的单个文档进行单独编辑

D. 修改数据源后重新合并

三、实操题

假如你是一家新能源汽车服务中心的工作人员，需要提醒顾客车辆定期维护车辆，请根据以下提供的客户数据（电子表格），利用 WPS 文字进行邮件合并，生成个性化的服务通知。

姓名	车型	服务日期
张三	A13	2025/10/1
李四	H22	2025/10/5
王五	ES6	2025/10/10
赵六	PX7	2025/10/15
陈七	OE1	2025/10/20

合并邮件内容：

尊敬的［姓名］，

　　感谢您选择我们的新能源汽车服务中心！我们提醒您，您的［车型］将在［服务日期］进行定期维护。

　　请提前安排您的时间，并在服务日到来时将车辆送至我们的服务中心。

　　期待为您的爱车提供优质服务！

此致，

　　敬礼！

新能源汽车服务团队

2025 年 9 月 20 日

要求：

（1）使用 WPS 文字完成邮件合并。

（2）将"［姓名］""［车型］"和"［服务日期］"替换为数据源中的相应合并域。

（3）最终生成的文档应包含所有客户的个性化服务通知。

（4）将合并后的文档保存为"新能源汽车服务通知 .docx"。

🔍 任务验收

按表 1-8 对本节任务的学习情况进行评价。

表 1-8　任务 1.4 验收评价表

任务评价指标				
序号	内容	自评	互评	教师评价
1	能够创建合并域，培养信息处理能力，提高工作效率			
2	能够准备和链接数据源，培养数据管理和分析能力			
3	能够运用邮件合并功能批量制作统一格式的文档，培养文档处理能力			
4	通过对邮件合并的学习，培养开拓创新、追求卓越的工匠精神			

项目小结

　　在本项目中，我们学习了 WPS 文字在质检报告这样的长文档编辑与美化的应用，从长文档编辑排版、修订审阅到邮件合并，涵盖了多个关键环节，实现长文档的高效编辑和审阅修订。

在"任务 1.1　质检报告文档的编辑技巧"中，学习了文字编辑技巧、多重剪贴板应用、公式编辑器运用和图形绘制工具应用，提升了复杂文档编辑的办公效率和条理化的逻辑思维和编排能力。

在"任务 1.2　质检报告文档的快捷排版"中，学习了引用工具的应用、附件表格、图表的排版、目录的制作方法，提升了信息友好呈现思维、统一与个性展示，达到了办公文档的高质量效果。

在"任务 1.3　质检报告文档的修订审阅"中，学习了批注、修订和文档保护的应用方法，在培养技能应用的同时，提升了对信息来源的标注和版权意识，以及对文档修改过程的版本管理和信息安全意识。

在"任务 1.4　质检报告文档的邮件合并"中，学习了合并域的创建和邮件合并的应用，通过该功能，提升了数据与文档内容结合进行批量文档处理的能力，实现统一模板数据文档的快速生成，从而提升了办公效率。

通过完成本项目中的各项任务，学习了 WPS 文字的高级功能及其在长文档中的实际应用，提升了对文档的编辑、批注、修订审阅和邮件合并等高效编辑和排版能力，为应对真实办公的复杂文档处理工作打下良好基础。

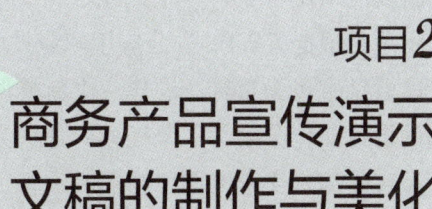

项目**2**

商务产品宣传演示
文稿的制作与美化

WPS 演示是 WPS Office 的一款强大的演示文稿制作工具，其功能丰富，在各种场景下都有着广泛的应用，如教育培训、企业汇报、产品展示、个人演讲等。通过使用 WPS 演示，用户可以制作具有视觉美感效果的宣传作品，以更加生动、形象地向观众传达、宣传信息，提高宣传和沟通效果。要想充分发挥 WPS 演示的优势，提高工作效率，掌握一些高效使用技巧是必不可少的。

本项目根据《WPS 办公应用职业技能等级标准》高级证书的相关要求，以新能源汽车产品营销宣传为目标，制作一个新能源汽车产品商务宣传演示文稿项目，将创意演示文稿的设计制作分解为 4 个任务，分别为商务产品宣传演示文稿的母版与版式设计、商务产品宣传演示文稿的图文与图表编辑、商务产品宣传演示文稿的动画制作、商务产品宣传演示文稿的审阅和保护。

项目目标

> **知识目标**

- 掌握母版与版式设计的方法
- 掌握智能图形的插入和美化方法
- 掌握图表的制作方法
- 理解亲密、对比、重复等多种对象进行混合排版原则
- 掌握高级日程表的应用

> **能力目标**

- 能够设计和制作母版及版式
- 能够插入和美化智能图形，制作图表
- 能够进行多种对象进行混合排版
- 能够制作复杂动画和交互式动画
- 能够正确使用批注和文件加密

> **素养目标**

- 通过母版与版式制作，培养全局视角、统筹思维；培养通过母版的复用提高工作效率的意识；通过版式的设计提升布局审美能力，培养规范的操作流程意识和严谨的工作态度
- 通过排版美化，培养色彩搭配的审美能力和个性化设计的创新意识
- 通过图表的制作，提升应用多元素表达的应用能力，培养多视角的设计思维
- 通过将多种对象进行混合排版，培养整体布局的协调性和细节处理的精致性；通过亲密原则的应用提升页面元素的关联性和整体性；通过对比原则的运用增强视觉冲击力和层次感；通过重复原则的实施强化风格的一致性和记忆点，养成规范的排版操作流程和严谨的视觉设计态度
- 通过制作复杂动画和交互式动画，鼓励读者突破传统的设计思维模式，尝试新颖的动画效果和交互方式来突出产品特点，增强视觉吸引力，提高产品的宣传效果，激发

读者的创造性思维

● 通过演示文稿的审阅和保护，培养版本保存、内容安全和版权意识，提高职业素养

● 通过高级日程表的应用，培养逻辑思维能力，能更好地理解和组织信息，优化流程，提高工作效率，培养统筹思维。

● 通过正确使用批注和文件加密，培养精准表达观点的沟通能力和细致入微的观察力；通过批注的运用提升文本解读和内容反馈的能力，养成规范的文字批注习惯和严谨的文档标注态度；通过文件加密，提升信息保护和数据安全的意识，养成规范的数据管理流程和严谨的信息保密态度，增强对信息安全风险的敏感性和防范能力

项目导图

本项目思维导图如图 2-1 所示。本项目展示图如图 2-2 所示。

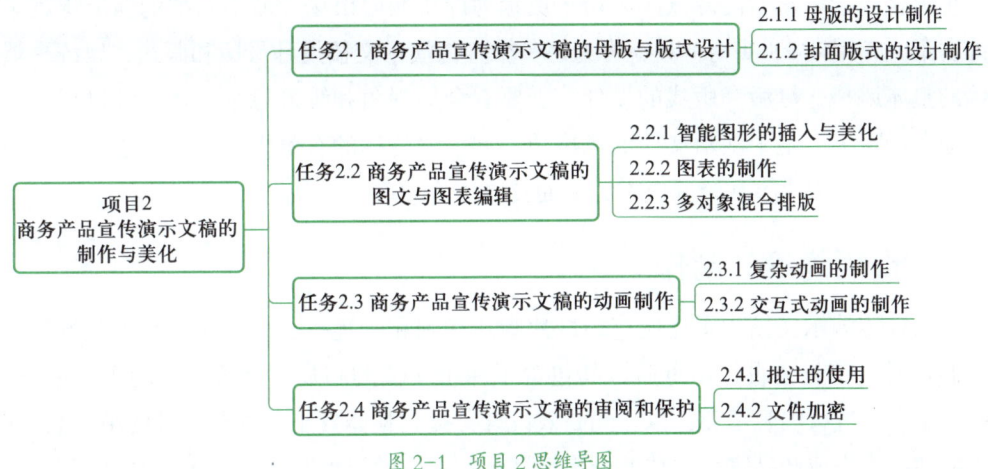

图 2-1　项目 2 思维导图

图 2-2　产品宣传演示文稿展示图

任务 2.1   商务产品宣传演示文稿的母版与版式设计

 任务情境

我国新能源汽车产业发展势头强劲，已成为全球最大的新能源汽车市场之一。随着低碳减排战略的深入推进，我国新能源汽车产业得到了国家的大力支持，产业发展进入高质量发展阶段。随着产业规模的不断扩大，新能源汽车企业数量持续增加，市场竞争日益激烈，产品的发布宣传也是其中重要的手段。通过宣传新能源汽车，能够向公众传递环保理念，增强社会公众的环保意识，促进全社会形成绿色出行的良好氛围。

商务产品宣传演示文稿的母版与版式设计

PPT

小敏就职于一家新能源汽车公司，负责为即将面向市场投放最新款的新能源汽车做宣传发布。应用 WPS 演示工具，可为每一个宣传演示文稿设计母版和版式，以统一整个文稿的整体风格。母版和版式的设计，需要有全局视角和统筹思维。在设计过程中，需要考虑布局审美、整个演示文稿的风格统一和信息传达的有效性，同时，通过母版的复用，能够节约人力成本和资源成本，从而提高工作效率。

2.1.1   母版的设计制作

产品宣传演示文稿为了让所有幻灯片版式达到和谐统一、整体性强和美观效果，在设计制作时，首先会设计出母版，其包含了演示文稿的布局、样式、主题等元素设计，在此基础上再进行内容填充，以达到高效设计，提高整体效果。本节通过使用 WPS 演示提供的功能，完成产品宣传文档的母版设计和制作，效果如图 2-3 所示，具体要求如下：

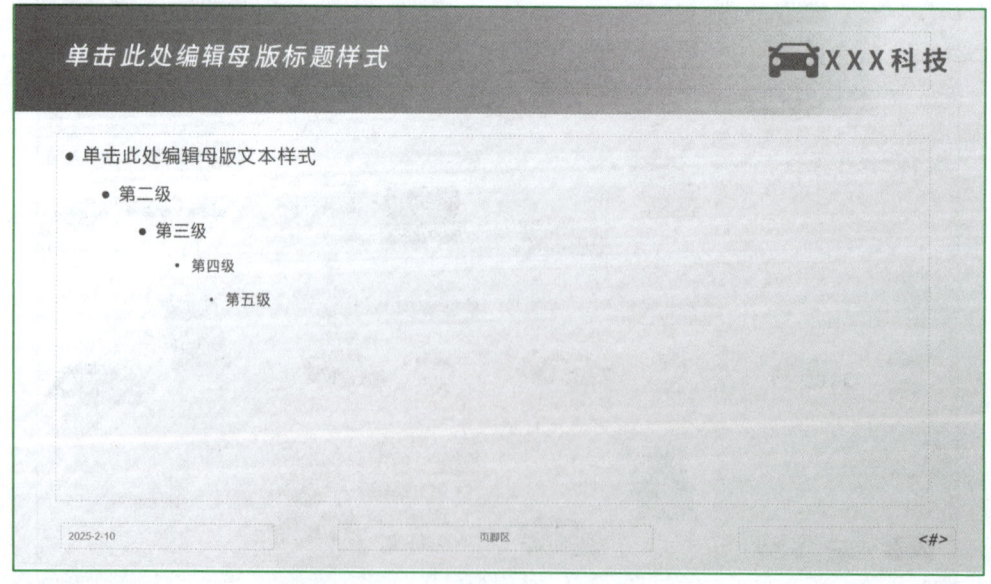

图 2-3   母版的设计效果

① 编辑母版，插入公司 Logo。

② 设置母版的标题栏样式和背景样式。

③ 设置页码和日期。

➤ **知识技能点：**

- 编辑母版，插入公司 Logo
- 设置幻灯片主题配色
- 设置幻灯片页码和日期

 知识窗

母版的具体作用和基础要素

母版是幻灯片模板中的顶层设计，其定义了幻灯片的全局属性，如字体、颜色、背景、布局等。

1. 母版的具体作用

（1）统一演示文稿风格

母版中最显著的作用就是统一演示文稿的整体风格。通过预先设置好的版式、字体、颜色、背景等元素，母版能够确保演示文稿在各个幻灯片之间保持一致的风格，让整个演示更具专业性和观赏性。

（2）提高制作效率

母版中包含了常用的幻灯片布局和组件，如标题、目录、内容、图片、图表等。用户在制作演示文稿时，可以直接从母版中选取所需的布局和组件，节省了频繁设置布局和样式的操作时间，从而提高制作效率。

（3）便于修改和维护

母版统一了演示文稿的风格，因此在修改和维护时也更为便捷。用户只需对母版进行一处修改，即可同步更新至所有基于该母版的幻灯片上，从而大大降低了维护成本，提高了工作效率。

2. 母版的基础要素

（1）标题栏样式

标题栏是幻灯片中最上方的横向区域，通常包含文档的标题、子标题。标题栏样式是指标题栏的布局、字体、颜色等外观特征。

（2）Logo 样式

Logo 是文档中的企业或组织标志，通常被放置在幻灯片一角。在母版中，用户可以设置 Logo 的图片、大小、位置和透明度等参数。

（3）页码样式

页码是文档中用于标识幻灯片的数字，通常被放置在幻灯片的页眉或页脚区域。在母版中，用户可以设置页码的样式、位置、数字格式等。

（4）注释信息

注释是文档中用于说明内容的一种辅助信息，如公司名称、演讲日期，通常被放置在幻灯片的页眉或页脚区域。在母版中，用户可以设置注释的样式、颜色等。

微课 2-1
设计制作母版

1. 编辑母版，插入公司 Logo

将 Logo 添加到母版意味着它将出现在所有幻灯片上，可以增强品牌识别度。对 Logo 的任何更新只需在母版上进行一次，所有幻灯片都会自动更新，节省了逐个更改的时间，操作步骤如下：

1）打开母版。单击"设计"→"母版"按钮，进入母版编辑幻灯片，如图 2-4 所示。

2）插入公司 Logo。在素材文件夹里找到公司 Logo 图片，将其复制并粘贴到母版右上角，如图 2-5 所示。

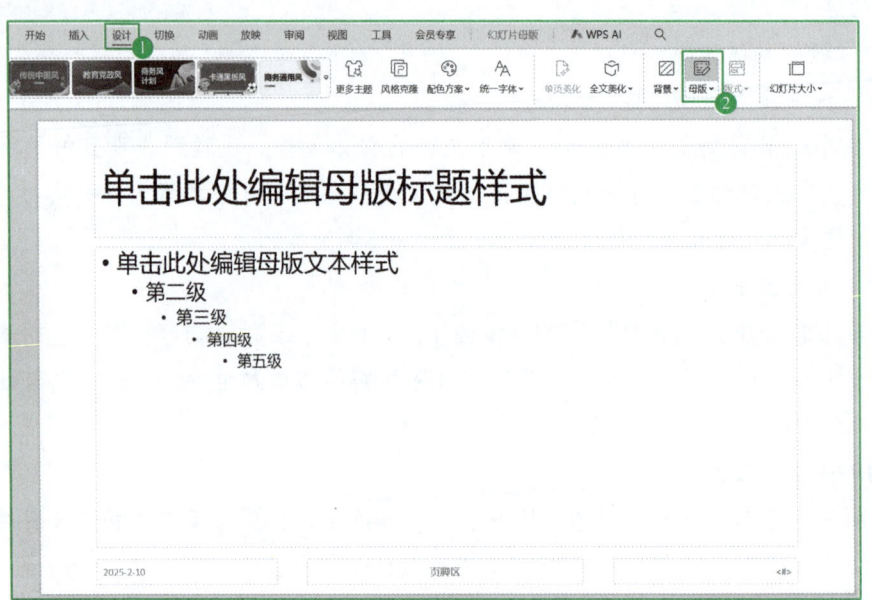

图 2-4　母版编辑幻灯片

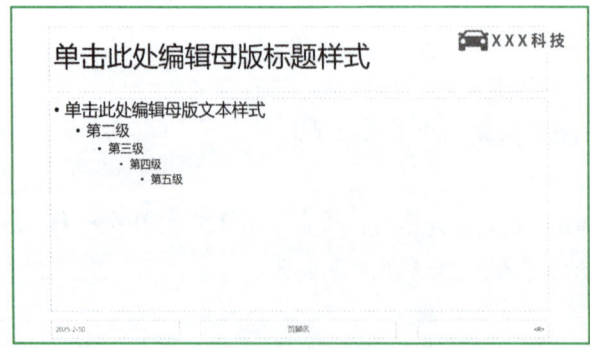

图 2-5　插入公司 Logo

自主探究

请尝试调整 Logo 的大小和在幻灯片的位置，并观察其产生的不同效果。

2. 设置母版背景样式

设计幻灯片主题配色和背景样式。选择和公司 Logo 颜色相近似的主题配色，会使整个演示文稿的色彩风格更加统一和谐，操作步骤如下：

1）设置主题配色。单击"颜色"下拉按钮，在弹出的下拉列表中选择"流畅"选项，选择和 Logo 近似的蓝绿配色，如图 2-6 所示。

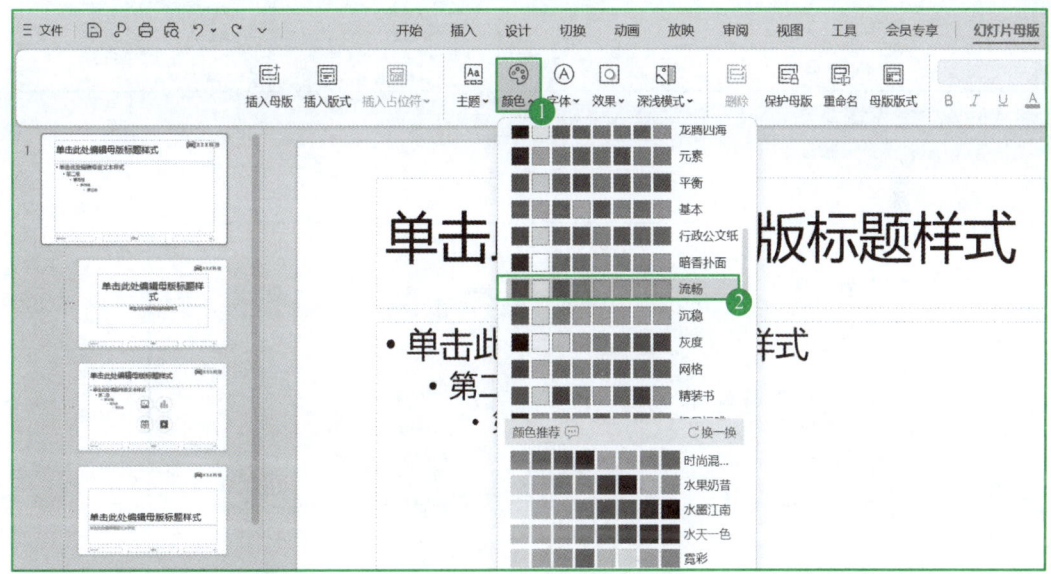

图 2-6　设置主题配色

2）设置背景填充效果。单击"背景"下拉按钮在弹出的任务窗格"填充"区中选中"渐变填充"单选按钮。使用渐变填充比纯色填充让画面拥有更细腻丰富的层次，如图 2-7 所示。

3）通过调整渐变填充的渐变样式、角度参数、渐变光圈，达到所需效果。在"对象属性"任务窗格中选择相关渐变样式，调整参数方法：输入角度"45°"，然后单击第 1 个渐变光圈，将色标颜色修改为白色；接着单击第 2 个渐变光圈，将色标颜色修改为蓝色，设置透明度为 30%，如图 2-8 所示，效果如图 2-9 所示。

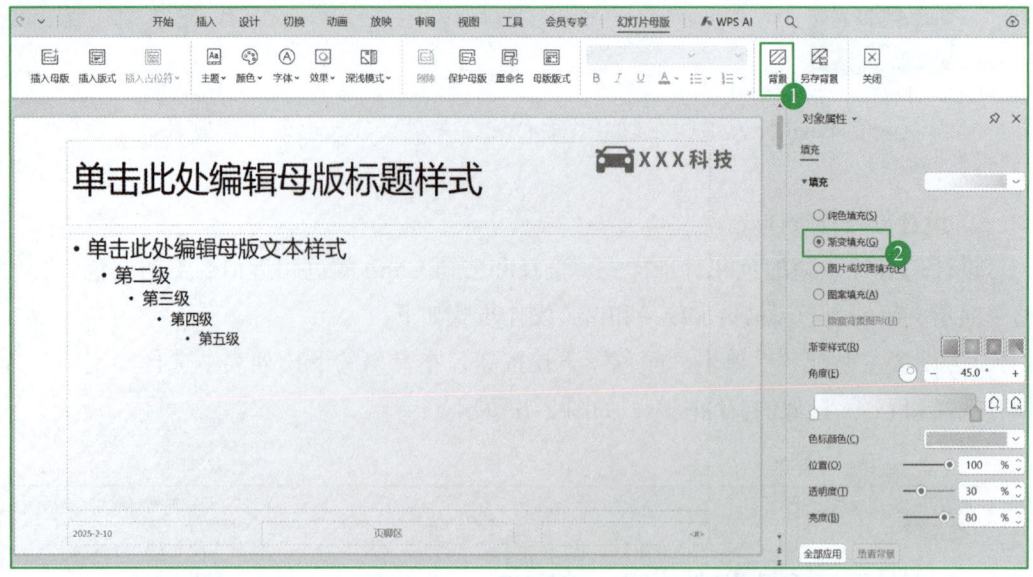

图 2-7　设置背景填充效果

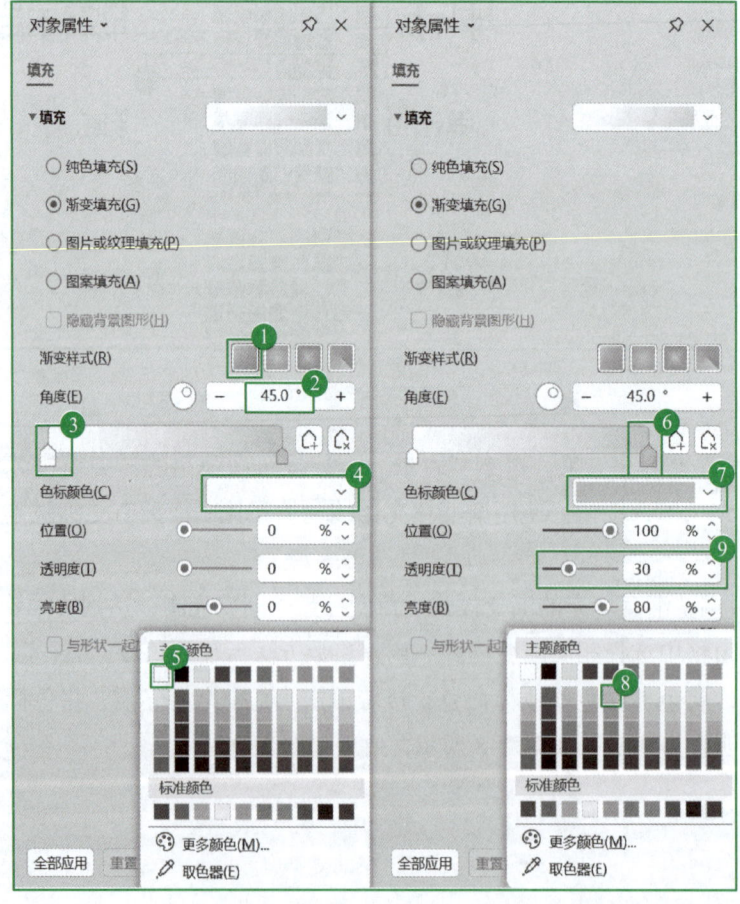

图 2-8　母版背景"对象属性"任务窗格

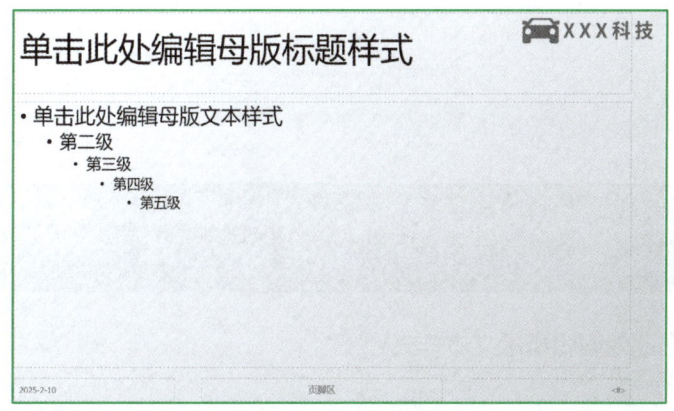

图 2-9　母版界面

3. 设置母版标题栏样式

通过添加几何图形来丰富母版样式。为使产品宣传演示文稿的标题更突出，需在标题栏处加一个几何图形作为标题背景。在标题背景色设置完成后，注意标题文字的颜色也要进行相应的修改，一般选择与背景颜色深浅相反的颜色即可，操作步骤如下：

1）插入图形。单击"插入"→"形状"下拉按钮，在弹出的下拉列表中选择"矩形"形状，在标题栏背景处画一个矩形，如图 2-10 所示，效果如图 2-11 所示。

2）调整图层顺序。右击矩形，在弹出的快捷菜单中选择"置于底层"命令，如图 2-12 所示，效果如图 2-13 所示。

3）设置图形填充色。右击刚插入的矩形，在弹出的快捷菜单中选择"设置对象格式"命令，在弹出的"对象属性"任务窗格的"填充"选项卡中，选中"渐变填充"单选按钮，调整参数方法：输入角度"0°"，然后单击第 1 个渐变光圈，将色标颜色修改为蓝色；接着单击第 2 个渐变光圈，将色标颜色修改为蓝色，设置透明度为 100%；在"线条"选项卡里，选择"无"选项，如图 2-14 所示。

图 2-10　插入图形

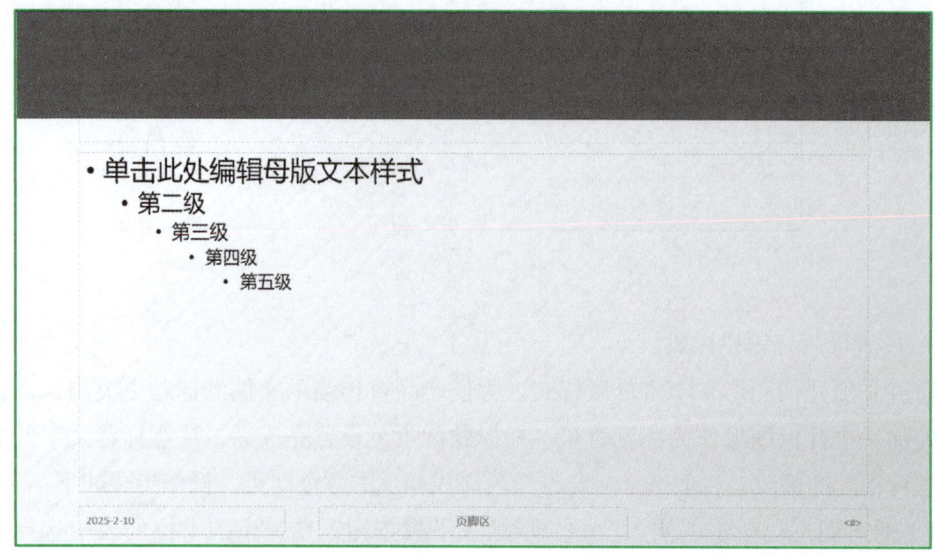

图 2-11　插入图形的效果

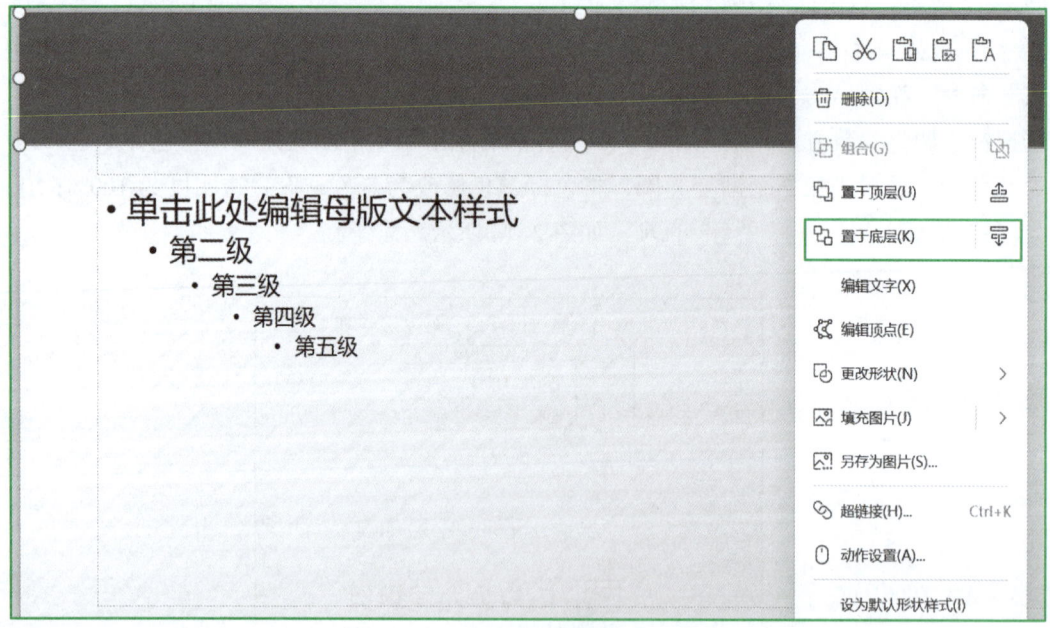

图 2-12　调整图层顺序

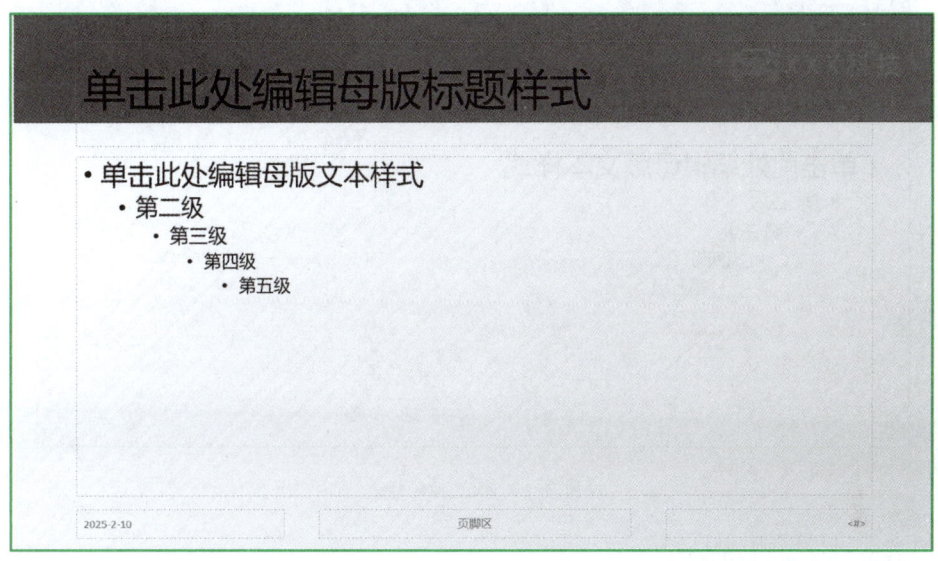

图 2-13　调整图层顺序的效果

图 2-14　设置图形填充色

4）设置标题样式。单击标题文本框，调整标题样式为 WPS 灵秀黑、32 磅、白色、加粗，如图 2-15 所示。

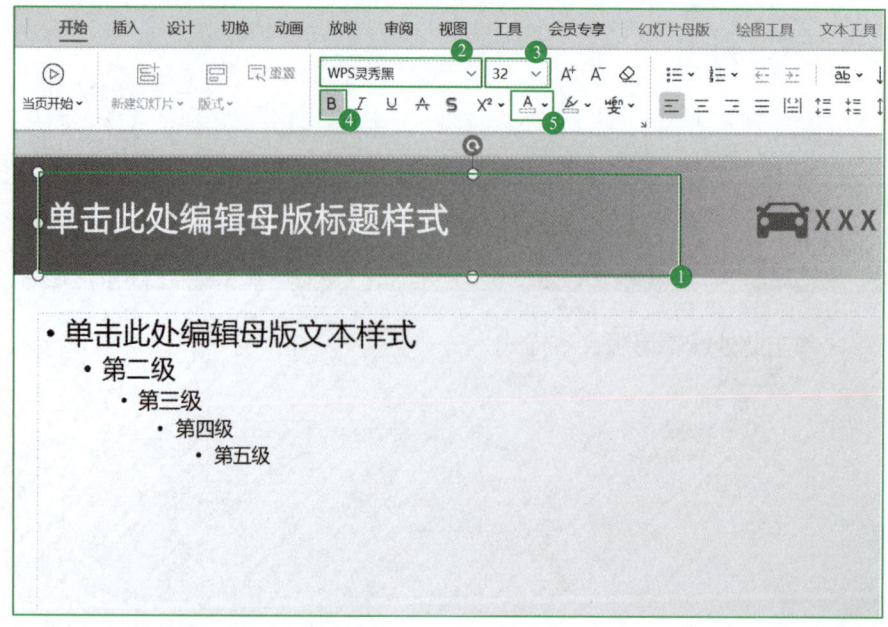

图 2-15　设置标题样式

4. 设置母版页码和日期

为使产品宣传演示文稿每一个幻灯片自动生成页码，可以在母版中设置页码样式，然后在演示文稿里插入页码，操作步骤如下：

1）在母版里设置页码样式。单击母版右下角的文本框"<#>"，设置样式为：WPS 灵秀黑、16 磅、加粗、蓝色，如图 2-16 所示。

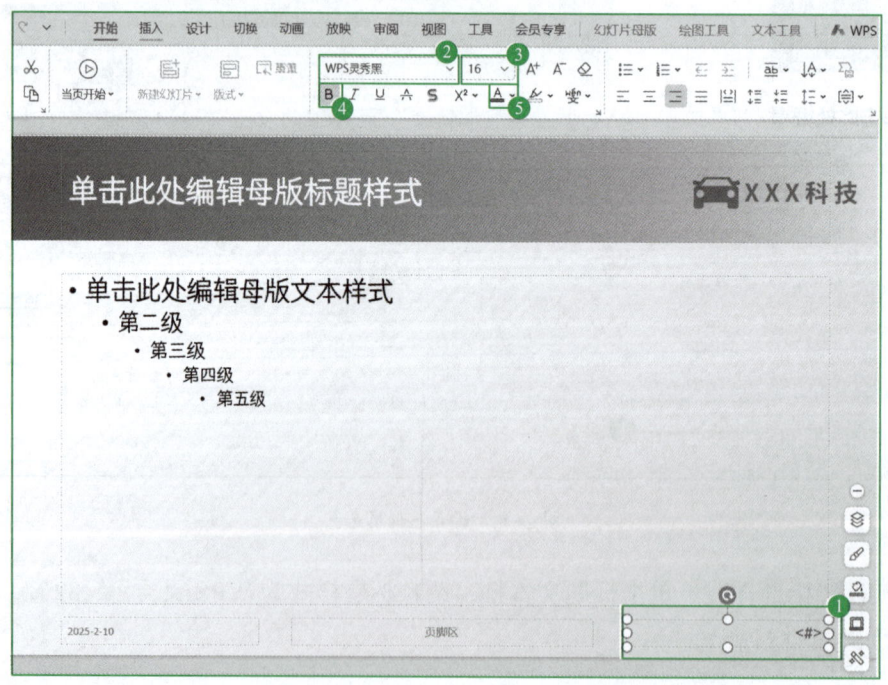

图 2-16　设置页码样式

2）插入页码。单击"插入"→"页眉页脚"按钮，在打开的"页眉和页脚"对话框中选中"幻灯片编号"复选框，单击"全部应用"按钮，如图 2-17 所示。

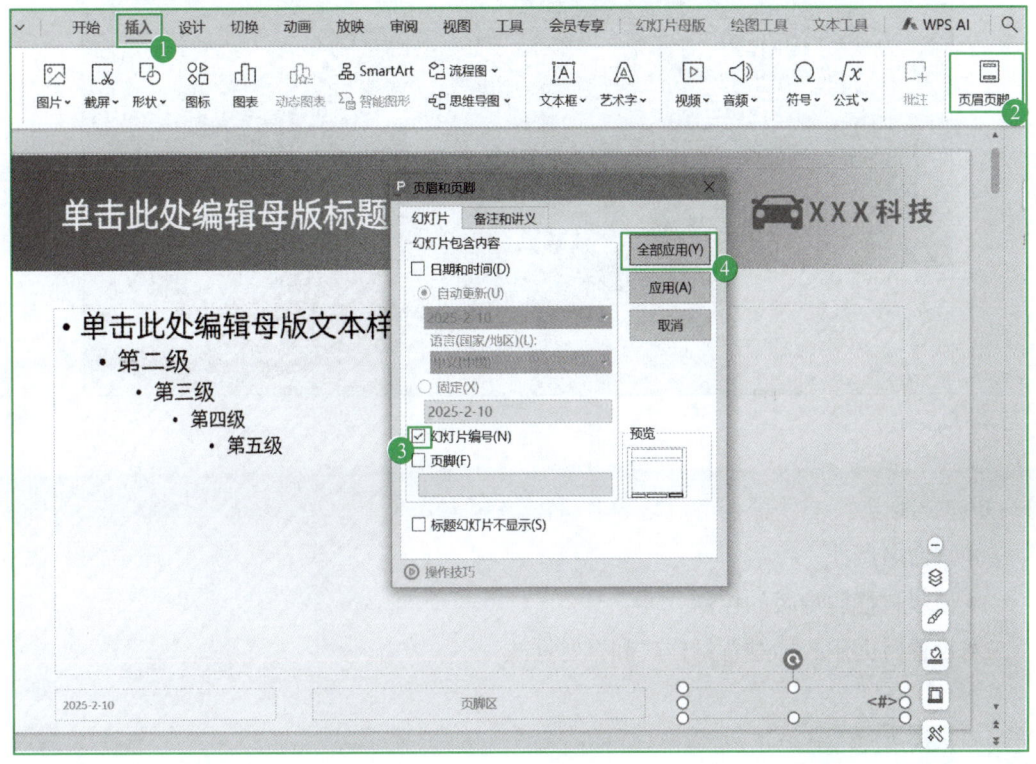

图 2-17　"页眉和页脚"对话框

请在母版里给幻灯片母版添加辅助信息，如演讲日期，并设置文字样式。

2.1.2　封面版式的设计制作

在制作好母版后，基于母版可以设计幻灯片的具体布局，也称为版式。版式是母版的具体实现，其允许用户在保持一致性的同时，对单个幻灯片进行个性化设计，如制作封面版式、目录页版式、分隔页版式等。本节任务是为汽车产品宣传演示文稿的封面版式进行设计和制作，效果如图 2-18 所示，具体要求如下：

① 重命名版式为"封面"，并使版式摆脱母版的控制。

② 设置封面版式标题背景样式、标题样式，注意主副标题的字号搭配合理。

图 2-18　封面版式设计效果

➤ 知识技能点

- 重命名版式
- 使版式摆脱母版的控制
- 设置封面版式标题背景样式和标题样式

 知识窗

封面的作用及其基础要素

演示文稿的封面具有明确主题，树立品牌形象，以及吸引观众的注意力和引发好奇心的重要作用，所以通常需要对演示文稿的封面专门设计效果。在一般情况下，演示文稿的封面会包含以下基础要素，如图 2-19 所示。

1. 主标题

主标题是演示文稿封面的核心组成部分，应该简洁明了地传达出演示文稿的主题。标题应具有代表性、独特性，使观众一眼就能明白演示内容。

2. 副标题

副标题是对主标题的补充和解释。副标题应简洁、清晰，有助于观众对整个演示内容有更深入的了解。在设计副标题时，可以使用较小字号和与标题不同的字体，以区分主次。

3. 背景

一幅与主题相关的背景图片，能够直观地表达演示文稿的主题，增加视觉吸引力。同时画面的构图应当有疏有密，避免过于复杂和繁琐，这样方便在画面内容较少的位置上放置标题信息。

图 2-19　封面版式基础要素

4. Logo

Logo 是企业或个人品牌的象征，能够提升演示文稿的专业性。将 Logo 置于封面合适的位置，既能凸显品牌形象，又能增加观众的认同感。在设计时，应注意 Logo 的大小、颜色和字体，与整体设计风格保持一致。

1. 重命名版式为"封面"，并使版式摆脱母版的控制

当演示文稿中包含大量不同的版式时，通过重命名可以更直观地识别每个版式的特点和用途，以便在制作演示文稿幻灯片时快速调取使用。在编辑版式时，如果版式布局和母版不同，可以让该版式摆脱母版的控制，即不显示母版里的图形，进行个性化设计，操作步骤如下：

微课 2-2
设计制作封面
版式

1）重命名版式。选择母版下方的第 1 张版式，单击"重命名"按钮，将该版式命名为"封面"，如图 2-20 所示。

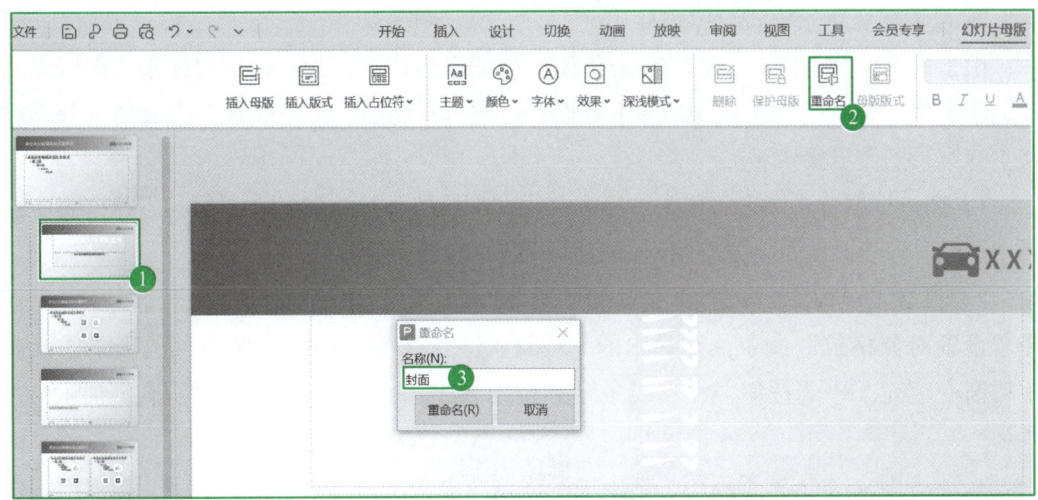

图 2-20　"重命名"对话框

2）插入背景素材，并使版式摆脱母版的控制。单击"背景"按钮，在弹出的"对象属性"任务窗格中选中"图片或纹理填充"单选按钮，选择"本地文件"选项，在打开的对话框中选择素材里的"封面背景"图片，并选中"隐藏背景图形"复选框，如图2-21所示。

图2-21 版式背景"对象属性"任务窗格

 自主探究

请为演示文稿更换一张同类型主题的背景图片，注意图片构图应疏密得当。

2. 设置标题背景样式与标题样式

由于选择的背景图片的画面重心位于中心偏右的位置，为了画面整体平衡，可以将标题置于中心偏左，并在标题文字下方设置标题背景图形，可以在视觉上有效区分标题与主背景，操作步骤如下：

1）插入标题背景图形。单击"插入"→"形状"下拉按钮，在弹出的下拉列表中选择"矩形"形状，在左上方绘制一个矩形，如图2-22所示。

2）设置标题背景样式。右击前一步绘制好的矩形，在弹出的快捷菜单中选择"设置对象格式"命令，在弹出的"对象属性"任务窗格的"填充"选项卡中，选中"渐变填充"单选按钮；在"线条"下拉列表中，选中"无"单选按钮，如图2-23所示。

3）将标题文本框置于顶层。选中主副标题两个文本框，单击鼠标右键，在弹出的快捷菜单中选择"置于顶层"命令，如图2-24所示。

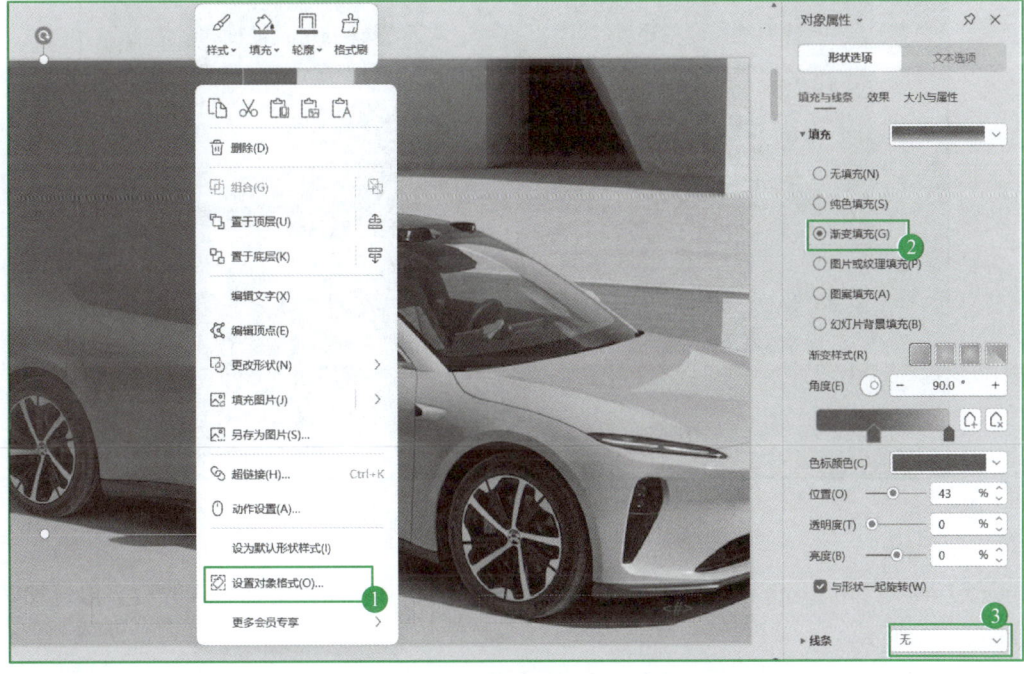

图 2-22 "形状"下拉按钮

图 2-23 形状"对象属性"任务窗格

图 2-24　置于顶层

4）输入主副标题，并设置样式。输入主标题文字"新能源汽车产品宣传"、副标题文字"新能源汽车第一品牌"；调整主标题样式为 WPS 灵秀黑、白色、加粗、54磅、左对齐；副标题样式为 WPS 灵秀黑、白色、加粗、20磅、左对齐，如图 2-25所示。

图 2-25　"新能源汽车产品宣传"封面版式

5）插入公司 Logo。复制素材里的白色 Logo，将其粘贴到封面版式的右上角，效果如图 2-18 所示。

自主探究

另一种常用的标题布局的方式是居中型，请把主副标题和标题背景调整至幻灯片中间位置，观察其产生的不同视觉效果。

职业技能要求

职业技能要求见表 2-1。

表 2-1　任务 2.1 对应 WPS 办公应用职业技能要求（高级）

工作任务	职业技能要求
演示文稿的母版与版式设计	① 掌握母版设计方法。 ② 能够设计和制作母版及版式

任务测试

一、单项选择题

1. 下列选项中不是幻灯片母版的基础要素的是（　　　）。

　　A. 标题栏　　　　　　　　　　　　B. Logo

　　C. 形状　　　　　　　　　　　　　D. 页码

2. 在设置封面版式时，以下（　　　）操作可以使版式摆脱母版的控制。

　　A. 重命名版式为"封面"　　　　　　B. 插入背景素材

　　C. 选择"隐藏背景图形"选项　　　　D. 输入主副标题

3. 母版的作用不包括以下（　　　）。

　　A. 统一演示文稿风格　　　　　　　B. 提高制作效率

　　C. 便于修改和维护　　　　　　　　D. 增加幻灯片数量

4. 在母版设计中，插入公司 Logo 的主要目的是（　　　）。

　　A. 增强品牌识别度　　　　　　　　B. 美化页面

　　C. 节省空间　　　　　　　　　　　D. 方便修改

5. 在封面版式设计中，标题的作用是（　　　）。

　　A. 美化页面　　　　　　　　　　　B. 明确主题

　　C. 增加视觉吸引力　　　　　　　　D. 以上选项都是

二、多项选择题

1. 在 WPS 演示中，母版里页码的样式包括（　　　）。

　　A. 字体　　　　　　　　　　　　　B. 字号

　　C. 颜色　　　　　　　　　　　　　D. 位置

2. 封面版式的基础要素包括（　　　）。

A. 标题　　　　　　　　　　　　B. 副标题

C. 背景　　　　　　　　　　　　D. Logo

3. 在母版设计中，可以设置（　　　）背景样式。

A. 纯色填充　　　　　　　　　　B. 渐变填充

C. 图片填充　　　　　　　　　　D. 纹理填充

三、实操题

在演示文稿中，目录不仅能帮助观众更好地理解演讲的主题和结构，还能提高演讲的吸引力和说服力，通过精心设计目录版式，梳理演示文稿的逻辑架构，将复杂的内容条理化、清晰化，学会从宏观角度把握整体内容与结构，培养逻辑严谨、思维清晰的思维方式。请设计制作目录版式，完成后保存文件名为"目录设计"，效果如图 2-26 所示，具体要求如下：

（1）标题为"目录"，其样式为 WPS 灵秀黑、蓝色、加粗、48 磅、居中对齐。

（2）背景装饰图形为 3 个平行四边形，其中左右 2 个设置为渐变填充，中间的设置为纯色填充。

（3）目录小标题编号分别为"01""02""03""04"，样式为 WPS 灵秀黑、加粗、48 磅，无本文填充色，文本轮廓为白色。

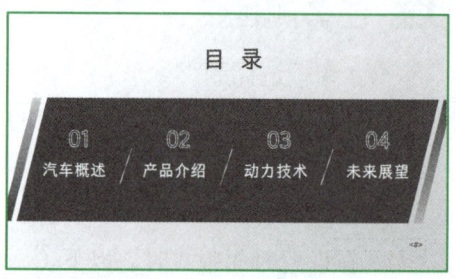

（4）目录小标题文字分别为"汽车概述""产品介绍""动力技术""未来展望"，样式为 WPS 灵秀黑、白色、加粗、32 磅。

（5）目录分隔线为直线，样式白色、线型为 1 磅。

图 2-26　目录版式设计效果

任务验收

按表 2-2 对本节任务的学习情况进行评价。

表 2-2　任务 2.1 验收评价表

任务评价指标				
序号	内容	自评	互评	教师评价
1	能够设置母版的标题栏样式，培养统筹思维			
2	能够在母版中插入和调整公司 Logo，提升工作效率			
3	能够设置母版的背景样式			
4	能够设置幻灯片主题配色，提升审美能力			
5	能够设置幻灯片页码和日期，养成规范的操作流程意识			
6	能够重命名版式并摆脱母版控制			

任务 2.2　商务产品宣传演示文稿的图文与图表编辑

任务情境

设计好母版和版式后，接下来可为演示文稿制作新能源汽车的详细内容介绍，包括总体概述、公司产品销量和新产品优势等。通过展示我国新能源汽车产业的快速发展和取得的成就，从而激发民族自豪感和科技报国的家国情怀。

小敏负责制作图表，将信息进行分类、整理和归纳，形成清晰的逻辑框架，提升应用多元素表达的应用能力；应用 WPS 演示工具对多种对象进行混合排版，提升整体布局的协调性和细节处理的精致性，从而培养其多视角的设计思维。

> 商务产品宣传演示文稿的图文与图表编辑
>
> PPT

2.2.1　智能图形的插入与美化

当演示文稿需要展示多段落的文字信息时，使用智能图形可以使信息更有结构感、更清晰。智能图形是一种基于图形化设计和数据驱动的展示方式。WPS 演示文稿里内置了多种形式的智能图形，方便用户直接调取使用。

本任务在"新能源汽车的定义和分类"幻灯片中插入和美化智能图形，如图 2-27 所示，具体要求如下：

① 插入智能图形。

② 调整智能图形的文本样式和形状样式。

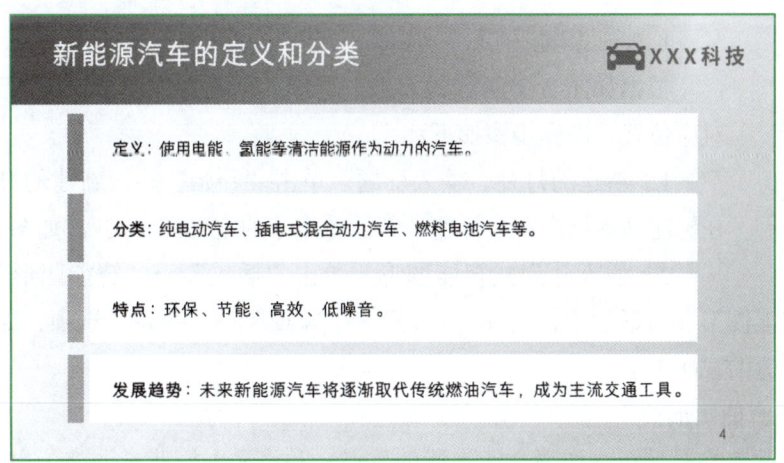

图 2-27　"新能源汽车的定义和分类"幻灯片设计效果

➤ 知识技能点

- 插入智能图形
- 调整智能图形的文字和形状样式，美化智能图形

知识窗

智能图形的特点、应用场景和美化方法

智能图形是一种图形化工具，可以快速创建复杂的信息结构和流程图，而无须手动绘制。

1. 智能图形的特点

1）直观易懂：通过图形化的方式展示数据和信息，使观众能够更快速地理解和吸收内容。

2）美观大方：采用专业的图形设计，使演示文稿在视觉上更具吸引力。

2. 智能图形的应用场景

智能图形可以应用于各种场景，如项目展示、产品介绍等。

1）项目展示：通过智能图形展示项目的进度、成果和预期目标，使观众对项目有更全面的了解。

2）产品介绍：利用智能图形展示产品的特点、优势和用户评价，帮助观众更好地了解产品的价值和优势。

3. 智能图形的美化方法

1）自定义颜色：可以根据演示文稿的主题或个人喜好更改智能图形的颜色。

2）调整形状样式：智能图形中的形状可以单独调整。选择特定形状，然后在"绘图工具"选项卡中更改形状的填充、轮廓、效果等。

3）编辑文本格式：智能图形中的文本可以调整字体、大小、颜色和对齐方式。选择文本，然后在"开始"选项卡中使用文本工具进行编辑。

微课 2-3
插入分类化
智能图形

1. 插入智能图形

根据如图 2-2 所示的效果，选择并列式智能图形，插入到幻灯片的对应位置，操作步骤如下：

1）新建幻灯片，输入标题。单击"开始"→"新建幻灯片"按钮，在标题文本框中输入标题"新能源汽车的定义和分类"，如图 2-28 所示。

2）插入并列式智能图形。单击"插入"→"智能图形"按钮，在打开的"智能图形"对话框中，选择"并列"→"4项"→"免费"选项，如图 2-29 所示，选择合适的智能图形。

2. 美化智能图形

将标题文字格式加粗，加强文字表达的重点，并将文本框背景调整为白色，加大智能图形背景和演示文稿背景的对比度，强化层次感，操作步骤如下：

1）输入文字，将标题文字加粗。在智能图形的文本框里输入如图 2-30 所示的文字，再拖动鼠标选中标题文字"定义""分类""特点""发展趋势"，在弹出的快捷栏中单击"加粗"按钮。

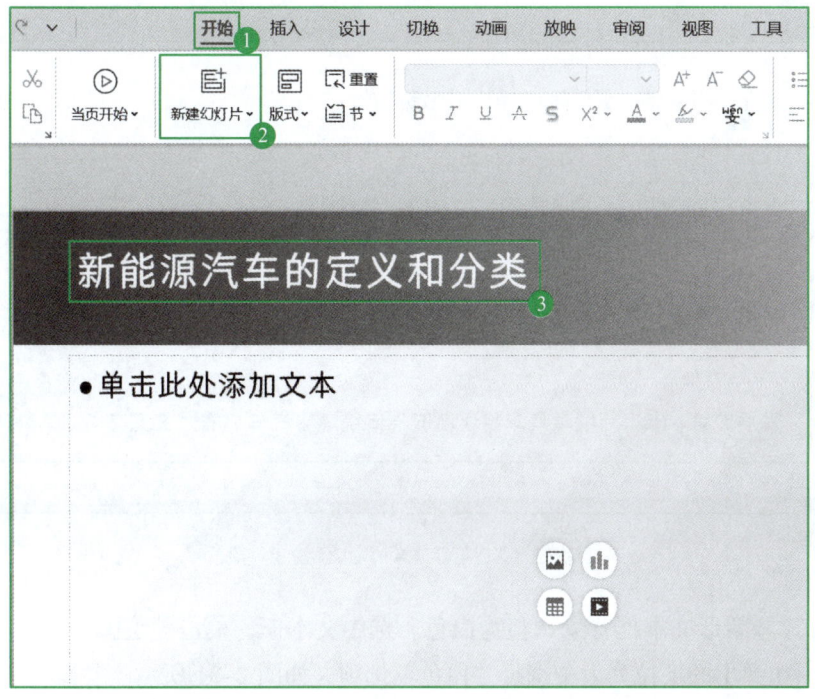

图 2-28　"新能源汽车的定义和分类"页

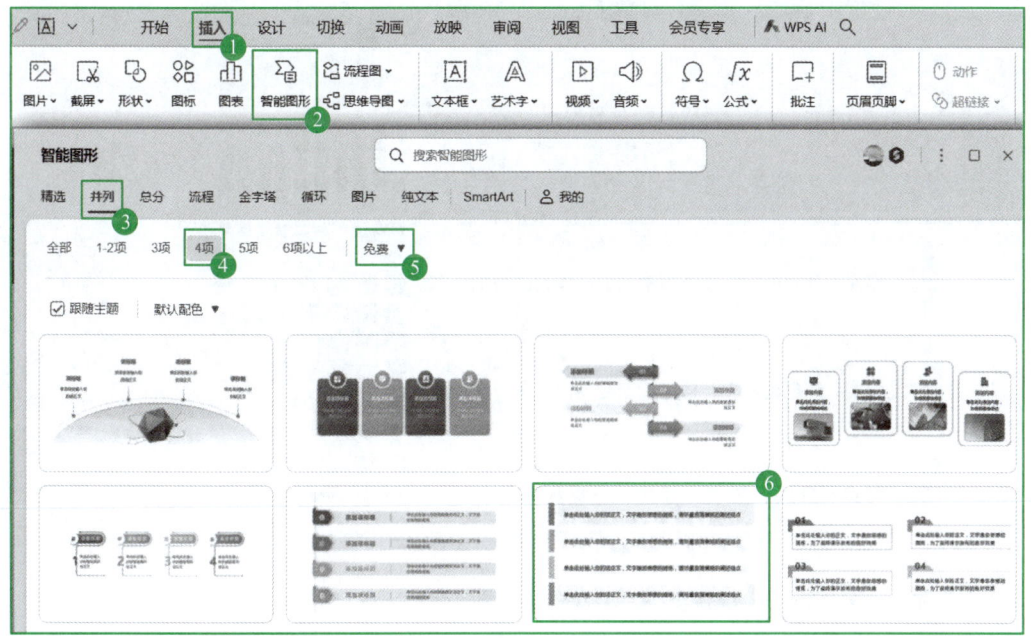

图 2-29　"智能图形"对话框

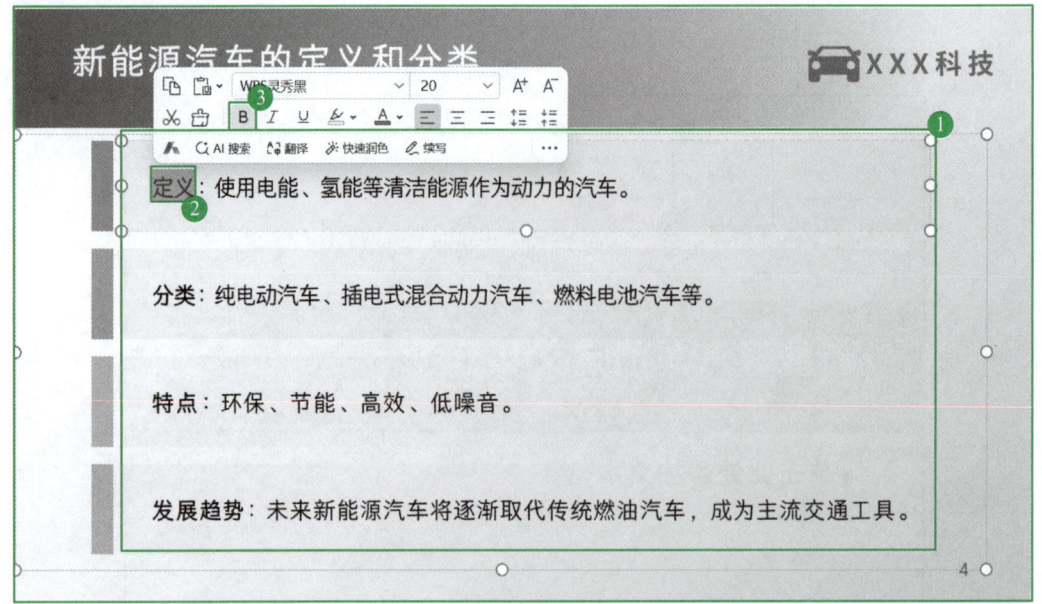

图 2-30 "新能源汽车的定义和分类"页

2）将智能图形文本框背景调整为白色。选中文本框，单击"绘图工具"→"填充"下拉按钮，在弹出的下拉列表中选择"白色"选项，如图 2-31 所示。

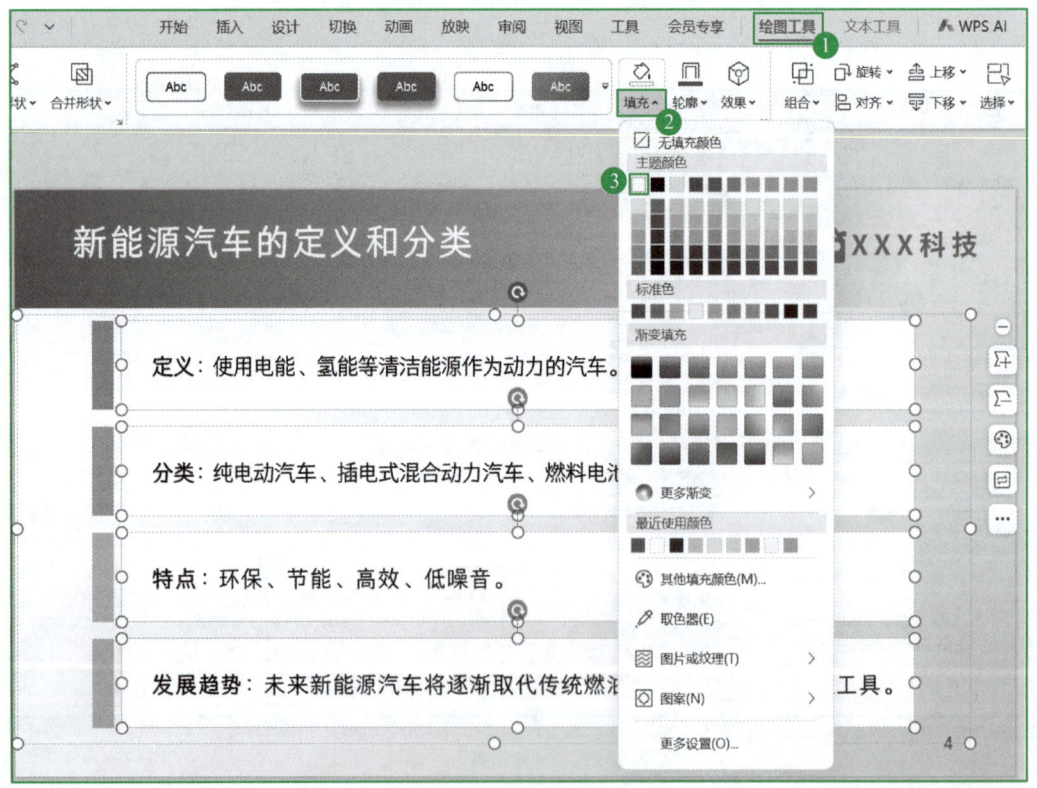

图 2-31 文本框"填充"下拉列表

自主探究

请在每行文字开头加入相关图标，以达到装饰美化的效果。

2.2.2　图表的制作

在面对大量数据需要展示时，图表是一种直观易懂的呈现形式。在制作图表时，应根据所要展示的数据类型和目的选择合适的图表类型。常见的图表类型包括柱状图、折线图、饼图、散点图等，每种图表都具有其独特的特点和适用场景。例如，柱状图适合展示不同类别之间的数据比较，折线图则更适合展示数据随时间变化的趋势，组合图表可以更直观地比较不同数据系列之间的关系和趋势。本节任务是在演示文稿里插入年度销量统计图，如图 2-32 所示。具体要求如下：

①　插入折线图和面积图的组合图表，编辑图表数据。

②　美化图表样式。

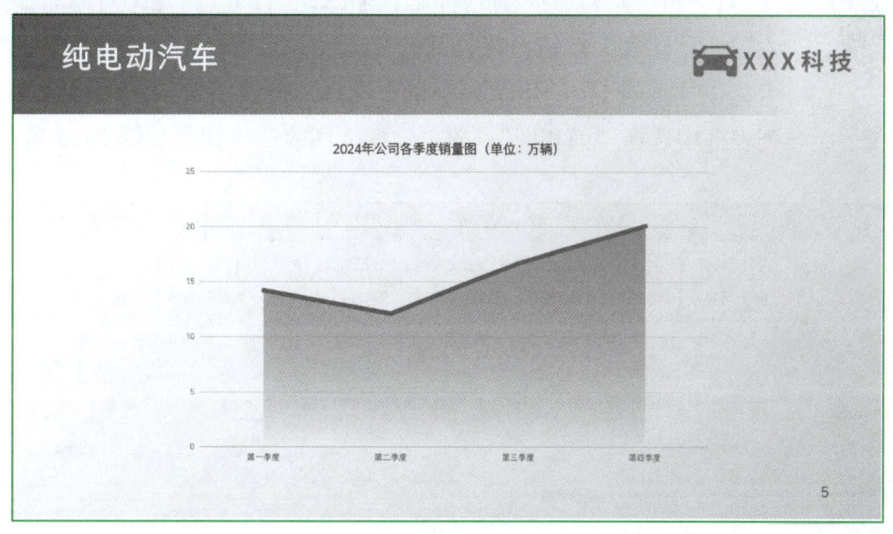

图 2-32　图表设计效果

➢ **知识技能点**
- 选择适合的图表类型，插入图表并编辑图表数据
- 美化图表样式

知识窗

图表的设计要点

除了选择合适的图表类型外，图表的设计美感也是制作图表时需要注意的方面。一个美观的图表不仅能够吸引观众的注意力，还能够提升演示文稿的整体品质。在设计图

表时，应注意以下几点：

1）色彩搭配：合理的色彩搭配可以使图表更加醒目、易读。一般来说，建议使用对比明显的颜色来突出数据之间的差异，同时避免使用过于花哨的颜色组合，以免干扰观众的视线。

2）字体和字号：选择合适的字体和字号可以确保图表中的文字信息清晰可读。建议使用简洁明了的字体，如宋体、黑体等，并根据图表的大小和观众的观看距离来设置合适的字号。

3）图表元素：在图表中添加适当的元素，如标题、图例、数据标签等，可以帮助观众更好地理解图表所传达的信息。同时，要注意避免添加过多的元素，以免使图表显得过于复杂和混乱。

1. 插入组合图并编辑图表数据

用折线图和面积图的组合图表来展示同一组数据，会让图表数据变化趋势更直观和更显高级，操作步骤如下：

微课 2-4
图表的制作

1）新建幻灯片，输入标题，插入组合图。新建幻灯片，单击"插入"→"图表"按钮，在打开的"图表"对话框中选择"组合图"选项卡，在"系列 1"的下拉列表框中选择"折线图"，在"系列 2"的下拉列表框中选择"面积图"，单击"插入图表"按钮，如图 2-33 所示。

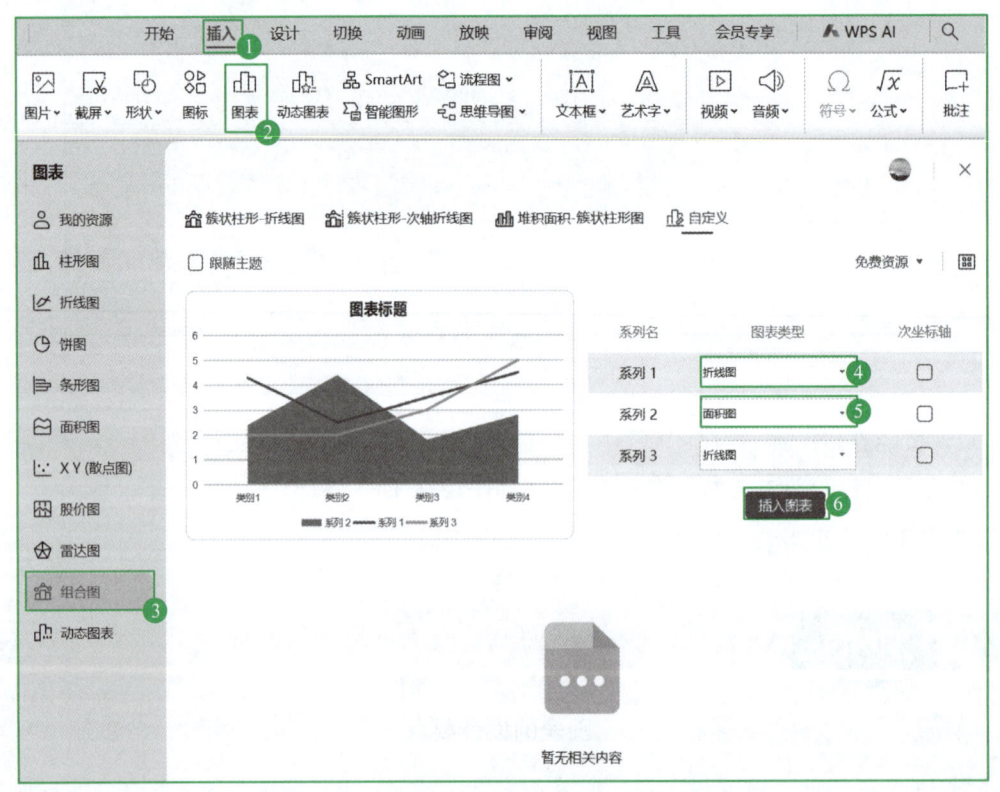

图 2-33　"图表"对话框

2）输入图表标题，调整折线数量。在图表上方输入"2024年公司各季度销量图（单位：万辆）"，右击图表中系列 3 的折线，在弹出的快捷菜单中选择"删除"命令，如图 2-34 所示。

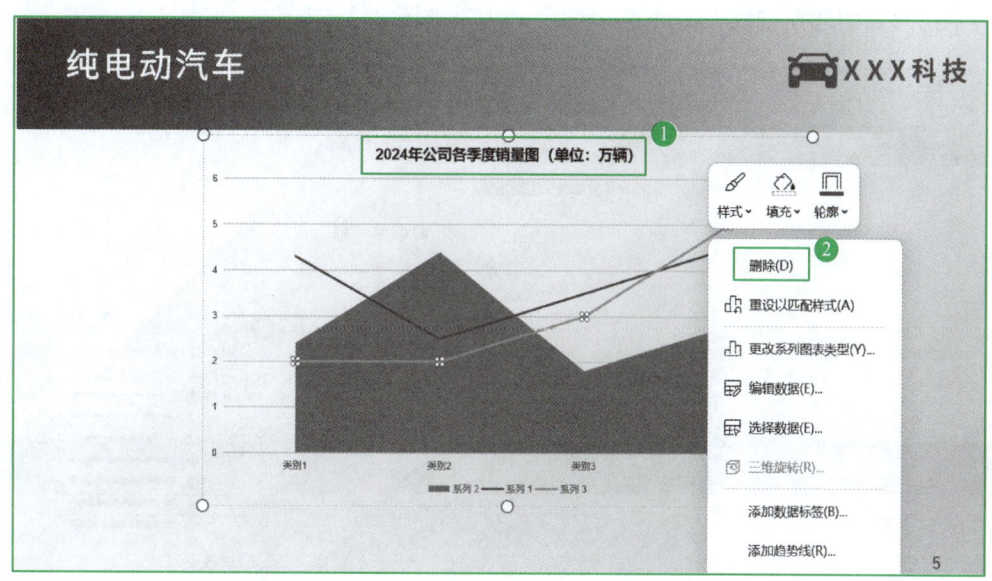

图 2-34　输入图表标题

3）编辑图表数据，将系列 1、系列 2 的数据修改为相同。单击"图表工具"→"编辑数据"按钮，输入文字和数据，如图 2-35 所示。

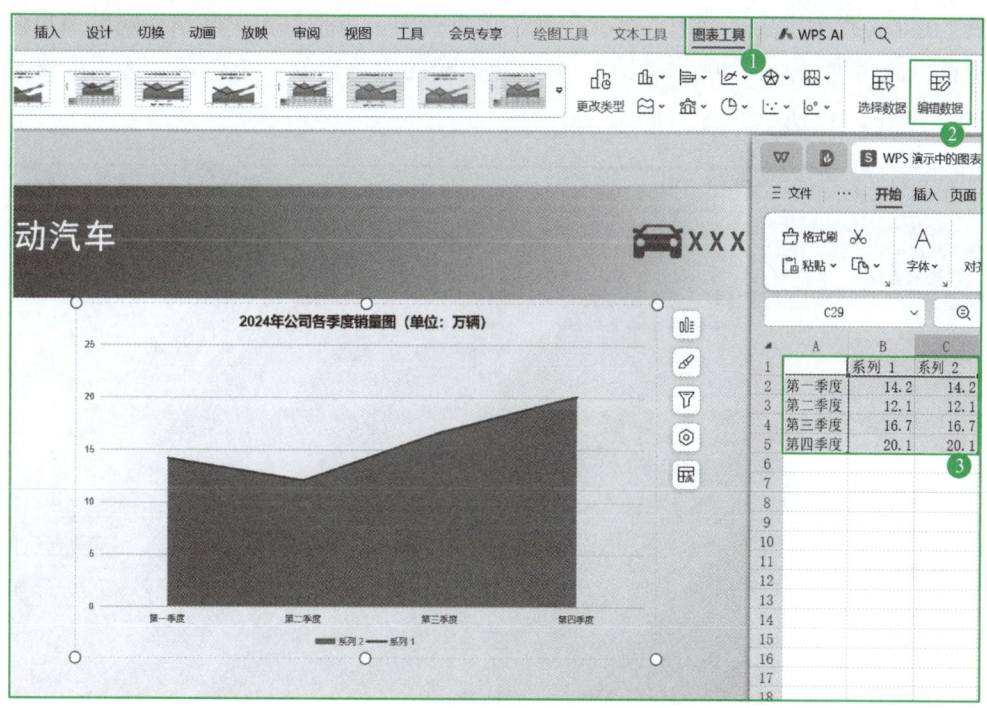

图 2-35　编辑图表数据

2. 美化图表

将折线图调整为较粗的线条，面积图调整为浅色从上到下渐变，操作步骤如下：

1）加粗折线图线条。右击折线，在弹出的快捷菜单中单击"轮廓"下拉按钮，在弹出的下拉列表中选择"线型"→"4.5 磅"选项，如图 2-36 所示。

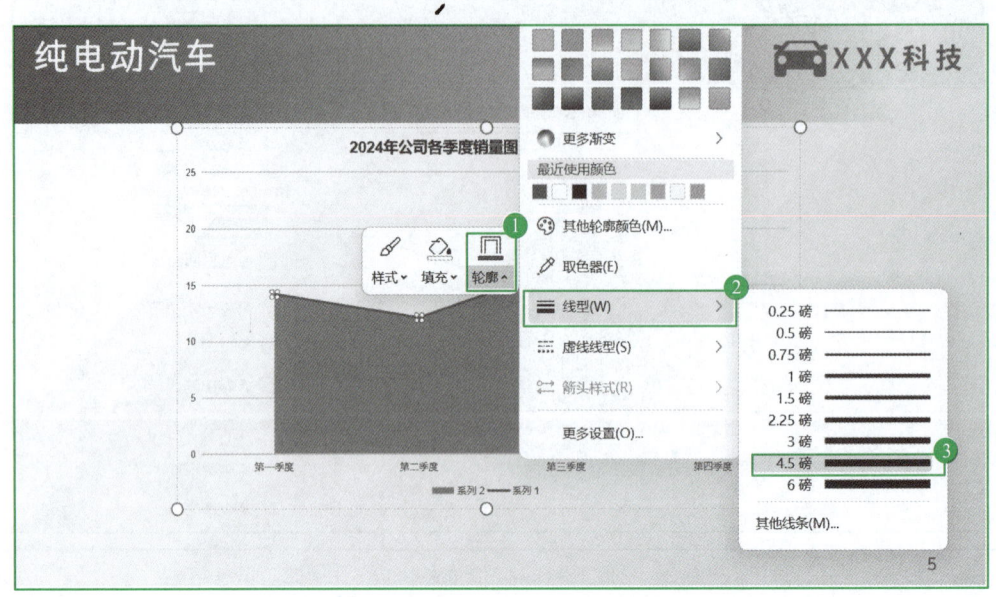

图 2-36　美化图表

2）将面积图调整为浅色从上到下渐变。双击面积图，在弹出的"对象属性"任务窗格"填充"选项卡中，选中"渐变填充"单选按钮，再把第 1 个渐变光圈的颜色修改为蓝色，透明度修改为 40%，把第 2 个渐变光圈的颜色也修改为蓝色，透明度修改为 100%，如图 2-37 所示。

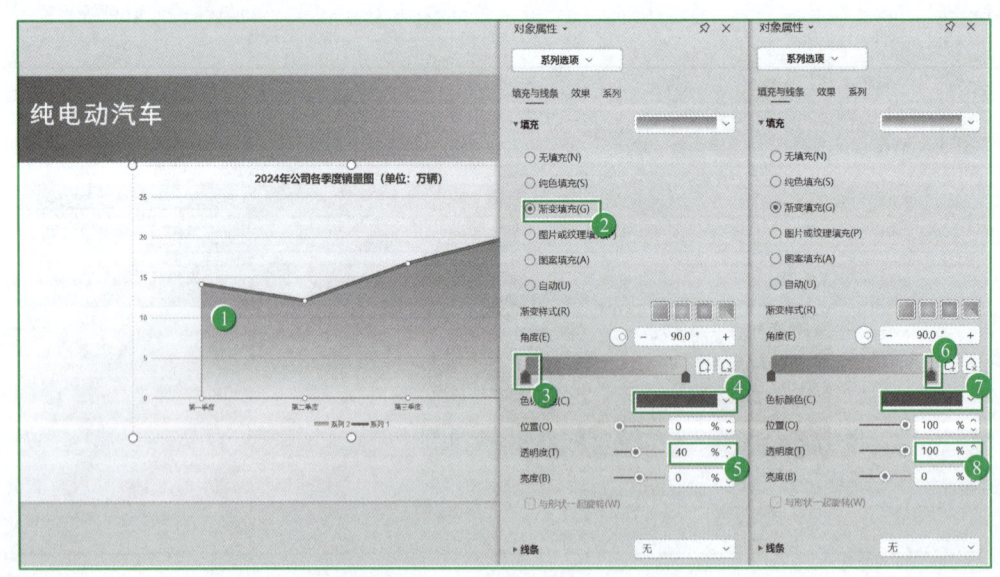

图 2-37　图表"对象属性"任务窗格

2.2.3　多对象混合排版

在演示文稿中，除了图表外，还可能包含文字、图片、形状等多种对象。如何有效地组织和呈现多个对象，使它们既美观又易于理解，是每位演示文稿制作者应掌握的技能。其中，对比、亲密和重复这 3 个排版原则起着至关重要的作用。本节任务是在产品介绍的幻灯片里插入多对象混合排版页，如图 2-38 所示，具体要求如下：

①　插入素材图片和文案。

②　利用对比、亲密和重复原则，对图片和文字进行排版。

图 2-38　多对象混合排版设计效果

➤ **知识技能点**
- 用对比、亲密和重复原则进行图文排版

知识窗

多对象混合排版原则

1. 对比原则

对比原则是指通过调整不同对象之间的视觉差异，突出重点和引导观众的注意力。对于文字，可以通过调整其字号、粗细、色彩、线条、衬底等方式实现；对于图片，可以通过调整其透明度、大小、色彩等方式实现。对比不仅可以提高演示文稿的可读性，还可以增强信息的层次感，使观众更容易理解和记忆。

2. 亲密原则

亲密原则强调将相关的对象组合在一起，形成一个视觉上的整体，有助于减少混乱和建立同类信息的联系。可以通过使用相同的背景、色块或间距来将相关的对象归为一组，使它们在视觉上相互关联。同时，避免将不相关的对象放在一起，以免产生混淆和误解。

3. 重复原则

重复原则是指在演示文稿中重复使用相同的元素和设计风格，以形成统一的视觉风格，包括颜色、字体、效果、样式等方面的重复和统一。

需要注意的是，这些原则并不是孤立的，它们在实际应用中需要相互配合和补充。只有综合考虑这些因素，才能创造出高质量的演示文稿作品。

微课 2-5
多对象混合
排版

1. 插入图片并进行美化，加强图文对比

从形状库中选择合适的装饰图形，调整图形的填充颜色、轮廓颜色、轮廓宽度和样式等，将图形调整到合适的大小，并放置在图片的下层，以增强装饰效果且不遮挡重要信息，操作步骤如下：

1）新建幻灯片，输入标题，插入图形。新建幻灯片，在标题栏输入"纯电动汽车"，单击"插入"→"形状"下拉按钮，在弹出的下拉列表中选择"圆角矩形标注"形状，如图 2-39 所示，在幻灯片左侧插入形状，并进行水平翻转，效果如图 2-40 所示。

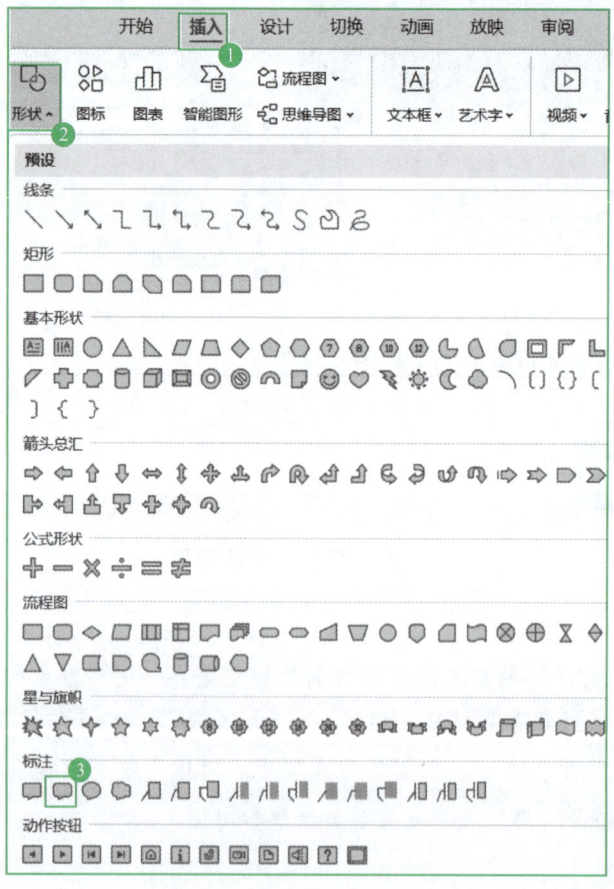

图 2-39 "形状"下拉列表

图 2-40　添加"圆角矩形标注"形状效果图

2）调整形状的样式为射线渐变。双击图形，在弹出的"对象属性"任务窗格"填充"选项中，选中"渐变填充"单选按钮，渐变样式选择"射线渐变"的第一效果选项，再把第 1 个渐变光圈的颜色修改为蓝色，透明度 80%，第 2 个渐变光圈的颜色也修改为蓝色，透明度 40%；单击"线条"下拉按钮中，选择"无"选项，如图 2-41 所示。

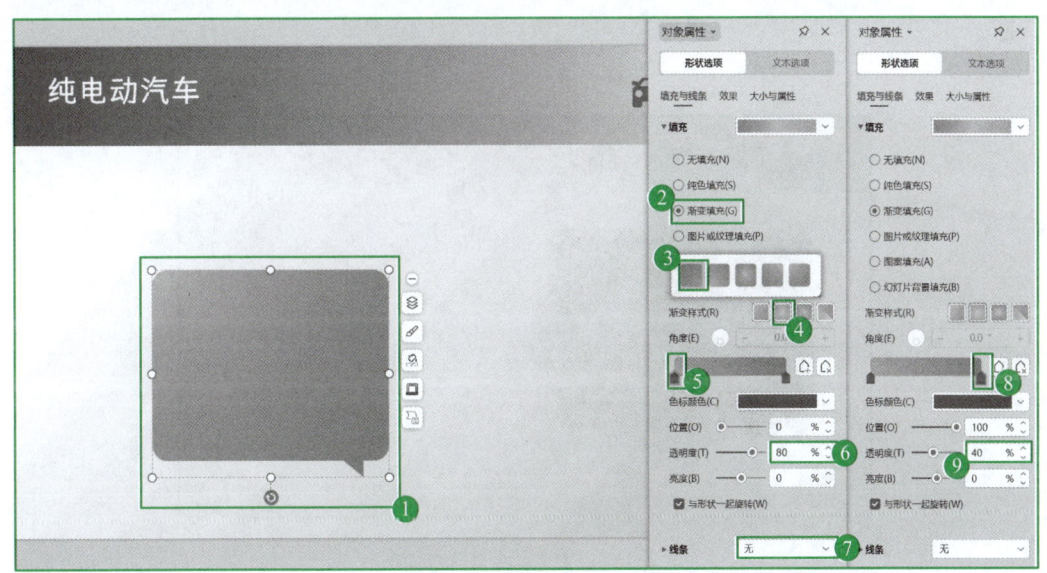

图 2-41　图形"对象属性"任务窗格 1

3）复制形状，调整角度和样式。复制粘贴图形，并进行水平翻转，双击图形，在弹出的"对象属性"任务窗格"填充"选项中，把第 1 个渐变光圈的透明度修改为 0%，亮度为 40%，第 2 个渐变光圈的透明度修改为 0%，如图 2-42 所示。

4）插入素材图片。将素材中名称为"汽车介绍"的图片复制粘贴到幻灯片中，效果如图 2-43 所示。

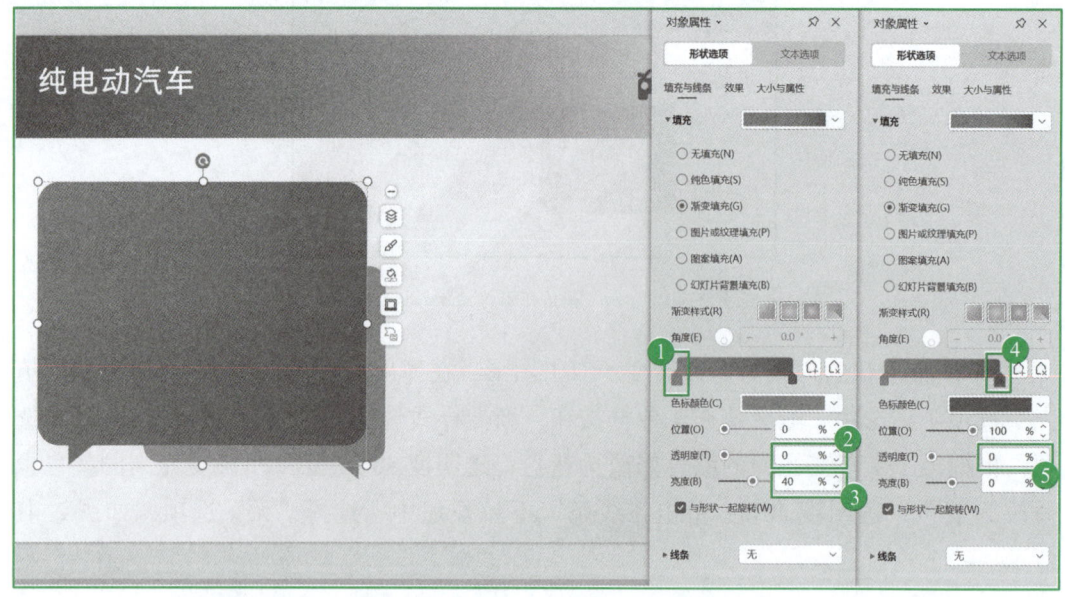

图 2-42　图形"对象属性"任务窗格 2

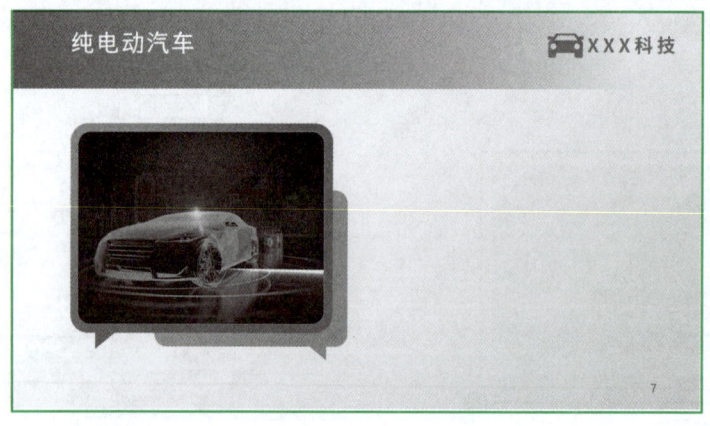

图 2-43　多对象混合排版幻灯片 1

2. 插入文字，用对比、重复和亲密原则进行排版

通过添加色块、放大字号的方式，可以增强小标题和段落文字的对比度；通过重复文字样式的方式，形成统一的视觉风格；利用亲密原则，通过放大文字间距的方式，使相关的对象归为一组，使它们在视觉上相互关联，操作步骤如下：

1）插入形状和文字，并调整样式。单击"插入"→"形状"下拉按钮，在弹出的下拉列表中选择"圆角矩形"形状，在幻灯片里插入该形状，如图 2-44 所示。

2）输入小标题文字，并调整图形样式。右击圆角矩形，在弹出的快捷菜单中选择"编辑文字"命令，输入文字"高安全长寿命电池"，文字样式调整为 WPS 灵秀黑、18磅、白色，如图 2-45 所示。

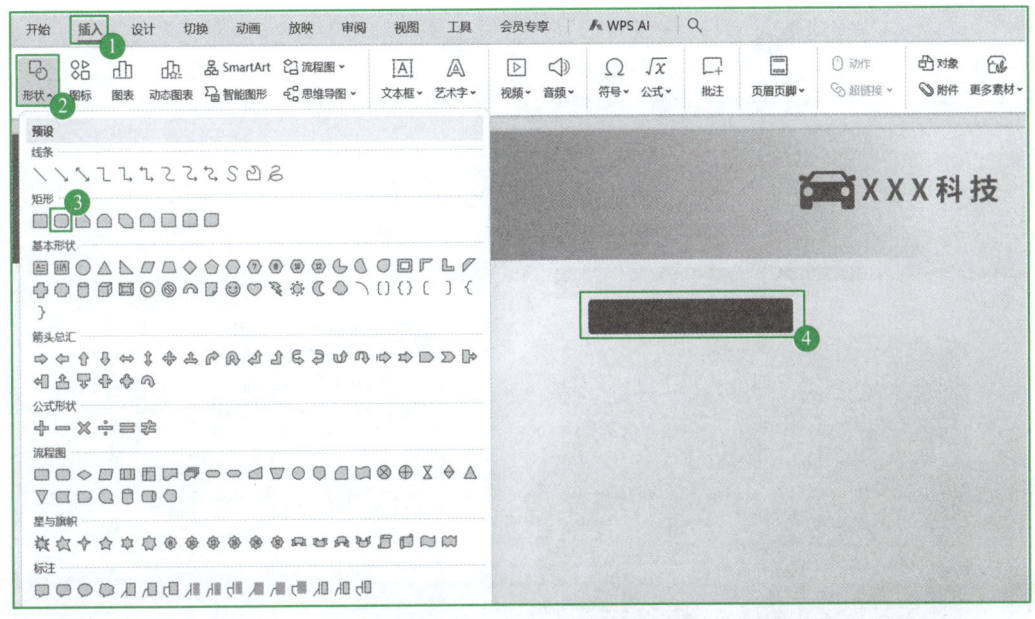

图 2-44　多对象混合排版幻灯片 2

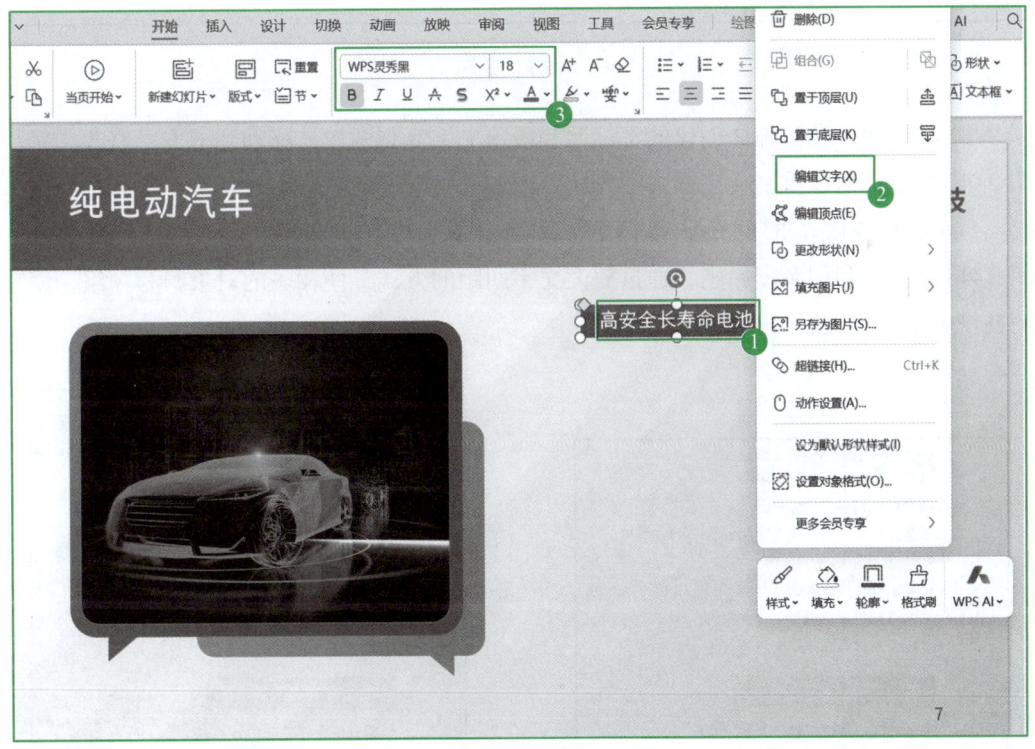

图 2-45　多对象混合排版幻灯片 3

　　3）插入段落文字，并调整样式。单击"插入"→"文本框"按钮，输入如图 2-46 所示的段落文字，调整文字样式为 WPS 灵秀黑、16 磅、黑色，可通过色块和改变字号的方式，加大了小标题和段落文字的对比度。

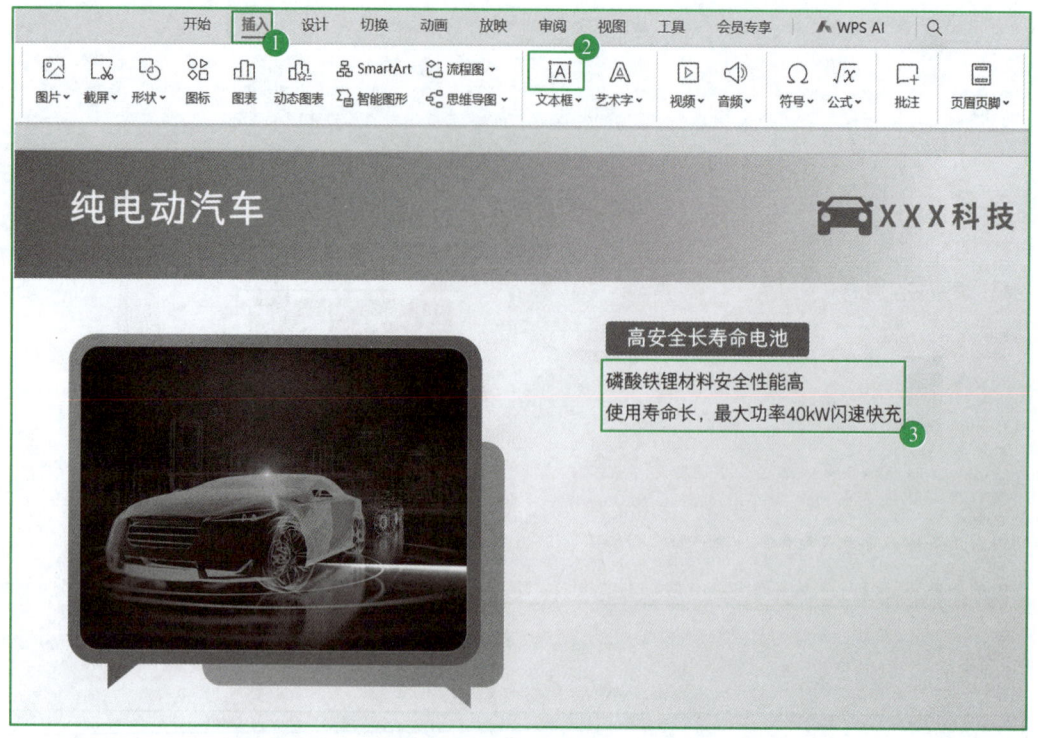

图 2-46　多对象混合排版幻灯片 4

4）将步骤 1 和步骤 3 创建的小标题和段落文字复制两次，移动到下方，修改文字如图 2-47 所示，通过重复文字样式的方式，形成统一的视觉风格。

5）加大各段落的间距。将第 2 个和第 3 个小标题及其段落文字向下移动，如图 2-48 所示。利用亲密原则，通过放大文字间距的方式，使相关的对象归为一组，使它们在视觉上相互关联。

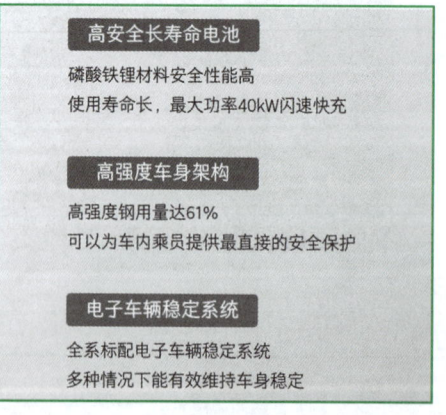

图 2-47　多对象混合排版幻灯片 5　　　　图 2-48　多对象混合排版幻灯片 6

自主探究

请利用本任务学习的排版原则，重新设计本页幻灯片的排版形式。

职业技能要求

职业技能要求见表 2-3。

表 2-3　任务 2.2 对应 WPS 办公应用职业技能要求（高级）

工作任务	职业技能要求
演示文稿的图文与图表编辑	① 能够插入智能图形，并能对智能图形进行美化。 ② 能够制作图表，运用恰当的数据图表表达幻灯片中的内容。 ③ 理解亲密、对比、重复等原则，并能够应用该原则对多种对象进行混合排版。 ④ 能够正确使用公式编辑器插入公式

任务测试

一、单项选择题

1. 在（　　）选项卡中可以选择"智能图形"按钮。

    A. 设计　　　　　　　　　　　　B. 插入

    C. 视图　　　　　　　　　　　　D. 工具

2. 以下（　　）图形不是智能图形。

    A. 面积图　　　　　　　　　　　B. 流程图

    C. 并列图　　　　　　　　　　　D. 循环图

3. 在制作图表时，选择合适的图表类型的主要依据是（　　）。

    A. 个人喜好　　　　　　　　　　B. 所要展示的数据类型和目的

    C. 图表的美观程度　　　　　　　D. 软件提供的图表类型

4. 在多对象混合排版中，采用对比原则的主要目的是（　　）。

    A. 美化页面　　　　　　　　　　B. 减少混乱

    C. 突出重点　　　　　　　　　　D. 增加信息量

5. 在多对象混合排版中，采用亲密原则的主要目的是（　　）。

    A. 形成视觉整体　　　　　　　　B. 增强逻辑性

    C. 美化页面　　　　　　　　　　D. 突出重点

二、多项选择题

1. 在 WPS 演示文稿中，智能图形的特点不包括（　　）。

    A. 直观易懂　　　　　　　　　　B. 专业性强

    C. 需要手动绘制　　　　　　　　D. 美观大方

2. 图表设计时应注意的要点包括（　　　）。

　　A. 色彩搭配　　　　　　　　B. 字体和字号

　　C. 图表元素　　　　　　　　D. 动画效果

3. 多对象混合排版的原则包括（　　　）。

　　A. 对比原则　　　　　　　　B. 亲密原则

　　C. 重复原则　　　　　　　　D. 缩放原则

三、实操题

请设计并制作幻灯片"新能源汽车的发展趋势和优势"页，具体要求如下：

（1）幻灯片标题"新能源汽车的定义和分类"。

（2）插入一个并列式智能图形，选择"4项"布局。

（3）在智能图形的文本框里输入以下文字：

节能：提高能源利用率，降低能源消耗。

智能：智能化、网联化，提高驾驶体验。

技术进步：电池技术、电机技术、电控技术等不断进步，提高新能源汽车性能。

（4）在智能图形的文本框里使用公式编辑器插入公式，并输入文字：

假设传统燃油汽车的能源消耗量为 100 单位，新能源汽车的能源消耗量为 40 单位：

能源消耗降低值 = $(100 - 40)/ 100 \times 100\% = 60\%$

这表明新能源汽车的能源消耗比传统燃油汽车降低了 60%。

🔍 任务验收

按表 2-4 对本节任务的学习情况进行评价。

表 2-4　任务 2.2 验收评价表

任务评价指标				
序号	内容	自评	互评	教师评价
1	能够插入智能图形，并调整智能图形的文本样式和形状样式，提升布局审美能力			
2	能够选择合适的图表类型并插入图表，培养逻辑思维和条理能力			
3	能够输入准确的图表数据，并调整图表的样式，形成清晰的逻辑框架			
4	能够应用对比、亲密和重复原则进行多对象混合排版			
5	能够正确使用公式编辑器插入公式，使公式、数据表达准确、得体			

任务 2.3　商务产品宣传演示文稿的动画制作

🔍 任务情境

在完成新能源汽车宣传演示文稿内容的制作后，为提升播放效果，需要为不同幻灯片制作不同的动画效果，可以为展示图文和图表的幻灯片制作复杂动画，帮助观众更好地理解播放信息之间的关联；可为产品展示的幻灯片制作交互动画，帮助演讲者有选择地突出产品的重要信息。

在制作动画效果的过程中，小敏尝试使用 WPS 演示的功能，用新颖的动画效果和交互方式来突出产品特点，增强了视觉吸引力，提高了产品的宣传效果和市场吸引度，获得了意外的增值效果。

2.3.1　复杂动画的制作

在演示文稿中适当地加入动画，除了可以用来引导观众的视线，帮助观众更好地理解信息之间的关联，还可以帮助演讲者更好地掌控演示的节奏，使演示更加流畅和专业。运用 WPS 演示的高级日程表和组合动画，可以制作出更自然流畅的动画效果。

以任务 2.2 中完成的幻灯片为例，制作动画，如图 2-49 所示，具体要求如下：

① 为文字设置渐变和路径的组合动画。

② 调整动画的播放方式、节奏和衔接效果。

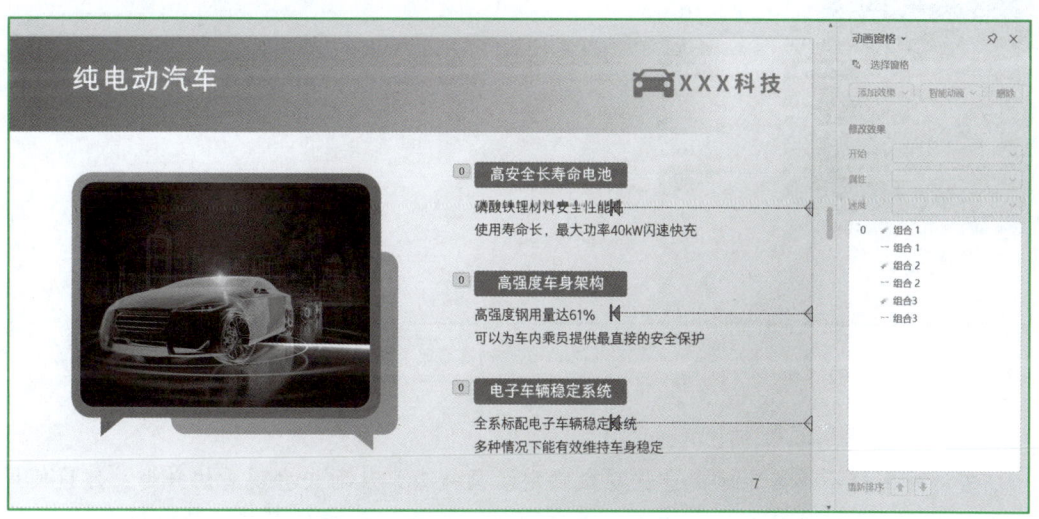

图 2-49　动画设计页

➤ 知识技能点

- 设置组合动画
- 使用高级日程表

知识窗

动画制作的注意事项

在制作动画时，需要考虑以下注意事项，以确保动画效果自然流畅，从而有效地增强演示的效果，而不是分散观众的注意力。

1. 动画效果应自然不生硬

在选择动画效果时，通过使用组合动画，动画设置的选项会更多，能精确地控制动画节奏和速度。通过多个动画元素的协同作用，实现平滑的过渡和流畅的运动轨迹，创造出自然和丰富的视觉效果。

在制作组合动画时，单击"动画"→"动画格窗"按钮，在弹出的任务窗格中单击"添加效果"下拉按钮，可以为一个对象添加多个动画，如图 2-50 所示。

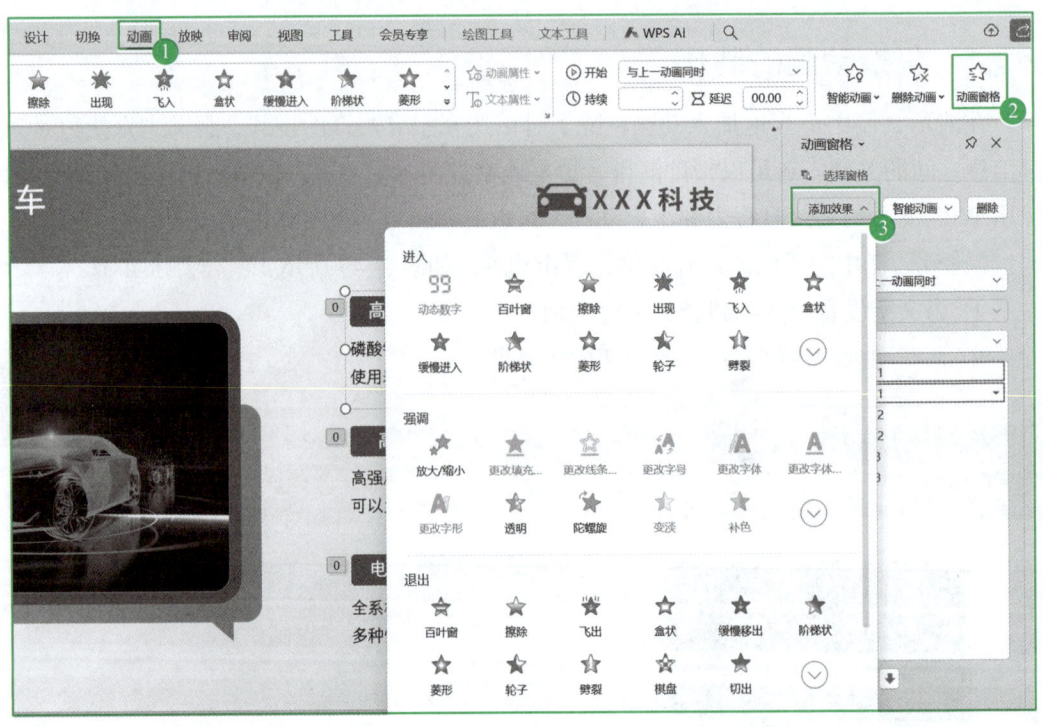

图 2-50   添加动画效果

2. 动画衔接应流畅无卡顿

若动画衔接不够紧密时，会让观众感觉动画拖沓，从而失去观看的兴趣，建议使用高级日程表，其利用时间轴的概念，方便用户更直观地查看每个动画的时间先后关系，同时也可以更精确地调节每个动画的时间，让动画衔接更紧密流畅。

在调整动画衔接时，单击动画格窗里的具体对象右侧的下拉列表按钮，在弹出的下拉列表中选择"显示高级日程表"命令，拖动灰色方块，可以调整每个动画的起始时间，如图 2-51 和图 2-52 所示。

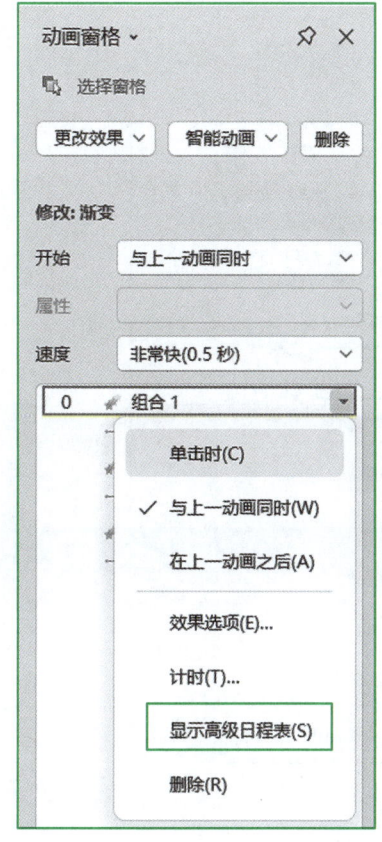

图 2-51　动画格窗

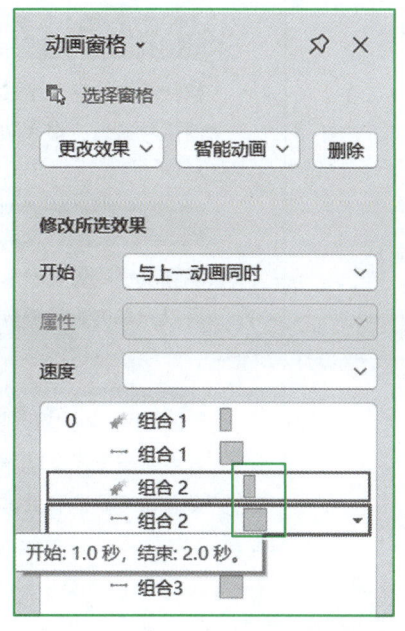

图 2-52　高级日程表

1. 为文字设置渐变和路径的组合动画

为文字添加渐变动画效果，实现文字自然平滑地出现；为文字添加路径动画，使文字由幻灯片外滑动进入，操作步骤如下：

微课 2-6
制作复杂动画

1）设置组合效果。选中幻灯片中第 1 个小标题文本框及其段落内容文本框，并右击，在弹出的快捷菜单中选择"组合"命令，并用同样的方法将第 2 个小标题文本框及其内容文本框、第 3 个小标题文本框及其内容文本框进行组合，以方便后续给这 3 个组合添加动画效果，如图 2-53 所示。

2）添加渐变动画效果。选中第 1 个文本框组合，然后单击"动画"选项卡，在动画样式表中单击 ▼ 按钮，在弹出的下拉列表中选择"渐变"选项，如图 2-54 所示。

3）添加路径动画效果。单击"动画"→"动画格窗"按钮，在"动画格窗"任务窗格中单击"添加效果"下拉按钮，在弹出的下拉列表框中选择"向右"选项，如图 2-55 所示。

4）调整路径动画方向。在"动画格窗"任务窗格中的"路径"下拉列表框中选择"反转路径方向"选项，即可实现不用手动调整路径，直接将动画调整为由幻灯片外滑动进入，如图 2-56 所示。

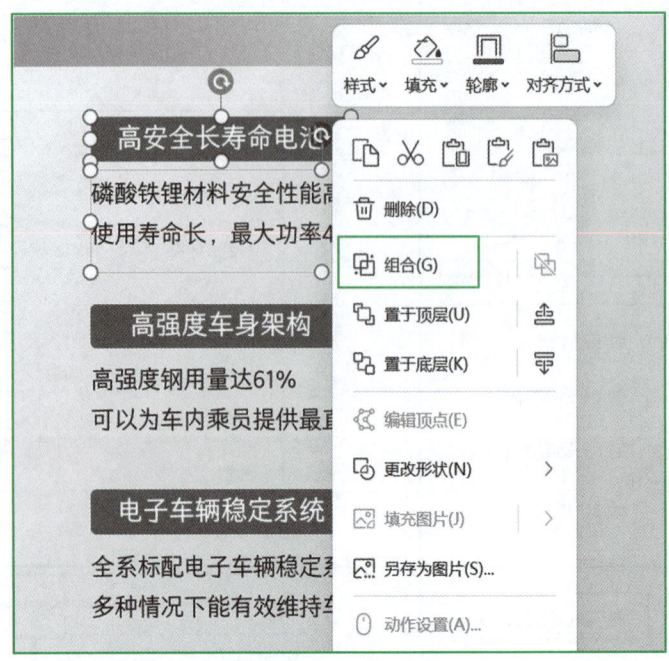

图 2-53 "纯电动汽车"页

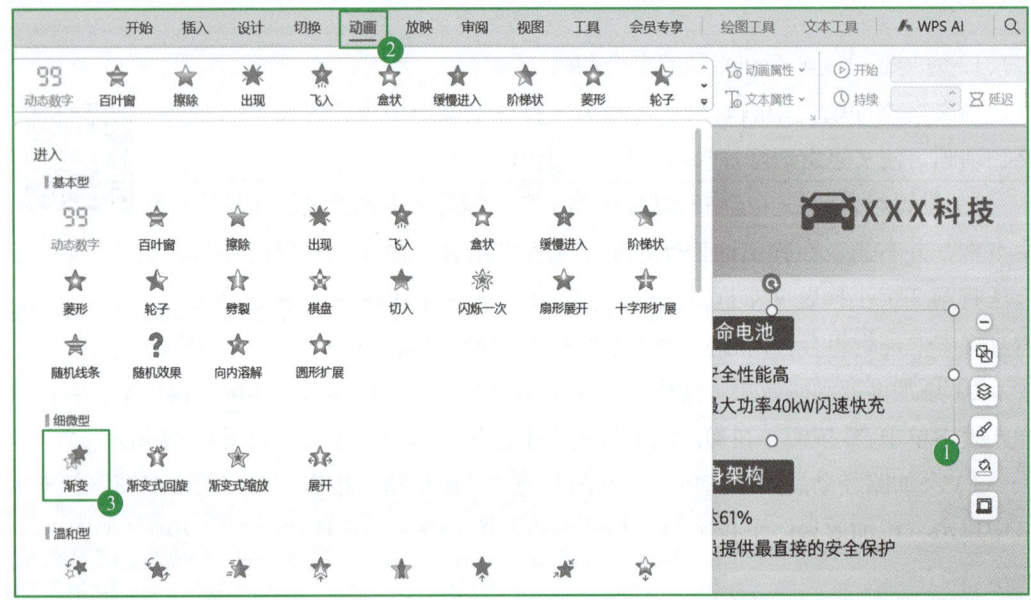

图 2-54 "动画"样式

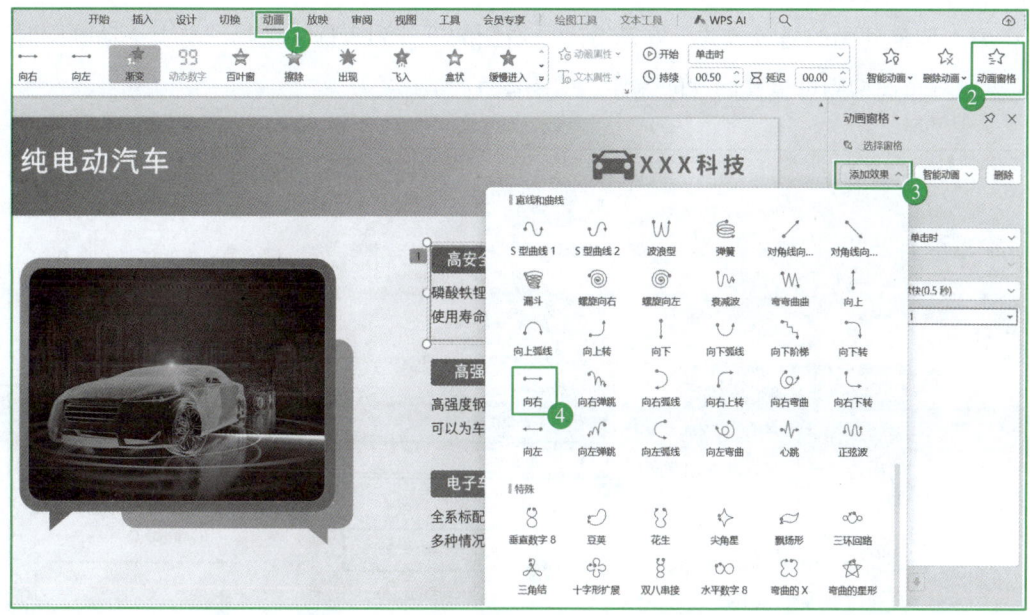

图 2-55　添加路径动画效果

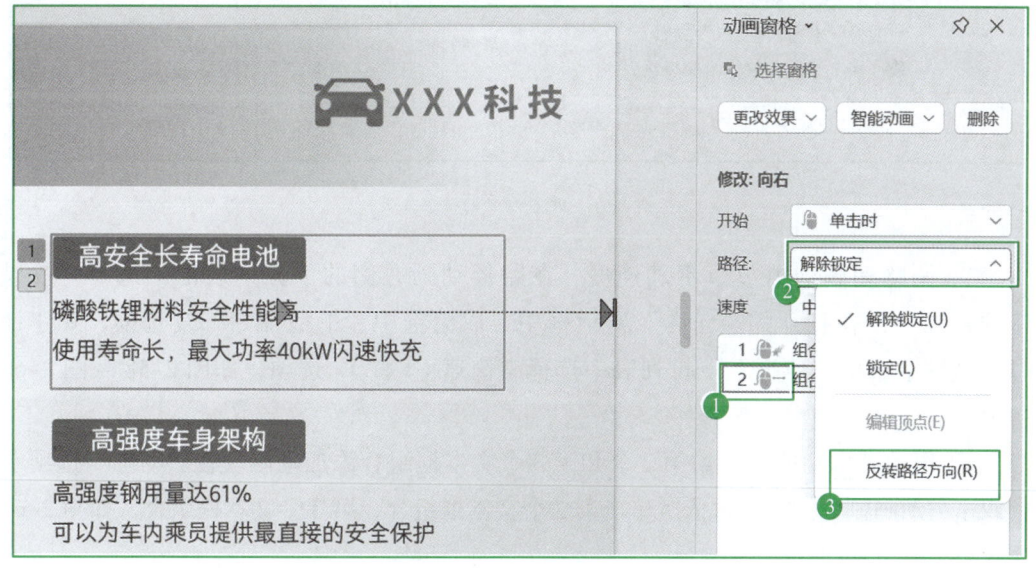

图 2-56　调整路径动画方向

2. 调整动画的播放方式、节奏和衔接效果

调整动画的播放方式，使小标题与对应的段落文字同时出现；调整动画的播放节奏和速度，使文字由慢到快平滑进入；用高级日程表调整动画衔接效果，使各动画间自然衔接，操作步骤如下：

1）调整动画的播放方式。在渐变动画右侧的下拉列表框中选择"与上一动画同时"命令，对路径动画也重复同样的操作，如图 2-57 所示。

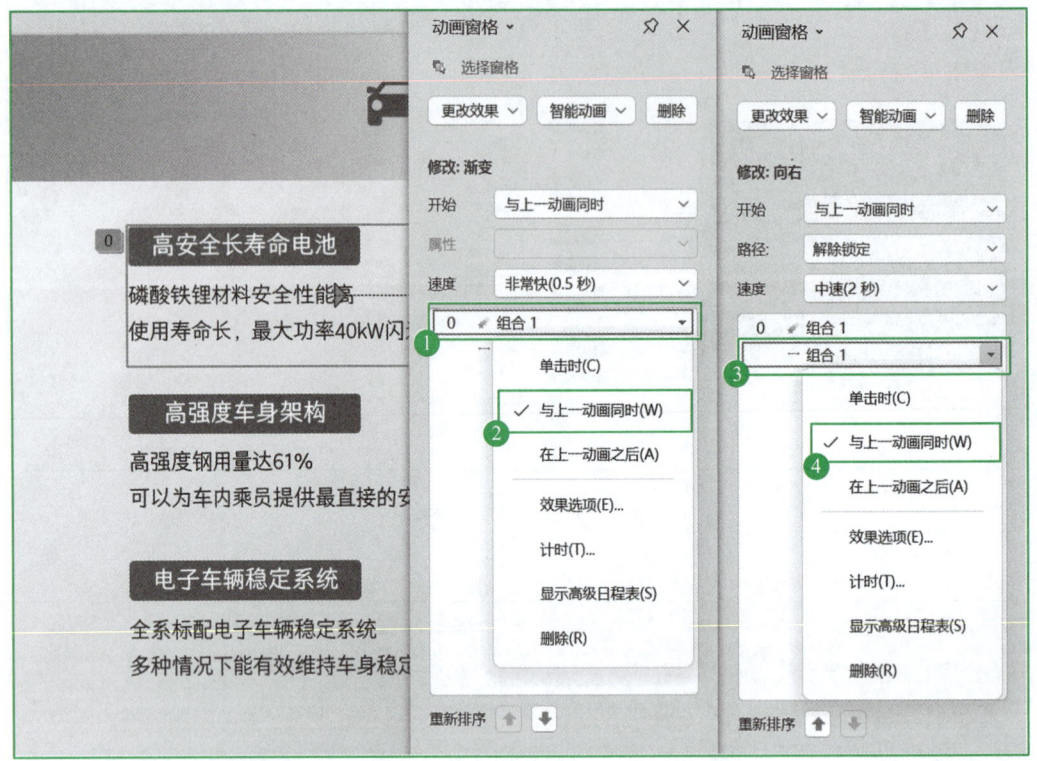

图 2-57　调整动画的播放方式

2）调整动画的播放节奏和速度。在路径动画右侧的下拉列表框中选择"效果选项"命令，在打开的"向右"对话框中，取消选中"平稳开始"复选框，在"计时"选项卡中的"速度"下拉列表中选择"快速（1 秒）"选项，如图 2-58 ~ 图 2-60所示。

3）用动画刷功能快速给第 2 个和第 3 个文本框组合添加动画。在"动画"选项卡中双击"动画刷"按钮，再依次单击第 2 个文本框组合、第 3 个文本框组合，如图 2-61所示。

4）用高级日程表调整动画衔接效果。在动画格窗里的"组合 1"下拉列表框中选择"显示高级日程表"命令，拖动灰色方块，将"组合 2"的开始时间调整至"1.0 秒"，将"组合 3"的开始时间调整至"2.0 秒"，如图 2-62 所示。

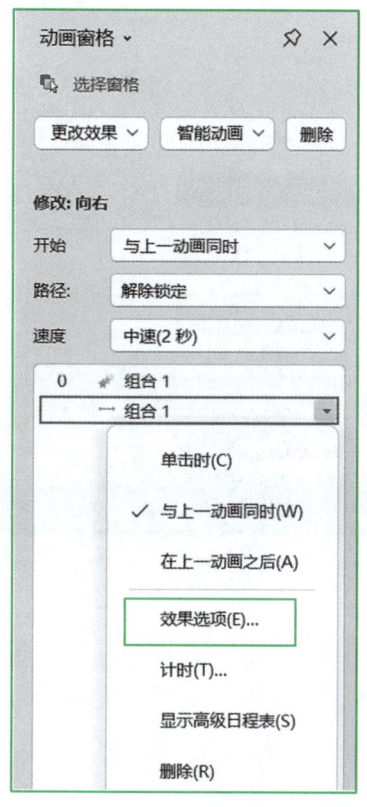

图 2-58　动画窗格

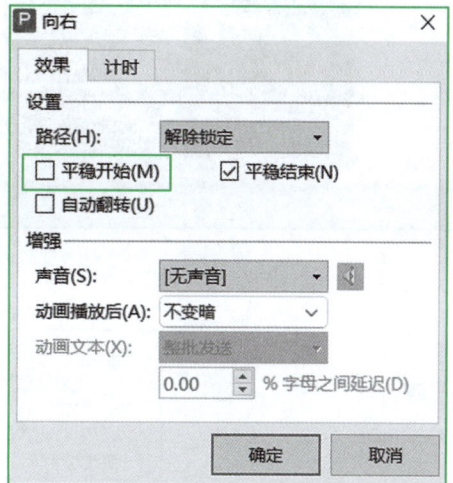

图 2-59　"效果"选项卡

图 2-60　"计时"选项卡

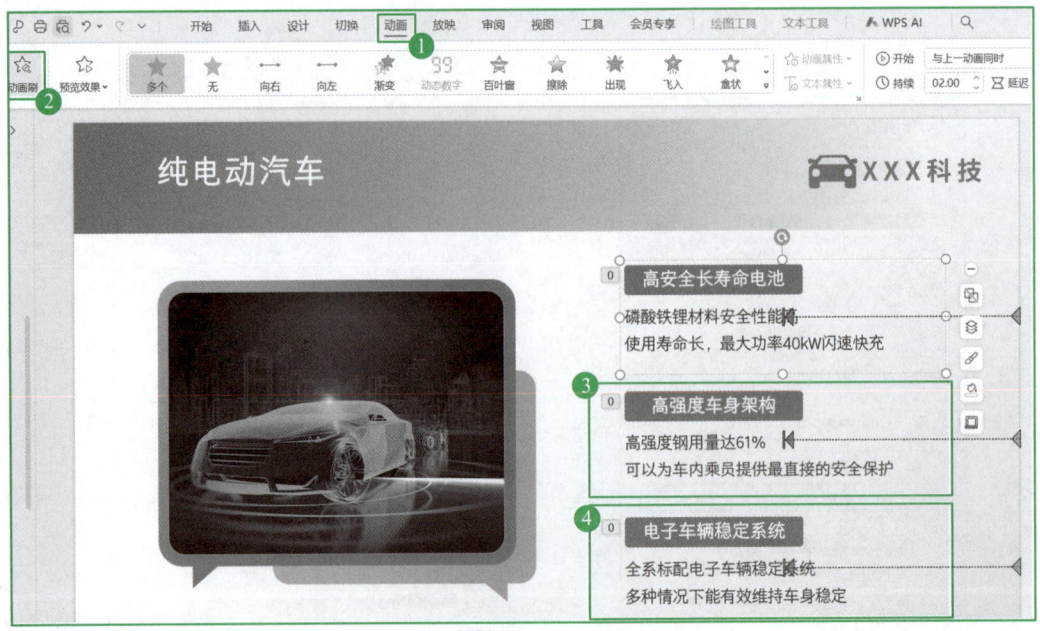

图 2-61　"动画刷"功能

图 2-62　高级日程表调整动画衔接效果

 自主探究

　　将文字的进入路径修改为由下至上，观察其产生的不同效果。

2.3.2　交互式动画的制作

在制作有互动性的演示文稿时，需要让动画有选择性地播放或者放大突出重要信息，以达到更好的演示效果。本节任务是给产品展示的幻灯片制作交互式动画，如图 2-63 所示，具体要求如下：

① 为幻灯片添加"平滑"的切换效果。

② 利用超链接为各车型图片添加交互式动画效果。

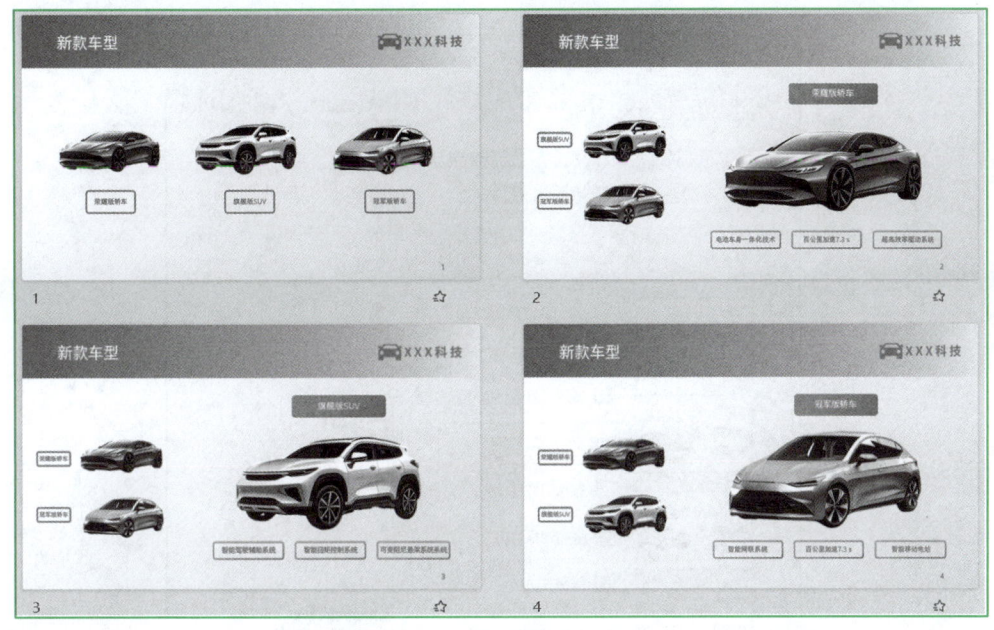

图 2-63　交互式动画设计页

➤ **知识技能点**

- 设置切换效果
- 使用超链接制作交互式动画

　知识窗

交互式动画的制作方法

交互式动画通过为静态对象添加运动来增强演示文稿的互动性，实现非线性演示文稿导航，以及为信息和数据演示添加动态效果。

1. 巧用切换过渡

利用"平滑"的切换方式，让上下页保持具有相同的元素，即可实现演示对象在形状、颜色和大小的变化，从而突出重要信息。

2. 活用超链接功能

利用超链接功能，可以实现交互式点击元素后的跳转，从而实现非线性演示顺序。

1. 为幻灯片添加"平滑"的切换效果

插入素材幻灯片，并为每张幻灯片添加"平滑"的切换效果，操作步骤如下：

1）插入素材幻灯片。双击打开素材中名称为"任务 2.3"的演示文稿，按住 Ctrl 键并单击选中 4 张幻灯片，右击，在弹出的快捷菜单中选择"复制幻灯片"命令，然后打开原本的演示文稿，右击左侧幻灯片列表，在弹出的快捷菜单中单击"粘贴"按钮，如图 2-64 和图 2-65 所示。

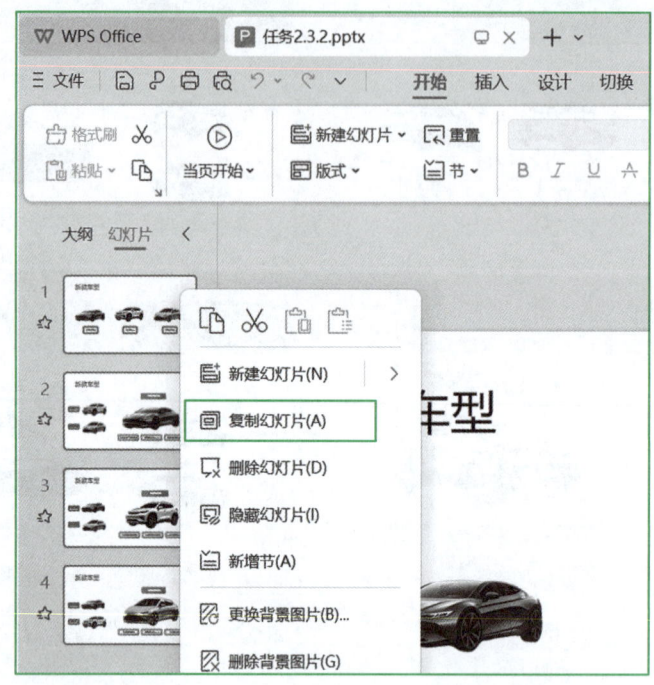

图 2-64 素材演示文稿

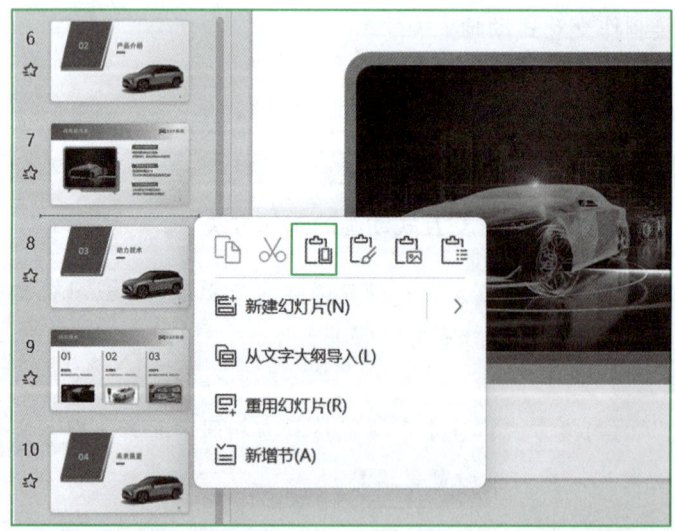

图 2-65 演示文稿作品

2）添加"平滑"的切换效果。在"切换"选项卡中选择"平滑"样式，单击"应用到全部"按钮，如图 2-66 所示。

图 2-66　"切换"选项卡

2. 利用超链接为各车型图片添加交互式动画效果

先用图形制作交互式动画的单击按钮，再用超链接功能将按钮链接到对应幻灯片，操作步骤如下：

1）插入图形，制作交互式动画的单击按钮。单击"插入"→"形状"下拉按钮，在弹出的下拉列表中选择"矩形"形状，如图 2-67 所示，在 3 个汽车图片的位置插入矩形，作为后续实现交互式动画的单击按钮，效果如图 2-68 所示。

图 2-67　"插入"选项卡

图 2-68　"新款车型"演示文稿

2）调整图层顺序。右击第 1 个矩形，在弹出的快捷菜单中选择"置于底层"命令，并对另外两个矩形进行相同的操作，如图 2-69 所示。

图 2-69 "置于底层"命令

3）利用超链接制作交互式动画。右击第 1 个矩形，在弹出的快捷菜单中选择"超链接"命令，然后在打开的"编辑超链接"对话框中选择"本文档中的位置"选项，在窗口中选择"9.荣耀版轿车"选项，单击"确定"按钮，如图 2-70 所示。

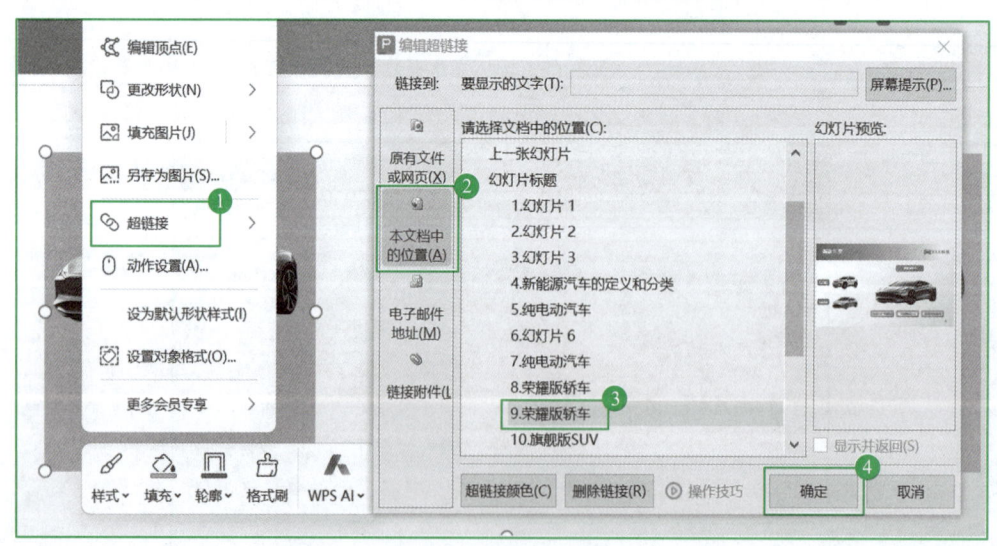

图 2-70 "编辑超链接"对话框 1

4）重复上一步操作。采用步骤 3 同样的方式为第 2 个和第 3 个矩形添加超链接，如图 2-71 和图 2-72 所示。

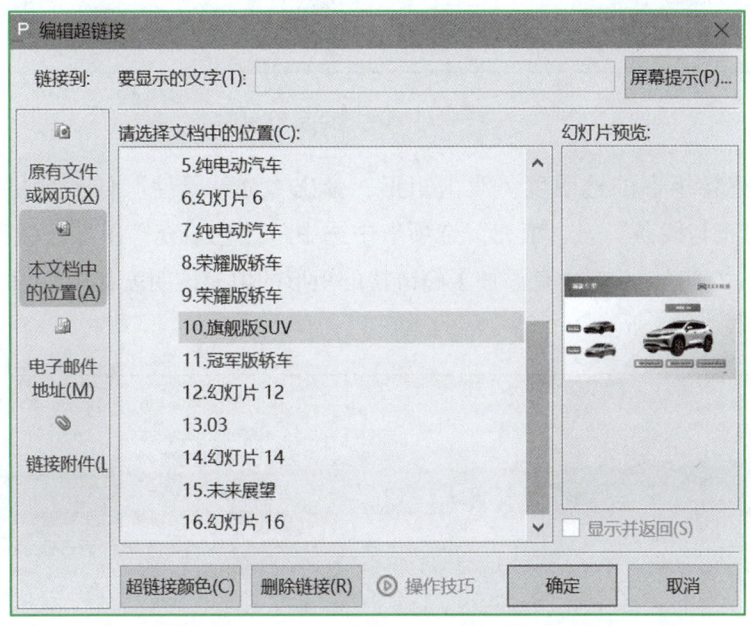

图 2-71　"编辑超链接"对话框 2

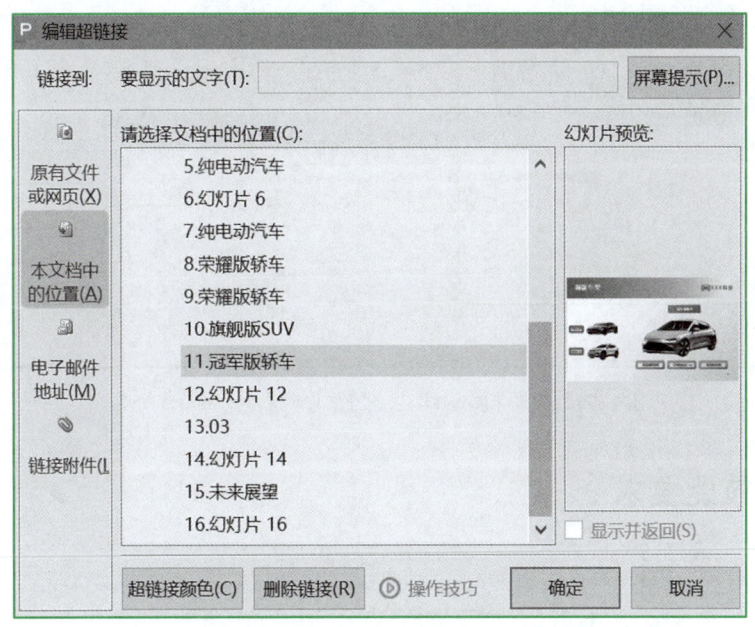

图 2-72　"编辑超链接"对话框 3

5）复制并粘贴添加了超链接的矩形。将添加了超链接的矩形复制并粘贴到后 3 页演示文稿的对应车型处，并调整位置大小，如图 2-73 所示。

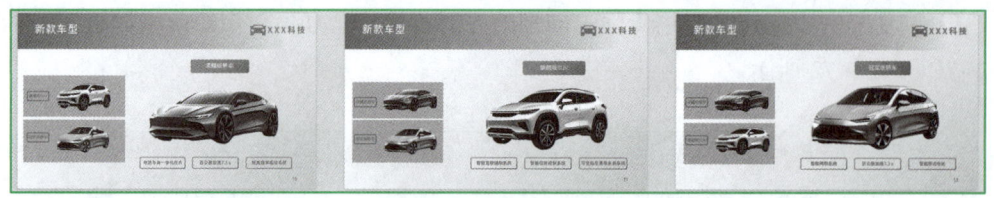

图 2-73　各种车型演示文稿

6）调整各矩形的透明度。双击矩形，弹出"对象属性"任务窗格，在"形状选项"→"填充与线条"→"填充"选项卡中选中"纯色填充"单选按钮，在"透明度"数值框输入"100"，并把所有添加了超链接的矩形的填充透明度都调整为100%，使其变为透明，如图 2-74 所示。

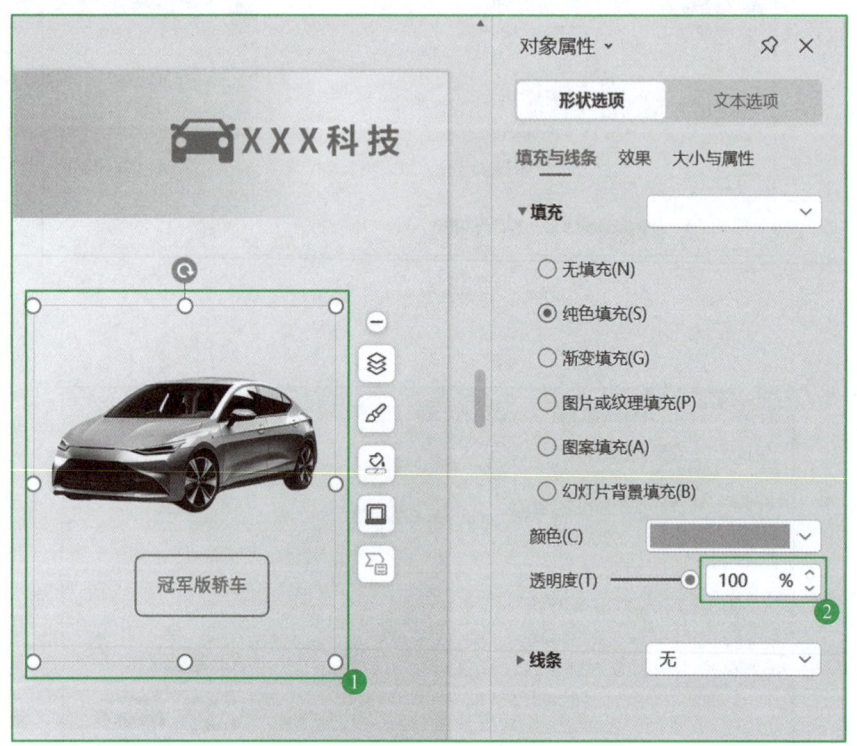

图 2-74　在"对象属性"任务窗格中调整各矩形的透明度

🔍 职业技能要求

职业技能见表 2-5。

表2-5　任务 2.3 对应 WPS 办公应用职业技能要求（高级）

工作任务	职业技能要求
演示文稿的动画制作	① 掌握高级日程表的应用。 ② 能够使用动画的组合，制作复杂的动画。 ③ 能够使用动画、链接等制作交互式动画

任务测试

一、单项选择题

1. 在演示文稿中加入动画的主要作用是（　　　）。

　　A. 增加演示的趣味性

　　B. 引导观众视线，帮助理解信息关联

　　C. 填充页面空白

　　D. 展示制作者的技术水平

2. 使用高级日程表的主要目的是（　　　）。

　　A. 增加动画效果的种类

　　B. 调整动画播放的顺序和时间

　　C. 创建更多的动画组合

　　D. 改变动画的颜色和形状

3. 在为幻灯片添加"平滑"的切换效果时，应该在（　　　）中操作。

　　A. "设计"选项卡　　　　　　　　　　B. "动画"选项卡

　　C. "切换"选项卡　　　　　　　　　　D. "插入"选项卡

4. 在制作交互式动画时，添加"平滑"切换效果的主要作用是（　　　）。

　　A. 增强动画的流畅性　　　　　　　　B. 突出重要信息

　　C. 美化页面　　　　　　　　　　　　D. 增加动画的复杂性

5. 在制作动画时，为文字添加渐变和路径动画的主要目的是（　　　）。

　　A. 美化文字　　　　　　　　　　　　B. 增强视觉吸引力

　　C. 提高动画的复杂性　　　　　　　　D. 帮助观众更好地理解信息

二、多项选择题

1. 高级日程表可以调节动画的（　　　）。

　　A. 起始时间　　　　　　　　　　　　B. 动画效果

　　C. 运动时间　　　　　　　　　　　　D. 运动路径

2. 在制作组合动画时，可以使用（　　　）功能。

　　A. 动画格窗　　　　　　　　　　　　B. 高级日程表

　　C. 动画刷　　　　　　　　　　　　　D. 超链接

3. 动画制作时应注意的事项包括（　　　）。

　　A. 动画效果应自然不生硬　　　　　　B. 动画衔接应流畅无卡顿

　　C. 动画颜色应鲜艳夺目　　　　　　　D. 动画形状应多样

三、实操题

请打开"任务 2.3 实操题 .pptx"素材，按照要求完成如下操作：

（1）为每个小标题及其内容设置组合效果。

（2）为每个组合添加渐变动画效果，设置"向上"的路径动画效果。

（3）调整动画的播放节奏和速度，使组合由慢到快平滑进入。

（4）用高级日程表调整动画衔接效果，使各动画间自然衔接。

任务验收

按表 2-6 对本节任务的学习情况进行评价。

表 2-6　任务 2.3 验收评价表

任务评价指标				
序号	内容	自评	互评	教师评价
1	能够设置组合动画，培养创造力和想象力			
2	能够使用高级日程表调整动画的播放时间和衔接效果，合理安排各个动画的出现和消失时间，确保演示的连贯性和流畅性，培养全局观念和统筹能力			
3	能够利用超链接功能添加交互式动画效果，激发创新思维			

任务 2.4　商务产品宣传演示文稿的审阅和保护

任务情境

商务产品宣传演示文稿的审阅和保护

PPT

　　小敏完成了新能源汽车宣传演示文稿的初步制作后，将文件分享给主管进行审阅，主管在幻灯片的具体位置使用批注添加了修改意见。小敏需要具备良好的沟通能力和理解能力，才能准确理解主管的意图，并及时反馈修改情况，确保工作顺利进行。小敏在根据主管的批注进行修改时，需要仔细核对每一个细节，确保修改准确无误，这有助于培养其严谨的工作态度和对细节的关注。

　　小敏根据主管指示完成修改后，为遵循公司的信息安全规范，对演示文稿进行加密，以确保文件的安全性，这有助于培养其规范操作的意识，增强职业素养和信息安全意识，认识到保护公司数据的重要性，防止信息泄露。

2.4.1　批注的使用

　　在制作完演示文稿的初稿后，运用批注工具可以帮助审阅者更清晰准确地传达修改意见，让团队成员之间的沟通协作更畅通高效。以任务 2.2 中完成的幻灯片为例，插入批注，如图 2-75 所示，具体要求如下：

① 为演示文稿添加批注。

② 编辑和删除批注。

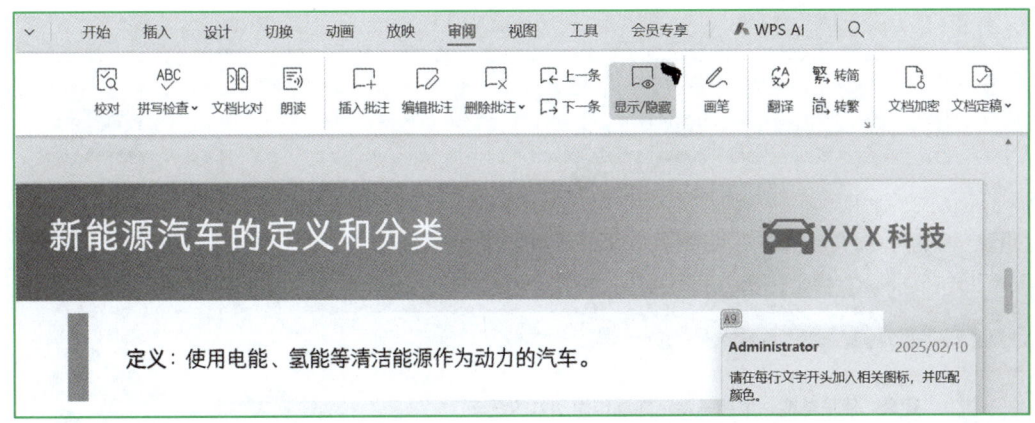

图 2-75　"新能源汽车的定义和分类"幻灯片

> **知识技能点**
> - 插入和编辑批注
> - 快速定位批注
> - 删除批注

1. 插入、编辑和快速定位批注

利用"审阅"选项卡里的批注功能，为演示文稿插入和编辑批注，并在浏览幻灯片时快速定位到批注位置，操作步骤如下：

微课 2-8
使用批注

1）插入批注。单击"审阅"→"插入批注"按钮，拖动"批注"图标至正文第 1 个文本框处，输入审阅文字，如图 2-76 所示。

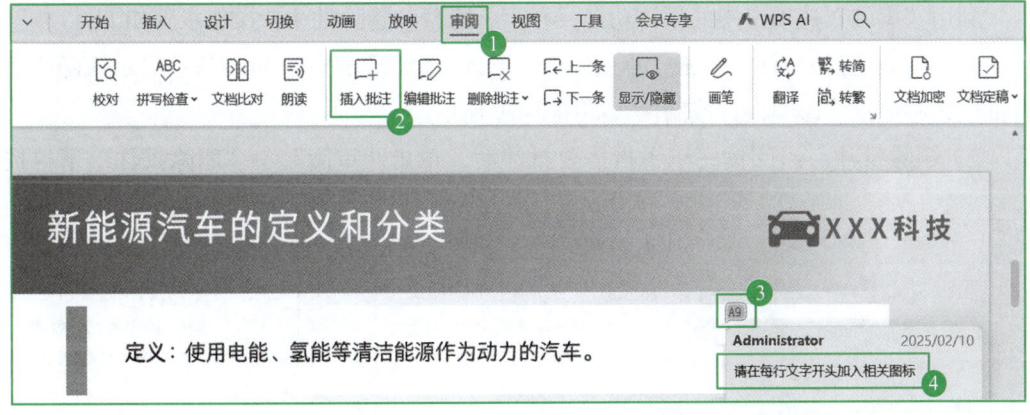

图 2-76　"审阅"选项卡"插入批注"按钮

2）编辑批注。单击批注外任意位置，批注文字被收起，将鼠标光标悬停在"批注"图标处，批注文字被重新显示。再次编辑批注时，单击"审阅"→"编辑批注"按钮，输入审阅文字，如图 2-77 所示。

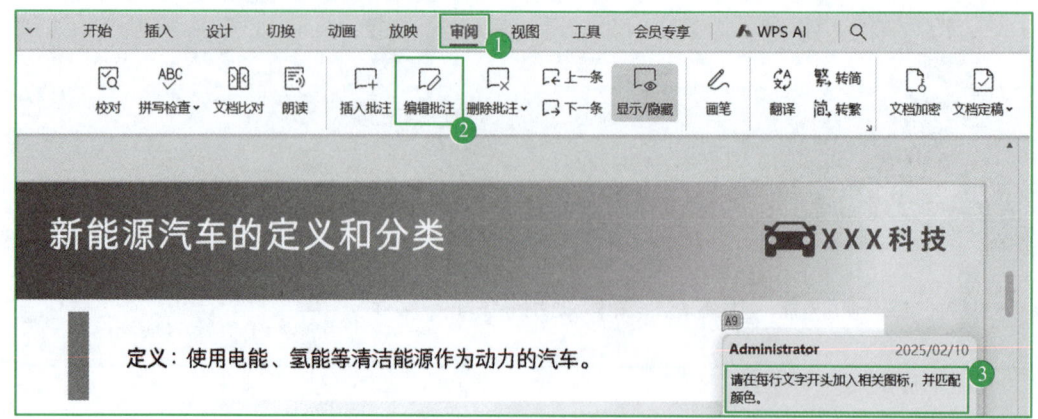

图 2-77 "审阅"选项卡"编辑批注"按钮

3）快速定位批注。插入多个批注后，单击"审阅"→"上一条"或"下一条"按钮，可以快速定位到上一条或下一条批注，并进行浏览，如图 2-78 所示。

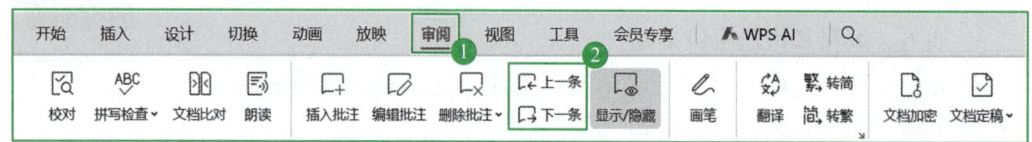

图 2-78 快速定位批注

2. 显示、隐藏和删除批注

利用"审阅"选项卡中的批注功能，显示、隐藏和删除批注，操作步骤如下：

1）显示和隐藏批注。单击"审阅"→"显示/隐藏"按钮，可以快速显示或隐藏所有批注，避免批注影响设计或阅读，如图 2-79 所示。

2）删除批注。当阅读完毕不再需要批注时，单击"审阅"→"删除批注"下拉按

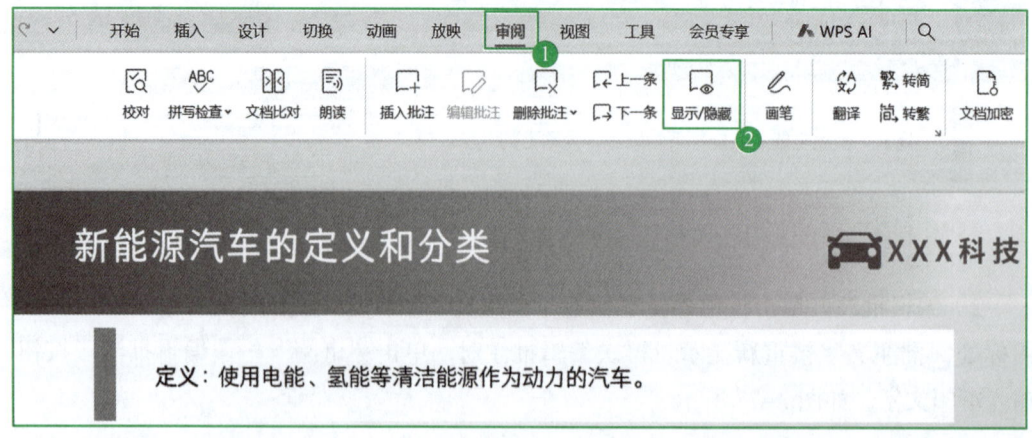

图 2-79 显示和隐藏批注

钮，在弹出的下拉列表中可选择删除已选中的批注、删除当前幻灯片中所有批注，或删除演示文稿中所有批注，如图 2-80 所示。

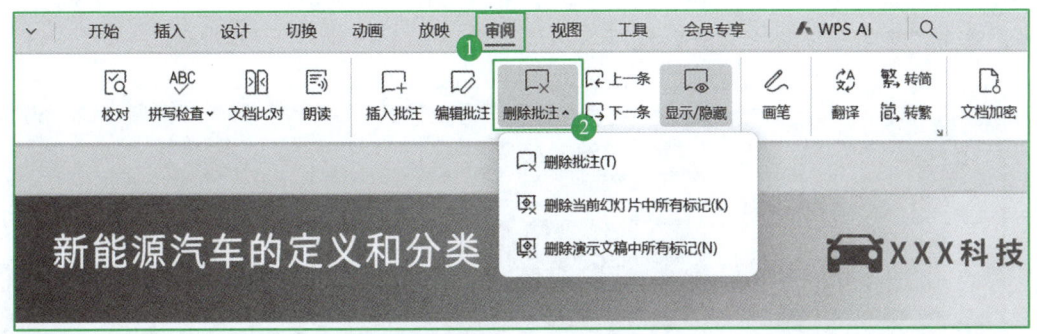

图 2-80　删除批注

2.4.2　文件加密

在进行商业谈判、学术会议或任何涉及敏感信息的场合，加密演示文件可以确保文件内容不被未经授权的人员查看或篡改，保护了演示文稿在传输、存储和使用过程中的安全性。本节任务是为演示文稿使用文档加密，具体要求如下：

① 登录 WPS 账号，为文件使用文档加密。

② 解除文档加密。

➤ 知识技能点

- 使用账号
- 文档加密
- 解除加密

知识窗

文件加密的方式

WPS 针对演示文稿提供多种加密方式，分别是打开加密、编辑加密和文档加密。

1）打开加密。用户可以为演示文稿设置一个打开文件密码，只有输入正确的密码才能打开和查看文件内容。这种方式可以有效防止演示文稿被非法获取和篡改，确保文件内容的安全性。操作步骤：在"文件"菜单中选择"文档加密"→"密码加密"命令，在打开的"密码加密"对话框中"打开文件密码"和"再次输入密码"文本框中输入密码，单击"应用"按钮，如图 2-81 所示。

微课 2-9
文件加密

2）编辑加密。用户可以为演示文稿设置一个编辑权限密码。设置密码后，其他用户在不知道密码的情况下，只能以"只读打开"方式查看文件，无法进行编辑、保存和另存为等操作。操作步骤：在"文件"菜单中选择"文档加密"→"密码加密"命令，在打开的"密码加密"对话框中"修改文件密码"和"再次输入密码"文本框中输入密码，单击"应用"按钮，如图 2-82 所示。

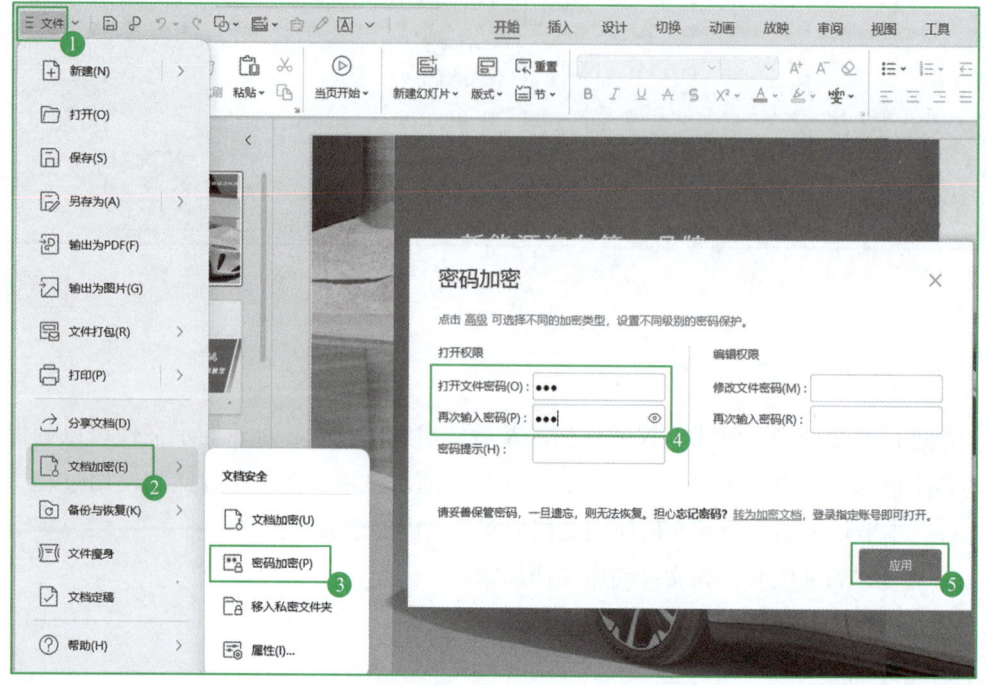

图 2-81　打开加密

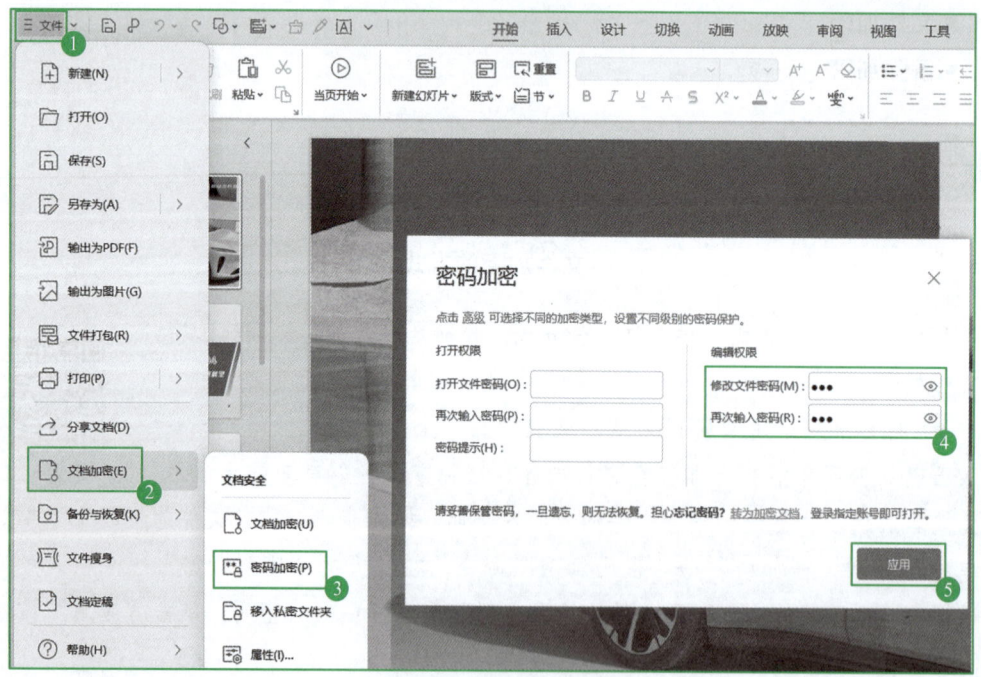

图 2-82　编辑加密

3）文档加密。当使用前两种加密方式时，一旦遗忘密码，则无法恢复。而通过文档加密，用户可以指定 WPS 用户使用账号查看和编辑，无须记住密码，操作步骤见下文。

1. 文档加密

登录 WPS 账号，为文件使用文档加密，并授权其他用户查看或编辑文档，操作步骤如下：

1）打开"文档加密"对话框。单击"审阅"→"文档加密"按钮，在打开的"文档加密"对话框中，单击"文档加密保护"按钮，如图 2-83 所示。

图 2-83 打开"文档加密"对话框

2）登录 WPS 账号。选择合适的方式登录 WPS 账号，如微信扫码登录，如图 2-84 所示。

3）开启文件保护。选中"确认为本人账号，并了解该功能使用"复选框，单击"开启保护"按钮，如图 2-85 所示。

4）授权其他用户查看或编辑文档。单击"添加指定人"按钮，可授权其他用户查看或编辑文档，如图 2-86 所示。

2. 解除文档加密

当不需要密码时，可以关闭文档加密保护，即可解除加密，操作步骤如下：

解除文档加密保护。单击"审阅"→"文档加密"按钮，在打开的"文档加密"对话框中关闭"文档加密保护"开关，单击"确定"按钮，如图 2-87 所示。

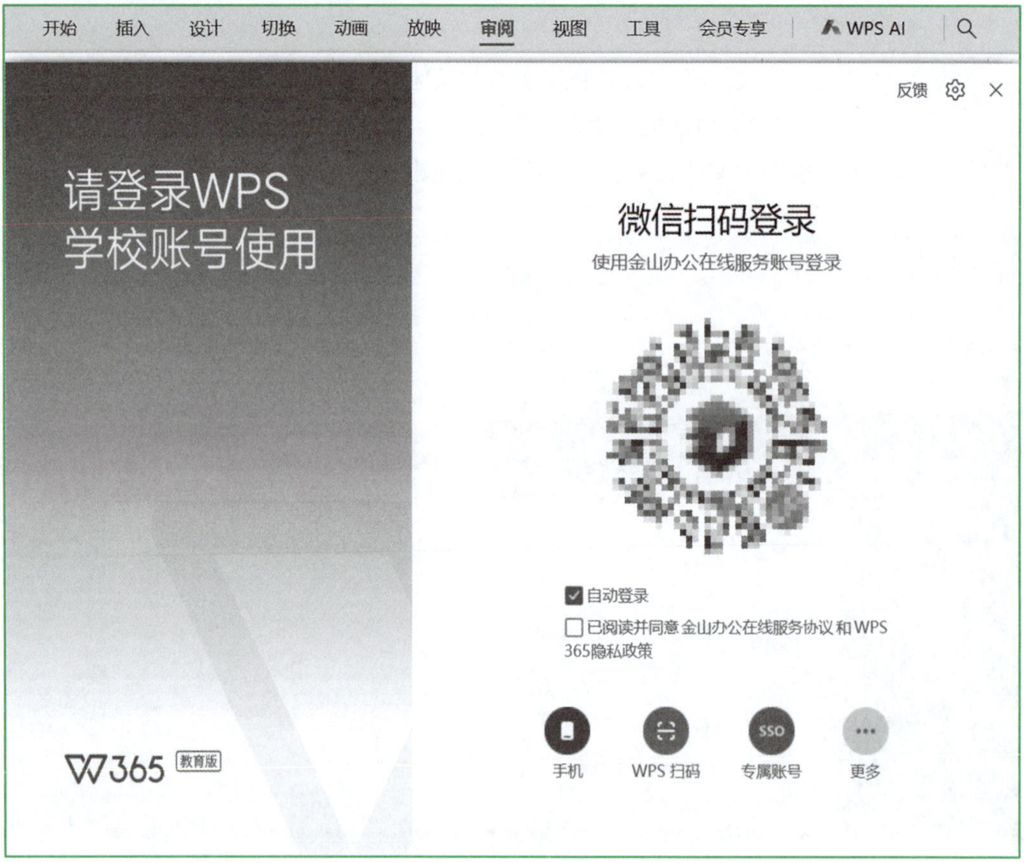

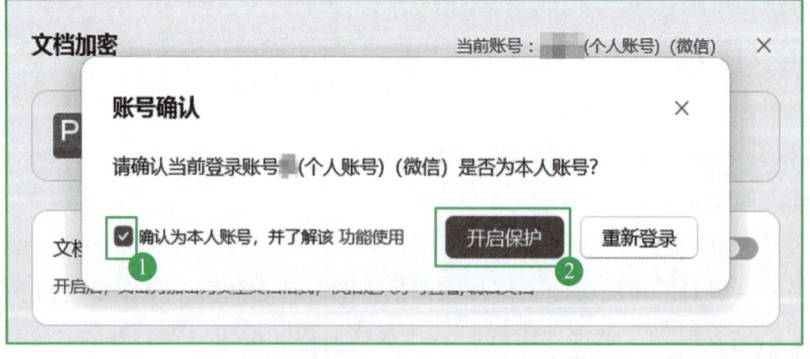

图 2-84   账号登录

图 2-85   开启文件保护

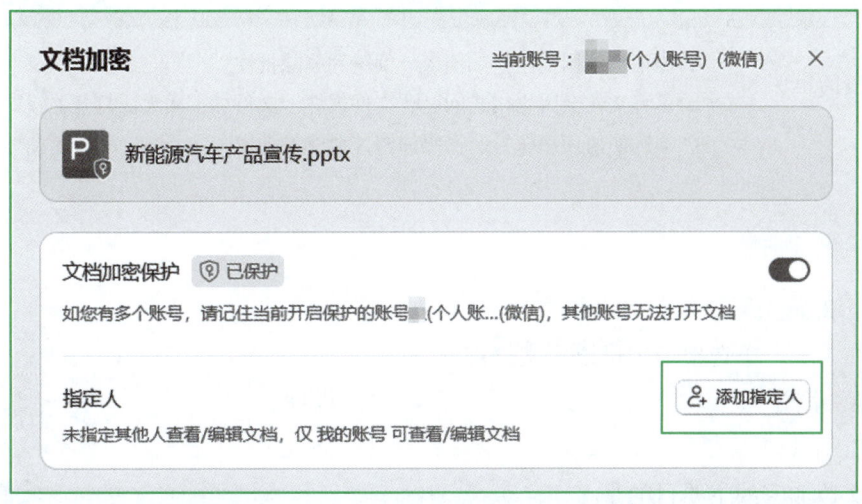

图 2-86　授权其他用户查看或编辑文档

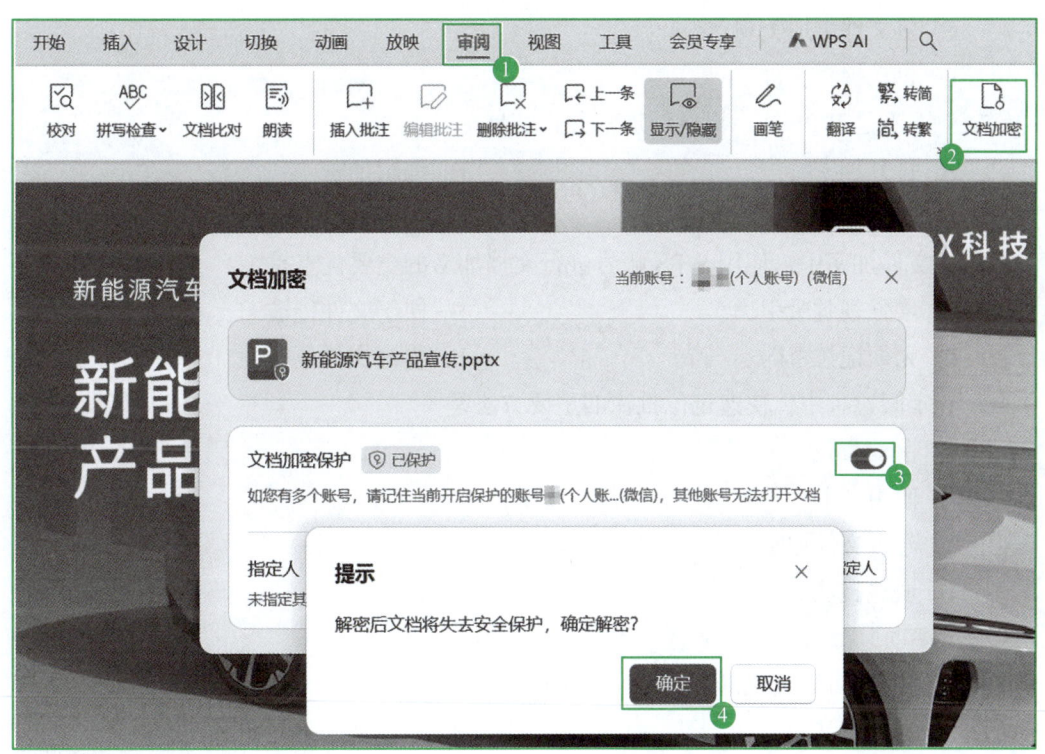

图 2-87　解除文档加密保护

 职业技能要求

职业技能见表 2-7。

表 2-7　任务 2.4 对应 WPS 办公应用职业技能要求（高级）

工作任务	职业技能要求
演示文稿的审阅和保护	① 能正确使用批注，如插入、编辑和删除批注。 ② 了解文件会因为格式问题、文件损坏、文件加密而无法打开。 ③ 掌握如何使用账号、密码加密并会解除加密

任务测试

一、单项选择题

1. 在（　　　）选项卡中可以为文档加密。

　　A. 审阅　　　　　　　　　　　　　B. 设计

　　C. 工具　　　　　　　　　　　　　D. 插入

2. 文档加密的主要目的是（　　　）。

　　A. 增加文件大小

　　B. 保护文件在传输、存储和使用过程中的安全性

　　C. 使文件更加美观

　　D. 自动保存文件

3. 以下不是 WPS 演示提供的加密方式的是（　　　）。

　　A. 打开加密　　　　　　　　　　　B. 编辑加密

　　C. 文档加密　　　　　　　　　　　D. 内容加密

4. 在文件加密中，使用 WPS 账号进行文档加密的主要优点是（　　　）。

　　A. 增强视觉吸引力　　　　　　　　B. 便于文件传输

　　C. 无须记住密码　　　　　　　　　D. 提高文件复杂性

5. 在审阅过程中，快速定位批注的主要方法是（　　　）。

　　A. 手动查找

　　B. 使用"上一条"或"下一条"按钮

　　C. 通过文件加密

　　D. 通过批注颜色

二、多项选择题

1. 批注功能可以实现以下（　　　）操作。

　　A. 插入批注　　　　　　　　　　　B. 编辑批注

　　C. 快速定位批注　　　　　　　　　D. 删除批注

2. 文件因为（　　　）原因会导致无法打开。

　　A. 格式问题　　　　　　　　　　　B. 文件批注

　　C. 文件损坏　　　　　　　　　　　D. 文件加密

3. 设置打开文件密码的主要作用是（　　　）。

A. 防止演示文稿被非法获取　　　　B. 防止演示文稿被篡改

C. 美化幻灯片　　　　　　　　　　D. 增加动画效果

三、实操题

请打开任务 2.2 中完成的幻灯片，完成以下操作：

（1）在幻灯片文字"特点：环保、节能、高效、低噪声。"旁插入批注，修改批注文字为"请详细说明此处内容"。

（2）在幻灯片文字"2024 年公司各季度销量图"旁插入批注，修改批注文字为"请制作 2021~2024 年公司年度销量图"。

（3）插入多个批注后，快速定位到上一条或下一条批注，并进行浏览。

（4）显示和隐藏所有批注。

任务验收

按表 2-8 对本节任务的学习情况进行评价。

表 2-8　任务 2.4 验收评价表

任务评价指标			
序号	内容	自评	互评	教师评价
1	能够正确插入批注，培养规范操作的意识			
2	能够编辑和更新批注内容，具备良好的沟通能力和理解能力			
3	能够快速定位批注，提升工作效率			
4	能够显示、隐藏和删除批注			
5	能够登录 WPS 账号并使用文档加密，增强信息安全意识			
6	能够授权其他用户查看或编辑文档，培养团队协作能力			
7	能够解除文档加密			

项目小结

本项目通过 WPS 演示制作了一个新能源汽车产品商务宣传演示文稿，涵盖了母版与版式设计、图文与图表编辑、动画制作以及审阅和保护 4 项主要任务。

在"任务 2.1　商务产品宣传演示文稿的母版与版式设计"中，创建了统一风格的母版，包括插入公司 Logo、设置标题栏和背景样式，以及调整页码和日期，确保了演示文稿的专业性和一致性。此外，通过设计制作版式，摆脱了母版控制，实现了个性化设计，从而满足了不同幻灯片的特定需求。

在"任务 2.2　商务产品宣传演示文稿的图文与图表编辑"中，通过插入并美化智能图形，调整文本和形状样式，使信息呈现更加清晰和有结构感。选择合适的图表类型，编辑和美化图表数据，进一步增强了信息的可视化效果。同时，应用对比、亲密和重复原则进行多对象混合排版，使幻灯片内容既美观又易于理解。

在"任务 2.3　商务产品宣传演示文稿的动画制作"中，通过设置组合动画和使用高级日程表调整动画播放时间，实现了平滑的动画过渡。此外，利用超链接功能制作交互动画，使观众能够有选择地查看重要信息，增强了演示的吸引力和互动性。

在"任务 2.4　商务产品宣传演示文稿的审阅和保护"中，通过使用批注工具，实现了审阅者与制作者之间的高效沟通，确保了修改意见的清晰传达。同时，通过文件加密功能，保护了演示文稿在传输、存储和使用过程中的安全性，防止了未经授权的访问和篡改。

项目 *3*

商务运营数据
分析报表设计

随着我国各产业的快速发展，数据分析已成为决策制定的重要工具。在金融、零售、医疗、互联网、交通物流、制造业等领域，对数据处理和分析的广泛运用为我国产业的创新与升级提供了有力的支撑。WPS 表格具有强大的数据处理能力，能有效管理和处理各种数据类型，其内置的多种函数和公式，能满足复杂的数据计算和分析需求。

WPS 表格界面友好、操作简单、兼容性极强，支持多种文件格式，便于用户在不同软件间进行数据传输和共享。WPS 表格提供了如数据透视表、图表、公式计算、数据筛选和排序等丰富的功能，能迅速响应各种数据处理请求，帮助用户获取分析结果，使数据处理和分析变得更加简单和高效。

本项目根据《WPS 办公应用职业技能等级标准》高级证书的相关要求，采用项目式教学法，将 WPS 表格的学习内容重构为 4 个实践性任务，分别为进销存数据表格视图应用、销售报表高级函数运用、销售报表数据标识与筛选汇总、销售报表数据获取与分析，主要讲解如何使用 WPS 表格处理数据、高效办公。

项目目标

➤ 知识目标

- 了解窗口冻结的作用
- 了解拆分窗口、重排窗口的作用
- 理解 SUMIFS 等函数的功能和参数
- 理解查找与引用函数的功能和参数
- 了解使用函数的嵌套进行更复杂的数据计算
- 了解条件格式设置的进阶操作
- 了解数据对比的操作方法
- 理解高级筛选的步骤和操作方法
- 理解分类汇总的作用
- 了解电子表格自动获取其他表格数据的方法
- 了解创建数据透视表的原理和功能
- 了解数据透视表中图表和报表的操作方法

➤ 能力目标

- 能够使用新建窗口、窗格冻结等功能
- 能够使用拆分窗口、重排窗口进行数据查看
- 能够根据需求，使用合适的运算函数、查找函数、引用函数进行数据计算
- 能够使用函数的嵌套进行更复杂的数据处理
- 能够设置数据条、色阶、图标集
- 能够对数据进行复制值标记与提取，以及唯一值识别与提取
- 能够使用各种筛选条件、文本匹配、数值范围等，构建精确的筛选查询

- 能够使用分类汇总功能，选择分类字段、汇总方式、汇总结果的显示方式
- 能够使用电子表格自动获取其他表格数据和导入数据
- 能够使用正确的数据源对数据进行有效的筛选
- 能够选择合适的图表类型来展示数据透视表的结果
- 能够制作专业的数据透视表和数据透视图，进行数据分析

➤ **素养目标**

- 通过学习冻结窗格、拆分窗口、新建窗口、重排窗口等操作，提升大数据场景下的工作效率
- 通过系统学习和应用引用函数、查找函数等实用功能，培养数据处理的逻辑思维能力
- 通过输入数据、编写公式或设计图表的过程，培养耐心和细心，确保计算和分析的准确性能力
- 通过利用条件格式设置数据条、色阶、图标集等进阶操作，实现数据动态呈现，培养使用可视化讲好数据故事的能力
- 通过处理表格数据时，会遇到各种问题，如格式不符、公式计算错误等，通过调试和寻找解决方法，提升解决问题的能力
- 通过利用 WPS 表格提供丰富的功能和工具，尝试使用不同的方法和技巧来处理数据和设计图表，发挥创造性思维，提升创新能力
- 通过系统掌握电子表格技术的迭代更新，培养数字化发展的技术应用能力和云端协作的现代办公素养和终身学习态度

项目导图

项目 3 的思维导图如图 3-1 所示。

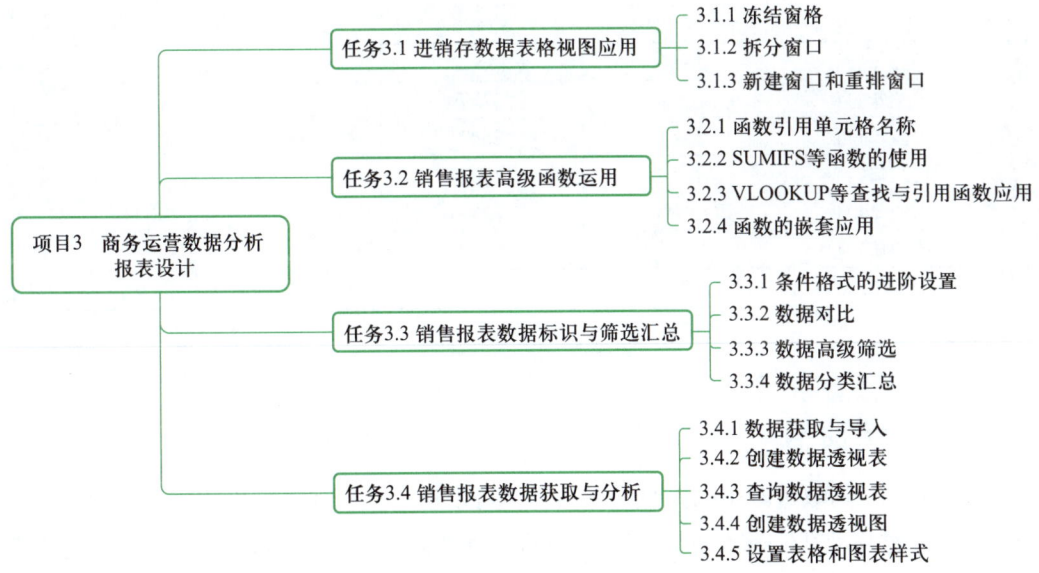

图 3-1　项目 3 的思维导图

任务 3.1　进销存数据表格视图应用

🔍 任务情境

进销存数据表格
视图应用

PPT

　　在相关管理部门加强统筹谋划、开展系统布局的引导下，我国新能源汽车产业抢抓机遇，推动产业发展再上新的台阶。某新能源汽车销售公司为了提升进销存管理效率，决定采用先进的数字化管理工具。

　　小欣作为某新能源汽车 4S 店的销售人员，为了深入洞察新能源汽车市场的趋势并优化销售策略，需要对近 18 个月的新能源汽车销售数据进行深度分析，其借助表格视图功能提升工作效率，如图 3-2 所示。使用冻结首行或首列功能确保标题栏或导航列始终保持可见，使用拆分窗口功能可使工作表能够按需求分割为多个视图区域，使用重排窗口功能可实现对多个工作表的同步查看。

	日期	品牌	销量
1	**日期**	**品牌**	**销量**
2	2022年1月	品牌A	29619
3	2022年1月	品牌B	18976
4	2022年1月	品牌C	16495
5	2022年1月	品牌B	15933
6	2022年1月	品牌D	12425
7	2022年1月	品牌B	11562
8	2022年1月	品牌B	9727
9	2022年1月	品牌B	8547
10	2022年1月	品牌E	7483
11	2022年1月	品牌B	7222
12	2022年2月	品牌A	27839
13	2022年2月	品牌B	19715

图 3-2　汽车品牌销量榜

3.1.1　冻结窗格

　　在处理行/列数量较多的大型数据表时，可以通过设置冻结窗格的方法，锁定首行或首列，通过移动其他行（列），来对照首行或首列信息查看其他数据。本任务通过冻结首行、冻结首列来实现行、列的锁定，具体要求如下：

　　① 冻结首行，查看 2022 年 11 月和 2023 年 1 月的数据。

　　② 冻结窗格，比较 2022 年 1 月和 2022 年 2 月的汽车品牌销量榜。

➤ **知识技能点**

　● 冻结首行

　● 冻结首列

　● 冻结窗格

 **知识窗**

冻 结 窗 格

　　在表格中，冻结窗格可以方便在滚动表格时保持工作表的某些部分固定可见。对于大型表格或数据集，为了保持表格的标题行或列在视图中，不会因为滚动而消失，可以采用冻结窗格的功能。

　　冻结窗格通常用于以下两个方面：

　　冻结行：如果在表格的顶部有一行包含列标题或其他重要信息，可以选择冻结该行。这样，当向下滚动时，该行将始终保持在视图的顶部。

　　冻结列：如果在表格的左侧有一列包含行标签或其他关键信息，可以选择冻结该列。这样，当向右滚动时，该列将一直保持在视图的左侧。

　　冻结窗格的命令按钮在"视图"选项卡的功能区中，如图 3-3 所示。

图 3-3　"冻结窗格"命令按钮

➤ **任务实施**

　　1）打开"我国新能源汽车销售排行榜 .xlsx"，单击"视图"→"冻结窗格"下拉按钮，在弹出的下拉列表中选择"冻结首行"选项，如图 3-4 所示。

　　2）单击"视图"→"冻结窗格"下拉按钮，在弹出的下拉列表中选择"冻结首列"选项，如图 3-5 所示。

　　3）将鼠标光标移动到第 1 列，向下选择 2022 年 1 月的数据，单击"视图"→"冻结窗格"下拉按钮，在弹出的下拉列表中选择"冻结至第 12 行"选项，如图 3-6 所示。

图 3-4　冻结首行

图 3-5　冻结首列

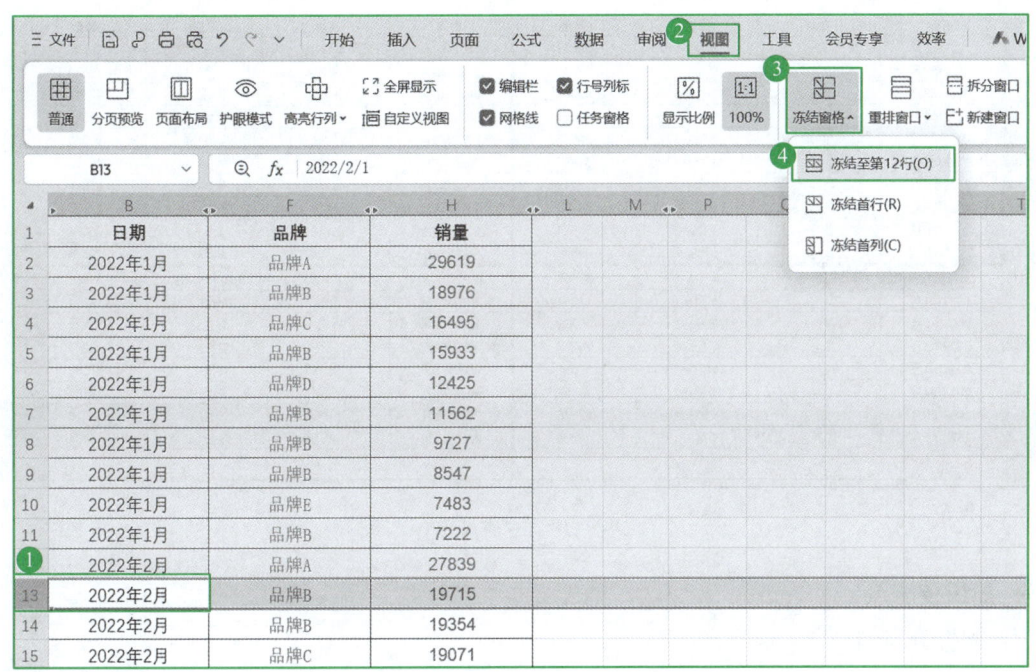

图 3-6　冻结至第 12 行

 自主探究

冻结多行多列，查找比对更多的数据。

3.1.2　拆分窗口

当处理行/列数量较多的大型数据表时，为了更灵活地浏览数据、对比数据，可以通过设置拆分窗口的方法，把一个工作表由所选单元格的左上方开始拆分成 4 个大小可调的空格，使用此功能可以同时查看同工作表分隔较远的部分。本任务通过拆分窗口，实现在同一工作表中查找、比对分隔较远的数据，如图 3-7 所示，具体要求如下：

① 拆分窗口。

② 比对 2022 年 1 月品牌 A 的销量和 2022 年 12 月品牌 A 的销量。

时间	品牌	车型	销量	时间	品牌	车型	销量
2022年1月	品牌A	车型A-1	29619	2022年1月	品牌A	车型A-1	29619
2022年2月	品牌A	车型A-1	27839	2022年2月	品牌A	车型A-1	27839
2022年3月	品牌A	车型A-1	42547	2022年3月	品牌A	车型A-1	42547
2022年4月	品牌A	车型A-1	25269	2022年4月	品牌A	车型A-1	25269
2022年5月	品牌A	车型A-1	29555	2022年5月	品牌A	车型A-1	29555
2022年6月	品牌A	车型A-1	41496	2022年6月	品牌A	车型A-1	41496
2022年7月	品牌A	车型A-1	37049	2022年7月	品牌A	车型A-1	37049
2022年8月	品牌A	车型A-1	34513	2022年8月	品牌A	车型A-1	34513
2022年9月	品牌A	车型A-1	36878	2022年9月	品牌A	车型A-1	36878
2022年10月	品牌A	车型A-1	40375	2022年10月	品牌A	车型A-1	40375
2022年12月	品牌A	车型A-1	33406	2022年12月	品牌A	车型A-1	33406
2023年1月	品牌A	车型A-1	18044	2023年1月	品牌A	车型A-1	18044
2023年2月	品牌A	车型A-1	30229	2023年2月	品牌A	车型A-1	30229
2023年3月	品牌A	车型A-1	23277	2023年3月	品牌A	车型A-1	23277
2023年4月	品牌A	车型A-1	17081	2023年4月	品牌A	车型A-1	17081
2023年4月	品牌A	车型A-2	14782	2023年4月	品牌A	车型A-2	14782
2023年5月	品牌A	车型A-2	18526	2023年5月	品牌A	车型A-2	18526
2023年5月	品牌A	车型A-2	14008	2023年5月	品牌A	车型A-2	14008

图 3-7　拆分窗口效果

> ➤ **知识技能点**
- 拆分窗口

知识窗

拆 分 窗 口

在表格中，拆分窗口是指在同一工作簿中打开并同时查看多个窗口，用户即可在不同部分或视图之间进行操作，提高工作效率。

"拆分窗口"按钮位于"视图"选项卡的功能区中，如图 3-8 所示。

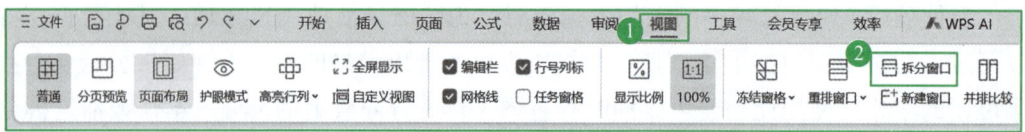

图 3-8　"拆分窗口"按钮

> ➤ **任务实施**

1）打开"我国新能源汽车销售排行榜"工作表，选择 B12 单元格，单击"视图"→"拆分窗口"按钮，如图 3-9 所示。

2）通过拖动拆分线，可以调整各个窗格的大小，以便能够清晰地看到 2022 年 1 月和 12 月的数据。

图 3-9　拆分窗口

请思考如何进行"取消拆分"的操作。

3.1.3　新建窗口和重排窗口

在工作中，有时需要同时查看多张工作表的数据，为了方便编辑与对比，提高工作效率，可以通过设置重排窗口的方法，同时查看多个工作表的数据。本任务通过使用重排窗口，同时查看"我国新能源汽车销售排行榜"和"各车型总销售量排名前十次数"工作表，如图 3-10 所示，具体要求如下：

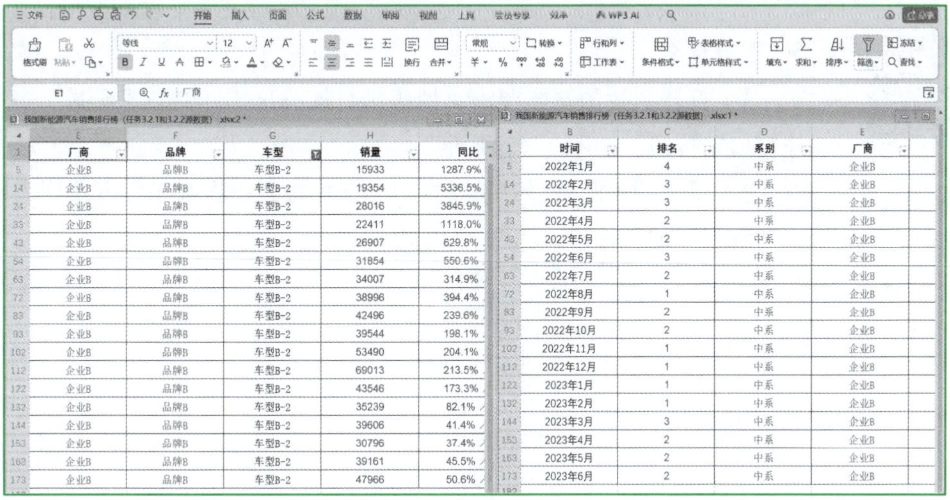

图 3-10　重排窗口效果

① 新建窗口。

② 按照垂直平铺的方式重排窗口。

③ 同时查看车型 B-2 的厂商、销量和总销售量排名前十次数。

➤ **知识技能点**

● 新建窗口

● 重排窗口

知识窗

新建窗口和重排窗口

在 WPS 表格中，"新建窗口"功能主要用于同时查看或编辑同一工作簿的不同内容，尤其适用于处理复杂表格或多数据场景。可通过单击"视图"→"新建窗口"的按钮，创建一个与当前窗口内容完全相同的新窗口。新建窗口创建完成后，原窗口和新窗口的标题栏名称会发生变化，例如，原窗口标题为"工作簿 1"，新建窗口后，原窗口标题可能变为"工作簿 1：1"，新建窗口标题为"工作簿 1：2"。

"重排窗口"功能主要用于将已打开的多个工作簿窗口（或同一工作簿的多个窗口）按照特定方式排列在屏幕上，方便用户同时查看或对比不同数据，避免频繁切换窗口，提升操作效率，便于聚焦关键信息。"重排窗口"按钮位于"视图"选项卡的功能区中，如图 3-11 所示。

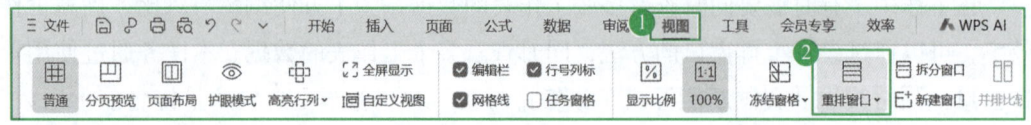

图 3-11 "重排窗口"按钮

微课 3-1
冻结、拆分及
重排窗口

➤ **任务实施**

1）打开"我国新能源汽车销售排行榜 .xlsx"，单击"视图"→"新建窗口"按钮，如图 3-12 所示。

2）单击"视图"→"重排窗口"下拉按钮，在弹出的下拉列表中选择"垂直平铺"选项，如图 3-13 所示。

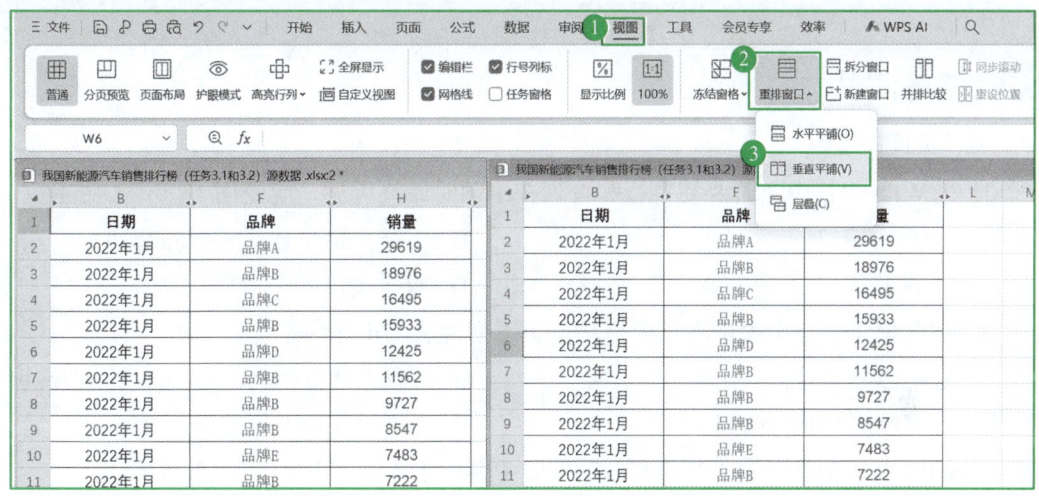

图 3-12 新建窗口

图 3-13 垂直平铺窗口

 自主探究

使用水平平铺、层叠方式重排窗口，同时查看"我国新能源汽车销售排行榜"和"各车型总销售量排名前十次数"工作表。

职场透视

在职场环境中，新能源汽车行业的数据处理日益成为企业决策的关键环节。随着技术的不断进步和市场的快速发展，企业对于新能源汽车相关数据的处理需求也在日益增长。在这一背景下，表格数据处理软件中的高级功能，如冻结窗格，可以固定表头或某些关键列，从而确保在滚动浏览数据表格时，这些关键信息始终可见。拆分窗口则有助于对新能源汽车数据进行更细致的分析和比较，这不仅提高了数据阅读的便利性，也降低了因误读或遗漏关键信息而导致的决策风险。重排窗口可以同时平铺显示多个工作簿窗口，可有效避免频繁切换视图的操作，提升操作效率。因此，对于从事新能源汽车行业数据处理的职场人士来说，熟练掌握表格视图应用功能可为聚焦关键信息，减少误操作，提供有力保障。

🔍 职业技能要求

职业技能要求见表 3-1。

表 3-1　任务 3.1 对应 WPS 办公应用职业技能等级认证要求（高级）

工作任务	职业技能要求
视图高级设置	① 能够使用新建窗口、窗格冻结等功能。 ② 能够使用拆分窗口进行数据查看。 ③ 掌握重排窗口等方式对工作表进行编辑

🔍 任务测试

一、单项选择题

1. 在 WPS 表格中，若要使首行和首列在滚动时始终可见，应使用（　　）功能。

    A. 拆分窗口　　　　　　　　　　　　B. 冻结窗格（选择首行和首列）

    C. 新建窗口　　　　　　　　　　　　D. 重排窗口

2. WPS 电子表格中关于冻结窗格功能，下列说法不正确的是（　　）。

    A. 可以冻结首行　　　　　　　　　　B. 可以冻结首列

    C. 可以冻结两行两列　　　　　　　　D. 不可以冻结五行四列

3. WPS 电子表格中的"新建窗口"功能主要用于（　　）。

    A. 创建一个完全独立的工作簿

    B. 创建一个当前工作表的独立视图，共享相同数据

    C. 将工作表拆分为多个部分

    D. 重新排列工作簿中的窗口

4. WPS 电子表格中的"重排窗口"功能不包括（　　）。

    A. 平铺　　　　　　B. 层叠　　　　　　C. 垂直并排　　　　　　D. 独立新窗口

5. 在 WPS 表格中，如果想要冻结前三行，应该（　　）选择冻结窗格。

    A. 直接单击"冻结窗格"按钮

    B. 选择第 4 行的第 1 个单元格，然后单击"冻结窗格"按钮

    C. 选择第 3 行的最后 1 个单元格，然后单击"冻结窗格"按钮

    D. 选择前 3 行的任意单元格，然后单击"冻结窗格"按钮

二、多项选择题

1. 关于 WPS 表格中的冻结窗格功能，下列说法正确的是（　　）。

A. 冻结窗格功能位于"数据"选项卡中

B. 可以冻结首行

C. 可以冻结首列

D. 可以冻结多行或多列

2. 关于 WPS 电子表格的拆分窗口功能，下列说法正确的是（　　　）。

A. 拆分窗口将当前工作表窗口拆分为 4 个大小可调的区域

B. 拆分窗口将当前工作表窗口拆分为 4 个完全相同的部分

C. 拆分窗口功能可以实现同时查看工作表不同区域内容

D. 拆分窗口的拆分位置从所选单元格的左上方开始

3. 在 WPS 电子表格中，关于新建窗口和重排窗口功能，下列说法正确的是（　　　）。

A. 新建窗口可以创建一个当前工作表的副本，并显示在一个新的窗口中

B. 新建窗口后，两个窗口中的工作表数据是独立的，互不影响

C. 重排窗口功能可以调整多个窗口的布局，以便同时查看

D. 重排窗口时，可以选择平铺、层叠或水平并排等方式

三、实操题

打开"学生数据 .xlsx"工作簿，按照要求完成下列操作：

（1）打开"学生成绩表"，冻结前 4 行和前 2 列（学号和姓名），使得在滚动查看成绩时，表头和关键列始终可见。

（2）打开"学生出勤表"，将窗口拆分为 4 个独立的窗格，能同时查看左上角（学号和姓名）、右上角（出勤天数）、左下角和右下角的数据。

（3）打开"学分综合评分表"，将"学生成绩表"和"学分综合评分表"两个窗口垂直排列，方便对比学生成绩和综合评分。

🔍 任务验收

任务验收评价表见表 3-2，对本节任务的学习情况进行评价。

表 3-2　任务 3.1 验收评价表

任务评价指标				
序号	内容	自评	互评	教师评价
1	能够理解窗口冻结的作用，并准确使用冻结窗格功能锁定行或列，确保关键信息在数据浏览时保持可视状态，提升数据查看的便捷性和效率			
2	能够理解拆分窗口的作用，并熟练使用水平拆分、垂直拆分等功能，将窗口分为多个独立区域，实现跨区域数据同步比对，提高数据分析的效率			

续表

序号	内容	自评	互评	教师评价
	任务评价指标			
3	能够理解重排窗口的作用，并熟练使用平铺、层叠、并排等方式排列多个窗口，灵活应对多任务处理需求，优化工作流程和屏幕空间利用率			
4	能够熟练使用新建窗口功能，同时打开和查看同一工作簿的不同部分或不同工作簿，方便数据对比和编辑，提升多任务处理能力			
5	能够综合运用冻结窗格、拆分窗口、新建窗口和重排窗口等功能，根据实际需求灵活调整窗口布局，高效完成数据查看和分析任务			
6	在操作过程中能够主动优化窗口布局，根据数据类型选择最优视图组合，确保数据查看的清晰性和操作的便捷性，体现精益求精的职业态度			
7	通过学习窗口操作技巧，能够将高效的数据查看方法应用于实际工作中，提升工作效率，并能在团队协作中分享经验，传递专业价值			

任务 3.2　销售报表高级函数运用

🔍 任务情境

销售报表高级函数运用

PPT

我国秉持绿色、创新等发展理念，深化供给侧结构性改革，推进电动化、网联化、智能化发展，实施新能源汽车国家战略。通过融合创新，突破核心技术，提升产业能力，构建新生态，完善基础设施，推动新能源汽车产业高质量发展，加速汽车强国建设。在此背景下，我国汽车产业坚持开放合作，吸引国际知名汽车企业增加在华投资，促进产业链提升和技术进步。我国新能源汽车企业在竞争中不断突破创新，提升技术水平，增强竞争力，为市场发展贡献力量。

作为汽车 4S 店的销售人员，小欣系统地收集了近 18 个月新能源汽车品牌的销售数据。为了更直观地了解各品牌汽车的销售情况，小欣计划运用 WPS 表格的高级函数进行分析处理，包括定义单元格名称以提高数据引用的准确性，运用 SUMIFS 等函数来精确统计特定时间段的销售量，运用 VLOOKUP 等函数查找与引用函数来快速获取关联数据，借助函数的嵌套技术来满足复杂的数据统计需求。期望能够为销售策略的制定提供坚实的数据支撑，助力汽车 4S 店在激烈的市场竞争中脱颖而出。

3.2.1　函数引用单元格名称

在数据统计中，相比直接引用单元格地址，使用单元格名称可以使公式更加直观易懂，特别是当涉及数据范围较大时，合理命名的单元格能清晰地反映数据的含义，提高公式的可读性，从而提高工作效率。本任务通过使用函数引用单元格名称来实现数据的统计，具体要求如下：

① 定义单元格名称。

② 引用单元格名称的方式完成 2022 年 1 月份汽车总销售量的统计，如图 3-14 所示。

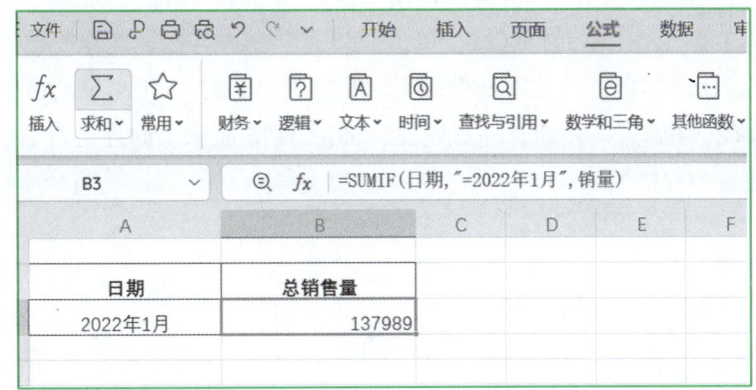

图 3-14　引用单元格名称完成统计

➤ **知识技能点**
- 定义单元格名称
- 函数引用单元格

　知识窗

函数引用单元格

在 WPS 表格中，函数引用单元格可以分为以下两种方式：

1. 函数引用单元格名称

引用单元格名称，是指为某个单元格或单元格区域赋予一个描述性的名称，随后在函数的参数中直接使用这个名称来引用该单元格或区域。

例如：

=SUM（销售数据）

其中"销售数据"是为某个单元格区域定义的名称，这种方式可以使函数更加直观易读。

2. 函数引用单元格地址

引用单元格地址就是在函数参数中直接输入单元格的地址（如 A1、B2 等）或选定单元格区域（如 A1：C10）。

例如：

=SUM（A1：A20）

直接使用地址的方式虽然简单，但如果数据范围发生变化，就需要修改函数中的具体地址，工作量较大。

> **任务实施**

1）打开"我国新能源汽车销售排行榜 .xlsx"工作簿中的"2022 年 1 月份总销量"工作表，选择 B1：B181 单元格区域，单击"公式"→"名称管理器"按钮，在打开的"编辑名称"对话框"名称"文本框中输入"日期"，将 B1：B181 单元格区域名称设置为"日期"，单击"确定"按钮，完成定义，如图 3-15 所示。同理，将 H1：H181 单元格区域名称设置为"销量"。

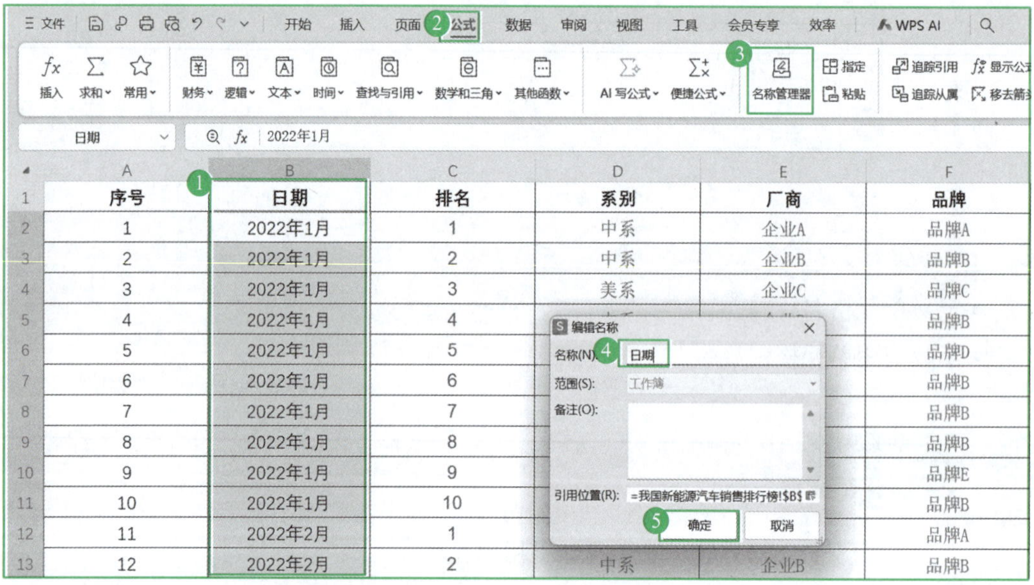

图 3-15　定义单元格名称

2）选中 B3 单元格，在编辑栏中输入"=SUMIF（）"，单击"fx"按钮，打开"函数参数"对话框，在"区域"框输入"日期"，在"条件"框输入"=2022 年 1 月"，在"求和区域"框输入"销量"，单击"确定"按钮，如图 3-16 所示。

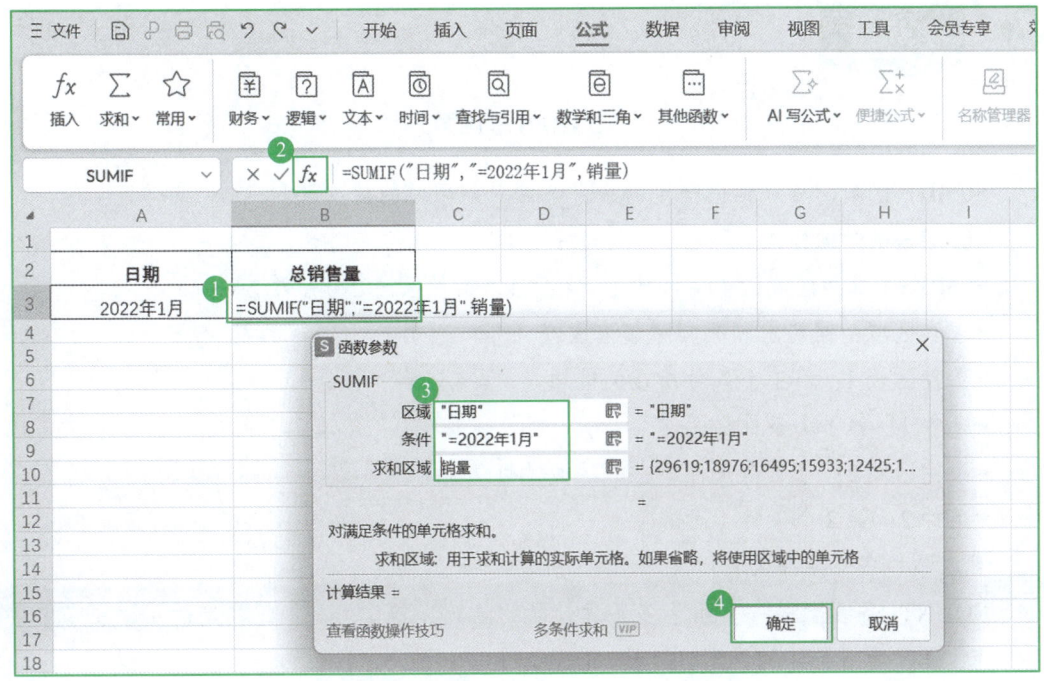

图 3-16　函数引用单元格

 自主探究

在 WPS 表格中，思考如何取消定义的单元格名称。

3.2.2　SUMIFS 等函数的使用

微课 3-2
定义及函数
引用单元格

当处理海量数据时，为了进行数据分析和统计，可以通过 SUMIFS 等多条件聚合函数，根据设定的多个条件对数据进行筛选和计算，以便快速了解数据的特征和趋势。SUMIFS 等函数的使用简化了数据分析的流程，提高了数据分析的准确度和工作效率。本任务将通过使用 SUMIFS 等函数对新能源汽车品牌销量榜的数据进行分析和统计，以便进一步深入了解市场情况，制定更合理的销售策略和决策，具体要求如下：

① 统计各厂商在 2022 年 1 月至 2023 年 6 月的汽车总销售量。

② 统计各车型总销售量排名前十的次数。

③ 统计车型 B-3 汽车在 2022 年 7 月至 2023 年 6 月的平均销售量。

➤ 知识技能点

- SUMIFS 函数
- COUNTIFS 函数
- AVERAGEIFS 函数
- REPLACE 函数

知识窗

SUMIFS 等函数

SUMIFS 函数，可以根据给定的多个条件对范围内的数值求和。

SUMIFS 函数的语法如下：

SUMIFS（求和区域，条件区域 1，条件 1，条件区域 2，条件 2……）

- 求和区域：需要求和的实际数值区域

- 条件区域 1：第 1 个条件所在的区域

- 条件 1：第 1 个条件

- 条件区域 2：第 2 个条件所在的区域（可选）

- 条件 2：第 2 个条件（可选）

可以添加多个条件区域和条件。

COUNTIFS 函数是一个用于多条件计数的函数，其作用是根据指定的一个或多个条件，统计满足所有条件的单元格数量。

AVERAGEIFS 函数是一个用于多条件求平均值的函数，其作用是根据指定的一个或多个条件，计算满足所有条件的单元格的平均值。

COUNTIFS 函数、AVERAGEIFS 函数的参数与 SUMIFS 函数的参数类似。

➤ 任务实施

1）打开"我国新能源汽车销售排行榜 .xlsx"的"各厂商汽车总销售量"工作表。选中 B3 单元格，在编辑栏中输入"=SUMIFS（）"，单击"*fx*"按钮，打开"函数参数"对话框，在"求和区域"输入"销量"，将"区域 1"设置为"我国新能源汽车销售排行榜 !\$E\$2：\$E\$181"，"条件 1"设置为"A3"单元格，在"区域 2"输入"日期"，在"条件 2"框输入">=2022 年 1 月"，"区域 3"输入"时间"，在"条件 3"输入"<=2023 年 6 月"（由于软件界面显示范围的限制，图 3-17 中未显示"条件 3"的全部内容），单击"确定"按钮，如图 3-17 所示。选中 B3 单元格，向下完成填充，填充效果如图 3-18 所示。

2）打开"各车型总销售量排名前十次数"工作表。选中 B3 单元格，在编辑栏中输入"=COUNTIFS（）"，单击"*fx*"按钮，打开"函数参数"对话框，将"区域 1"设置"我国新能源汽车销售排行榜 !\$G\$2：\$G\$181"，在"条件 1"框选择 A3 单元格，如图 3-19 所示。单击"确定"按钮，选中 B3 单元格，向下完成填充，填充效果如图 3-20 所示。

3）打开"车型 B-3 汽车在 2022 年 7 月至 2023 年 6 月的平均销售量"工作表。选中 B3 单元格，在编辑栏中输入"=AVERAGEIFS（）"，单击"*fx*"按钮，打开"函数参数"对话框，在"求平均值区域"框输入"销量"单元格区域，在"区域 1"框选择

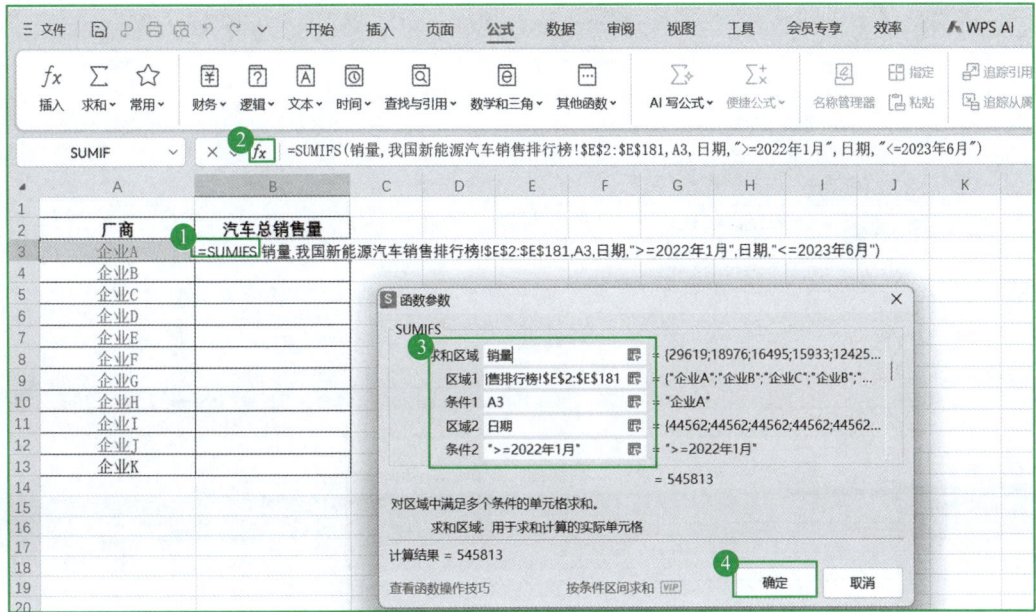

图 3-17 SUMIFS 函数运用

图 3-18 使用 SUMIFS 函数完成填充效果

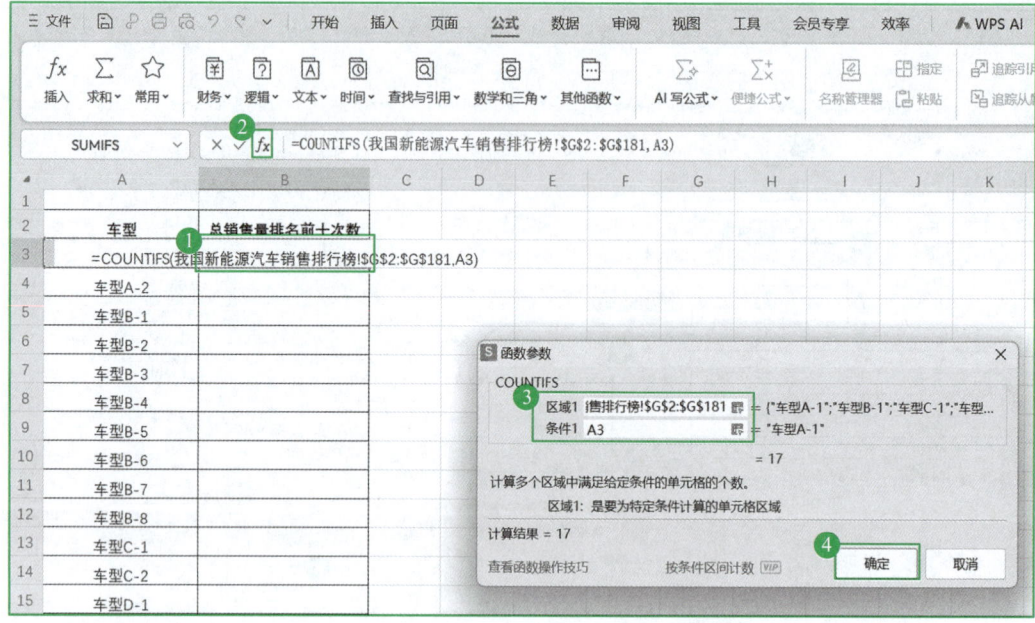

图 3-19　COUNTIFS 函数运用

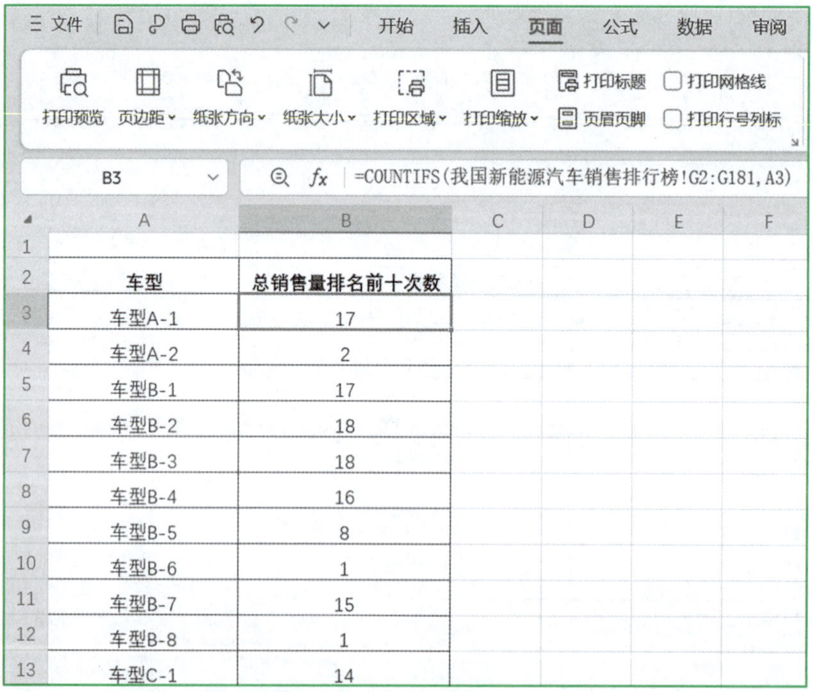

车型	总销售量排名前十次数
车型A-1	17
车型A-2	2
车型B-1	17
车型B-2	18
车型B-3	18
车型B-4	16
车型B-5	8
车型B-6	1
车型B-7	15
车型B-8	1
车型C-1	14

图 3-20　使用 COUNTIFS 函数完成填充效果

"我国新能源汽车销售排行榜!G2：G181"单元格区域，在"条件1"框选择"A3"单元格，在"区域2"框输入"日期"，在"条件2"框输入">=2022年7月"，在"区域3"框输入"日期"，在"条件3"框输入"<=2023年6月"，单击"确定"按钮，如图3-21所示。最终结果如图3-22所示。

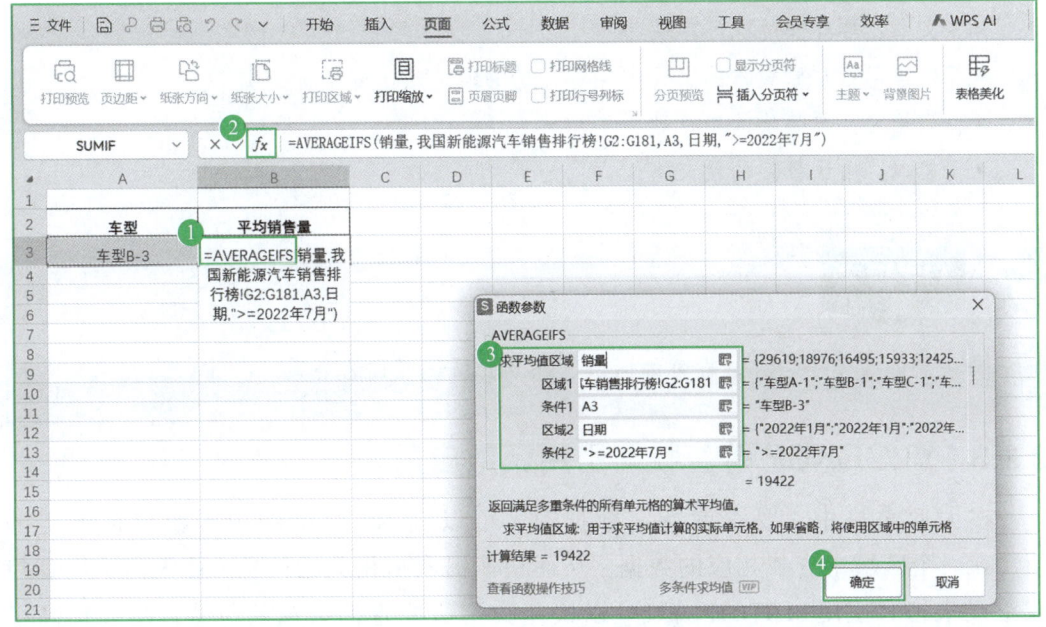

图 3-21　AVERAGEIFS 函数运用

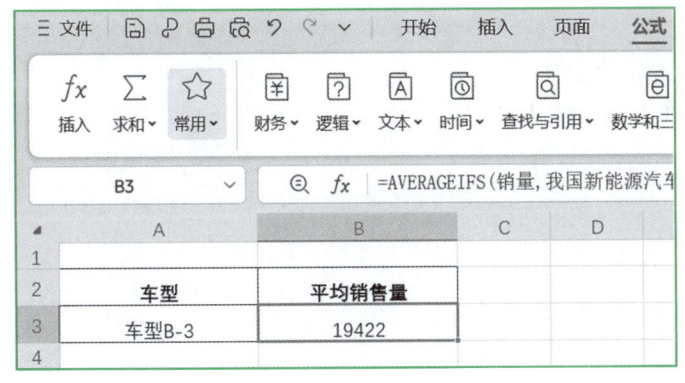

图 3-22　使用 AVERAGEIFS 等函数的最终结果

微课 3-3
SUMINS、
COUNTIFS 和
AVERAGEIFS
函数

知识窗

ABS 函数和 REPLACE 函数

ABS 函数用于返回数值的绝对值，即忽略数值的正负号，只返回其大小。

假设 A1 单元格中存储的数值为 –10，在 B1 单元格中输入公式"=ABS（A1）"，则 B1 单元格将显示 10。

REPLACE 函数用于替换文本字符串中的部分文本。

REPLACE 函数的语法如下：

REPLACE（原文本，开始位置，替换长度，新文本）

- 原文本：要操作的原始字符串
- 开始位置：从原文本的第几个字符开始替换（从 1 开始计数）
- 替换长度：要替换的字符数
- 新文本：用于替换的新文本

自主探究

如果删除了某个名称，思考如何快速修复引用该名称的公式。

3.2.3　VLOOKUP 等查找与引用函数应用

在大型表格中，要查询特定数据时，可以利用 VLOOKUP 函数根据给定的值，在一个区域中查找相应的数据，从而快速提取出相关的信息，而无需手动查找或滚动表格。使用 MATCH 函数可以快速找到所要查询数据的位置，从而提高工作效率。这两个函数的运用在数据处理和分析中扮演着不可或缺的角色。本任务通过 VLOOKUP 和 MATCH 查找与引用函数实现车型销售量和位置的查找，具体任务如下：

① 查找出车型 H–1 的销售数据。

② 查找出车型 I–1 在表格中的位置。

➤ 知识技能点

- VLOOKUP 函数
- INDEX 函数
- MATCH 函数

知识窗

微课 3–4
VLOOKUP
函数

VLOOKUP 函数

VLOOKUP 函数的作用是在表格或数值数组的首列查找指定的数值，并由此返回表格或数组当前行中指定列处的数值（在默认情况下，表是升序排列的）。使用 VLOOKUP 函数，可以快速定位和引用需要的数据。

VLOOKUP 函数的语法如下：

VLOOKUP（查找值，查找区域，返回列号，[匹配模式]）

■ 查找值：需要在查找表格中查找的值，可以是具体的数值、文本值或者引用单元格。

■ 查找区域：包含需要搜索的数据的区域，通常是一个范围。

■ 返回列号：表示在表数组的哪一列可以找到所需的值，输入的是从左边数起的第几列（1，2，3……）。

■ 匹配模式：可选参数，指定查找方式。TRUE 或 1 表示近似匹配（默认值），FALSE 或 0 表示精确匹配。

➤ 任务实施

1）打开"我国新能源汽车销售排行榜 .xlsx"工作簿的"我国新能源汽车销售排行榜"工作表，选中 O2 单元格，在编辑栏中输入"=VLOOKUP（）"，单击"fx"按钮，打开"函数参数"对话框，将"查找值"设置为"N2"，"数据表"设置为"G2：K181"，"列序数"设置为"2"，"匹配条件"设置为 FALSE，单击"确定"按钮，如图 3-23 所示。

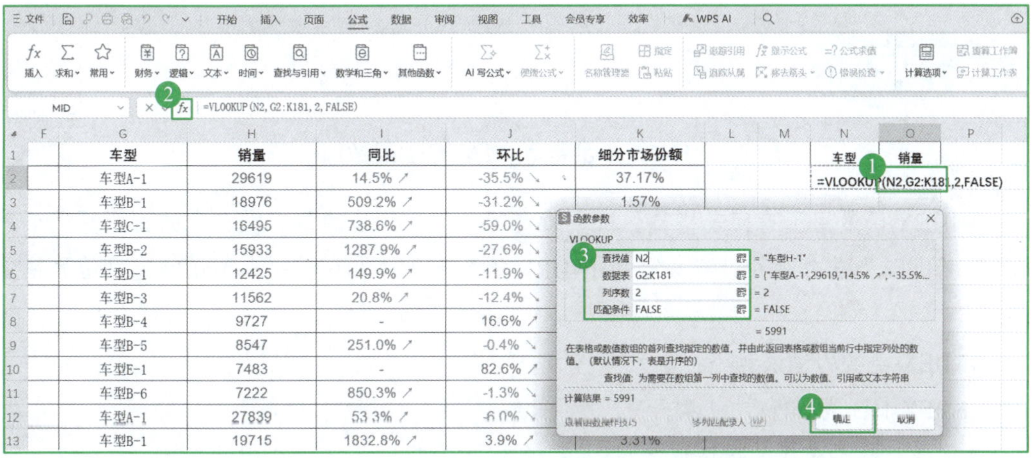

图 3-23 VLOOKUP 函数运用

注意：如果查找值不是在表格的首列，只需要将查找区域适当调整为从查找值所在列开始，再根据需求调整列序数参数，即可正常使用 VLOOKUP 函数。例如，由于车型在工作表的第 G 列，所以数据表选择的区域应从 G 列开始选择，销量在所选择的数据表的第 2 列。

2）选中 N11 单元格，在编辑栏中输入"=MATCH（）"，单击"fx"按钮，打开"函数参数"对话框，将"查找值"设置为"O11"，"查找区域"设置为"G2：K181"，"匹配类型"设置"FALSE"，单击"确定"按钮，如图 3-24 所示。

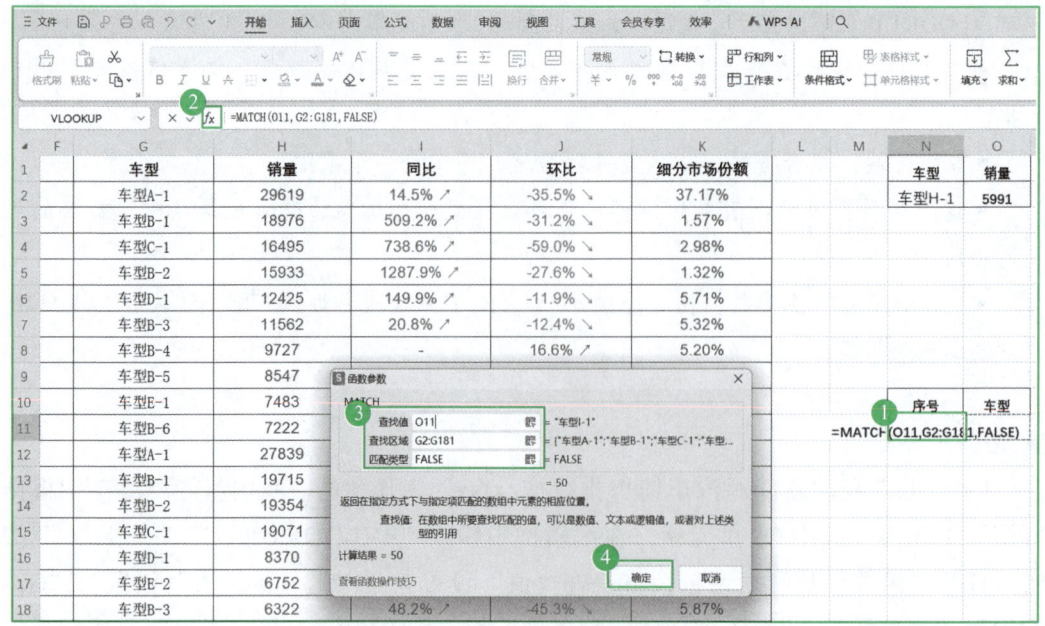

图 3-24　MATCH 函数运用

 知识窗

INDEX 函数和 MATCH 函数

INDEX 函数用于返回表格或区域中特定行和列交叉处的值。在"我国新能源汽车销售排行榜 .xlsx"工作簿中，可以使用 INDEX 函数来快速查找特定车型或特定月份的销量数据。

INDEX 函数的语法如下：

INDEX（区域，行号，[列号]）

■ 区域：需要查找的区域或数组

■ 行号：返回值所在的行号（从区域的第 1 行开始计数）

■ 列号：可选参数，返回值所在的列号（从区域的第 1 列开始计数）。如果省略，则返回整行的值

MATCH 函数是一个查找和匹配函数，用于在一个给定的区域内查找某个值，并返回该值在该区域中的相对位置序号。

MATCH 函数的语法如下：

MATCH（查找值，查找区域，[匹配模式]）

■ 查找值：需要查找的值

■ 查找区域：需要进行查找的区域范围

■ 匹配模式：指定查找方式，0 表示精确匹配，1 表示最小值，–1 表示最大值。

3.2.4　函数的嵌套应用

在处理较为复杂的问题或满足特定统计需求时，通过使用嵌套函数，可以实现更为复杂的数据处理功能，从而有效解决问题。

本任务将使用日期函数嵌套文本函数完成生日日期的提取，使用 LEFT 函数提取员工信息，使用 TEXT 函数嵌套 MID 函数，将身份证中的生日日期进行提取，通过 DATEDIF 函数嵌套 DATE 和 MID 函数，统计员工年龄。具体要求如下：

微课 3-5
函数的嵌套
应用

① 提取员工编号信息。

② 格式化日期数据。

③ 计算员工年龄。

➤ **知识技能点**

- 文本函数和日期函数的运用
- 使用 TEXT 和 MID 函数格式化日期数据
- 多函数组合嵌套

➤ **任务实施**

1）打开"我国新能源汽车销售排行榜 .xlsx"工作簿的"员工信息表"工作表，选中 F2 单元格，在编辑栏中输入"=LEFT（）"，单击"fx"按钮，打开"函数参数"对话框，将"字符串"设置为"A2"，"字符个数"设置为"3"，如图 3-25 所示。

2）选中 F2 单元格，向下填充，如图 3-26 所示。

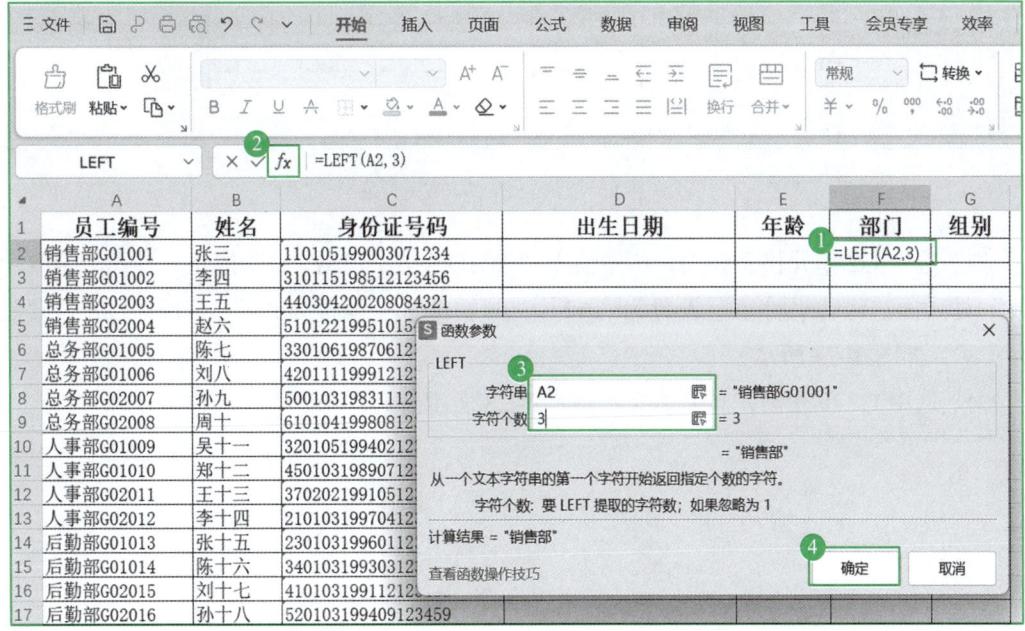

图 3-25　LEFT 函数运用

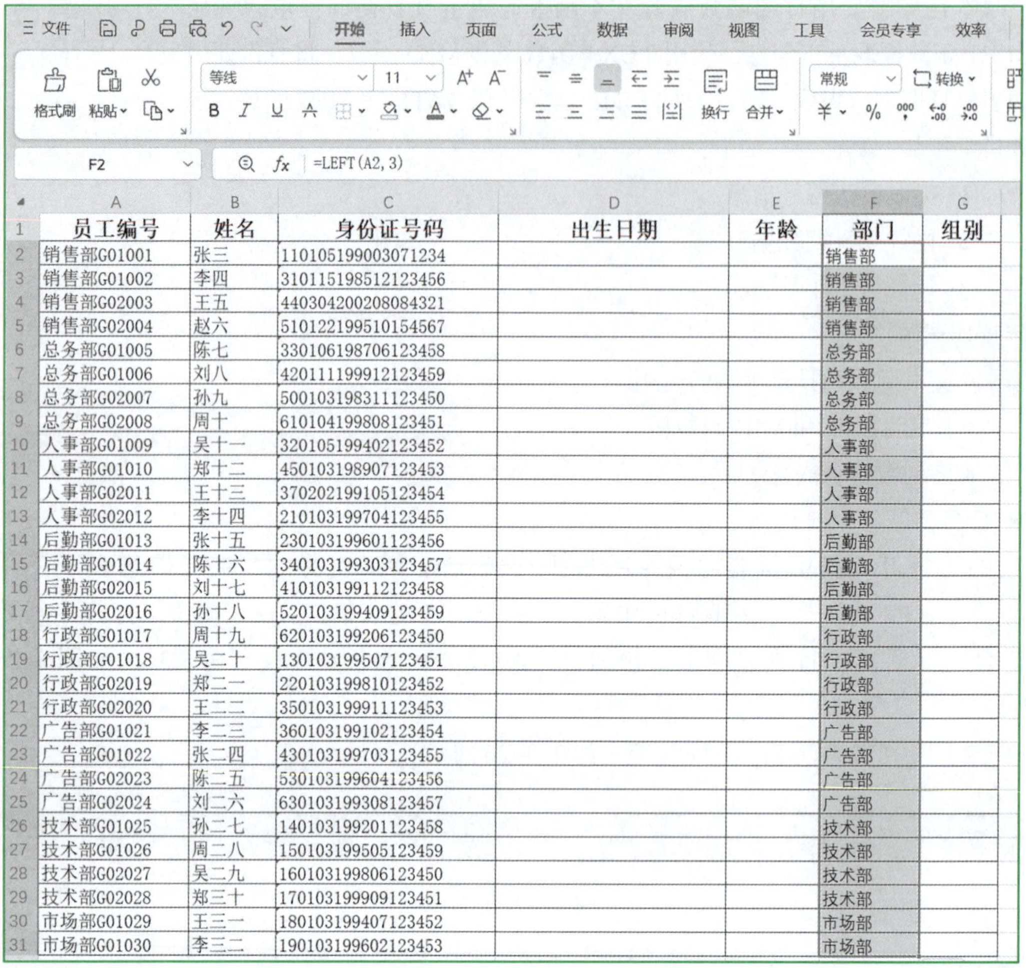

员工编号	姓名	身份证号码	出生日期	年龄	部门	组别
销售部G01001	张三	110105199003071234			销售部	
销售部G01002	李四	310115198512123456			销售部	
销售部G02003	王五	440304200208084321			销售部	
销售部G02004	赵六	510122199510154567			销售部	
总务部G01005	陈七	330106198706123458			总务部	
总务部G01006	刘八	420111199912123459			总务部	
总务部G02007	孙九	500103198311123450			总务部	
总务部G02008	周十	610104199808123451			总务部	
人事部G01009	吴十一	320105199402123452			人事部	
人事部G01010	郑十二	450103198907123453			人事部	
人事部G02011	王十三	370202199105123454			人事部	
人事部G02012	李十四	210103199704123455			人事部	
后勤部G01013	张十五	230103199601123456			后勤部	
后勤部G01014	陈十六	340103199303123457			后勤部	
后勤部G02015	刘十七	410103199112123458			后勤部	
后勤部G02016	孙十八	520103199409123459			后勤部	
行政部G01017	周十九	620103199206123450			行政部	
行政部G01018	吴二十	130103199507123451			行政部	
行政部G02019	郑二一	220103199810123452			行政部	
行政部G02020	王二二	350103199911123453			行政部	
广告部G01021	李二三	360103199102123454			广告部	
广告部G01022	张二四	430103199703123455			广告部	
广告部G02023	陈二五	530103199604123456			广告部	
广告部G02024	刘二六	630103199308123457			广告部	
技术部G01025	孙二七	140103199201123458			技术部	
技术部G01026	周二八	150103199505123459			技术部	
技术部G02027	吴二九	160103199806123450			技术部	
技术部G02028	郑三十	170103199909123451			技术部	
市场部G01029	王三一	180103199407123452			市场部	
市场部G01030	李三二	190103199602123453			市场部	

图 3-26 使用 LEFT 函数填充效果

3）选中 G2 单元格，在编辑栏中输入“=MID（ ）”，单击“*fx*”按钮，打开“函数参数”对话框，将“字符串”设置为“A2”，“开始位置”设置为“4”，“字符个数”设置为“3”，如图 3-27 所示。

4）选中 G2 单元格，向下填充，如图 3-28 所示。

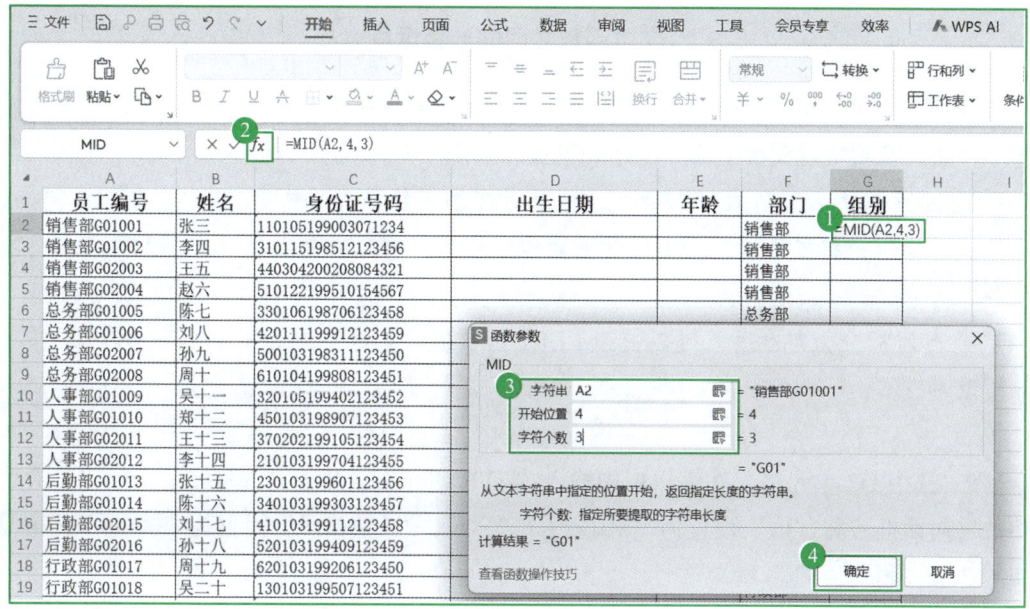

图 3-27　函数的嵌套运用

图 3-28　函数嵌套应用填充结果

知识窗

文本函数之间的嵌套运用

文本函数之间的嵌套运用，是指在一个文本函数中使用另一个文本函数作为参数或部分参数，从而实现更加复杂的文本处理操作。

通过嵌套使用不同的文本函数，可以对文本字符串进行提取、组合、替换、格式化等多种操作，扩展了单一文本函数的功能，使其能够完成更加灵活和强大的文本处理任务。

将时间拆分为年和月。可以使用 LEFT 函数提取年份，使用 MID 函数嵌套 LEN 函数提取月份。

5）选中 D2 单元格，在编辑栏中输入"=TEXT（）"，单击"fx"按钮，打开"函数参数"对话框，将"值"设置为"MID（C2, 7, 8）"，"数值格式"设置为"0000–00–00"，如图 3–29 所示。

6）选中 D2 单元格，向下填充，如图 3–30 所示。

7）选中 E2 单元格，在编辑栏中输入"=DATEDIF（）"，单击"fx"按钮，打开"函数参数"对话框，将"开始日期"设置嵌套函数为"DATE（MID（C2, 7, 4），MID（C2, 11, 2），MID（C2, 13, 2）"，"终止日期"设置为"TODAY（）"，"比较单位"设置为"'y'"，如图 3–31 所示。

8）选中 E2 单元格，向下填充，如图 3–32 所示。

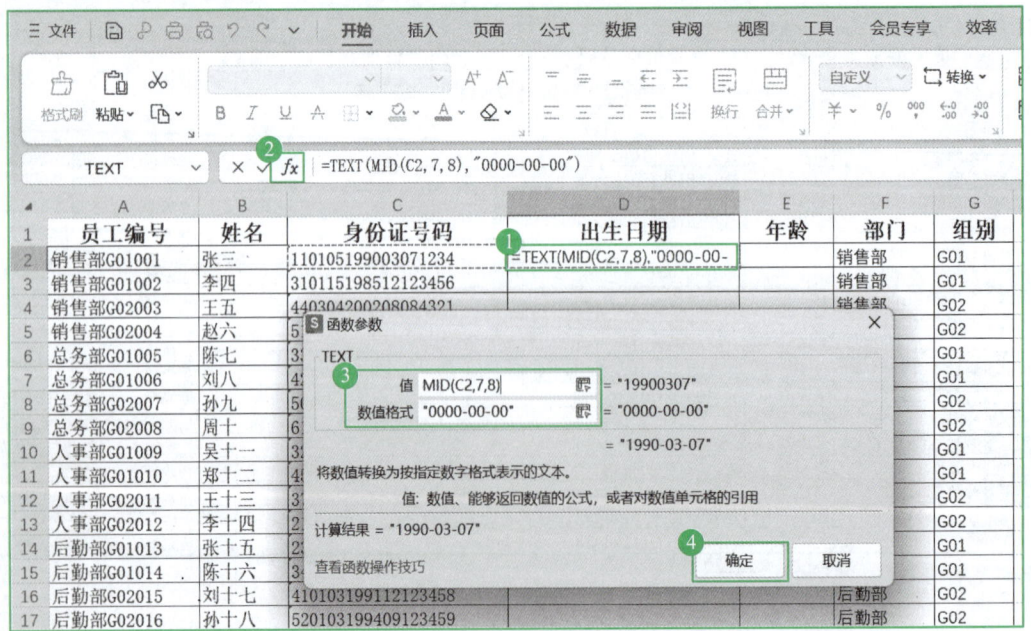

图 3–29　文本函数的嵌套

图 3-30　文本函数的嵌套填充结果

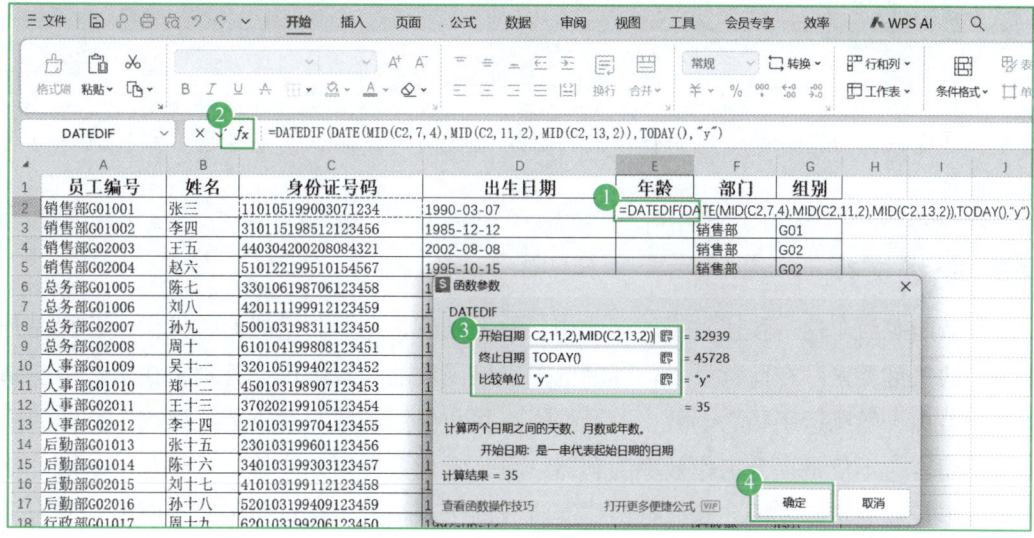

图 3-31　函数嵌套提取年龄

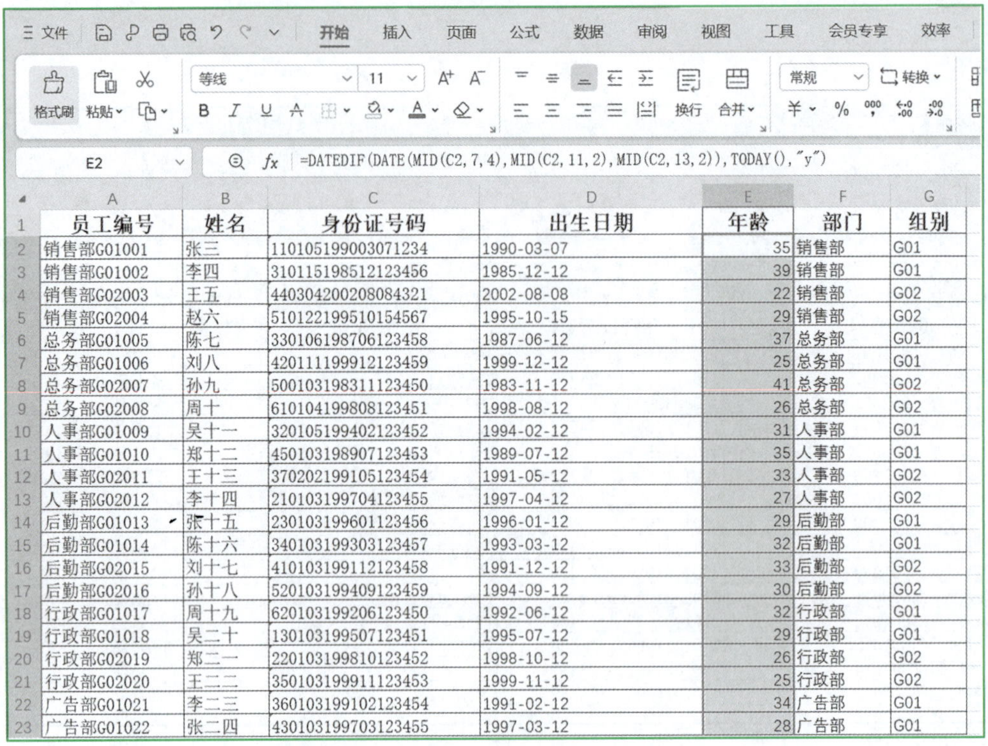

员工编号	姓名	身份证号码	出生日期	年龄	部门	组别
销售部G01001	张三	110105199003071234	1990-03-07	35	销售部	G01
销售部G01002	李四	310115198512123456	1985-12-12	39	销售部	G01
销售部G02003	王五	440304200208084321	2002-08-08	22	销售部	G02
销售部G02004	赵六	510122199510154567	1995-10-15	29	销售部	G02
总务部G01005	陈七	330106198706123458	1987-06-12	37	总务部	G01
总务部G01006	刘八	420111199912123459	1999-12-12	25	总务部	G01
总务部G02007	孙九	500103198311123450	1983-11-12	41	总务部	G02
总务部G02008	周十	610104199808123451	1998-08-12	26	总务部	G02
人事部G01009	吴十一	320105199402123452	1994-02-12	31	人事部	G01
人事部G01010	郑十二	450103198907123453	1989-07-12	35	人事部	G01
人事部G02011	王十三	370202199105123454	1991-05-12	33	人事部	G02
人事部G02012	李十四	210103199704123455	1997-04-12	27	人事部	G02
后勤部G01013	张十五	230103199601123456	1996-01-12	29	后勤部	G01
后勤部G01014	陈十六	340103199303123457	1993-03-12	32	后勤部	G01
后勤部G02015	刘十七	410103199112123458	1991-12-12	33	后勤部	G02
后勤部G02016	孙十八	520103199409123459	1994-09-12	30	后勤部	G02
行政部G01017	周十九	620103199206123450	1992-06-12	32	行政部	G01
行政部G01018	吴二十	130103199507123451	1995-07-12	29	行政部	G01
行政部G02019	郑二一	220103199810123452	1998-10-12	26	行政部	G02
行政部G02020	王二二	350103199911123453	1999-11-12	25	行政部	G02
广告部G01021	李二三	360103199102123454	1991-02-12	34	广告部	G01
广告部G01022	张二四	430103199703123455	1997-03-12	28	广告部	G01

图 3-32　函数嵌套提取年龄填充结果

自主探究

WPS 表格还提供了常用公式，可使用常用公式快速计算个人年终奖所得税、个人所得税，可提取身份证年龄、身份证生日、身份证性别等。尝试使用常用公式提取身份证中的性别。

职场透视

在新能源汽车这一快速发展的行业中，数据已成为企业制定战略、优化运营和提升竞争力的关键要素。在此背景下，掌握电子表格函数的高效运用，特别是在函数中使用单元格名称、熟练运用核心函数，以及精通查找与引用函数，对于新能源汽车行业的职场人士而言，不仅是提升工作效率的利器，更是实现数据驱动决策的重要基础。随着新能源汽车行业的不断发展，掌握这些技能将有助于职场人士在竞争中脱颖而出，成为企业不可或缺的业务数据分析能手。

职业技能要求

职业技能要求见表 3-3。

表 3-3　任务 3.2 对应 WPS 办公应用职业技能等级认证要求（高级）

工作任务	职业技能要求
函数应用	① 能够在函数中使用单元格名称。 ② 掌握 SUMIFS 函数、COUNTIFS 函数、ABS 函数、REPLACE 函数的使用方法。 ③ 掌握常用查找与引用函数的使用方法，如 VLOOKUP 函数、MATCH 函数、INDEX 函数。 ④ 能够使用函数的嵌套进行更复杂的数据计算

🔍 任务测试

一、单项选择题

1. SUMIFS 函数可根据多个条件对指定范围进行（　　　）。

    A. 求和   B. 求平均值

    C. 求最大值   D. 以上都不是

2. 在 VLOOKUP 函数中，第 3 个参数表示（　　　）。

    A. 要查找的列序号   B. 要查找的行序号

    C. 是否区分大小写   D. 是否精确查找

3. 下列选项中不属于函数应用的是（　　　）。

    A. 函数引用单元格名称   B. SUMIFS 函数运用

    C. VLOOKUP 函数应用   D. 冻结窗格

4. 在 MATCH（查找值，查找区域，[匹配模式]）中，[匹配模式] 为 0 表示（　　　）。

    A. 精确查找   B. 近似查找

    C. 通配符查找   D. 以上都不是

5. 下列公式中能正确计算 B1：B10 单元格中大于 5 的数值个数的是（　　　）。

    A. =COUNTIFS（B1：B10，">5"）   B. =COUNTIFS（B1：B10，"<5"）

    C. =COUNTIF（B1：B10，">5"）   D. =COUNT（B1：B10，">5"）

二、多项选择题

1. 在 WPS 表格中，关于函数使用的正确说法包括（　　　）。

    A. 可以在函数中使用单元格名称来提高数据引用的可读性和准确性

    B. SUMIFS 函数用于计算满足单个条件的单元格之和

    C. COUNTIFS 函数用于计算满足特定条件的单元格数量

    D. ABS 函数用于返回数字的绝对值

2. 下列函数中属于 WPS 表格中的查找与引用函数是（　　　）。

    A. SUMIFS   B. VLOOKUP   C. MATCH   D. INDEX

3. 在进行复杂的数据计算时，以下（　　　）做法或函数组合是 WPS 表格用户可能会采用的。

    A. 使用函数的嵌套来实现更复杂的计算逻辑

B. 结合 SUMIFS 和 COUNTIFS 函数来分析满足特定条件的数据

C. 利用 VLOOKUP 函数从其他工作表中查找并引用数据

D. 使用 REPLACE 函数来修改数据中的错误或不一致格式

三、实操题

操作要求：

打开"新能源汽车销售数据 .xlsx"，完成以下操作：

（1）将 A 列（日期）命名为"日期"，将 C 列（销量）命名为"销量"，使用 SUMIFS 函数统计"北京"地区在 2022 年 1 月至 2022 年 3 月的总销量。

（2）使用 COUNTIFS 函数，统计车型"Model X"在排名前 5 的次数。

（3）使用 AVERAGEIFS 函数，计算"Q1"季度车型"Model Y"的平均销量。

（4）打开"Sheet2"，使用 VLOOKUP 函数，在新表格中查找每个车型的总销量。

（5）使用 INDEX 和 MATCH 函数，动态查找"Model Y"在 2022 年 2 月的销量。

（6）打开"Sheet3"，使用 IF 函数结合 VLOOKUP 函数，比较两个地区的总销量。如果北京的销量大于上海的销量，返回"北京的销量更高"；否则返回"上海的销量更高"。

（7）使用 LEFT 函数提取日期中的年份（前 4 位），使用 MID 函数提取日期中的月份。

（8）使用 IF 函数嵌套 AVERAGEIFS 函数，判断某车型的销量是否高于平均水平，如果销量高于平均水平，返回"高于平均"；否则返回"低于平均"。

（9）打开"Sheet4"，使用函数的嵌套，提取出身份证的出生日期、年龄和性别。

🔍 任务验收

任务验收评价表见表 3-4，可对本节任务的学习情况进行评价。

表 3-4　任务 3.2 验收评价表

任务评价指标				
序号	内容	自评	互评	教师评价
1	能够理解 SUMIFS 函数的功能和参数，并熟练运用该函数进行多条件数据求和，提升数据计算的准确性和效率，培养逻辑思维能力			
2	能够理解查找与引用函数（如 VLOOKUP、INDEX、MATCH 等）的功能和参数，并熟练运用该函数进行数据查询和引用，提高数据处理的效率和准确性			
3	能够根据实际需求，灵活选择合适的运算函数，能够使用查找函数和引用函数进行数据计算，确保数据处理结果的准确性和可靠性			
4	能够掌握函数嵌套的使用方法，通过组合多个函数实现更复杂的数据计算和处理，提升解决复杂问题的能力			

续表

任务评价指标				
序号	内容	自评	互评	教师评价
5	通过系统学习和应用引用函数、查找函数等功能，能够高效处理数据，并培养高效的数据处理逻辑能力			
6	在数据处理过程中，能够主动优化函数的使用方法，平衡效率与准确性，确保数据处理结果的清晰性和可靠性，体现精益求精的职业态度			
7	通过学习函数的使用技巧，能够将高效的数据处理方法应用于实际工作中，提升工作效率，并能在团队协作中分享经验，传递专业价值			
8	能够根据数据特点和分析目标，合理选择并组合多种函数，设计高效的数据处理方案，提升数据分析和决策支持能力，体现创新思维和问题解决能力			

任务 3.3　销售报表数据标识与筛选汇总

任务情境

作为全球最大的新能源汽车市场之一，我国在该领域的技术创新、产业链完善、市场规模拓展等方面取得了显著成就。近年来，随着新能源汽车产业的快速发展，市场竞争日益激烈，企业对销售数据的精准分析需求愈发迫切。准确、高效地掌握销售数据，能够帮助企业洞察市场趋势、优化营销策略。

销售报表数据标识与筛选汇总
PPT

小欣收集了近 18 个月新能源汽车各品牌的销售数据，计划通过数据分析挖掘产品的热点和增长亮点，为公司制定有针对性的营销策略提供支持。

在本任务中，小欣运用 WPS 表格强大的数据处理功能，对销量、同比、环比等关键指标通过条件格式进行标识，直观展现市场动态；利用数据对比快速识别重复数据；利用高级筛选功能，分析销量波动原因和销售趋势；通过分类汇总，从多维度分析各车型的市场表现，为公司优化调整产品结构提供依据，帮助公司精准把握市场动态，助力新能源汽车产业的持续高质量发展。

微课 3-6
条件格式的
进阶设置

3.3.1　条件格式的进阶设置

为了提高数据分析的效率，可以通过 WPS 条件格式的进阶设置功能，对原始数据表格进行自动化视觉优化和信息挖掘，从而清晰地呈现数据的内在价值和关键特征，为后续的分析决策工作提供便利。

打开"我国新能源汽车销售排行榜.xlsx"工作簿中的"我国新能源汽车销售排行

榜"工作表，通过条件格式的进阶设置，突出显示满足特定条件的数据，增强数据的可视化效果，如图3-33所示，具体要求如下：

序号	时间	排名	系别	厂商	品牌	车型	销量	同比	环比	细分市场份额
1	2022年1月	1	中系	企业A	品牌A	车型A-1	29619	14.50%	-35.50%	37.17%
2	2022年1月	2	中系	企业B	品牌B	车型B-1	18976	509.20%	-31.20%	1.57%
3	2022年1月	3	美系	企业C	品牌C	车型C-1	16495	738.60%	-59.00%	2.98%
4	2022年1月	4	中系	企业B	品牌B	车型B-2	15933	1287.90%	-27.60%	1.32%
5	2022年1月	5	中系	企业D	品牌D	车型D-1	12425	149.90%	-11.90%	5.71%
6	2022年1月	6	中系	企业B	品牌B	车型B-3	11562	20.80%	-12.40%	5.32%
7	2022年1月	7	中系	企业B	品牌B	车型B-4	9727	–	16.60%	5.20%
8	2022年1月	8	中系	企业B	品牌B	车型B-5	8547	251.00%	-0.40%	1.55%
9	2022年1月	9	中系	企业E	品牌E	车型E-1	7483	–	82.60%	9.39%
10	2022年1月	10	中系	企业B	品牌B	车型B-6	7222	850.30%	-1.30%	3.86%
11	2022年2月	1	中系	企业A	品牌A	车型A-1	27839	53.30%	-6.00%	42.68%
12	2022年2月	2	中系	企业B	品牌B	车型B-1	19715	1832.80%	3.90%	3.31%
13	2022年2月	3	中系	企业B	品牌B	车型B-2	19354	5336.50%	21.50%	3.25%
14	2022年2月	4	美系	企业C	品牌C	车型C-1	19071	310.70%	15.60%	6.87%
15	2022年2月	5	中系	企业D	品牌D	车型D-1	8370	265.30%	-32.60%	7.77%
16	2022年2月	6	中系	企业B	品牌B	车型E-2	6752	149.50%	10.40%	10.35%
17	2022年2月	7	中系	企业B	品牌B	车型B-3	6322	48.20%	-45.30%	5.87%
18	2022年2月	8	中系	企业E	品牌E	车型E-3	6240	–	-16.60%	9.57%
19	2022年2月	9	中系	企业B	品牌B	车型B-4	6183	–	-36.40%	6.12%
20	2022年3月	10	中系	企业F	品牌F	车型F-1	5890	96.00%	-14.50%	9.03%
21	2022年3月	1	中系	企业A	品牌A	车型A-1	42547	41.80%	52.80%	40.25%

图3-33 条件格式的进阶设置效果图

① 对"销量"列进行数据条设置，填充方式为实心填充，颜色为浅蓝色，边框为实心边框，颜色为蓝色，条形图方向为从左到右。

② 对"同比"列进行色阶设置，采用三色刻度格式，最小值为绿色，中间值为黄色，最大值为红色。

③ 对"环比"列进行图标集设置，当"环比"值为正数（环比上升）时，显示红色旗帜图标，当"环比"值为负数（环比下降）时，设置绿色旗帜图标，当"环比"值为零（环比不变）时，设置黄色旗帜图标。

④ 将K列（细分市场份额）中数值大于10%且销量大于20000的单元格底纹设置为红色。

➤ **知识技能点**

- 条件格式的进阶设置——设置数据条
- 条件格式的进阶设置——设置色阶
- 条件格式的进阶设置——设置图标集
- 条件格式的进阶设置——通过公式设置条件格式

 **知识窗**

条件格式的进阶设置

WPS条件格式的进阶设置，是指通过规则和多样化的可视化工具，对单元格数据进行标记呈现，其核心目的在于提升数据的可读性，突出显示关键信息。通过设置基于数值、文本或日期等条件的格式化规则，用户可以为数据单元格应用颜色、图标集、数据条等视觉元素，实现数据的直观展示，为深入分析提供支持。在"条件格式"功能中，用户可以使用丰富的预设规则与自定义选项，精确控制数据呈现，满足专业分析与报告制作的需求。以下是常见的进阶设置功能及作用。

数据条： 数据条通过单元格内的条形图直观反映数值的大小关系，其长度与数据值正相关，适用于连续型数据的横向或纵向对比分析，如销量、销售额等指标的相对量级识别。

色阶： 色阶借助颜色渐变标识数据分布区间，以梯度差异区分高、中、低值，可应用于分析同比 / 环比增速、成本波动或温度变化等连续性指标的分布特征。

图标集： 图标集通过预设符号（如箭头、旗帜）动态标注数据趋势或状态，适用于离散型状态标记，如环比增减趋势（↑ / ↓）或任务完成度（√ / ×）的符号化表达。

自定义公式： 自定义公式规则可以通过逻辑公式定义复杂条件，突破预设功能限制，适用于标识如超出特定阈值（如市场份额 >30%）、包含特定文本内容或符合多条件逻辑判断结果的数据，并进行个性化格式突出显示。

➤ **任务实施**

（1）为"销量"列设置数据条

1）选中 H 列，单击"开始"→"条件格式"下拉按钮，在弹出的下拉列表中选择"数据条"→"其他规则"命令，如图 3-34 所示，打开"新建格式规则"对话框。

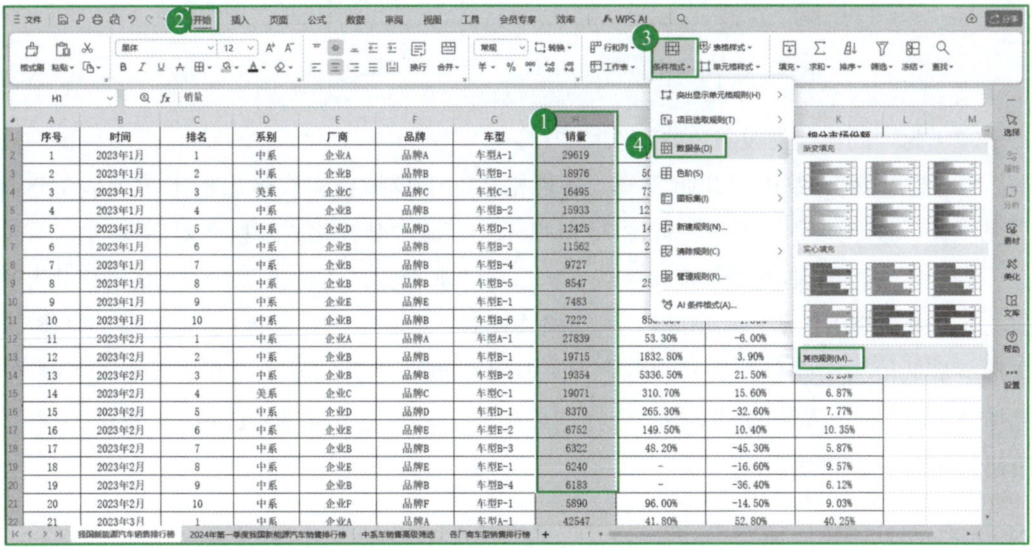

图 3-34　打开数据条"新建格式规则"对话框

2）在"选择规则类型"选项区域中选中"基于各自值设置所有单元格的格式"选项；在"条形图外观"选项区域中，"填充"选择"实心填充"，"颜色"选择"浅蓝色"；"边框"选择"实心边框"，"颜色"选择"蓝色"；"条形图方向"选择"从左到右"，单击"确定"按钮，如图 3-35 所示。

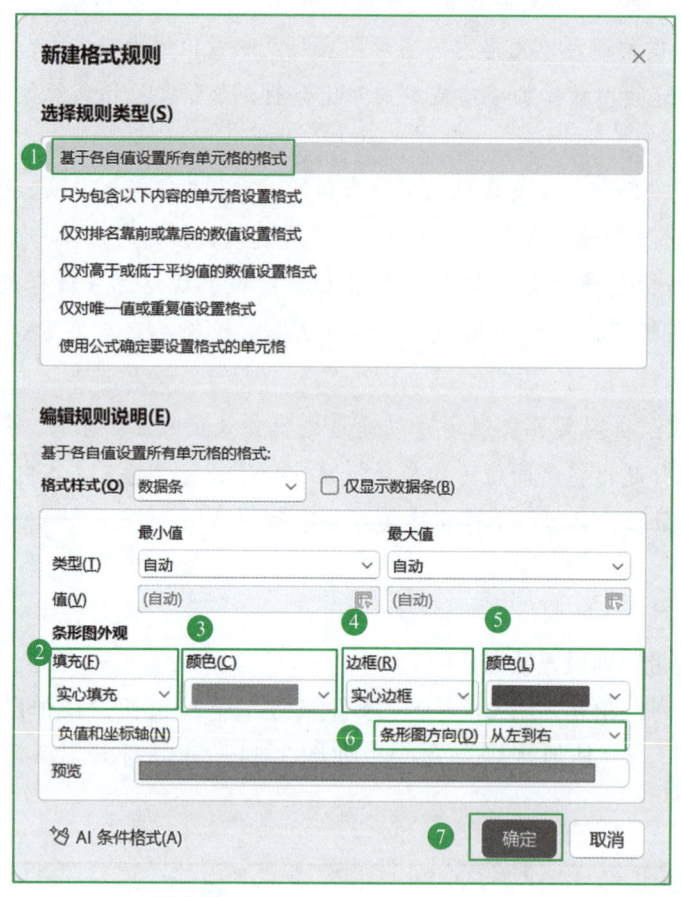

图 3-35   为"销量"列设置数据条

（2）为"同比"列设置色阶

1）选中 I 列，单击"开始"→"条件格式"下拉按钮，在弹出的下拉列表中选择"色阶"→"其他规则"命令，如图 3-36 所示，打开"新建格式规则"对话框。

2）在"选择规则类型"选项区域中，选择"基于各自值设置所有单元格的格式"选项。在"编辑规则说明"选项区域中，"格式样式"选择"三色刻度"；最小值的"类型"选择"最低值"，"颜色"选择"绿色"；中间值的"类型"选择"百分点值"，"颜色"选择"黄色"；最大值的"类型"选择"最高值"，"颜色"选择"红色"；单击"确定"按钮，如图 3-37 所示。

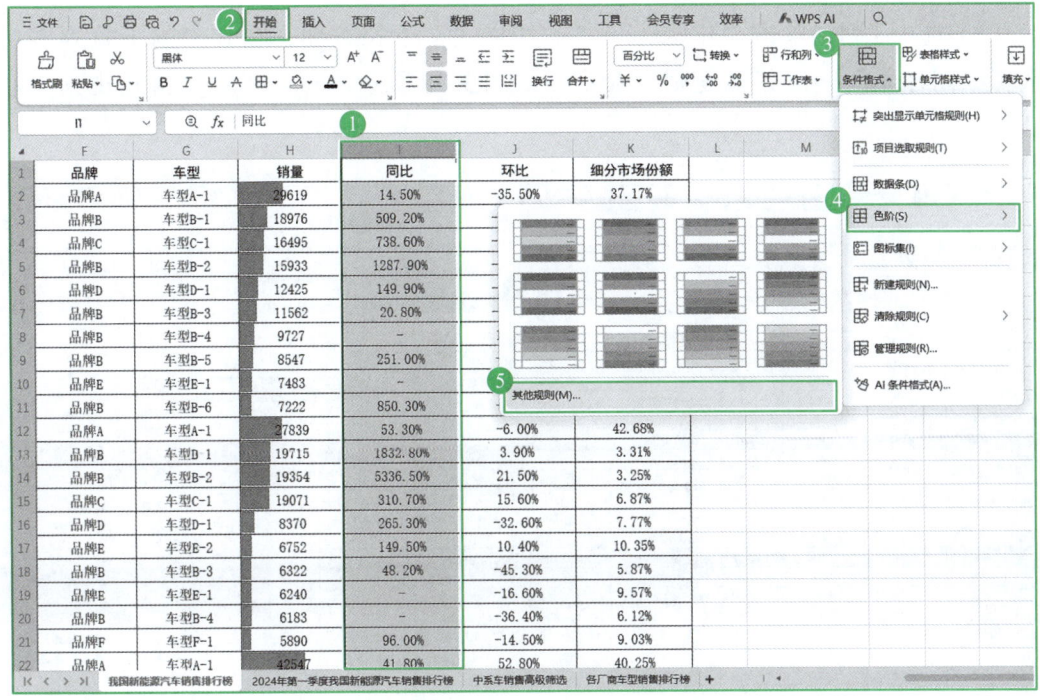

图 3-36　打开色阶"新建格式规则"对话框

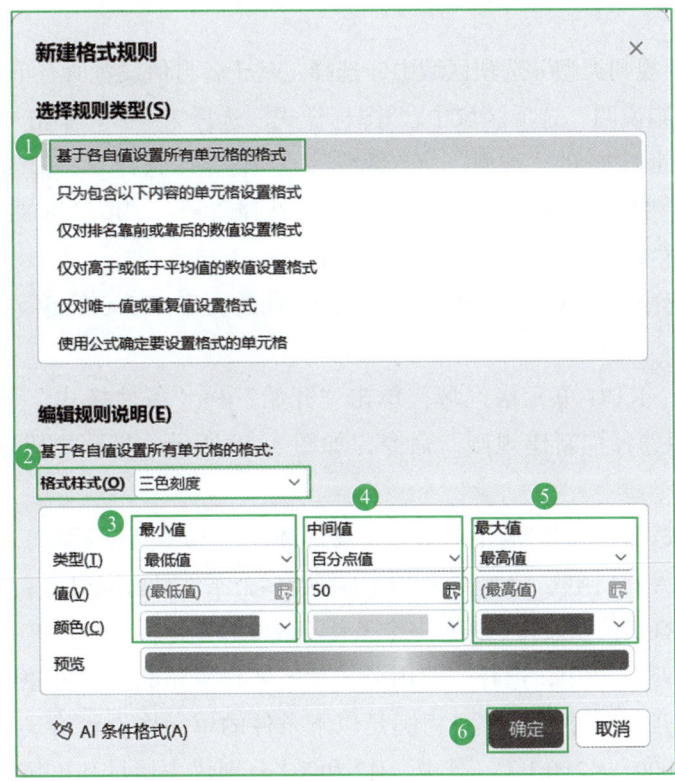

图 3-37　为"同比"列设置色阶

（3）对"环比"列进行图标集设置

1）选中 J 列，单击"开始"→"条件格式"下拉按钮，在弹出的下拉列表中选择"图标集"→"其他规则"命令，如图 3-38 所示，打开"新建格式规则"对话框。

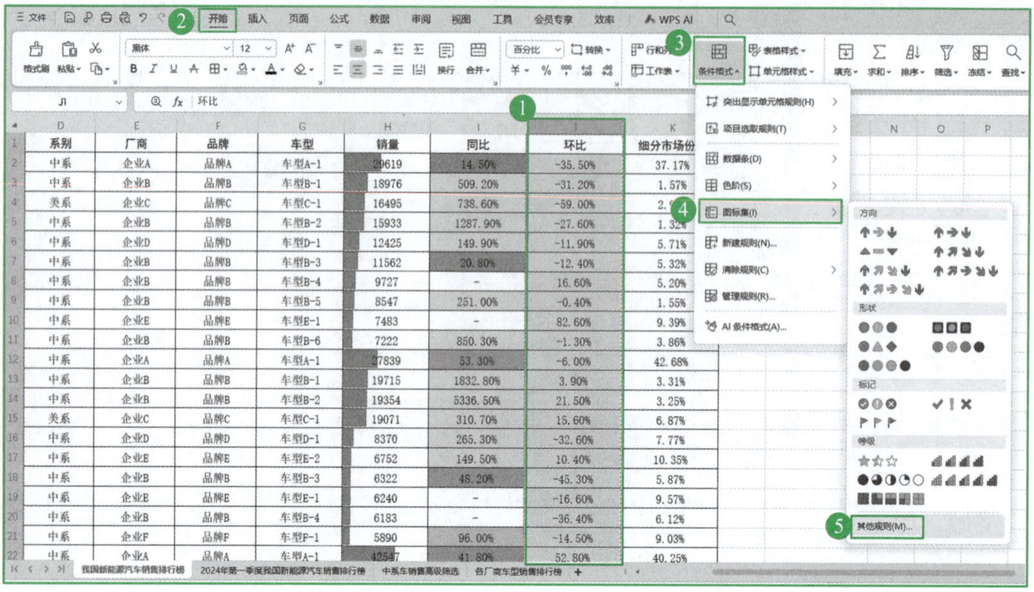

图 3-38　打开图标集"新建格式规则"对话框

2）在"选择规则类型"选项区域中，选择"基于各自值设置所有单元格的格式"选项。在"编辑规则说明"选项区域中，"图标样式"选择 ▶▶▶，单击"反转图标次序"按钮，设置红色旗帜 ▶ 的"类型"为"数字"，"当值是"选择">"，"值"为"0"；设置黄色旗帜 ▶ 的"类型"为"数字"，"当值是"选择">="，"值"为"0"；绿色旗帜 ▶ 保持不变；单击"确定"按钮，如图 3-39 所示。

（4）将 K 列中细分市场份额大于 10% 且销量大于 20000 的单元格底纹设置为红色

1）选中 K2：K181 单元格区域，单击"开始"→"条件格式"下拉按钮，在弹出的下拉列表中选择"新建规则"命令，如图 3-40 所示，打开"新建格式规则"对话框。

2）输入公式。若要同时满足"细分市场份额大于 10% 且销量大于 20 000"这两个条件，可以使用 AND 函数。AND 函数用于判断多个条件是否同时成立，如果所有条件成立，则返回 TRUE；如果其中任意一个条件不成立，则返回 FALSE。在对话框的"选择规则类型"选项区域中，选择"使用公式确定要设置格式的单元格"选项；在"编辑规则说明"选项区域中，在"只为满足以下条件的单元格设置格式"框中输入公式"=AND（H2>20000，K2>0.1）"，其中，H2 和 K2 分别代表销量和市场份额所在列的单元格，AND 函数用于判断两个条件是否同时成立。

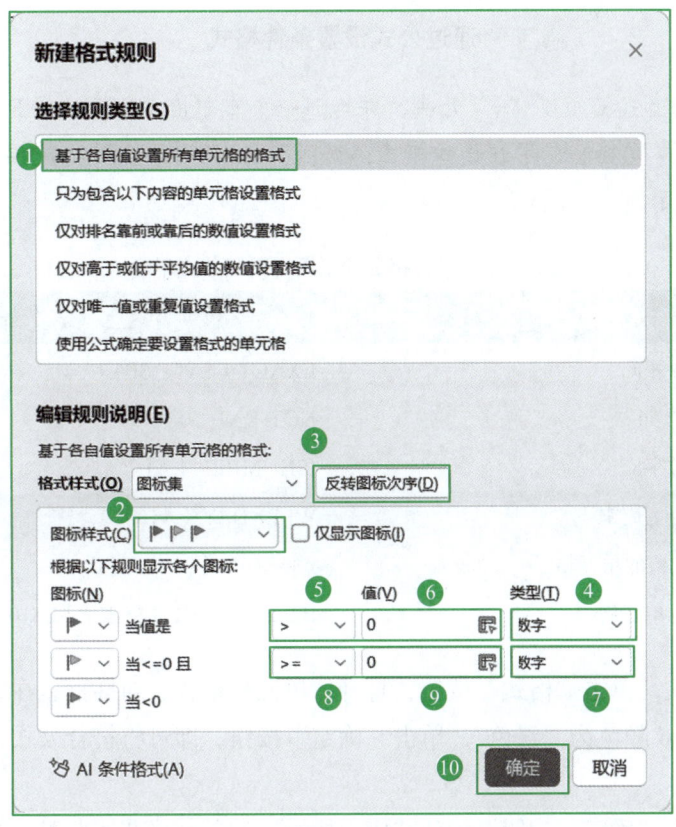

图 3-39　为"环比"列设置图标集

图 3-40　打开新建规则"新建格式规则"对话框

知识窗

通过公式设置条件格式

条件格式的公式必须以 "=" 开头，并返回一个布尔值（TRUE 或 FALSE）。当公式返回 TRUE 时，单元格会应用预设的格式；返回 FALSE 则不应用。表 3-5 是条件格式的常用场景和公式示例。

表 3-5　条件格式的常用场景和公式示例

常用场景	公式示例
对比两列数据是否相同	=EXACT（$A1，$B1）
判断数据是否大于 50	=NOT（A1<50）
判断格式是否为数字	=ISNUMBER（A1）
判断日期格式是否为周末	=WEEKDAY（A1，2）>5
标记 A1：C1 最大值的单元格	=A1=MAX（$A1：$C1）
标记低于平均值的单元格	=B2<AVERAGE（$B$2：$B$10）

3）设置格式。单击 "格式" 按钮，打开 "单元格格式" 对话框，在 "图案" 选项卡中设置单元格底纹颜色为 "红色"，单击 "确定" 按钮，即可将符合公式条件的单元格背景设置为红色。

4）再次单击 "确定" 按钮，确认并应用所设置的条件格式。此时，符合条件的单元格将按照所设置的格式进行显示，便于用户快速识别和分析数据。

主要操作步骤如图 3-41 所示。

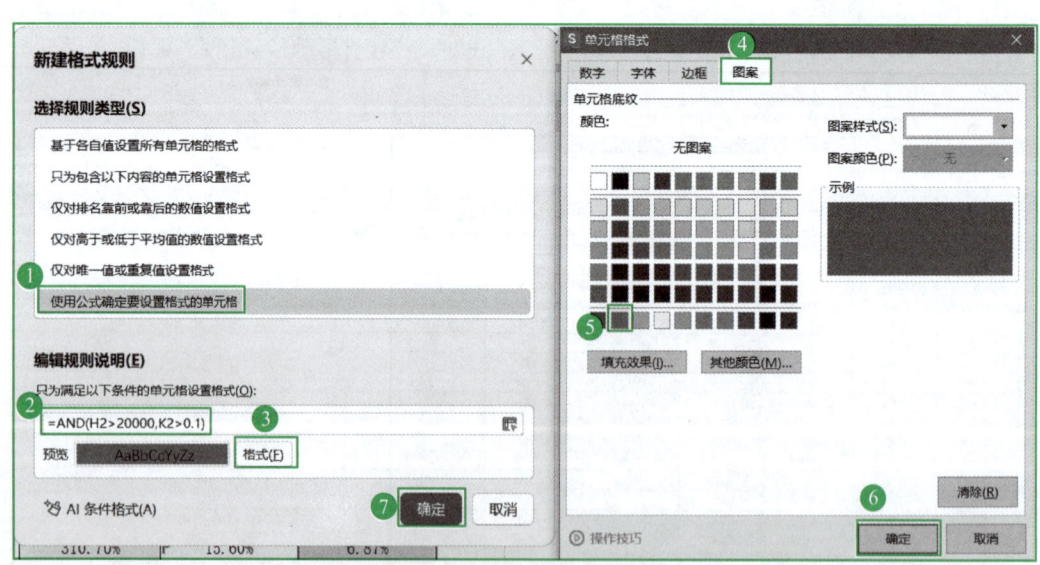

图 3-41　使用公式设置单元格格式

 自主探究

思考如何将设定的条件格式清除。

3.3.2　数据对比

数据对比是 WPS 表格中用于快速标记或提取重复数据与唯一数据的工具集，其核心功能包括标记重复数据、提取重复数据、标记唯一数据、提取唯一数据。打开"我国新能源汽车销售排行榜 .xlsx"工作簿中的"2024 年第一季度我国新能源汽车销售排行榜"工作表，进行数据对比与检查，具体要求如下：

① 将"2024 年第一季度我国新能源汽车销售排行榜"工作表中，将内容完全相同的行用橙色标记出来。

② 将"2024 年第一季度我国新能源汽车销售排行榜"工作表中内容完全相同的行提取出来，并标记重复次数。

③ 将"2024 年第一季度我国新能源汽车销售排行榜"工作表中的唯一数据提取到新工作表，重复数据保留一条。

➤ **知识技能点**
- 标记重复数据
- 提取重复数据
- 提取唯一数据

➤ **任务实施**

（1）标记重复数据

1）选中 A1：K37 单元格区域，单击"数据"→"数据对比"下拉按钮，在弹出的下拉列表中选择"标记重复数据"命令，如图 3-42 所示，打开"标记重复数据"对话框。

2）在"标记重复数据"对话框中，在左侧选择"单区域"选项卡，在"对比方式"下拉列表中选择"整行对比"，取消选中"序号（A 列）"复选框，其他列保持选中状态，"标记颜色"选择"橙色"，再单击"确认标记"按钮，如图 3-43 所示。这时所有重复录入的数据被标记成橙色底纹，效果如图 3-44 所示。

（2）提取重复数据

1）选中 A1：K37 单元格区域，单击"数据"→"数据对比"下拉按钮，在弹出的下拉列表中选择"提取重复数据"命令，打开"提取重复数据"对话框。

2）在"提取重复数据"对话框中，在左侧选择"单区域"选项卡，在"对比方式"下拉列表中选择"整行对比"，取消选中"序号（A 列）"复选框，其他列保持选中状态。选中"数据包含标题"和"显示重复次数"复选框，单击"提取到新工作表"按钮，如图 3-45 所示。完成效果如图 3-46 所示。将工作表命名为"重复数据"。

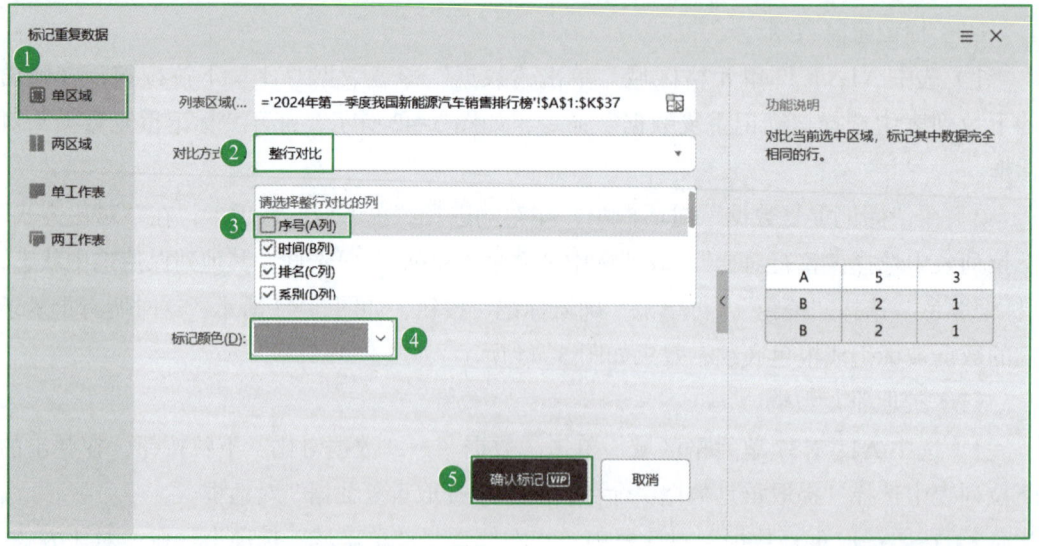

图 3-42　打开"标记重复数据"对话框

图 3-43　在"标记重复数据"对话框中进行设置

	A	B	C	D	E	F	G	H	I	J	K
1	序号	时间	排名	系别	厂商	品牌	车型	销量	同比	环比	细分市场份额
2	1	2024年1月	1	中系	企业B	品牌B	车型B-2	43546	173.3% ↗	-36.9% ↘	0.0651
3	2	2024年1月	2	中系	企业A	品牌A	车型A-1	18044	-39.1% ↘	-46.0% ↘	0.4846
4	3	2024年1月	3	中系	企业B	品牌B	车型B-4	17289	77.7% ↗	-33.5% ↘	0.1941
5	4	2024年1月	4	美系	企业C	品牌C	车型C-1	14378	-12.8% ↘	-50.8% ↘	0.0465
6	5	2024年1月	5	中系	企业B	品牌B	车型B-7	13077	435800.0% ↗	-42.1% ↘	0.0196
7	6	2024年1月	6	美系	企业C	品牌C	车型C-2	12829	312.0% ↗	3.1% ↗	0.0415
8	7	2024年1月	7	中系	企业B	品牌B	车型B-3	11288	-2.4% ↘	-51.0% ↘	0.0669
9	8	2024年1月	8	中系	企业B	品牌B	车型B-1	11149	-41.2% ↘	-70.2% ↘	0.0167
10	9	2024年1月	9	中系	企业B	品牌B	车型B-5	8871	3.8% ↗	-48.1% ↘	0.0287
11	10	2024年1月	9	中系	企业B	品牌B	车型B-5	8871	3.8% ↗	-48.1% ↘	0.0287
12	11	2024年1月	10	中系	企业D	品牌D	车型D-3	8035	-	-24.3% ↘	0.3918
13	12	2024年1月	10	中系	企业D	品牌D	车型D-3	8035	-	-24.3% ↘	0.3918
14	13	2024年1月	1	中系	企业B	品牌B	车型B-2	43546	173.3% ↗	-36.9% ↘	0.0651
15	14	2024年1月	2	中系	企业A	品牌A	车型A-1	18044	-39.1% ↘	-46.0% ↘	0.4846
16	15	2024年2月	1	中系	企业B	品牌B	车型B-2	35239	82.1% ↗	-19.1% ↘	0.0567
17	16	2024年2月	2	中系	企业A	品牌A	车型A-1	30229	8.6% ↗	67.5% ↗	0.4608
18	17	2024年2月	3	中系	企业B	品牌B	车型B-2	29181	48.0% ↗	161.7% ↗	0.047
19	18	2024年2月	4	美系	企业C	品牌C	车型C-1	25789	35.2% ↗	79.4% ↗	0.0804
20	19	2024年2月	5	中系	企业B	品牌B	车型B-7	20783	884.5% ↗	58.9% ↗	0.0334
21	20	2024年2月	6	中系	企业B	品牌B	车型B-4	19538	216.0% ↗	13.0% ↗	0.2128
22	21	2024年2月	7	中系	企业G	品牌G	车型G-1	13916	339.0% ↗	279.8% ↗	0.0224
23	22	2024年2月	8	中系	企业G	品牌G	车型G-2	13735	327.6% ↗	291.8% ↗	0.0221
24	23	2024年2月	9	中系	企业F	品牌F	车型F-2	11140	-	61.9% ↗	0.1698
25	24	2024年2月	10	中系	企业B	品牌B	车型B-3	10899	72.4% ↗	-3.4% ↘	0.0653
26	25	2024年3月	1	美系	企业C	品牌C	车型C-1	54279	37.9% ↗	110.5% ↗	0.1182
27	26	2024年3月	2	中系	企业B	品牌B	车型B-1	49408	91.5% ↗	69.3% ↗	0.0634
28	27	2024年3月	3	中系	企业B	品牌B	车型B-2	39606	41.4% ↗	12.4% ↗	0.0508
29	28	2024年3月	4	中系	企业B	品牌B	车型B-7	25172	238.4% ↗	21.1% ↗	0.0323

图 3-44 标记重复数据效果

图 3-45 在"提取重复数据"对话框中进行设置

	A	B	C	D	E	F	G	H	I	J	K	L
1	序号	时间	排名	系别	厂商	品牌	车型	销量	同比	环比	细分市场份额	重复次数
2	1	2024年1月	1	中系	企业B	品牌B	车型B-2	43546	173.3% ↗	-36.9% ↘	0.0651	2
3	2	2024年1月	2	中系	企业A	品牌A	车型A-1	18044	-39.1% ↘	-46.0% ↘	0.4846	2
4	7	2024年1月	7	中系	企业B	品牌B	车型B-3	11288	-2.4% ↘	-51.0% ↘	0.0669	2
5	9	2024年1月	9	中系	企业B	品牌B	车型B-5	8871	3.8% ↗	-48.1% ↘	0.0287	2
6	11	2024年1月	10	中系	企业D	品牌D	车型D-3	8035	-	-24.3% ↘	0.3918	2
7	26	2024年3月	2	中系	企业B	品牌B	车型B-1	49408	91.5% ↗	69.3% ↗	0.0634	2

图 3-46 提取重复数据效果

（3）提取唯一数据

1）选中 A1：K37 单元格区域，单击"数据"→"数据对比"下拉按钮，在弹出的下拉列表中选择"提取唯一数据"命令，打开"提取唯一数据"对话框。

2）在"提取唯一数据"对话框中，在左侧选择"单区域"选项卡，在"对比方式"下拉列表中选择"整行对比"并取消选中"序号（A列）"复选框，其他列保持选中状态。在"提取方式"栏选中"重复数据保留一条"单选按钮，单击"提取到新工作表"按钮，如图 3-47 所示。完成效果如图 3-48 所示。将工作表命名为"唯一数据"。

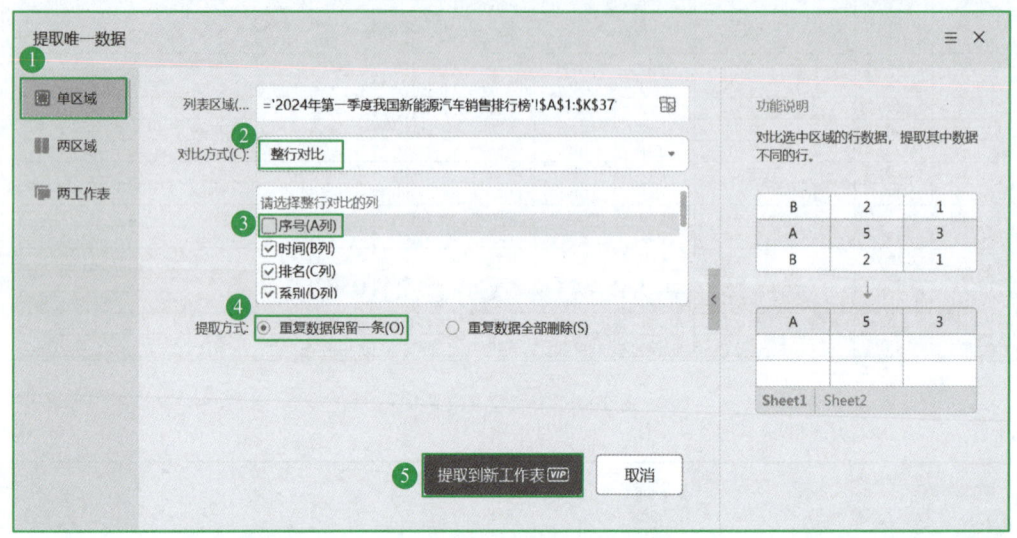

图 3-47　在"提取唯一数据"对话框中进行设置

	A	B	C	D	E	F	G	H	I	J	K
1	序号	时间	排名	系别	厂商	品牌	车型	销量	同比	环比	细分市场份额
2	1	2024年1月	1	中系	企业B	品牌B	车型B-2	43546	173.3%↗	-36.9%↘	0.0651
3	2	2024年1月	2	中系	企业A	品牌A	车型A-1	18044	-39.1%↘	-46.0%↘	0.4846
4	3	2024年1月	3	中系	企业B	品牌B	车型B-4	17289	77.7%↗	-33.5%↘	0.1941
5	4	2024年1月	4	美系	企业C	品牌C	车型C-1	14378	-12.8%↘	-50.8%↘	0.0465
6	5	2024年1月	5	中系	企业B	品牌B	车型B-7	13077	435800.0%↗	-42.1%↘	0.0196
7	6	2024年1月	6	美系	企业C	品牌C	车型C-2	12829	312.0%↗	3.1%↗	0.0415
8	7	2024年1月	7	中系	企业B	品牌B	车型B-3	11288	-2.4%↘	-51.0%↘	0.0669
9	8	2024年1月	8	中系	企业B	品牌B	车型B-1	11149	-41.2%↘	-70.2%↘	0.0167
10	9	2024年1月	9	中系	企业B	品牌B	车型B-5	8871	3.8%↗	-48.1%↘	0.0287
11	11	2024年1月	10	中系	企业D	品牌D	车型D-3	8035		-24.3%↘	0.3918
12	15	2024年2月	1	中系	企业B	品牌B	车型B-2	35239	82.1%↗	-19.1%↘	0.0567
13	16	2024年2月	2	中系	企业A	品牌A	车型A-1	30229	8.6%↗	67.5%↗	0.4608
14	17	2024年2月	3	中系	企业B	品牌B	车型B-4	29181	48.0%↗	161.7%↗	0.047
15	18	2024年2月	4	美系	企业C	品牌C	车型C-1	25789	35.2%↗	79.4%↗	0.0804
16	19	2024年2月	5	中系	企业B	品牌B	车型B-7	20783	884.5%↗	58.9%↗	0.0334
17	20	2024年2月	6	中系	企业B	品牌B	车型B-4	19538	216.0%↗	13.0%↗	0.2128
18	21	2024年2月	7	中系	企业G	品牌G	车型G-1	13916	339.0%↗	279.8%↗	0.0224
19	22	2024年2月	8	中系	企业G	品牌G	车型G-2	13735	327.6%↗	291.8%↗	0.0221
20	23	2024年2月	9	中系	企业F	品牌F	车型F-2	11140	-	61.9%↗	0.1698
21	24	2024年2月	10	中系	企业B	品牌B	车型B-3	10899	72.4%↗	-3.4%↘	0.0653
22	25	2024年3月	1	美系	企业C	品牌C	车型C-1	54279	37.9%↗	110.5%↗	0.1182
23	26	2024年3月	2	中系	企业B	品牌B	车型B-1	49408	91.5%↗	69.3%↗	0.0634
24	27	2024年3月	3	中系	企业B	品牌B	车型B-2	39606	41.4%↗	12.4%↗	0.0508
25	28	2024年3月	4	中系	企业B	品牌B	车型B-7	25172	238.4%↗	21.1%↗	0.0323
26	29	2024年3月	5	中系	企业B	品牌B	车型B-4	24793	143.0%↗	26.9%↗	0.2109
27	30	2024年3月	6	中系	企业G	品牌G	车型G-1	24305	215.0%↗	74.7%↗	0.0312
28	31	2024年3月	7	中系	企业A	品牌A	车型A-1	23277	-45.3%↘	-23.0%↘	0.4243
29	32	2024年3月	8	美系	企业C	品牌C	车型C-2	21449	-16.6%↘	159.2%↗	0.0467
30	33	2024年3月	9	中系	企业G	品牌G	车型G-2	17140	129.4%↗	24.8%↗	0.022
31	34	2024年3月	10	中系	企业B	品牌B	车型B-3	13703	10.0%↗	25.7%↗	0.0635

图 3-48　提取唯一数据效果

自主探究

思考如何标记唯一数据，如何跨工作表进行数据对比。

3.3.3　数据高级筛选

通过 WPS 表格中的"高级筛选"功能可从大量数据中精确筛选出符合特定条件的数据子集。与自动筛选相比，高级筛选支持多字段组合条件（如"与""或"逻辑）、自定义公式条件，适用于多维度、多规则的数据分析。用户可通过设定条件区域，灵活定义筛选规则，并将结果直接导出至指定位置，同时保持原始数据不变。

微课 3-7
数据高级筛选

本任务通过使用数据高级筛选功能，从"我国新能源汽车销售排行榜"工作表中筛选出符合以下条件的数据，并将结果复制到"中系车销售高级筛选"工作表指定区域中，具体要求如下：

① 筛选出月销售量排名为第一且月销售量大于 40000 辆的中系车的销售数据，并将结果复制到"中系车销售高级筛选"工作表中。完成后效果如图 3-49 所示。

	A	B	C	D	E	F	G	H	I	J	K
1	排名	系别	销量								
2	1	中系	>40000								
3											
4											
5	序号	时间	排名	系别	厂商	品牌	车型	销量	同比	环比	细分市场份额
6	21	2023年3月	1	中系	企业A	品牌A	车型A-1	42547	41.80%	52.80%	40.25%
7	91	2023年10月	1	中系	企业A	品牌A	车型A-1	40375	-15.50%	9.50%	44.14%
8	101	2023年11月	1	中系	企业B	品牌B	车型B-2	53490	204.10%	35.30%	6.78%
9	111	2023年12月	1	中系	企业B	品牌B	车型B-2	69013	213.50%	29.00%	5.09%
10	121	2024年1月	1	中系	企业B	品牌B	车型B-2	43546	173.30%	-36.90%	6.51%
11	151	2024年4月	1	中系	企业B	品牌B	车型B-1	46622	124.40%	-5.60%	6.05%
12	161	2024年5月	1	中系	企业B	品牌B	车型B-1	48723	121.90%	4.50%	5.74%

图 3-49　排名第一且月销售量大于 40000 辆的中系车的销售数据高级筛选完成效果

② 筛选出月销售量排名为第一或月销售量大于 40000 辆的中系车的销售数据，并将结果复制到"中系车销售高级筛选"工作表。完成后效果如图 3-50 所示。

③ 筛选出销量高于平均值的中系车的销售数据，并将结果复制到"中系车销售高级筛选"工作表。完成后效果如图 3-51 所示。

	L	M	N	O	P	Q	R	S	T	U	V	W
1		排名	系别	销量								
2		1	中系									
3			中系	>40000								
4												
5		序号	时间	排名	系别	厂商	品牌	车型	销量	同比	环比	细分市场份额
6		1	2023年1月	1	中系	企业A	品牌A	车型A-1	29619	14.50%	-35.50%	37.17%
7		11	2023年2月	1	中系	企业A	品牌A	车型A-1	27839	53.30%	-6.00%	42.68%
8		21	2023年3月	1	中系	企业A	品牌A	车型A-1	42547	41.80%	52.80%	40.25%
9		31	2023年4月	1	中系	企业A	品牌A	车型A-1	25269	-3.50%	-40.60%	40.86%
10		41	2023年5月	1	中系	企业A	品牌A	车型A-1	29555	4.80%	17.00%	37.79%
11		52	2023年6月	2	中系	企业A	品牌A	车型A-1	41496	45.10%	40.40%	43.51%
12		61	2023年7月	1	中系	企业A	品牌A	车型A-1	37049	22.80%	-10.70%	42.48%
13		71	2023年8月	1	中系	企业B	品牌B	车型B-2	38996	394.40%	14.70%	4.02%
14		82	2023年9月	2	中系	企业B	品牌B	车型B-2	42496	239.60%	9.00%	4.64%
15		91	2023年10月	1	中系	企业A	品牌A	车型A-1	40375	-15.50%	9.50%	44.14%
16		101	2023年11月	1	中系	企业B	品牌B	车型B-2	53490	204.10%	35.30%	6.78%
17		111	2023年12月	1	中系	企业B	品牌B	车型B-2	69013	213.50%	29.00%	5.09%
18		121	2024年1月	1	中系	企业B	品牌B	车型B-2	43546	173.30%	-36.90%	6.51%
19		131	2024年2月	1	中系	企业B	品牌B	车型B-2	35239	82.10%	-19.10%	5.67%
20		142	2024年3月	2	中系	企业B	品牌B	车型B-1	49408	91.50%	69.30%	6.34%
21		151	2024年4月	1	中系	企业B	品牌B	车型B-1	46622	124.40%	-5.60%	6.05%
22		161	2024年5月	1	中系	企业B	品牌B	车型B-1	48723	121.90%	4.50%	5.74%
23		172	2024年6月	2	中系	企业B	品牌B	车型B-2	47966	50.60%	22.50%	5.16%
24		173	2024年6月	3	中系	企业B	品牌B	车型B-1	44056	64.20%	-9.60%	4.74%

图 3-50　排名第一或月销售量大于 40000 辆的中系车的销售数据高级筛选完成效果

Z2　=我国新能源汽车销售排行榜!H2>AVERAGE(我国新能源汽车销售排行榜!H2:H181)

	Y	Z	AA	AB	AC	AD	AE	AF	AG	AH	AI	AJ	AK
1	系别												
2	中系	TRUE											
3													
4													
5	序号	时间	排名	系别	厂商	品牌	车型	销量	同比	环比	细分市场份额		
6	1	2023年1月	1	中系	企业A	品牌A	车型A-1	29619	14.50%	-35.50%	37.17%		
7	11	2023年2月	1	中系	企业A	品牌A	车型A-1	27839	53.30%	-6.00%	42.68%		
8	21	2023年3月	1	中系	企业A	品牌A	车型A-1	42547	41.80%	52.80%	40.25%		
9	23	2023年3月	3	中系	企业B	品牌B	车型B-2	28016	3845.90%	44.80%	4.04%		
10	24	2023年3月	4	中系	企业B	品牌B	车型B-1	25795	622.30%	30.80%	3.72%		
11	31	2023年4月	1	中系	企业A	品牌A	车型A-1	25269	-3.50%	-40.60%	40.86%		
12	41	2023年5月	1	中系	企业A	品牌A	车型A-1	29555	4.80%	17.00%	37.79%		
13	42	2023年5月	2	中系	企业B	品牌B	车型B-2	26907	629.80%	20.10%	4.01%		
14	52	2023年6月	2	中系	企业A	品牌A	车型A-1	41496	45.10%	40.40%	43.51%		
15	53	2023年6月	3	中系	企业B	品牌B	车型B-2	31854	550.60%	18.40%	3.37%		
16	54	2023年6月	4	中系	企业B	品牌B	车型B-1	26838	123.10%	22.20%	2.84%		
17	55	2023年6月	5	中系	企业B	品牌B	车型B-3	26646	155.30%	58.30%	12.89%		
18	61	2023年7月	1	中系	企业A	品牌A	车型A-1	37049	22.80%	-10.70%	42.48%		
19	62	2023年7月	2	中系	企业B	品牌B	车型B-2	34007	314.90%	6.80%	3.72%		
20	63	2023年7月	3	中系	企业B	品牌B	车型B-1	29687	114.90%	10.60%	3.25%		

图 3-51　销量高于平均值的中系销售数据高级筛选完成效果

➤ **知识技能点**

　　● 高级筛选

➤ **任务实施**

　　（1）筛选出月销售量排名为第一且月销售量大于 40000 辆的中系系列的销售数据

　　1）打开"中系车销售高级筛选"工作表，根据任务要求在 A1：C2 单元格区域输入筛选条件，如图 3-52 所示。注意，筛选条件区域的字段名必须与原始数据的标题行完全一致，可直接输入文本内容（如"排名"），也可使用相对引用（如"= 我国新能源汽车销售排行榜!C1"），以实现动态匹配。在同一行输入多个条件，则表示这些条件需同时满足，即条件之间的逻辑关系为"与"关系。

	A	B	C
1	排名	系列	销量
2	1	中系	>40000

图 3-52　筛选条件

　　2）选中"我国新能源汽车销售排行榜"工作表 A1：K181 单元格区域，单击"开始"→"筛选"下拉按钮，在弹出的下拉列表中选择"高级筛选"命令，打开"高级筛选"对话框。

　　3）在"高级筛选"对话框中，如图 3-53 所示，"方式"选择"将筛选结果复制到其他位置"；"列表区域"已选择"我国新能源汽车销售排行榜!$A$1：$K$181"；"条件区域"选择"中系车销售高级筛选!$A$1：$C$2"；"复制到"选择"中系车销售高级筛选"工作表 A5；选中"扩展结果区域，可能覆盖原有数据"复选框后单击"确定"按钮，完成筛选。完成效果如图 3-49 所示。

　　（2）筛选出月销售量排名为第一或月销售量大于 40 000 辆的中系系列的销售数据

　　1）打开"中系车销售高级筛选"工作表，根据任务要求输入筛选条件，在不同行输入条件，表示条件之间的逻辑关系为"或"关系。如图 3-54 所示，表示排名为"1"同时"系别"为"中系"，或者"系别"为"中系"同时"销量"大于 40 000 的筛选条件。

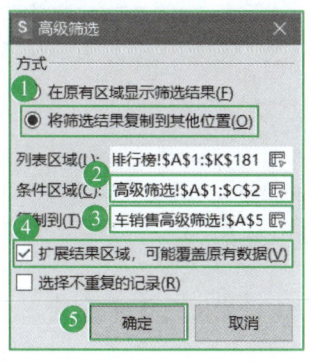

图 3-53　"高级筛选"对话框 1

排名	系别	销量
1	中系	
	中系	>40000

图 3-54　"高级筛选"的"或"筛选条件

　　2）选择"我国新能源汽车销售排行榜"工作表 A1：K181 单元格区域，单击"开始"→"筛选"下拉按钮，在弹出的下拉列表中选择"高级筛选"命令，打开"高级筛选"对话框。

3）在"高级筛选"对话框中，如图 3-55 所示，"方式"选择"将筛选结果复制到其他位置"；"列表区域"已选择"我国新能源汽车销售排行榜 !$A$1：$K$181"；"条件区域"选择"中系车销售高级筛选 !$M$1：$O$3"；"复制到"选择"中系车销售高级筛选"工作表的 M5；选中"扩展结果区域，可能覆盖原有数据"复选框后单击"确定"按钮，完成筛选。完成效果如图 3-50 所示。

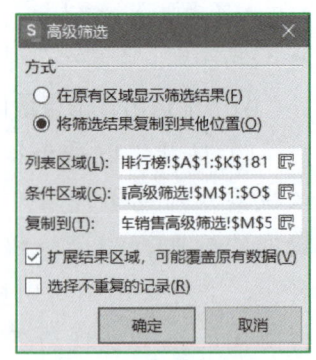

图 3-55　"高级筛选"对话框 2

（3）筛选出销量高于平均值的中系系别的销售数据

1）打开"中系车销售高级筛选"工作表，根据任务要求输入筛选条件，"系别"输入"中系"；在中系右边单元格输入表达式"= 我国新能源汽车销售排行榜 !H2>AVERAGE（我国新能源汽车销售排行榜 !H2：H181）"，H2 是销量所在的列，该表达式是判断工作表"我国新能源汽车销售排行榜"中 H2 的单元格值是否大于 H2 到 H181 的数值平均值。如果该值大于平均值，表达式返回 TRUE；否则，返回 FALSE。当表达式返回 TRUE 时，高级筛选则筛选出相应的记录。

2）选中"我国新能源汽车销售排行榜"工作表 A1：K181 单元格区域，单击"开始"→"筛选"下拉按钮，在弹出的下拉列表中选择"高级筛选"命令，打开"高级筛选"对话框。

3）在"高级筛选"对话框中，如图 3-56 所示，"方式"选择"将筛选结果复制到其他位置"；"列表区域"已选择"我国新能源汽车销售排行榜 !$A$1：$K$181"；"条件区域"选择"中系车销售高级筛选 !$Y$1：$Z$2"；"复制到"选择"中系车销售高级筛选"工作表的 Y5；选中"扩展结果区域，可能覆盖原有数据"复选框后单击"确定"按钮，完成筛选。完成效果如图 3-51 所示。

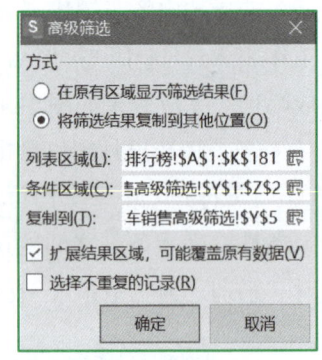

图 3-56　"高级筛选"对话框 3

 知识窗

高级筛选的"选择不重复记录"功能

高级筛选的"选择不重复记录"功能可以帮助用户从数据列表中筛选出唯一的记录，该功能在处理大量数据时非常实用，可以确保每条记录都是唯一的，避免重复数据对分析结果的影响，是数据清洗与整合的重要工具。

高级筛选的"选择不重复记录"功能可以通过指定字段组合（如姓名 + 手机号、订单号 + 商品 ID 等）识别并提取唯一值，从而解决自动筛选无法直接处理的多列联合去重问题。

例如，某企业从多个销售渠道汇总客户信息时，因系统对接或人工录入问题，导致同一客户（如姓名与手机号相同）在不同渠道重复记录。通过高级筛选的"选择不重复记录"功能，列表区域选择"客户＋联系电话"所在数据区域，可快速生成无重复的客户名单，效果如图 3-57 所示。对话框设置如图 3-58 所示。

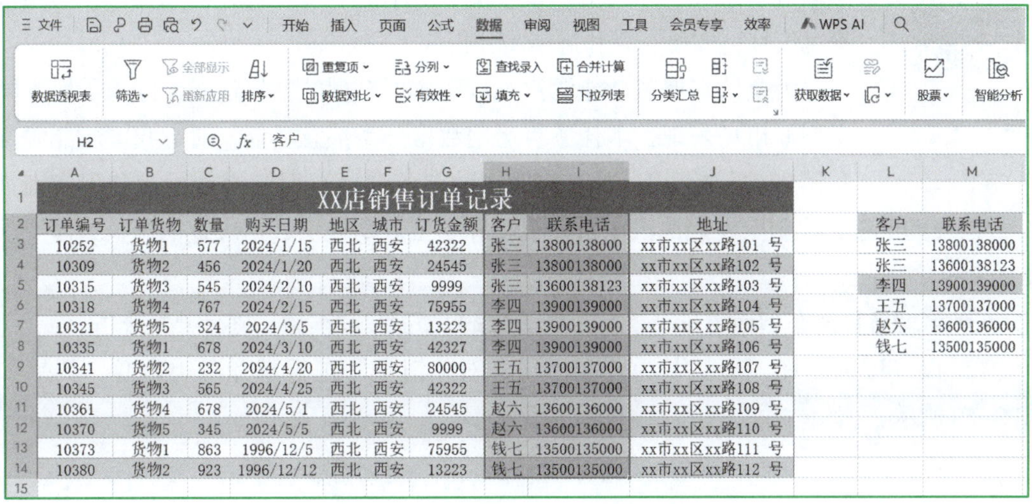

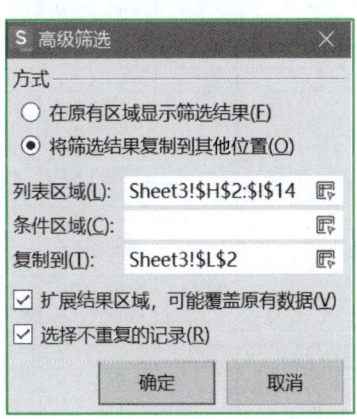

图 3-57 "选择不重复记录"效果

图 3-58 "选择不重复的记录"复选框

再如某连锁超市需将各分店的商品库存表合并为总表，但不同分店可能因录入误差导致同一商品（商品编码相同）的库存数据重复。通过高级筛选提取唯一商品编码，可生成标准化库存总表。

 **自主探究**

通过高级筛选，可以灵活定义空值（=""）或非空（<>""）的条件，结合多列组合、通配符或公式实现复杂筛选。请尝试筛选空值或非空值记录。

3.3.4　数据分类汇总

在数据分析过程中，用户常需要对数据进行分类整理与汇总统计。WPS表格中的

"数据分类汇总"功能，能依据分类字段将数据按层级分组，并针对数据字段进行求和、平均值、最大值、最小值等多种统计汇总操作，增强数据可读性，方便查看和进一步分析。

为全面掌握各新能源汽车厂商旗下车型的销售情况，深入了解不同车型的市场表现，本任务将运用数据分类汇总功能，对"我国新能源汽车销售排行榜.xlsx"工作簿中的"各厂商车型销售排行榜"工作表进行数据分类汇总，为制定新能源汽车营销策略和车型规划提供数据决策依据，具体要求如下：

微课 3-8
数据分类汇总

① 将"各厂商车型销售排行榜"工作表中的"厂商""车型"进行升序排序。

② 以"厂商"和"车型"为分类字段，对"销量"进行求和分类汇总，效果如图 3-59 所示。

	序号	时间	排名	系列	厂商	品牌	车型	销量	同比	环比	细分市场份额
19							车型A-1 汇总	517023			
22							车型A-2 汇总	28790			
23					企业A 汇总			545813			
42							车型B-1 汇总	560089			
61							车型B-2 汇总	658335			
80							车型B-3 汇总	318148			
97							车型B-4 汇总	310037			
106							车型B-5 汇总	95398			
108							车型B-6 汇总	7222			
124							车型B-7 汇总	268533			
126							车型B-8 汇总	16599			
127					企业B 汇总			2234361			
143							车型C-1 汇总	505232			
150							车型C-2 汇总	138802			
151					企业C 汇总			644034			
154							车型D-1 汇总	20795			
159							车型D-2 汇总	46114			
161							车型D-3 汇总	8035			
162					企业D 汇总			74944			
167							车型E-1 汇总	31514			
172							车型E-2 汇总	32346			
173					企业E 汇总			63860			
178							车型F-1 汇总	37934			
185							车型F-2 汇总	69240			
186					企业F 汇总			107174			
196							车型G-1 汇总	136102			
203							车型G-2 汇总	87475			
204					企业G 汇总			223577			
206							车型H-1 汇总	5991			
207					企业H 汇总			5991			
209							车型I-1 汇总	6896			
210					企业I 汇总			6896			
213							车型J-1 汇总	20453			
214					企业J 汇总			20453			
216							车型K-1 汇总	14464			
217					企业K 汇总			14464			
218					总计			3941567			

图 3-59　数据分类汇总完成效果

> **知识技能点**
  - 自定义排序
  - 数据分类汇总

 知识窗

数据分类汇总

　　"分类汇总"可以将工作表数据按指定字段和项目进行自动汇总计算并插入小计和合计。分类汇总的结果将"分级显示",即以类似目录树的结构显示不同层次级别的数据,可以展开某个级别以查看明细数据,也可以收缩某个级别只查看该级别的汇总数据。
　　在进行数据分类汇总之前,需要先对数据进行排序,以便将相同的内容排列在一起。

> **任务实施**

　　(1) 对"厂商""车型"进行升序排序

　　1) 打开"各厂商车型销售排行榜"工作表,选中工作表数据区域,单击"开始"→"排序"下拉按钮,在弹出的下拉列表中选择"自定义排序"命令,打开"排序"对话框。

　　2) 在"排序"对话框中,如图 3-60 所示,"主要关键字"选择"厂商","排序依据"选择"数值","次序"选择"升序";单击"添加条件"按钮,"次要关键字"选择"车型","排序依据"选择"数值","次序"选择"升序";单击"确定"按钮。

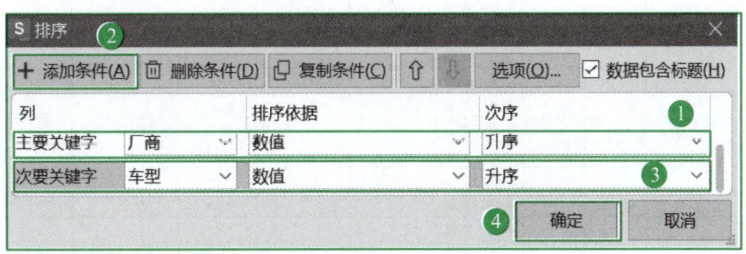

图 3-60　在"自定义排序"对话框中进行设置

　　(2) 以"厂商"为分类字段,对"销量"进行求和分类汇总。

　　1) 选中工作表数据区域,单击"数据"→"分类汇总"按钮,打开"分类汇总"对话框。

　　2) 在"分类汇总"对话框中,"分类字段"选择"厂商","汇总方式"选择"求和","选定汇总项"选择"销量",同时选中"汇总结果显示在数据下方"复选框,单击"确定"按钮,如图 3-61 所示。

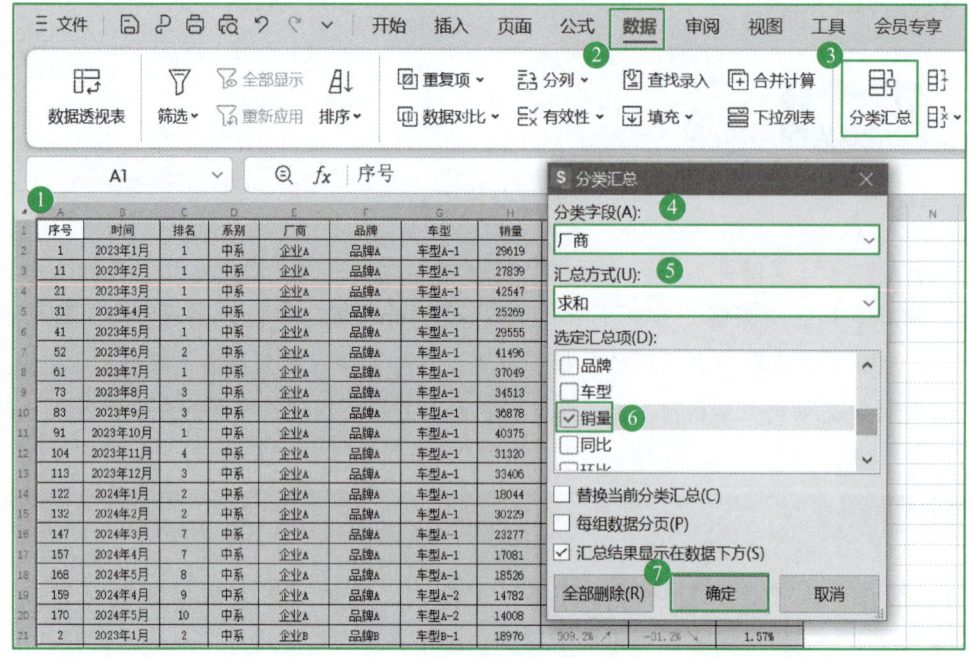

图 3-61　在"分类汇总"对话框中进行设置

3）单击列标左边的"分级显示"按钮，可以查看汇总的效果，如图 3-62 所示。

	序号	时间	排名	系别	厂商	品牌	车型	销量	同比	环比	细分市场份额
21					企业A 汇总			545813			
117					企业B 汇总			2234361			
139					企业C 汇总			644034			
147					企业D 汇总			74944			
156					企业E 汇总			63860			
167					企业F 汇总			107174			
183					企业G 汇总			223577			
185					企业H 汇总			5991			
187					企业I 汇总			6896			
190					企业J 汇总			20453			
192					企业K 汇总			14464			
193					总计			3941567			

图 3-62　"分级显示"效果

（3）以"车型"为分类字段，对"销量"进行求和汇总

1）选中工作表数据区域，单击"数据"→"分类汇总"按钮，打开"分类汇总"对话框。

2）在"分类汇总"对话框中，"分类字段"选择"车型"，"汇总方式"选择"求和"，"选定汇总项"选择"销量"，取消选中"替换当前分类汇总"复选框，单击"确定"按钮，如图 3-63 所示。

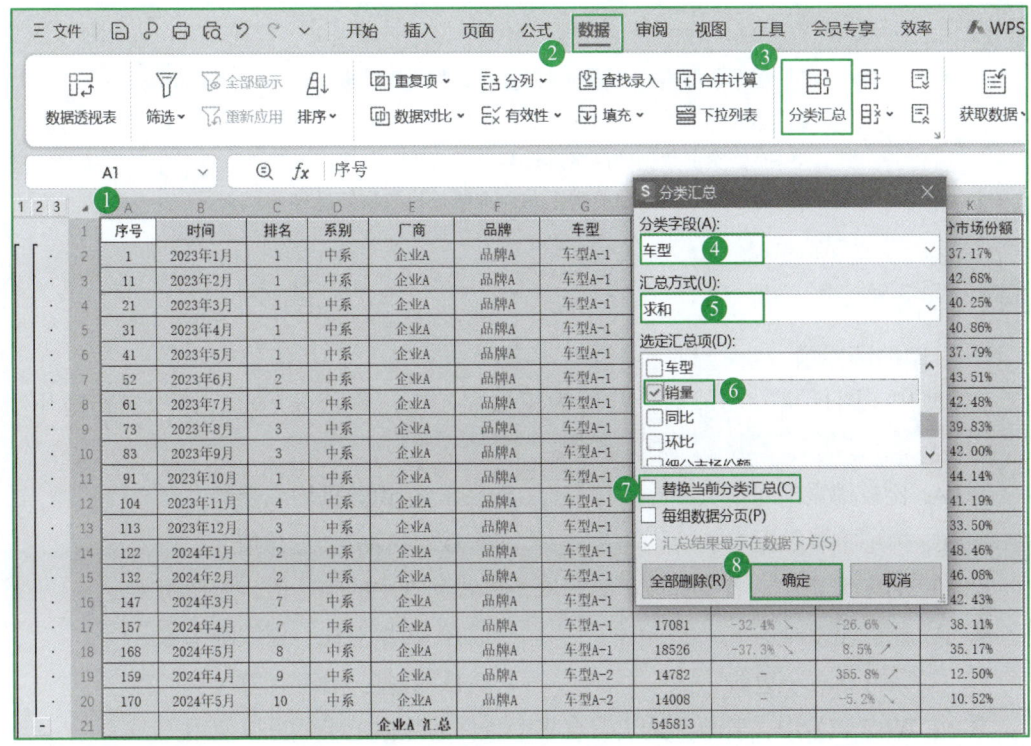

图 3-63　在"分类汇总"对话框对多字段进行设置

单击列标左边的"分级显示"按钮，可以查看汇总的效果，如图 3-59 所示。

自主探究

在"分类汇总"对话框中，思考"每组数据分页"选项的作用。

职场透视

在职场中，数据标识与筛选汇总是数据处理与分析的核心环节。数据标识通过条件格式等可视化手段实现数据的直观呈现，帮助快速定位异常值与关键信息；筛选汇总可根据复杂条件精确筛选和整理数据，为决策提供可靠依据。掌握这些技能可显著提升数据处理效率与质量，为企业决策提供精准的数据支持。同时，严谨的工作态度与团队协作精神也是职场人员必备的职业素养。在数字化转型背景下，从业者需不断提升数据处理和分析能力，积极响应"加快发展数字经济"的战略要求，为行业数字化升级提供技术支撑。

职业技能要求

职业技能要求见表 3-6。

表 3-6   任务 3.3 对应 WPS 办公应用职业技能等级要求（高级）

工作任务	职业技能要求
数据处理技巧	① 掌握条件格式设置的进阶操作，如设置数据条、色阶、图标集。 ② 掌握数据对比的操作方法，如标记、提取重复数据和标记、提取唯一数据。 ③ 能够实现数据的高级筛选。 ④ 能够对数据创建分类汇总，方便查找数据信息

🔍 任务测试

一、单项选择题

1. 使用"图标集"功能时，若值为正数显示↑，负值显示↓，该项操作适用于（   ）。

    A. 比较销量绝对值大小　　　　　　B. 标识数据增减趋势

    C. 标记重复数据　　　　　　　　　D. 计算分类汇总值

2. 在 WPS 表格中，若要提取"客户联系方式"列中的唯一值，应使用（   ）。

    A. 删除重复项　　　　　　　　　　B. 数据对比→提取唯一值

    C. 条件格式→色阶　　　　　　　　D. 数据→合并计算

3. 在 WPS 表格中，若要筛选出符合多个条件的数据记录，可以使用（   ）。

    A. 自动筛选　　　　　　　　　　　B. 高级筛选

    C. 分类汇总　　　　　　　　　　　D. 数据透视表

4. 关于分类汇总操作，以下说法正确的是（   ）。

    A. 分类汇总前无须对数据排序

    B. 分类汇总结果只能显示在原数据区域

    C. 可同时按多个字段进行嵌套分类汇总

    D. 分类汇总不支持计算平均值

5. 在 WPS 表格中，若要对数据进行多字段的分类汇总，正确的操作顺序是（   ）。

    A. 先按主要字段排序，再按次要字段排序，然后进行分类汇总

    B. 直接进行分类汇总，无须排序

    C. 只需按主要字段排序，然后进行分类汇总

    D. 只需按次要字段排序，然后进行分类汇总

二、多项选择题

1. 在条件格式中，以下功能与数据可视化直接相关的包括（   ）。

    A. 数据条　　　　　　　　　　　　B. 色阶

    C. 图标集　　　　　　　　　　　　D. 删除重复项

2. 以下关于高级筛选的表述，正确的包括（   ）。

    A. 条件区域的字段名必须与数据区域的标题行一致

    B. 支持将筛选结果复制到其他工作表

C. 同一行输入多个条件表示"或"关系

D. 可使用公式定义动态筛选条件

3. 数据分类汇总的必备操作步骤包括（　　　）。

A. 对分类字段进行排序

B. 使用数据透视表

C. 选中"替换当前分类汇总"复选框

D. 设置汇总方式（如求和、计数）

三、实操题

为贯彻落实党的二十大报告中关于全面推进乡村振兴的战略部署，某县农业农村局需对 2024 年各乡镇农产品销售数据进行分析，以优化资源配置、提升农产品的市场竞争力，请打开"农产品销售数据表 .xlsx"，完成以下任务。

操作要求：

（1）打开"数据标识"工作表，对"销量"列进行数据条设置，填充方式为"渐变填充""绿色数据条"。对"同比增长率"列中同比增长率大于 15% 且销量大于 100 万元的单元格设置底纹为红色。

（2）打开"高级筛选"工作表，使用"高级筛选"功能，筛选出"销售额（万元）"大于 100 或"同比增长率"大于 15% 的水果，并将结果复制到新工作表"高增长的水果"。

（3）打开"分类汇总"工作表，对"农产品类别"和"所属乡镇"进行升序排序，并以"农产品类别"和"所属乡镇"为分类字段，对"销售额（万元）"进行求和分类汇总，计算各乡镇各类农产品的总销售额。

🔍 任务验收

任务验收评价见表 3-7，可对本节任务的学习情况进行评价。

表 3-7　任务 3.3 验收评价表

任务评价指标				
序号	内容	自评	互评	教师评价
1	掌握条件格式设置的进阶操作方法，并能根据实际需求灵活应用等功能，提升数据可视化效果，培养数据可视化思维			
2	掌握数据对比的操作方法，如标记、提取重复数据和唯一数据，并能准确应用于数据清洗和整理，确保数据的准确性和完整性，培养严谨细致的工作态度			

续表

序号	内容	自评	互评	教师评价
	任务评价指标			
3	掌握数据的高级筛选功能，能够根据复杂条件进行精确筛选，获取特定数据子集，提高数据处理的效率和准确性，培养逻辑思维和问题解决能力			
4	掌握数据分类汇总的创建方法，能够对数据进行多层级的分类汇总，能快速查找和分析数据信息，提升数据管理能力，培养数据分析和决策支持能力			

任务 3.4　销售报表数据获取与分析

任务情境

销售报表数据获取与分析

PPT

小欣所在的新能源汽车 4S 店积极响应"推动制造业高端化、智能化、绿色化发展"的号召，通过智能化手段整合多门店销售数据，快速定位热销车型与潜力区域，以优化库存管理和营销资源分配。

作为销售数据分析人员，小欣承担了从分散的门店报表、线上订单及厂家系统中整合数据的任务，她发现传统手工整理方式效率低、误差率高，难以满足企业"降本增效、绿色发展"的需求。为此，小欣决定运用 WPS 表格的跨表数据获取与数据透视分析功能，实现多源数据自动导入与动态分析，通过结合数据透视表和数据透视图，可直观查看销量和车辆系别、车型等指标之间的关联，剖析影响销量的关键因素，从而为公司科学调整经销商布局和产品结构提供依据，助力新能源汽车销售业务的高质量发展。

3.4.1　数据获取与导入

为了方便数据的汇总与分析，可通过 WPS 电子表格的跨表数据自动获取与外部数据导入功能，实现外部数据的导入与格式规范化，提升工作效率，同时确保数据的准确性与时效性，为科学决策提供可靠依据。本任务通过导入 CSV 文件数据并规范整理格式，完成"我国新能源汽车销售排行榜"工作表数据更新操作，具体要求如下：

① 自动获取"我国新能源汽车销售排行榜 .csv"文件中的数据，并导入至当前表格。

② 设置并自动整理数据表结构与格式，如图 3–64 所示。

	A	B	C	D	E	F	G	H	I	J	K	L
1	序号	时间	排名	系别	厂商	品牌	车型	销量	同比	环比	细分市场份额	
2	1	2022年1月	1	中系	企业A	品牌A	车型A-1	29619	14.5% ↗	-35.5% ↘	37.17%	
3	2	2022年1月	2	中系	企业B	品牌B	车型B-1	18976	509.2% ↗	-31.2% ↘	1.57%	
4	3	2022年1月	3	美系	企业C	品牌C	车型C-1	16495	738.6% ↗	-59.0% ↘	2.98%	
5	4	2022年1月	4	中系	企业B	品牌B	车型B-2	15933	1287.9% ↗	-27.6% ↘	1.32%	
6	5	2022年1月	5	中系	企业D	品牌D	车型D-1	12425	149.9% ↗	-11.9% ↘	5.71%	
7	6	2022年1月	6	中系	企业B	品牌B	车型B-3	11562	20.8% ↗	-12.4% ↘	5.32%	
8	7	2022年1月	7	中系	企业B	品牌B	车型B-4	9727	–	16.6% ↗	5.20%	
9	8	2022年1月	8	中系	企业B	品牌B	车型B-5	8547	251.0% ↗	-0.4% ↘	1.55%	
10	9	2022年1月	9	中系	企业E	品牌E	车型E-1	7483	–	82.6% ↗	9.39%	
11	10	2022年1月	10	中系	企业B	品牌B	车型B-6	7222	850.3% ↗	-1.3% ↘	3.86%	
12	11	2022年2月	1	中系	企业A	品牌A	车型A-1	27839	53.3% ↗	-6.0% ↘	42.68%	
13	12	2022年2月	2	中系	企业B	品牌B	车型B-1	19715	1832.8% ↗	3.9% ↗	3.31%	
14	13	2022年2月	3	中系	企业B	品牌B	车型B-2	19354	5336.5% ↗	21.5% ↗	3.25%	
15	14	2022年2月	4	美系	企业C	品牌C	车型C-1	19071	310.7% ↗	15.6% ↗	6.87%	
16	15	2022年2月	5	中系	企业D	品牌D	车型D-1	8370	265.3% ↗	-32.6% ↘	7.77%	
17	16	2022年2月	6	中系	企业E	品牌E	车型E-2	6752	149.5% ↗	10.4% ↗	10.35%	
18	17	2022年2月	7	中系	企业B	品牌B	车型B-3	6322	48.2% ↗	-45.3% ↘	5.87%	
19	18	2022年2月	8	中系	企业E	品牌E	车型E-1	6240	–	-16.6% ↘	9.57%	
20	19	2022年2月	9	中系	企业B	品牌B	车型B-4	6183	–	-36.4% ↘	6.12%	
21	20	2022年2月	10	中系	企业F	品牌F	车型F-1	5890	96.0% ↗	-14.5% ↘	9.03%	
22	21	2022年3月	1	中系	企业A	品牌A	车型A-1	42547	41.8% ↗	52.8% ↗	40.25%	
23	22	2022年3月	2	美系	企业C	品牌C	车型C-1	39353	288.1% ↗	106.3% ↗	9.96%	

图 3-64　数据获取与导入样例

➤ **知识技能点**

- 掌握使用电子表格自动获取其他表格数据的方法
- 能够使用电子表格导入数据

 **知识窗**

自动获取导入数据

WPS 表格的自动获取数据功能，可以通过特定的设置和操作，自动从其他数据源获取数据并导入到当前的表格中，这些数据源可以是其他表格文件、数据库、Web 数据等，从而实现数据的更新和同步，减少手动操作，提升工作效率。

➤ **任务实施**

1）新建工作簿"我国新能源汽车销售排行榜 .xlsx"。

2）打开工作簿，单击"数据"→"获取数据"下拉按钮，在弹出的下拉列表中选择"导入数据"命令，在打开的确认连接外部数据源对话框中单击"确定"按钮，如图 3-65 所示。

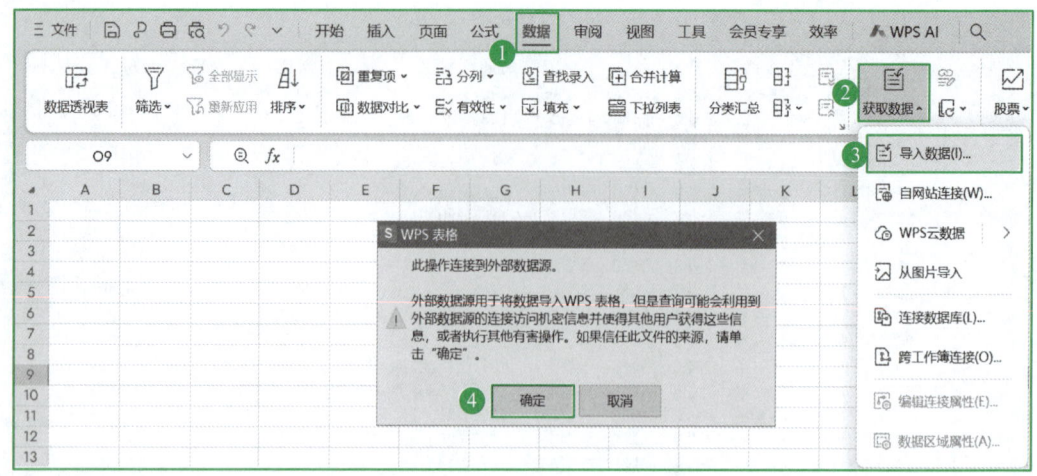

图 3-65　导入数据选项

3）在"数据源选择"栏选中"直接打开数据文件"单选按钮，单击"选择数据源"按钮，在"打开"对话框中选择"我国新能源汽车销售排行榜 .csv"文件，单击"打开"按钮，单击"下一步"按钮，如图 3-66 所示。

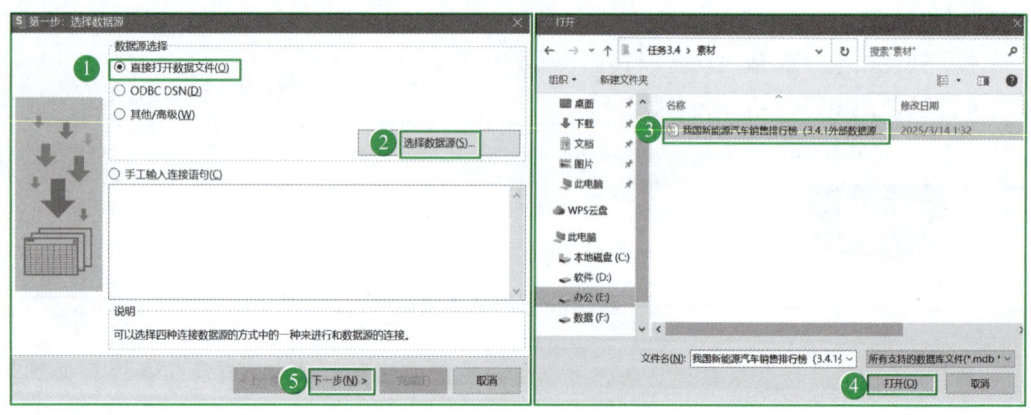

图 3-66　选择数据源步骤

4）在"文件转换"对话框中的"文本编码"栏选中"其他编码"→"ANSI/OEM-简体中文 GBK"选项，单击"下一步"按钮，完成字符编码的设定，如图 3-67 所示。

5）在"原始数据类型"选栏中"分隔符号"单选按钮，将"导入起始行"设置为"1"，单击"下一步"按钮；在"分隔符号"栏选中"Tab 键"和"逗号"复选框，单击"下一步"按钮；在"列数据类型"栏选中"常规"单选按钮，将"目标区域"设置为"=$A$1"，单击"完成"按钮，如图 3-68 所示。

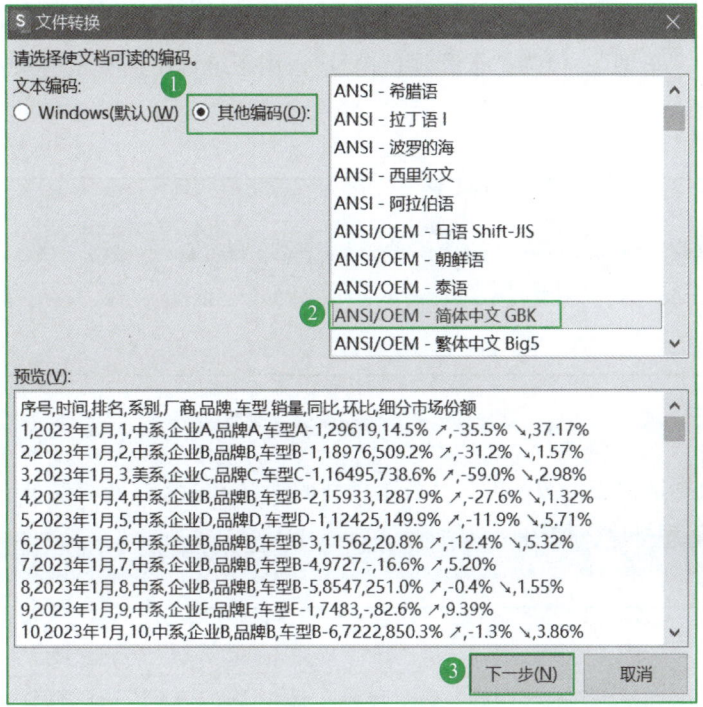

图 3-67　设定字符编码

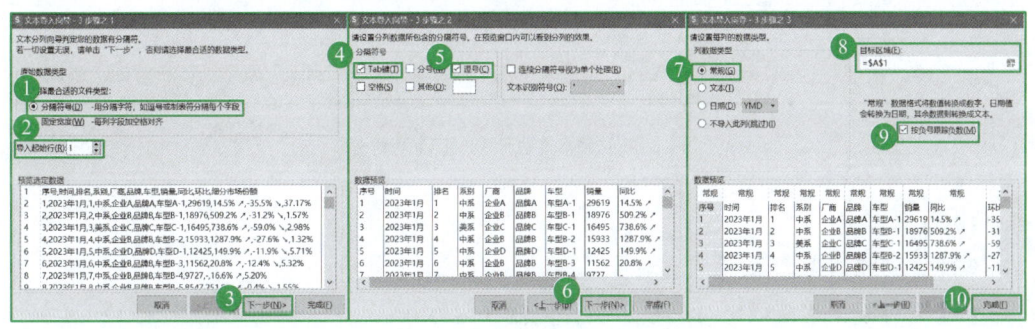

图 3-68　设置分隔符号步骤

 自主探究

请尝试将 XLS 和 TXT 格式的数据源中的数据导入至指定工作表中。

3.4.2　创建数据透视表

在 WPS 电子表格中，数据透视表是分析多维度数据的核心工具。为分析"我国新能源汽车销售排行榜"中影响车辆销量的关键因素，小欣创建数据透视表，汇总并对比不同车型与系列的销售表现，具体要求

微课 3-9
创建数据
透视表

如下：

1）基于"我国新能源汽车销售排行榜"工作表创建数据透视表，设置行字段为"系别"，列字段为"车型"，值为"求和项：销量"，用于统计不同车型与系别的销售表现，如图 3-69 所示。

求和项:销量	车型																	
系列	车型A-1	车型A-2	车型B-1	车型B-2	车型B-3	车型B-4	车型B-5	车型B-6	车型B-7	车型B-8	车型C-1	车型C-2	车型D-1	车型D-2	车型D-3	车型E-1	车型E-2	车型F-1
美系											505232	138802						
中系	517023	28790	560089	658335	318148	310037	95398	7222	268533	16599			20795	46114	8035	31514	32346	37934
总计	517023	28790	560089	658335	318148	310037	95398	7222	268533	16599	505232	138802	20795	46114	8035	31514	32346	37934

图 3-69　按系别统计不同车型的销量

2）编辑数据透视表，按季度统计各个厂商的销量，并将数据透视表"厂商"列设置为按"销量"降序排序，如图 3-70 所示。

求和项:销量			厂商									
年	季度	时间	企业B	企业C	企业A	企业G	企业F	企业D	企业E	企业J	企业K	企业I	企业H	总计
2023年	第一季		200008	100652	100005		5890	31871	42227					480653
	第二季		256360	77262	96320	15748	20025	24621	21633			6896	5991	524856
	第三季		409945	108681	108440	39621	32627	10417						709731
	第四季		496442	96432	105101		37492			20453	14464			770384
2024年	第一季		373542	128724	71550	69096	11140	8035						662087
	第二季		498064	132283	64397	99112								793856
总计			2234361	644034	545813	223577	107174	74944	63860	20453	14464	6896	5991	3941567

图 3-70　按季度统计各个厂商的销量

➤ **知识技能点**

- 能够创建数据透视表
- 能够对数据透视表进行编辑、组合、排序等操作

 知识窗

数据透视表

WPS 表格的数据透视表能够对大量数据进行快速汇总、分析，并生成图表。用户可根据需求，通过拖曳字段调整数据透视表布局，包括选择分析字段、设置行或列排列顺序以及定义值字段的汇总方式，如求和、计数等。运用数据透视表能够快速生成汇总报告、图表，直观呈现数据之间的关系和趋势，展示数据分析结果，从而帮助用户做出更加科学准确的决策。

➤ **任务实施**

　　1）打开"我国新能源汽车销售排行榜 .xlsx"工作簿中的"我国新能源汽车销售排行榜"工作表。选中工作表数据区域，单击"插入"→"数据透视表"按钮，打开"创建数据透视表"对话框。在对话框中确认"请选择单元格区域"为自动识别的数据范围；在"请选择放置数据透视表的位置"中选中"新工作表"单选按钮，单击"确定"按钮，如图 3-71 所示。

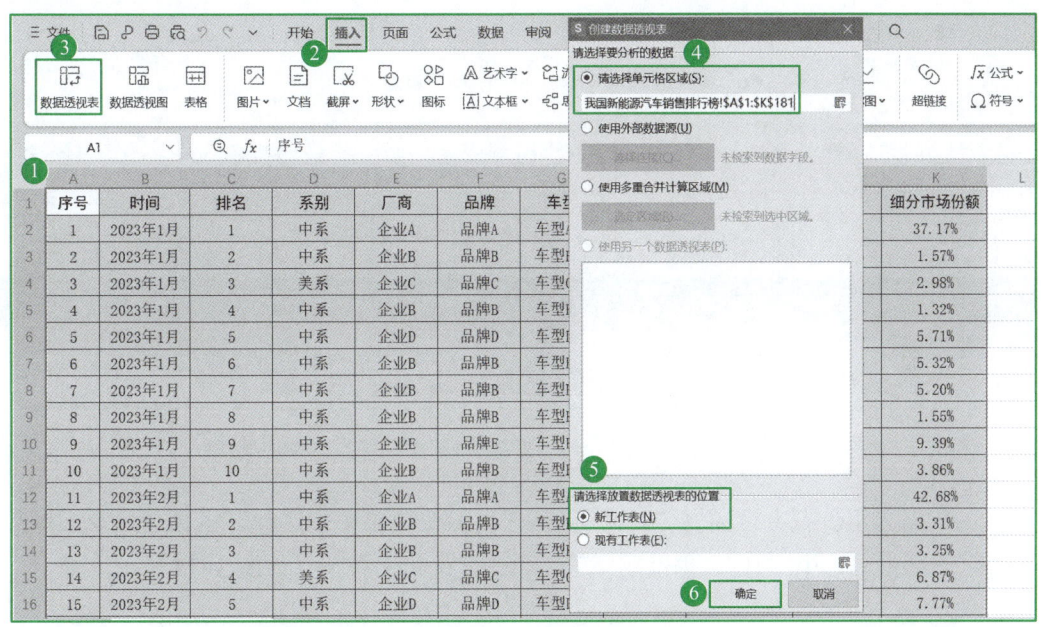

图 3-71　插入数据透视表

　　2）设置数据透视表，将"字段列表"中的"系别"拖动到"数据透视表区域"的"行"中；将"字段列表"中的"车型"拖动到"数据透视表区域"的"列"中；将"字段列表"中的"销量"拖动到"数据透视表区域"中的"值"中，如图 3-72 所示。

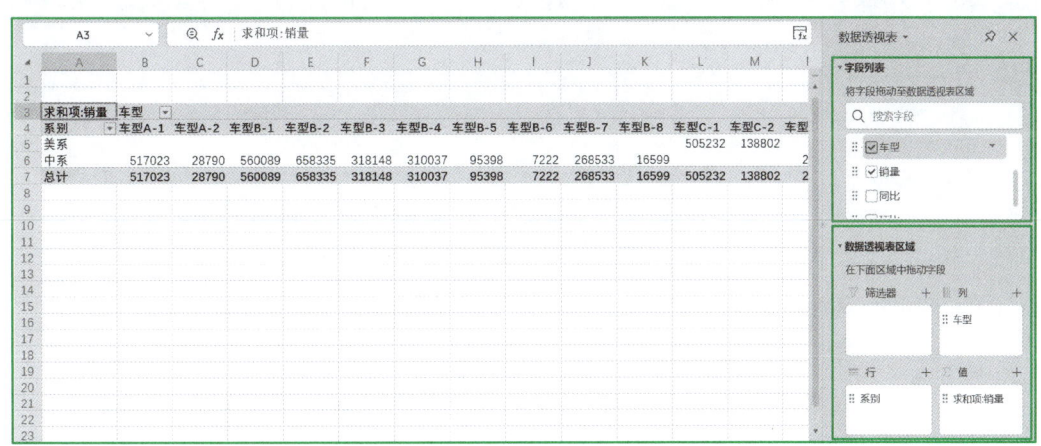

图 3-72　创建数据透视表

3）编辑数据透视表，按季度统计各个厂商的销量。

① 删除原字段。在"字段列表"中取消选中"系别""车型"两个字段的复选框，或单击"数据透视表区域"中的字段名，在弹出的快捷菜单中选择"删除字段"命令，删除原有字段。

② 添加新字段。将"时间"添加到行字段，"厂商"添加到列字段，值为"求和项：销量"不变，如图 3-73 所示。

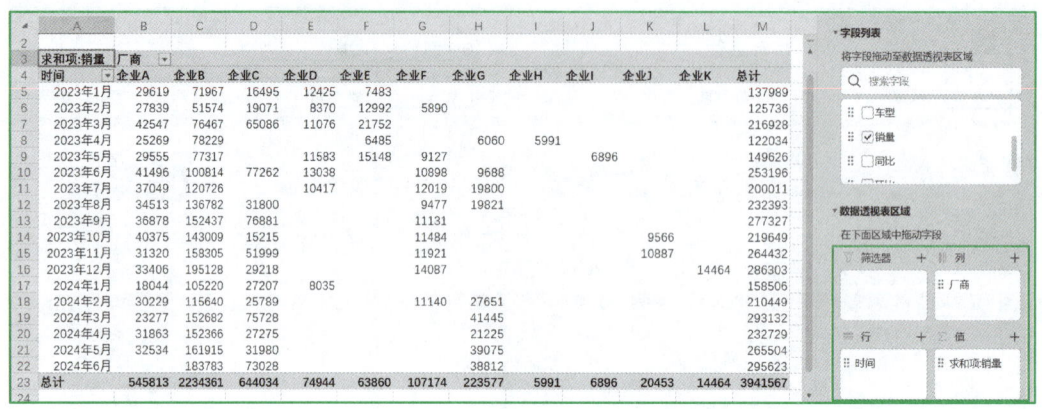

图 3-73　编辑数据透视表

③ 数据分组。右击行标签"时间"，在弹出的快捷菜单中选择"组合"命令，打开"组合"对话框，选中"月""季度""年"，单击"确定"按钮，如图 3-74 所示。

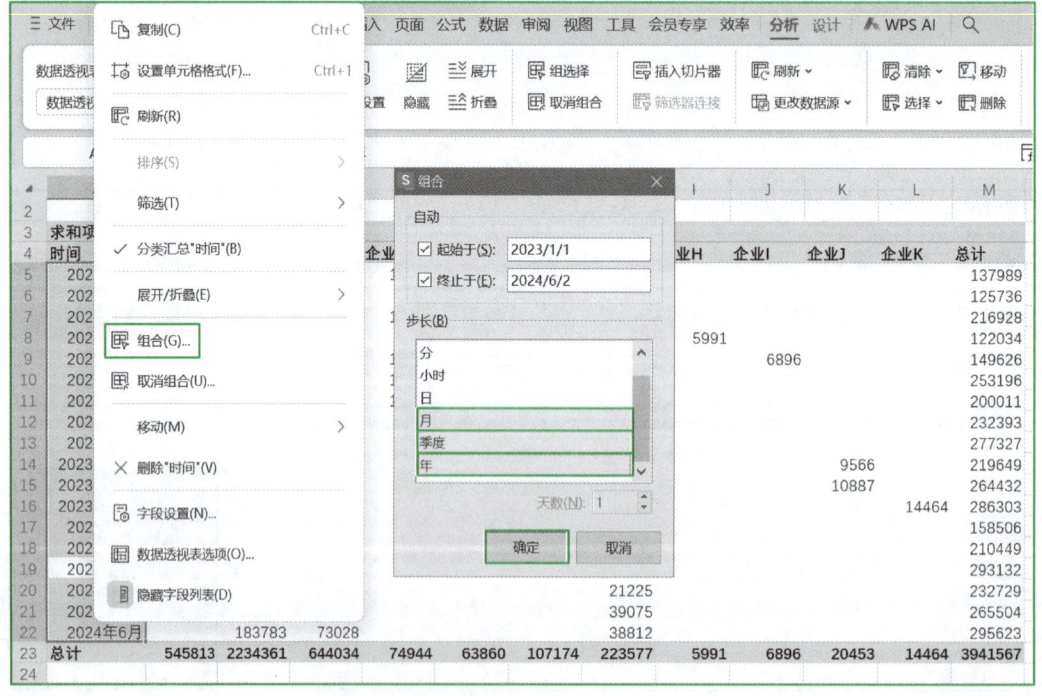

图 3-74　数据分组

右击"季度"，在弹出的快捷菜单中选择"展开/折叠"→"折叠整个字段"命令，即可按季度汇总各个厂商的销量。

④ 排序。单击列标签"厂商"右侧的下拉按钮，在弹出的下拉菜单中选择"其他排序选项"命令，打开"排序"对话框。在"排序选项"栏选择"降序排序"→"求和项：销量"选项，单击"确定"按钮，完成销售从高到低的排序，如图 3-75 所示。完成效果如图 3-70 所示。

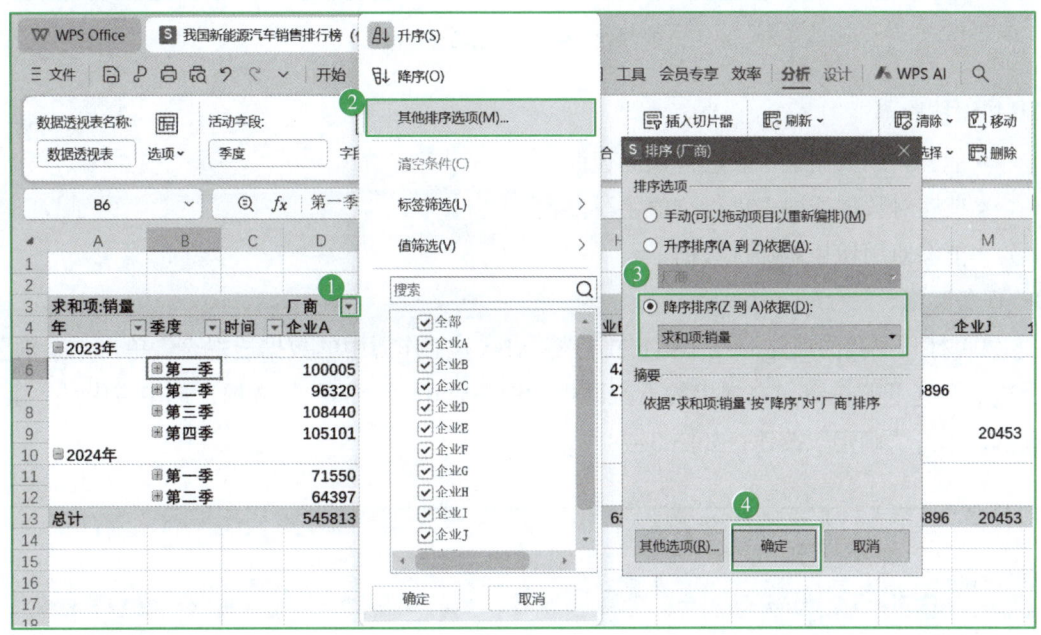

图 3-75　按厂商进行销量排序

3.4.3　查询数据透视表

在 WPS 电子表格中，可通过数据透视表的筛选功能快速查询特定条件下的汇总数据。为分析国产新能源汽车的市场表现，本任务需从"我国新能源汽车销售排行榜"数据透视表中筛选出"中系"车型的销量数据，具体要求如下：

① 打开已创建的"我国新能源汽车销售排行榜"数据透视表。

② 在"系别"字段中应用筛选条件，选择"中系"选项。查看筛选后的销量汇总结果，效果如图 3-76 所示。

微课 3-10
查询数据
透视表

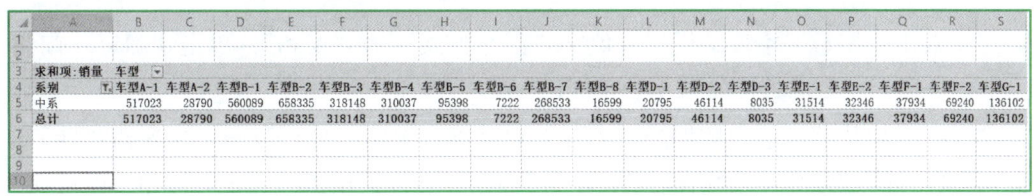

图 3-76　应用筛选条件进行数据查询

③ 使用切片器筛选"企业 B"和"企业 D"的销量，效果如图 3-77 所示。

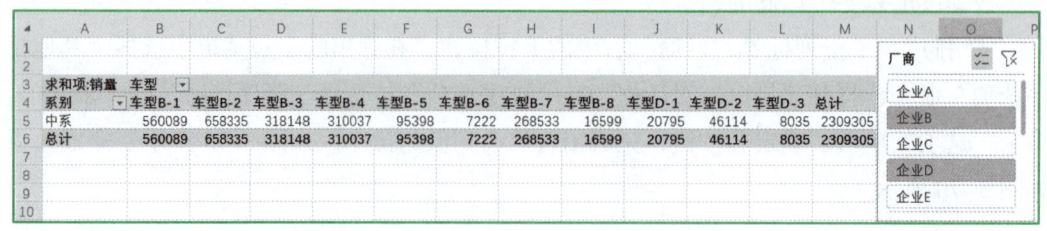

图 3-77　使用切片器筛选数据

➤ **知识技能点**

- 能够利用数据透视表进行数据查询
- 能够对数据透视表进行"值字段设置"
- 能够使用切片器筛选数据

➤ **任务实施**

1）打开"我国新能源汽车销售排行榜 .xlsx"工作簿中的数据透视表。单击"系别"旁边的筛选下拉按钮，在弹出的下拉面板中取消选中"全部"复选框，选中"中系"复选框，单击"确定"按钮，如图 3-78 所示。

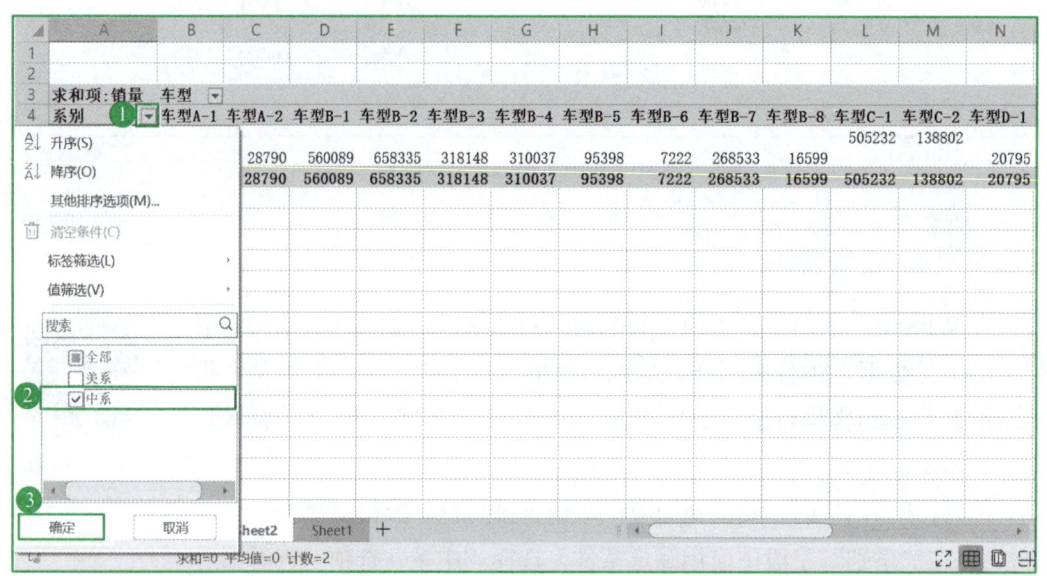

图 3-78　数据透视表数据查询步骤

2）双击"销量"字段，设置"值字段汇总方式"为"求和"，单击"确定"按钮，如图 3-79 所示。完成效果如图 3-76 所示。

3）插入切片器。选中数据透视表任一单元格，单击"分析"→"插入切片器"按钮，打开"插入切片器"对话框，选中"厂商"复选框，单击"确定"按钮，即可插入"厂商"切片器，如图 3-80 所示。

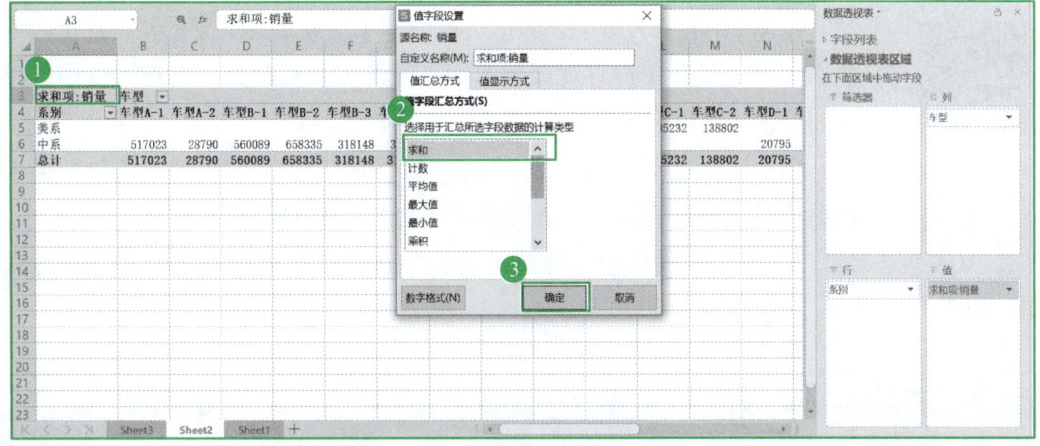

图 3-79　数据透视表值字段设置

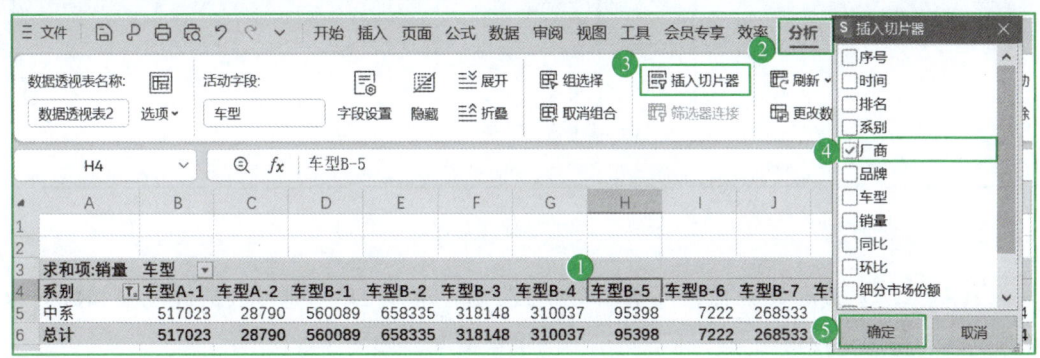

图 3-80　插入切片器

4）单击切片器上的项目，进行数据筛选。如要同时选择多个项目，可单击切片器的"多选"按钮，或按 Alt+G 组合键，如图 3-81 所示。

5）如需同时对厂商和品牌进行筛选，可添加多个切片器，操作方法同上。

6）如要清除筛选，可单击切片器右上角的"清除筛选器"按钮，也可按 Alt+C 组合键。

7）如要删除切片器，可选中切片器面板，按 Delete 键，即可完成删除。

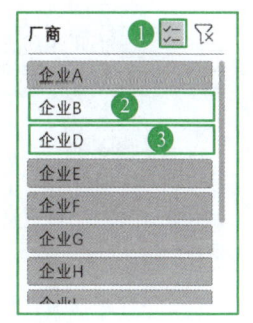

图 3-81　使用切片器进行筛选

 自主探究

请尝试使用切片器进行多条件筛选。

3.4.4　创建数据透视图

微课 3-11
创建数据
透视图

在 WPS 电子表格中，数据透视图用于快速汇总、分析和可视化大量数据，可以帮助用户直观理解数据之间的关系和趋势，发现数据中的模式和异常，制作清晰的报告并支持决策制定。

为了直观呈现不同车型的销售情况和市场表现。本任务通过数据透视图功能对销售数据分析结果进行可视化，具体要求如下：

① 基于"我国新能源汽车销售排行榜"数据透视表创建数据透视图，如图 3-82 所示。

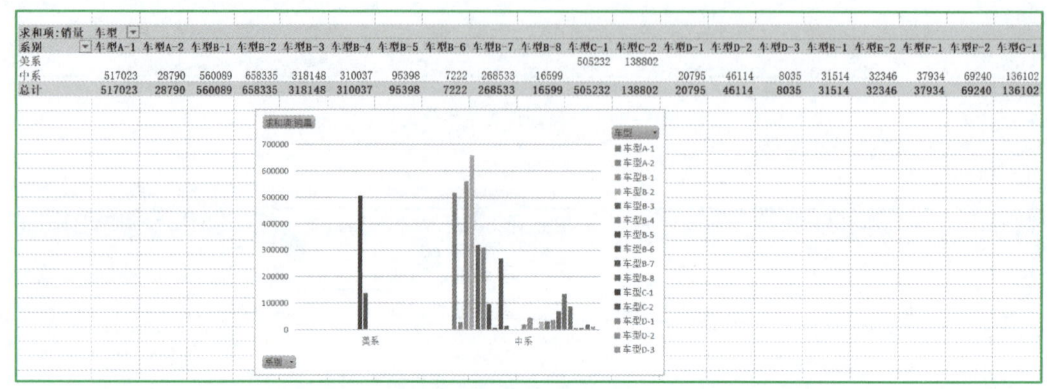

图 3-82　数据透视图

② 插入"厂商"切片器，筛选"企业 B"和"企业 D"，通过数据透视表和数据透视图的联动直观呈现这两家厂商不同车型的销售情况，如图 3-83 所示。

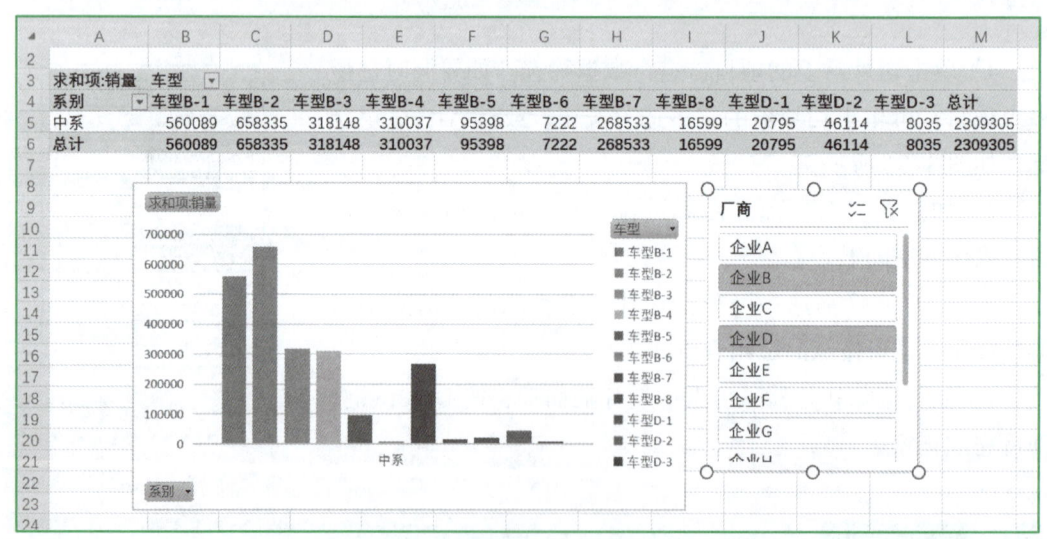

图 3-83　企业 B 和企业 D 不同车型的销售情况数据透视图

➤ **知识技能点**

● 能够利用数据透视表创建数据透视图

 知识窗

数据透视图

　　WPS 表格中的数据透视图是一种数据分析工具，能够以交互式和动态的方式对大量数据进行分析和汇总。用户可以选择要分析的数据字段，并根据实际应用需求使用对应的统计函数对数据进行汇总和计算，最终生成清晰的汇总报表和图表。

➤ **任务实施**

（1）插入数据透视图

　　打开"我国新能源汽车销售排行榜 .xlsx"工作簿中的数据透视表工作表。单击数据透视表中的任意单元格，单击"插入"→"数据透视图"按钮，打开"图表"对话框，选择"柱形图"选项卡，在其中选中第 1 种柱形图，单击"确定"按钮，如图 3-84 所示。

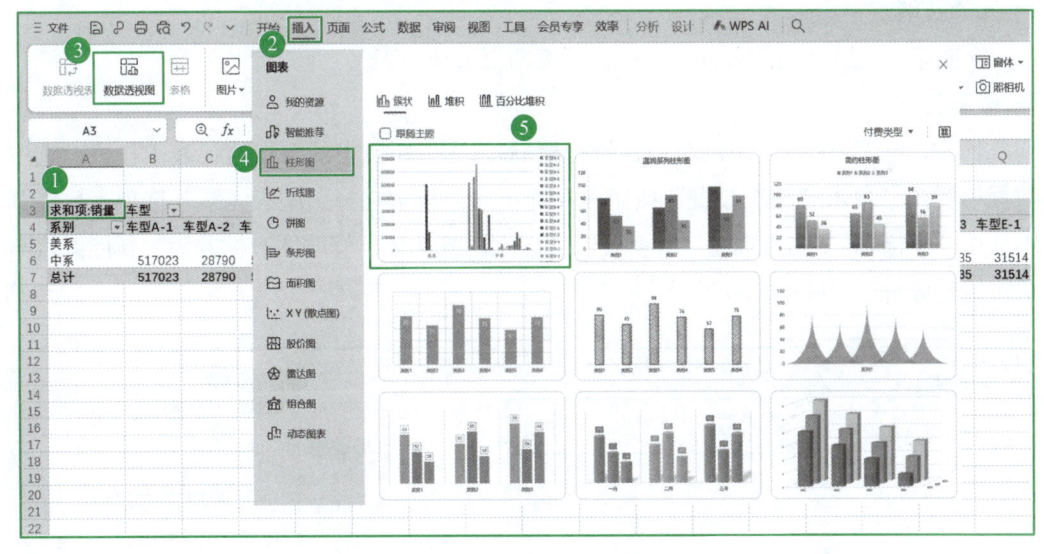

图 3-84　插入数据透视图

（2）数据透视表和数据透视图的联动

　　选中数据透视表任一单元格，或选中数据透视图，单击"分析"→"插入切片器"按钮，打开"插入切片器"对话框，选中"厂商"选项，单击"确定"按钮，插入"厂商"切片器。

　　单击切片器上的项目，进行数据筛选，效果如图 3-83 所示。通过数据透视表和数据透视图的联动，可直观呈现"企业 B"和"企业 D"这两家厂商不同车型的销售情况。

3.4.5　设置表格和图表样式

在 WPS 电子表格中，可以通过对表格或图表的样式设置，美化数据图表。

本任务通过使用数据图表样式设置功能，对"我国新能源汽车销售排行榜 .xlsx"工作簿中的销售情况数据透视图进行美化，具体要求如下：

① 增加销售情况数据透视图的图表元素。

② 设置图表样式，快速美化图表，效果如图 3-85 所示。

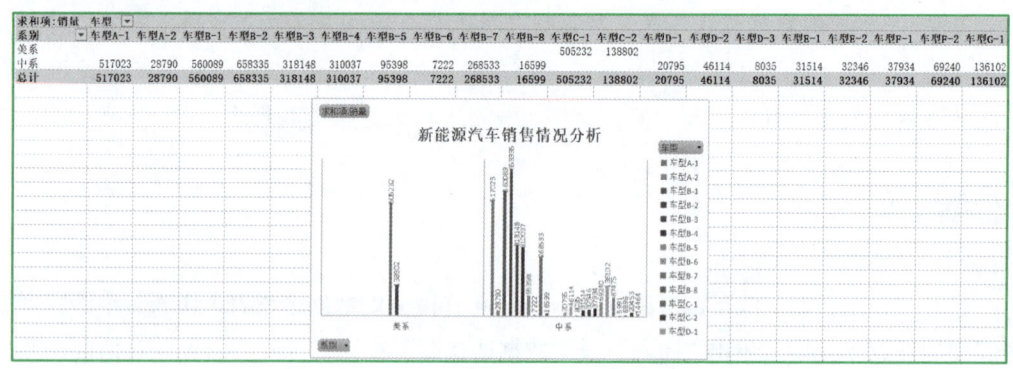

图 3-85　数据图表样式设置样例

➤ **知识技能点**
- 能够设置表格或图表样式，制作精美的报表和图表

➤ **任务实施**

1）打开"我国新能源汽车销售排行榜 .xlsx"工作簿中的数据透视表工作表。选中数据透视图，单击"图表设置"按钮，在弹出的面板中选择"图表元素"选项卡，在其中选中"坐标轴""图表标题""网格线""图例"复选框，修改图表标题为"新能源汽车销售情况分析"，如图 3-86 所示。

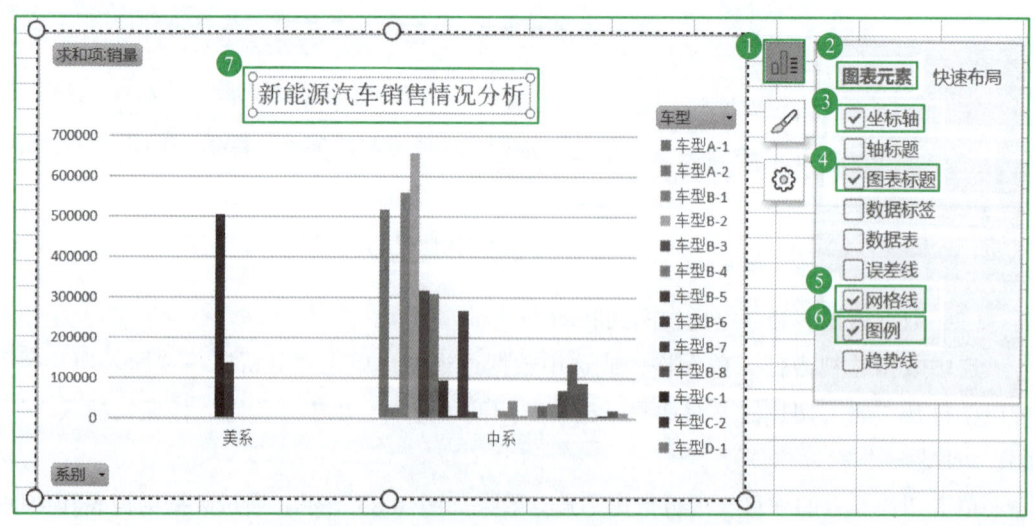

图 3-86　设置数据图表样式步骤

2）选中数据透视图，单击"图表设置图标"按钮，在弹出的面板中选择"快速布局"选项卡，在其中选择对应的布局方式进行快速布局，单击空白区域完成设置，如图 3-87 所示。

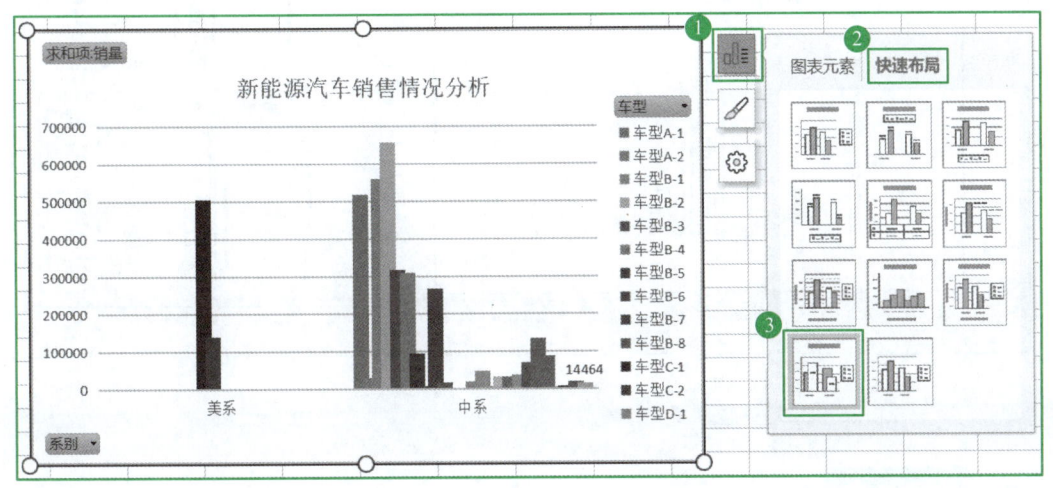

图 3-87 数据图表快速布局步骤

3）选中数据透视图，单击"颜色设置"按钮，在弹出的面板中选择"颜色"选项卡，在其中选择对应颜色样式，单击空白区域完成设置，如图 3-88 所示。

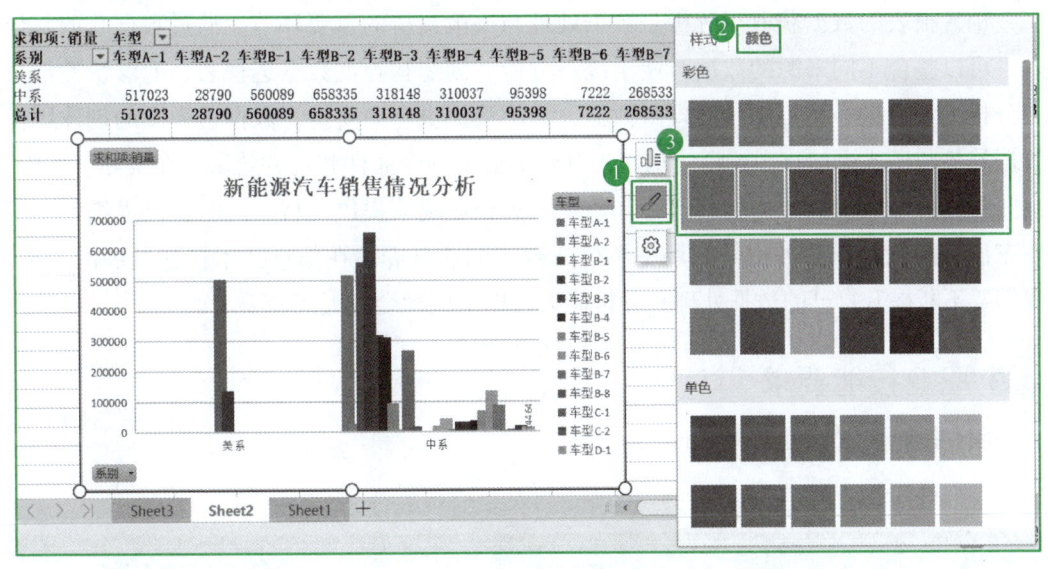

图 3-88 设置数据图表颜色样式步骤

4）选中数据透视图，单击"颜色设置"按钮，在弹出的面板中选择"样式"选项卡，在其中选择对应样式，单击空白区域完成设置，如图 3-89 所示。完成效果如图 3-85 所示。

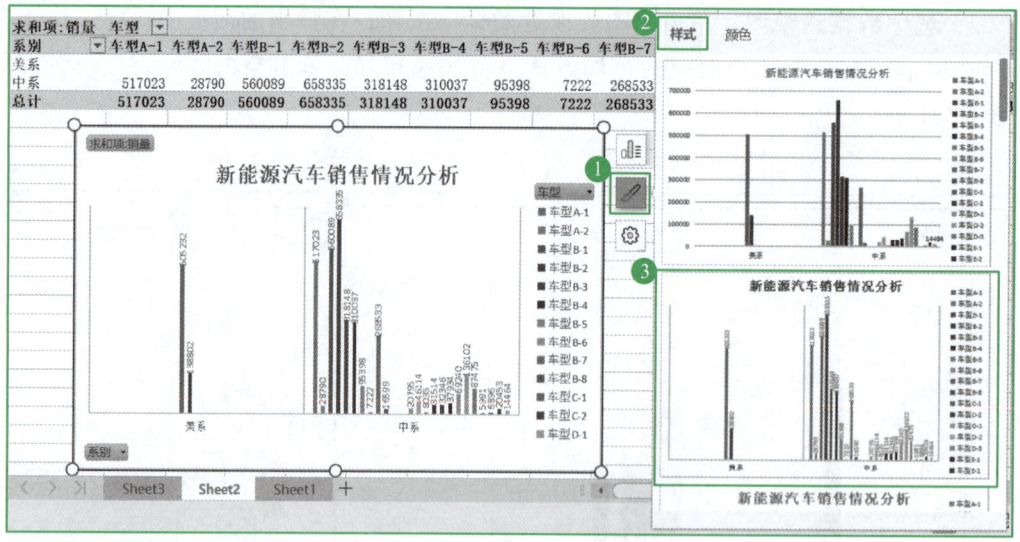

图 3-89 设置数据图表整体样式步骤

 自主探究

重新设置数据透视图的颜色和整体样式，查看不同的设置效果。

职场透视

销售报表的数据获取与分析是数据处理与决策支持的重要环节。通过数据获取与导入，可以整合不同来源的数据，便于统一分析。创建和查询数据透视表，能够快速汇总和分析大量数据，从不同角度理解数据，为决策提供有力支持。数据透视图的创建则使数据趋势和模式更加直观清晰，从而提升数据展示的专业性和视觉效果。在实际工作中，这些技能可显著提高数据处理效率和质量，为企业决策提供支持。同时，严谨细致的工作态度和团队协作精神也是职场中不可或缺的职业素养。在信息技术快速发展的今天，我们要不断提升自己的数据处理和分析能力，以适应社会发展的新要求。

职业技能要求

职业技能要求见表 3-8。

表 3-8 任务 3.4 对应 WPS 办公应用职业技能等级要求（高级）

工作任务	职业技能要求
数据分析	① 掌握使用电子表格自动获取其他表格数据和导入数据的方法。 ② 能够创建数据透视表，并能进行编辑。 ③ 能够利用数据透视表进行数据查询等操作。 ④ 能够利用数据透视表创建数据透视图，并通过设置表格或图表样式，制作精美的报表和图表

任务测试

一、单项选择题

1. 在 WPS 表格中，数据透视表用于（　　）。
   A. 数据加密　　　　　　　　　　　B. 数据可视化
   C. 数据复制　　　　　　　　　　　D. 数据删除

2. 通过使用 WPS 表格的数据透视图功能，可以进行（　　）操作。
   A. 绘制流程图　　　　　　　　　　B. 创建公式
   C. 进行数据分析　　　　　　　　　D. 发布文件到云端

3. 在 WPS 电子表格中，数据透视表的"报表布局"位于（　　）。
   A. "开始"选项卡　　　　　　　　　B. "插入"选项卡
   C. "审阅"选项卡　　　　　　　　　D. "设计"选项卡

4. 在 WPS 表格中，若要创建数据透视表，首先需要（　　）。
   A. 选择数据并单击"格式刷"按钮
   B. 选择数据并单击"数据透视表"按钮
   C. 选择数据并单击"保存"按钮
   D. 选择数据并单击"复制"按钮

5. 若要设置数据图表的样式，则需要（　　）。
   A. 单击"数据透视表工具"选项卡　　B. 单击"图表样式"选项卡
   C. 单击"数据验证"选项卡　　　　　D. 单击"格式刷"选项卡

二、多项选择题

1. 在编辑数据透视表时，可进行的操作包括（　　）。
   A. 调整字段布局（行 / 列 / 值区域）　B. 修改汇总方式（求和、平均值）
   C. 套用预设表格样式　　　　　　　D. 添加计算字段

2. 在 WPS 表格中，关于数据透视图，下列说法正确的是（　　）。
   A. 数据透视图可以添加数据标签
   B. 可以创建联动数据透视图
   C. 数据透视图可以更改图表类型
   D. 联动数据透视图的"筛选器连接"功能在"视图"选项卡下

3. 在 WPS 表格中，"数据透视表"位于（　　）。
   A. "开始"选项卡　　　　　　　　　B. "插入"选项卡
   C. "审阅"选项卡　　　　　　　　　D. "数据"选项卡

三、实操题

　　某县农业农村局要对 2024 年各乡镇农产品销售数据进行统计，请打开"农产品销售数据表 .xlsx"，完成以下任务。

操作要求：

（1）选择表格数据，创建数据透视表，设置行字段为"所属乡镇"，列字段为"农产品类别"，值为"求和项：销售额（万元）"；修改第一行标题为"销售额汇总（万元）"；将表中销售额设置为"货币格式"（示例效果：￥1,234.56）。

（2）基于数据透视表创建数据透视图，图表类型选择"簇状柱形图"；"基础图表预设"选择"样式6"；在图表上方添加图表标题"各乡镇农产品销售统计"。

（3）在数据透视表中，"农产品类别"选择"水果"，查询各乡镇水果销售额汇总情况。

（4）插入"农产品名"切片器，筛选"脐橙"，通过数据透视表和数据透视图的联动直观呈现"脐橙"在各乡镇的销售情况。

🔍 任务验收

任务验收评价见表3-9，可对本节任务的学习情况进行评价。

表3-9　任务3.4验收评价表

任务评价指标				
序号	内容	自评	互评	教师评价
1	掌握通过电子表格导入外部数据文件（如CSV、TXT）的方法，能够根据需求选择合适的导入参数（如分隔符、数据格式），培养信息甄别与整合能力，形成严谨的数据意识			
2	能独立创建数据透视表，正确设置数据源区域、行/列字段、数值字段及筛选条件，完成基础数据透视表的构建			
3	掌握数据透视表的编辑技巧，包括字段拖曳、计算类型设置（如求和、计数、平均值）、数据分组（如按日期、数值区间分组）等，能灵活调整报表结构			
4	能通过数据透视表的筛选、排序功能快速定位关键数据，支持销售数据对比、库存分析等业务决策			
5	能够利用数据透视表进行基本的数据查询操作，培养逻辑思维与问题解决能力			
6	能基于数据透视表自动生成数据透视图（如柱状图、折线图、饼图），并掌握图表类型选择原则（如趋势分析用折线图、占比分析用饼图）			
7	能熟练设置图表样式（如配色、字体、图例位置）、数据标签及数据表格式，制作出专业、美观的报表与图表，满足企业报告需求			

项目小结

在本项目中，我们学习了 WPS 表格在商务销售数据分析与智能报表设计方面的运用，从数据分析管理到增强数据可视化，涵盖了多个关键环节，实现了数据资源的有效管理和高效利用。

在"任务 3.1　进销存数据表格视图应用"中，学习了冻结窗格、拆分窗口、新建窗口和重排窗口的操作方法，方便数据录入和数据对比，提升处理大型数据的效率，同时灵活调整窗口布局，适应不同的工作需求和界面操作。

在"任务 3.2　销售报表高级函数运用"中，学习了函数引用单元格名称的方法，为后续复杂计算奠定基础。通过 SUMIFS 等函数，实现对符合多个条件的数据进行精准统计汇总；通过 VLOOKUP 等查找与引用函数的应用，实现快速定位并获取数据。此外，本任务还讲解了函数的嵌套应用，通过不同函数的组合，满足复杂的数据处理需求。

在"任务 3.3　销售报表数据标识与筛选汇总"中，通过条件格式的进阶设置，使数据更直观易读，便于识别异常值或关键信息。数据对比操作帮助发现不同数据集之间的差异，确保数据的一致性和准确性。数据高级筛选能够依据复杂条件精确筛选数据，而数据分类汇总则可按特定分类对数据进行分组统计，为分析和决策提供支持。

在"任务 3.4　销售报表数据获取与分析"中，学习了数据获取与导入、创建和查询数据透视表、创建数据透视图以及设置表格和图表样式等操作。通过直观的图表形式，使数据趋势和模式更加清晰，从而提升数据展示的专业性和视觉效果。

通过完成本项目中的各项任务，学习了 WPS 表格的高级功能及其在商务运营中的实际应用，提升了数据处理、分析和展示的能力，为应对商务运营中的数据挑战提供了有力工具。

通过对本项目的学习，不仅提升了数据处理、分析和展示的能力，还提高了工作效率，增强了个人职业竞争力，从而助力未来职业发展。

项目 *4*

云文档与智能
办公应用

WPS 云文档是 WPS Office 中的云端协作工具，包含支持多设备同步、实时协作编辑、历史版本管理等功能，广泛应用于团队协作、项目管理和远程办公等场景。WPS 智能表单和 WPS 灵犀则分别提供了强大的数据收集与分析、智能内容生成与演示功能，而 WPS 便签则用于日常任务管理和信息记录。

本项目根据《WPS 办公应用职业技能等级标准》高级证书的相关要求，采用项目教学法，完成某公司新能源汽车项目团队的协作与智能办公任务项目，按工作过程内容设计学习任务，将 WPS 云文档、智能表单、灵犀和便签的学习内容划分为两个任务，分别为云文档的高级应用、WPS 智能办公工具应用，主要讲解如何使用这些工具提升团队协作效率和智能办公能力，实现高效办公。

项目目标

> ## 知识目标
- 掌握 WPS 云文档的创建方法和多设备同步功能
- 掌握云文档的协作编辑技巧和权限设置方法
- 掌握查看协作记录和文件恢复的操作流程
- 掌握 WPS 智能表单的创建、数据收集与分析方法
- 掌握 WPS 灵犀的智能内容生成和演示文稿制作技巧
- 掌握 WPS 便签的基本功能和使用方法
- 理解团队协作与智能办公工具在实际工作中的应用场景

> ## 能力目标
- 能够创建和编辑 WPS 云文档，实现多设备同步
- 能够进行云文档的协作编辑，并查看协作记录
- 能够将文件内容恢复到历史版本状态
- 能够创建 WPS 智能表单进行数据收集与分析
- 能够利用 WPS 灵犀智能工具实现智能问答、数据分析和智能生成演示文稿
- 能够使用 WPS 便签进行任务标记和信息记录
- 能够综合运用智能办公工具提升团队协作效率和办公自动化水平

> ## 素养目标
- 通过对云文档协同编辑技巧的学习，培养读者的团队合作精神和协作能力，提高团队的工作效率，提升对信息安全和权限控制的认识
- 通过对文件恢复与版本管理的学习，培养读者的信息安全意识和版本管理意识，提升对信息数据的迭代修订和可回溯思维
- 通过利用 WPS 智能表单快速收集和分析数据，培养读者的创新思维和数据分析能力。通过表单设计，提升读者的用户意识
- 通过运用 WPS 灵犀的智能工具，实现智能问答解决问题、快速生成大纲和演示文

稿等，提升读者的高效办公能力和独立解决问题能力。通过对 WPS 便签分类和管理功能，培养读者的时间管理能力和任务规划能力，提高工作效率意识。通过对 WPS 智能办公工具综合应用的实践，培养读者解决复杂办公任务的综合能力，提升系统思维和资源整合能力

项目导图

本项目思维导图如图 4–1 所示。

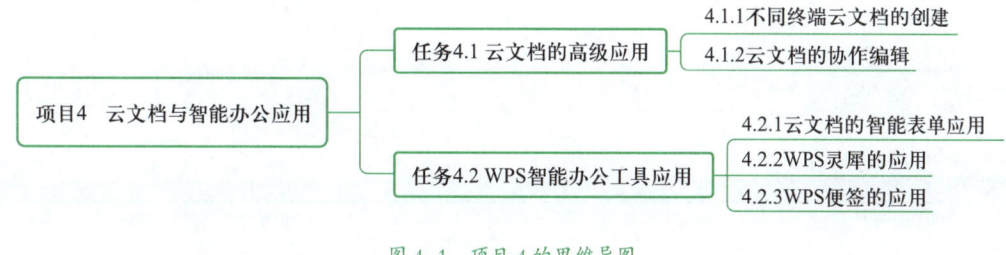

图 4–1　项目 4 的思维导图

任务 4.1　云文档的高级应用

🔍 任务情境

云文档的高级应用

PPT

新能源汽车质检报告内容经常需要由研发、测试、质量控制等多个部门人员共同完成，为提高工作效率，同时确保质量检测报告的准确性和一致性，质检员小敏利用 WPS 云文档的多端同步功能，将质量检测报告在 WPS 云端共享，分配各部门协同人员访问和编辑权限，确保各部门协同人员能够在不同边端设备上无缝访问云文档，协同完成报告的编辑和审核，从而提升办公协同和审核效率。

4.1.1　不同终端云文档的创建

在不同设备上访问和编辑质量检测报告时，通过创建 WPS 云文档来实现在各种终端设备上的无缝访问和编辑。用户只需开启"云文档同步"功能，即使在离开主工作设备的情况下，只需使用手机或其他设备登录相同账号，即可查看和编辑文档。本节任务是实现不同终端云文档的创建，在文档编辑完成后，将其保存到 WPS 云文档中，以便随时随地查看和编辑文档。质检报告协作效果如图 4–2 所示，具体要求如下：

① 创建云文档。

② 在不同终端（PC 端、网页端、微信小程序）创建云文档。

③ 将文档保存到云端。

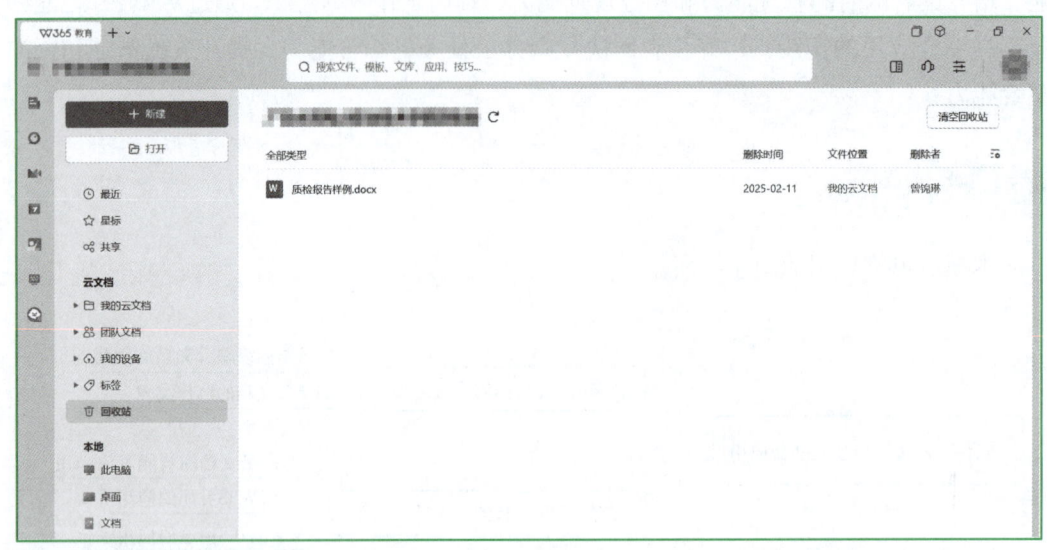

图 4-2　质检报告协作效果图

微课 4-1
创建云文档

➤ **知识技能点**
- 在 PC 端和网页端创建云文档
- 在手机端通过微信小程序创建云文档

 知识窗

WPS 云文档的使用场景

（1）团队协作：团队成员可以实时协作编辑同一文档，提高工作效率。

（2）远程办公：用户可以在家中或其他任何地方通过浏览器访问云文档，实现远程办公。

（3）数据备份：云端保存文档，避免数据丢失，实现数据备份。

（4）跨设备办公：支持跨设备办公，可以在 PC、手机等不同设备上查看和编辑文档。

1. 在 PC 端创建云文档

操作步骤如下：

在 PC 端创建云文档。打开 WPS 电脑版首页，单击左上角的"WPS 365 教育版"→"我的云文档"按钮→"新建"按钮，创建云文档，如图 4-3 所示。

图 4-3　新建云文档

2. 在网页端创建云文档

操作步骤如下：

1）在官网登录账号并创建云文档。使用浏览器访问金山文档官网，单击"免费使用"按钮，并登录账号，如图 4-4 所示。

图 4-4　金山文档官网首页（网页端）

2）新建云文档。单击"我的云文档"按钮→"新建"按钮，在弹出的下拉菜单中选择所需的文件格式，如新建文字文档。新建的文件就会自动保存到云文档中，如图 4-5 所示。

3. 在手机端创建云文档（微信小程序）

操作步骤如下：

在手机端创建云文档。用微信搜索"WPS 云文档"小程序，打开小程序后点击"+"按钮，如图 4-6 所示，选择相应的文档类型。

图 4-5　新建云文档

图 4-6　金山文档官网首页（手机端）

4.1.2　云文档的协作编辑

　　云文档的协作编辑是一种在线协同工作方式，用户可以在云端平台上共同创建和编辑文档。这种协作方式为远程团队提供了便利，帮助团队实时沟通交流、共同推进项目进度。本节任务是将初步制作好的文档上传到云端，进行协作编辑，具体要求如下：

　　① 将本地文档上传到云端。

　　② 分享云文档，协作编辑。

　　③ 查看历史协作记录。

　　④ 恢复与多端同步云文件。

➤ **知识技能点**

- 上传文档到云端
- 分享与协作编辑
- 查看历史协作记录
- 恢复误删的云文件与多端同步云文件

微课 4-2
协作编辑
云文档

 知识窗

提高云文档协作编辑效率的方法

（1）明确分工：在开始协作前，团队成员应明确各自的职责和任务，确保协作过程有序进行。

（2）设定截止日期：为每个任务设定明确的截止日期，督促团队成员按时完成任务，避免拖延。

（3）定期同步进度：团队成员应定期查看彼此的进度，了解项目进展，及时发现问题并调整方向。

（4）利用提醒和通知功能：云文档平台通常提供提醒和通知功能，团队成员可以设置提醒事项，确保重要任务不会遗漏。

（5）建立良好的沟通机制：团队成员应充分利用评论、聊天等功能，及时表达自己的想法和建议，共同解决问题。

1. 上传文档到云端

操作步骤如下：

将协作文档上传到云端。单击右上角的"☁"按钮→"立即上传"按钮，如图 4-7 所示。

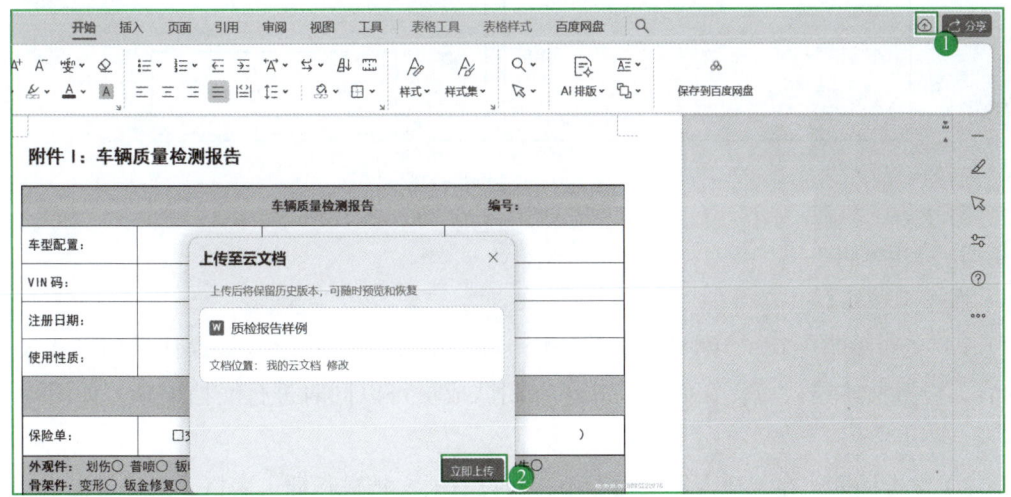

图 4-7　上传云空间

2. 分享云文档

操作步骤如下：

1）生成文档分享链接。单击右上角的"分享"按钮，文档将以超链接的形式进行分享，复制链接可分享至微信、QQ 或邮箱等，邀请团队成员参与协作，如图 4-8 所示。

2）设置权限。单击"链接权限"按钮，如果选择设置"任何人可编辑"，则收到链接后都能查看并编辑文档。如果选择设置"任何人仅查看"，则收到链接后只能查看文档，没有编辑文档权限。如果选择设置"指定用户可查看/编辑"，则只有通过超链接被分享的成员才可以查看或编辑文档，如图 4-9所示。

图 4-8　分享文档

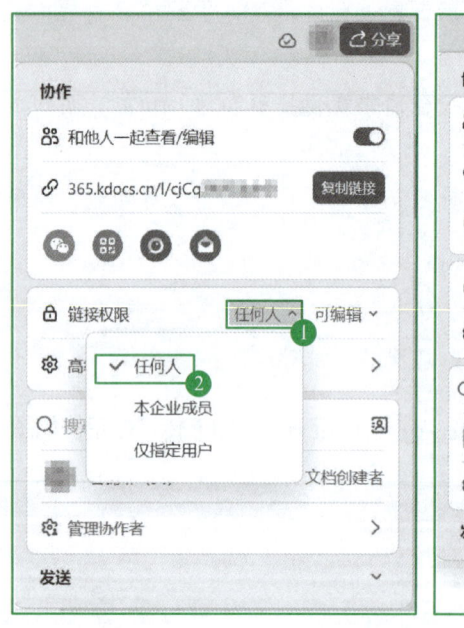

图 4-9　设置协作权限

3. 协作编辑

操作步骤如下：

1）文档编辑。在"开始"选项卡中，可以对云文档进行编辑操作，如录入文本内容、设置文本格式等，在协作模式下，团队成员可以同时进行文档编辑，如图 4-10所示。

2）文本插入。在"插入"选项卡中，可以对云文档进行插入表格、图片等操作，如图 4-11 所示。

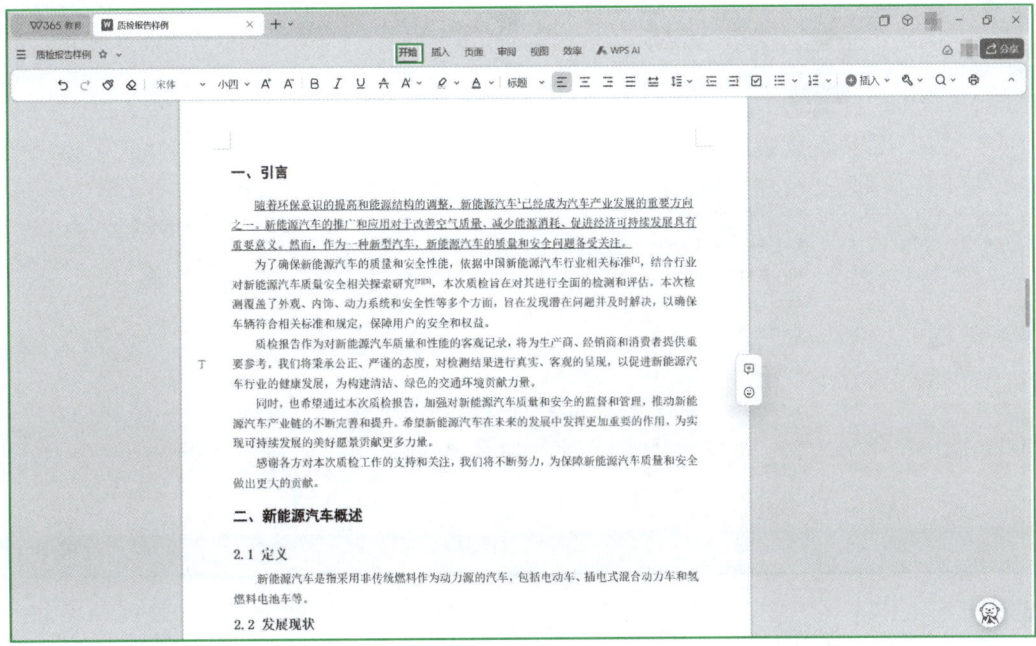

图 4-10　云文档编辑

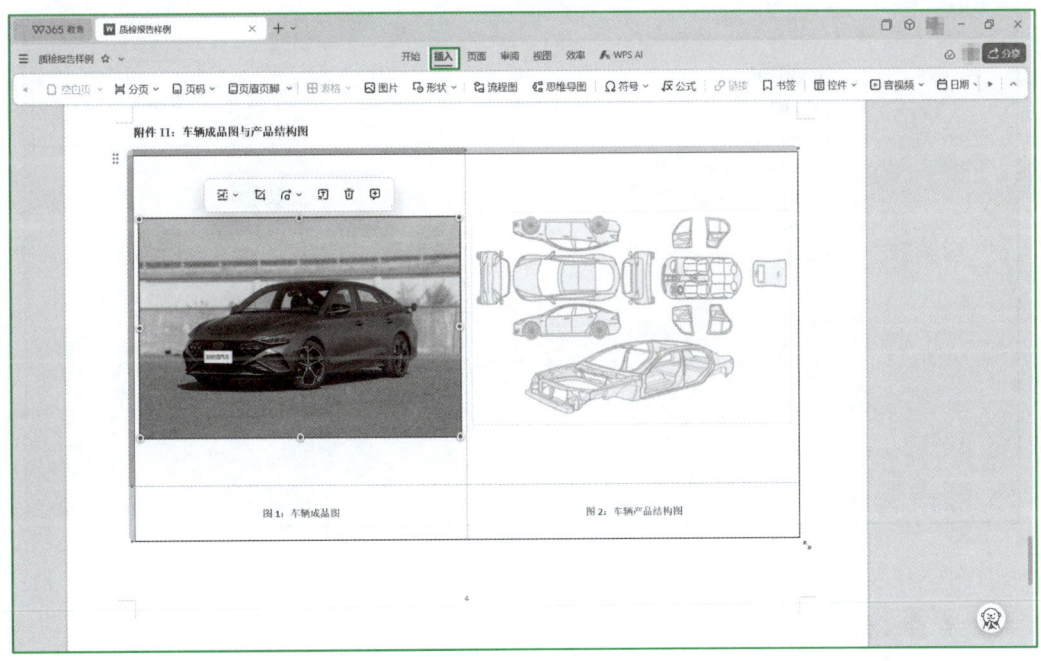

图 4-11　云文档文本插入

3）审阅评论。单击"审阅"选项卡→"评论"下拉按钮，在弹出的下拉列表中选择"插入评论"选项，如图 4-12 所示。在评论框中添加评论，团队成员均可查看并留言评论，便于团队之间的交流，如图 4-13 所示。

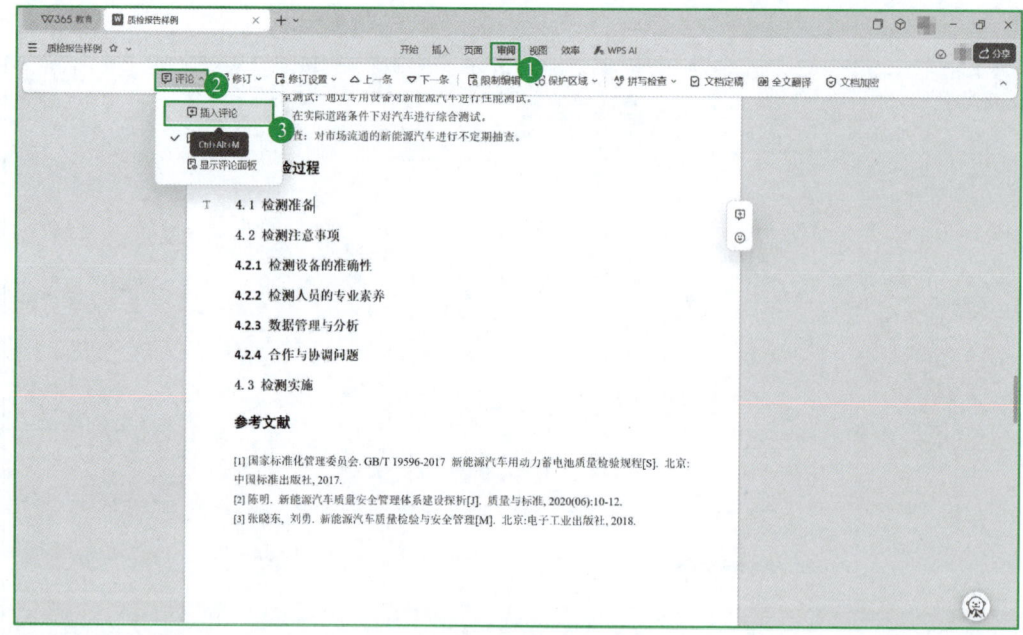

图 4-12 云文档审阅

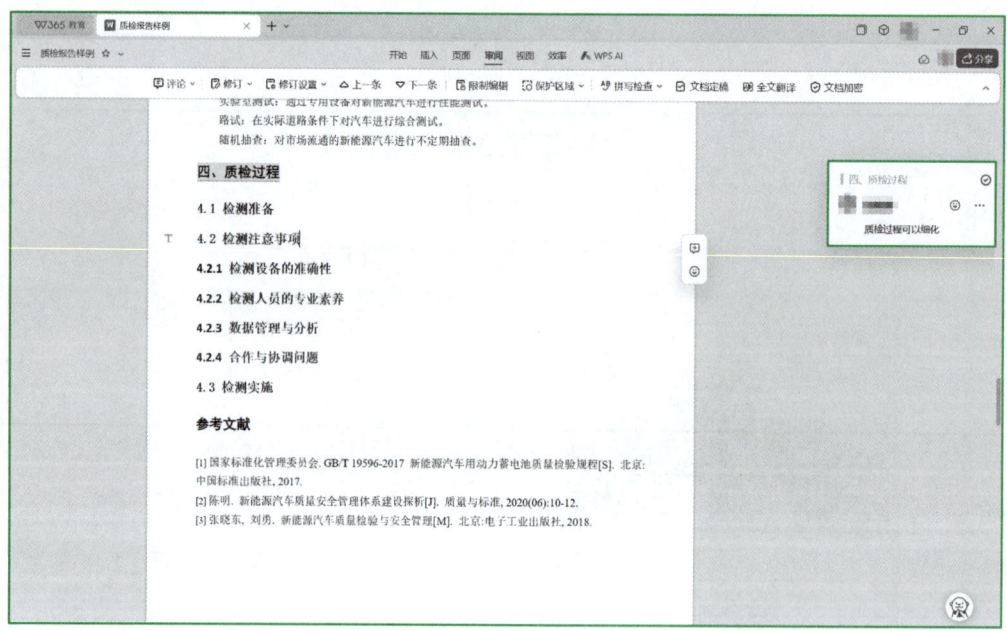

图 4-13 云文档评论

4. 查看文档协作记录

查看历史版本。单击右上角的"⊘"按钮，可以查看文档协作记录，查看修改日志，如图 4-14 所示。

5. 恢复误删的云文件

操作步骤如下：

WPS 云文件被删除后会自动进入"回收站"。若要回复被删除的云文件，可以在

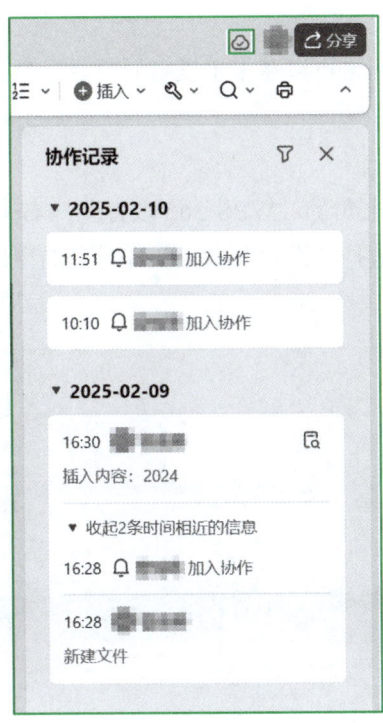

图 4-14　查看协作记录

"回收站"进行操作。单击左上角的"WPS 365 教育"→单击"回收站"按钮，即可看到被删除的文件，如图 4-15 所示，单击"..."下拉按钮，在弹出的下拉菜单中有"还原"和"彻底删除"两个选项，可以根据需求进行选择。

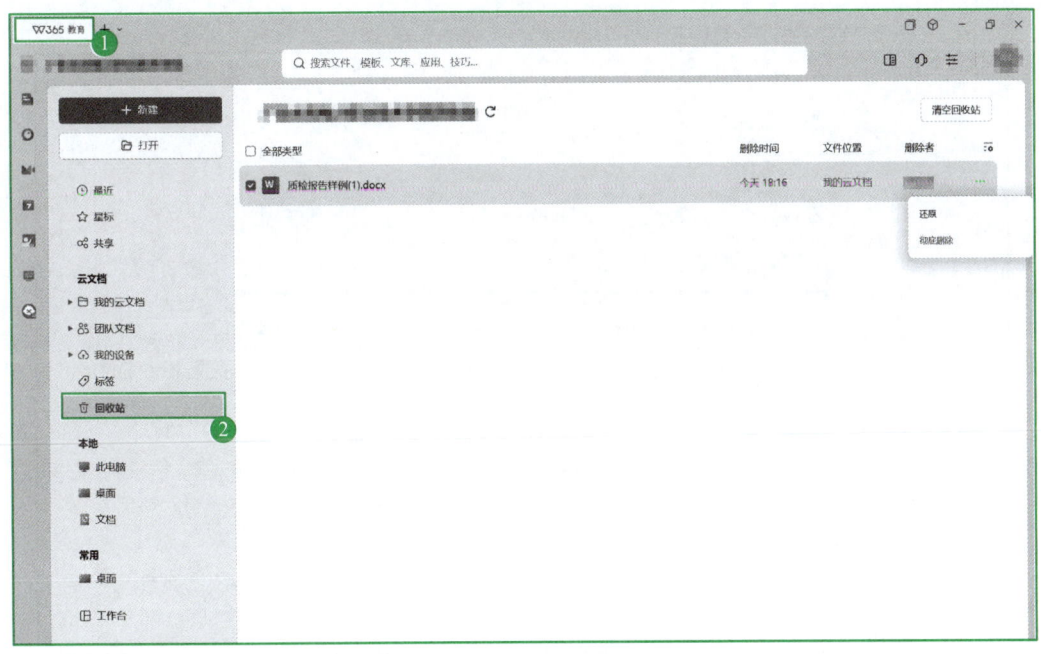

图 4-15　回收站查看被删除文件

6. 多端同步云文件

将文档加密存储于云空间，可以在多个设备同时登录自己的 WPS 账号，查看保存在"我的云文档"的文件资料。

操作步骤如下：

设置多端同步。单击左上角的"WPS 365 教育"→右上角头像左侧的"全局设置"按钮，在弹出的下拉列表中选择"设置"命令，在打开的窗口中开启"文档云同步"，如图 4-16 和图 4-17 所示。

图 4-16   云文档设置

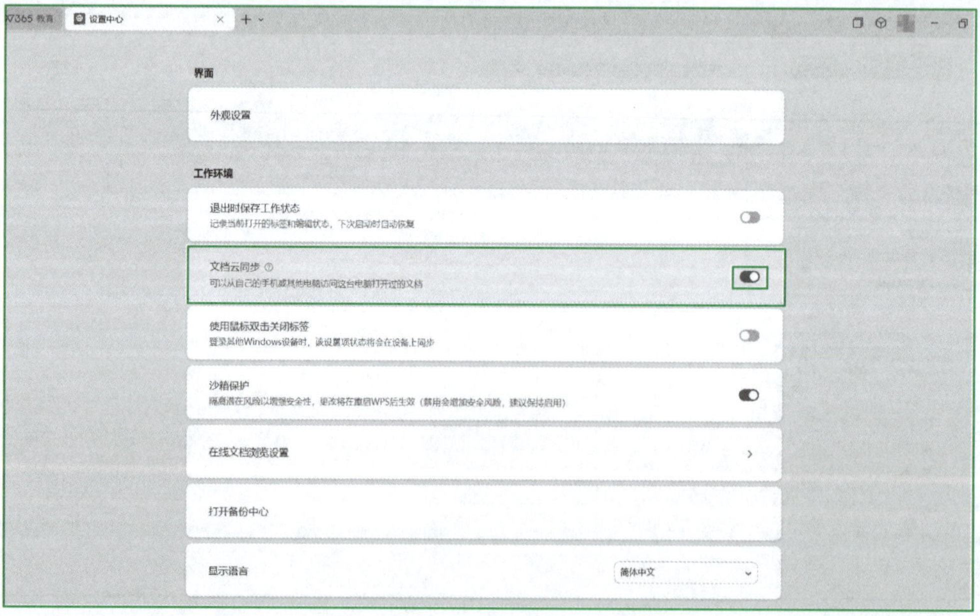

图 4-17   文档云同步

职业技能要求

职业技能要求见表 4-1。

表 4-1　任务 4.1 对应 WPS 办公应用职业技能等级认证要求（高级）

工作任务	职业技能要求
云文档的高级应用	① 掌握在不同终端创建云文档的方法。 ② 能够使用云协作实现文档上传、团队协同办公。 ③ 能够使用分享功能，设置接收人的文件操作权限。 ④ 掌握云协作多人同时对文档编辑和评论的方法

任务测试

一、单项选择题

1. 以下（　　）不是 WPS 云协同审核的功能。

    A. 实时编辑   B. 历史版本查看

    C. 数据加密传输   D. 文档打印权限设置

2. 在使用 WPS 云协同审核时，以下（　　）操作可以邀请其他用户参与文档审核。

    A. 通过邮件发送文档链接

    B. 通过微信分享文档二维码

    C. 在文档编辑界面添加协作者

    D. 所有以上选项

3. 在 WPS 云文档中，以下（　　）功能可以帮助协作者之间进行交流讨论。

    A. 评论功能   B. 修订功能

    C. 插入图片功能   D. 表格计算功能

4. 在 WPS 云协同审核中，以下（　　）操作可以保护文档内容不被未授权用户查看。

    A. 设置文档密码   B. 设置文档只读权限

    C. 设置文档编辑权限   D. 所有以上选项

5. 在云文档中误删了一段内容，通过（　　）操作可快速恢复。

    A. 从计算机回收站找回

    B. 使用"版本历史"功能回退到早期版本

    C. 联系金山文档客服

    D. 重新手动输入内容

二、多项选择题

1. 在不同终端创建 WPS 云文档时，以下（　　）方式是可行的。

    A. 在 PC 端 WPS 软件中新建文档并选择保存到云盘

    B. 在手机端 WPS App 中新建文档并选择保存到云盘

C. 通过 WPS 云文档网页版登录后新建文档

D. 直接在微信小程序中新建文档并选择保存到云盘

2. 在 WPS 云文档协作编辑过程中，以下（   ）操作有助于提高协作效率。

A. 明确各协作者的分工和权限

B. 使用文档中的批注功能进行实时沟通

C. 定期保存文档并查看历史版本

D. 频繁更改文档的格式和排版

3. 关于 WPS 云文档的便签应用，以下说法正确的是（   ）。

A. 便签可以添加在文档的任意位置

B. 便签内容可以包含文字、图片等多种元素

C. 便签可以设置提醒时间

D. 便签只能由文档创建者添加和编辑

三、实操题

1. 在手机端 WPS 中打开一个已有的 WPS 云文档，为其添加一个便签，便签内容包括"重要修改提醒"字样，并插入一张与文档内容相关的图片，设置便签提醒时间为明天上午 9 点，完成后截图提交。

2. 利用 WPS 云文档网页版登录云文档账户，找到一个之前创建的文档，查看其历史版本记录，找到一个月前的版本并恢复，对比恢复前后的文档内容差异，将差异内容以表格的形式整理出来并保存为新的文档提交。

任务验收

按表 4-2 对本节任务的学习情况进行评价。

表 4-2   任务 4.1 验收评价表

任务评价指标				
序号	内容	自评	互评	教师评价
1	能够在各终端创建云文档，培养跨平台操作能力和适应不同工作环境下的灵活性			
2	能够根据需求选择合适的终端进行云文档的编辑和保存，以适应多样化的工作需求			
3	能够利用便签进行快速笔记和信息标注，增强信息捕捉和快速记录的能力，提高学习与工作效率			
4	能够将便签内容与云文档内容有效整合，培养信息整合和知识管理能力，提高信息的组织和利用效率			
5	能够与团队成员协同编辑云文档，培养团队合作精神和协作能力，提高团队工作效率			

续表

任务评价指标				
序号	内容	自评	互评	教师评价
6	能够掌握协作编辑中的权限管理,提升对信息安全和权限控制的认识			
7	能够通过对云文档协同编辑技巧的学习培养团队协作、高效率和安全意识			

任务 4.2　WPS 智能办公工具应用

🔍 任务情境

WPS 智能办公工具应用

PPT

在快速发展和竞争激烈的新能源汽车行业中,各种技术推陈出新、更新迭代非常快,要保持这个快速节奏,各企业需要经常组织内部技术交流会、协调跨部门项目以及管理日常的团队沟通等系列活动。为了提高工作效率和团队协作质量,小敏计划利用 WPS 中一系列的智能办公工具来简化工作流程。运用 WPS 智能表单来创建活动报名接龙,收集参加员工信息,确保信息的准确性和便捷性;运用 WPS 灵犀的 AI 功能来辅助生成报告演示文稿、编写和数据分析,提高文档的专业性和数据的时效性同时运用 WPS 便签来记录关键任务和提醒,确保团队成员能够及时跟进重要事项,从而优化团队的协作流程,提高工作效率。

4.2.1　云文档的智能表单应用

在本任务中,将学习如何使用 WPS 智能办公工具设置表单、填写表单等功能;通过智能表单来简化活动报名流程;掌握 WPS 智能表单的创建、设置、填写和分享等操作,以达到信息收集的高效和准确效果,提高报名效率,具体要求如下:

① 创建 WPS 智能表单。
② 将表单分享给指定成员。
③ 数据提交后实时汇总至云端表格。

➤ **知识技能点**

- 创建智能表单
- 设置表单、填写表单等功能
- 分享表单并控制填写权限
- 查看数据汇总

知识窗

WPS 智能表单的优势

微课 4-3
创建智能表单

（1）高效创建：提供丰富的模板库，如报名表、考试卷、调研问卷等，用户可根据需求快速创建表单。

（2）智能功能：支持逻辑跳转、自动填充校园信息等功能，提高填写效率和准确性。

（3）数据管理：数据提交后实时汇总至云端表格，可自动生成可视化图表，方便数据统计和分析。

（4）安全可控：支持设置填写权限，如仅限本校成员填写，从而确保数据的安全性和准确性。

1. 创建智能表单

操作步骤如下：

1）新建智能表单。进入 WPS 365 教育版主页，单击"新建"按钮，在下拉面板中选择"智能表单"选项，如图 4-18 所示。

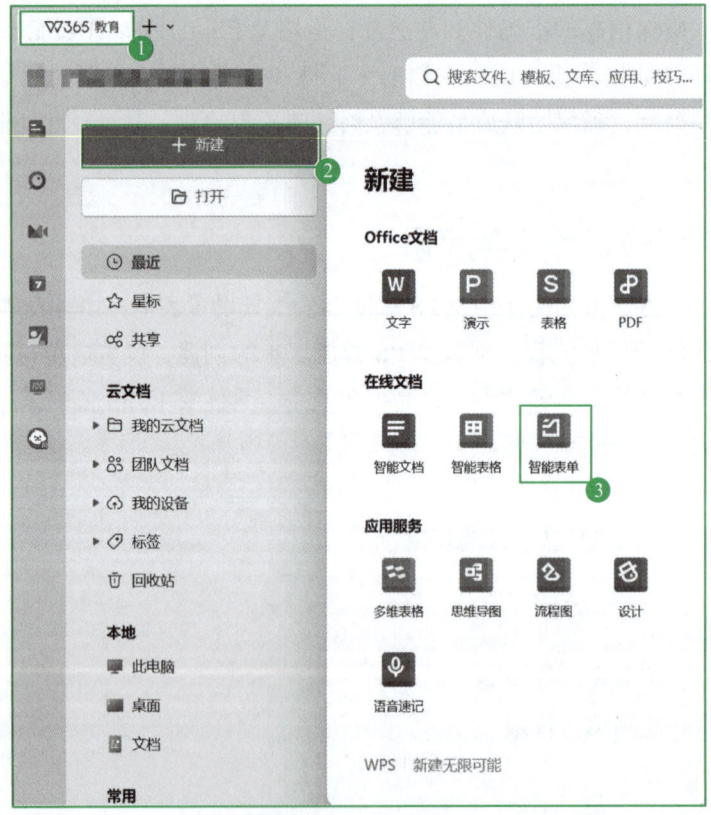

图 4-18　新建智能表单

2）选择模板。在表单模板库的教育专区中选择"活动报名接龙"模板，如图 4-19 所示，单击"使用"按钮。

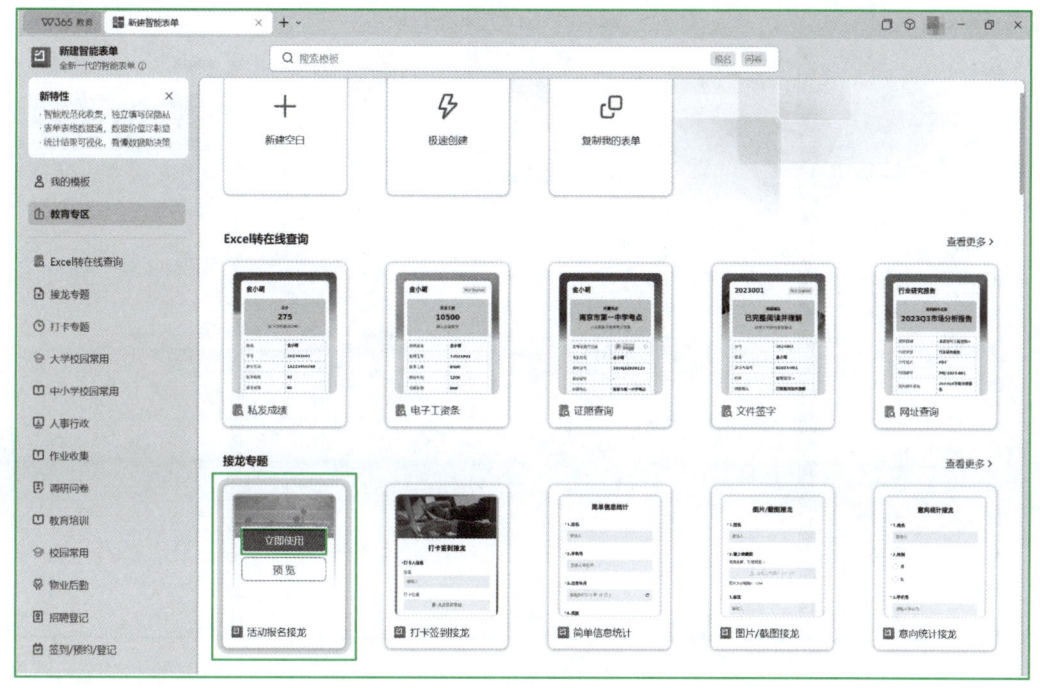

图 4-19　智能表单模板库

2. 填写智能表单

操作步骤如下：

1）填写表单内容。在表单编辑界面，单击"设置接龙名单"按钮，可以将需要填表的团队成员名单导入进来，如图 4-20 所示。

2）设置表单。选择"设置"选项卡，可以根据活动内容设置，如填写有效时间、谁可以填写等，如图 4-21 所示。

3. 分享表单

操作步骤如下：

分享表单链接。选择"分享"选项卡，将生成的分享链接复制并发送给公司内部员工，也可通过邮件、即时通信工具或公司内部平台进行分享，如图 4-22 所示。

4. 数据汇总

操作步骤如下：

查看数据汇总。团队成员提交数据后，选择"统计"→"数据大屏"选项卡，查看实时活动接龙的汇总数据，如图 4-23 所示。

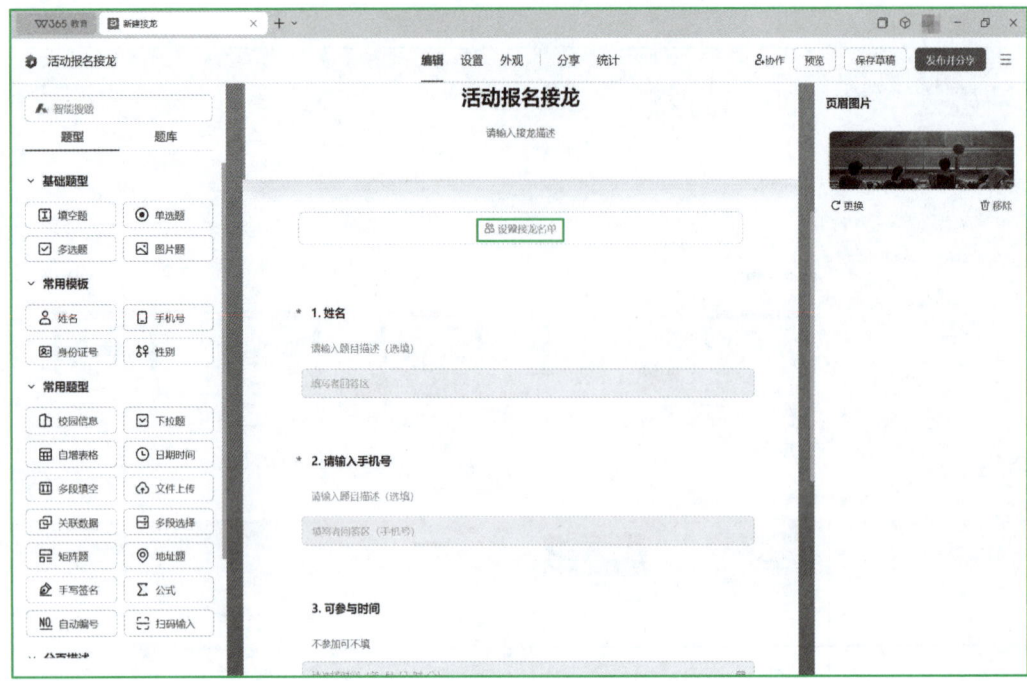

图 4-20　填写智能表单

图 4-21　设置智能表单

图 4-22　分享智能表单

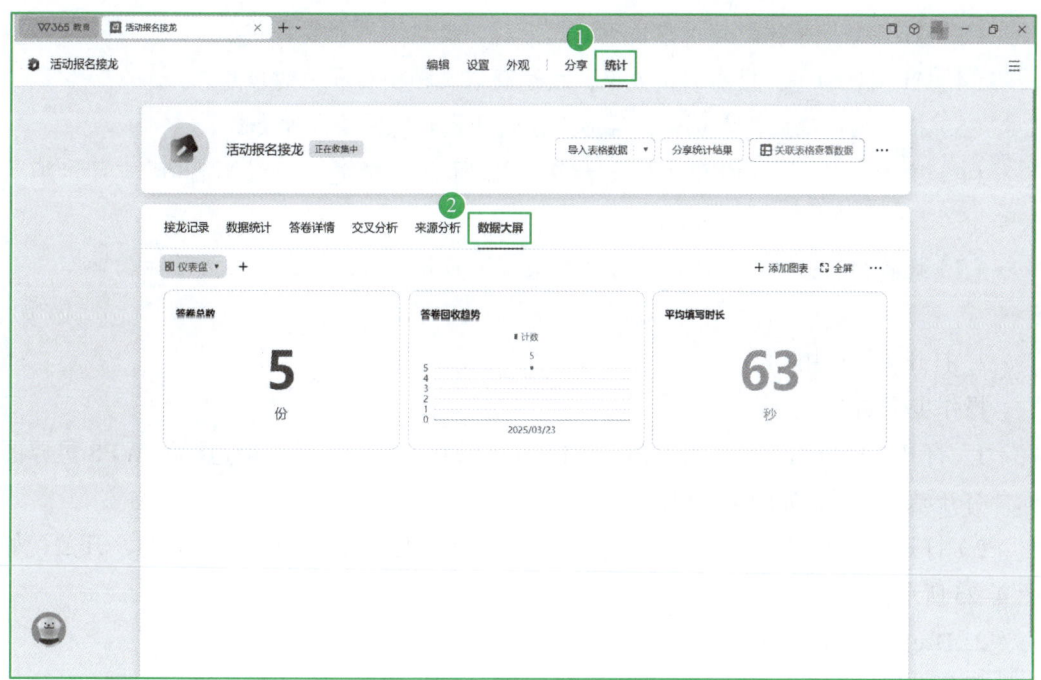

图 4-23　表单填写数据汇总

4.2.2　WPS 灵犀的应用

新能源汽车团队准备发布一份新能源汽车行业报告，需协调技术部、市场部完成报告的智能化编写与多端协作。为确保报告内容的专业性和数据的时效性，需要使用 WPS 灵犀工具实现 AI 智能创作与跨部门协同编辑，具体要求如下：

微课 4-4
生成应用
灵犀智能

① 打开灵犀应用。

② DeepSeek 生成内容。

③ 一键生产 PPT。

➤ **知识技能点**

● 运用灵犀

● 向 AI 提问

● 将文本生成 PPT

 知识窗

WPS 灵犀的主要功能

（1）AI 写文档：根据用户输入的主题或指令，WPS 灵犀自动生成文档内容。

（2）AI 生成 PPT：WPS 灵犀支持一键生成 PPT 大纲，快速制作演示文稿。

（3）AI 数据助手：辅助用户进行数据分析，提供图表和数据整理。

（4）AI 阅读助手：提高阅读效率，快速获取文档摘要和关键信息。

（5）搜全网：集成搜索功能，帮助用户快速找到所需信息和资料。

（6）文档云同步：WPS 灵犀支持多设备同步，方便用户随时随地访问和编辑文档。

（7）设备协同：可实现不同设备间的文档流转和编辑，提高办公灵活性。

1. 打开灵犀应用

操作步骤如下：

1）打开灵犀应用。进入右上角"WPS 365 教育"首页，单击侧边栏的 WPS 灵犀图标，打开灵犀应用，如图 4-24 所示。

2）打开 DeepSeek 深度思考。在弹出的灵犀界面上，打开"DeepSeek R1"开关，如图 4-25 所示。

2. DeepSeek 生成内容

操作步骤如下：

单击对话窗口，输入相关的提问，如"新能源行业分析报告"，AI 将自动生成相关内容，如图 4-26 和图 4-27 所示。

图 4-24　唤起灵犀应用

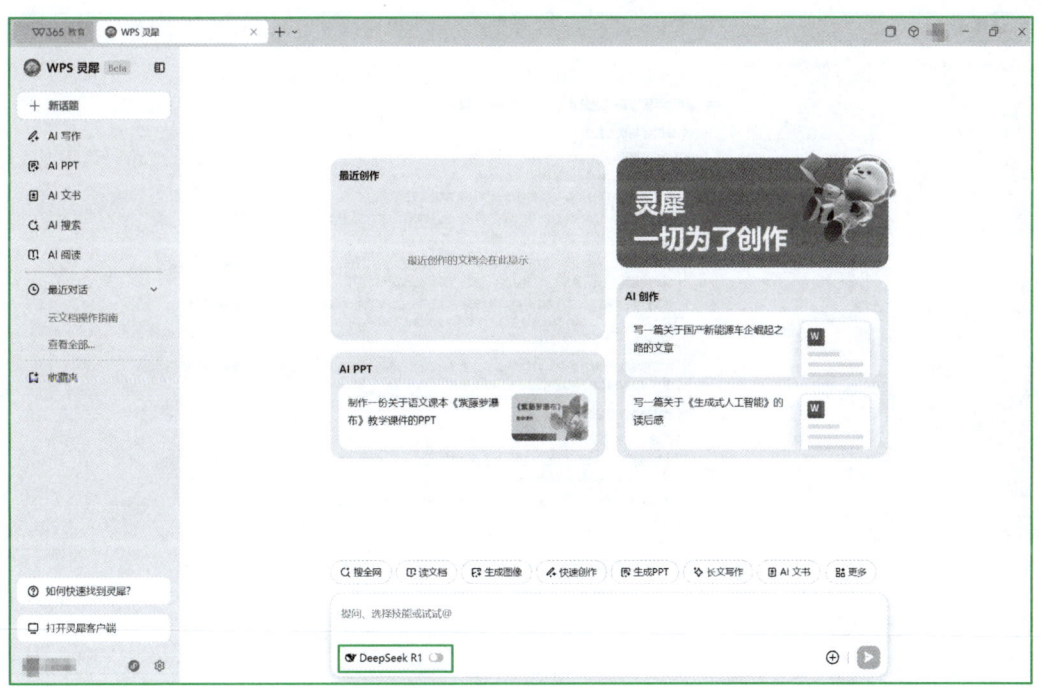

图 4-25　打开"DeepSeek R1"开关

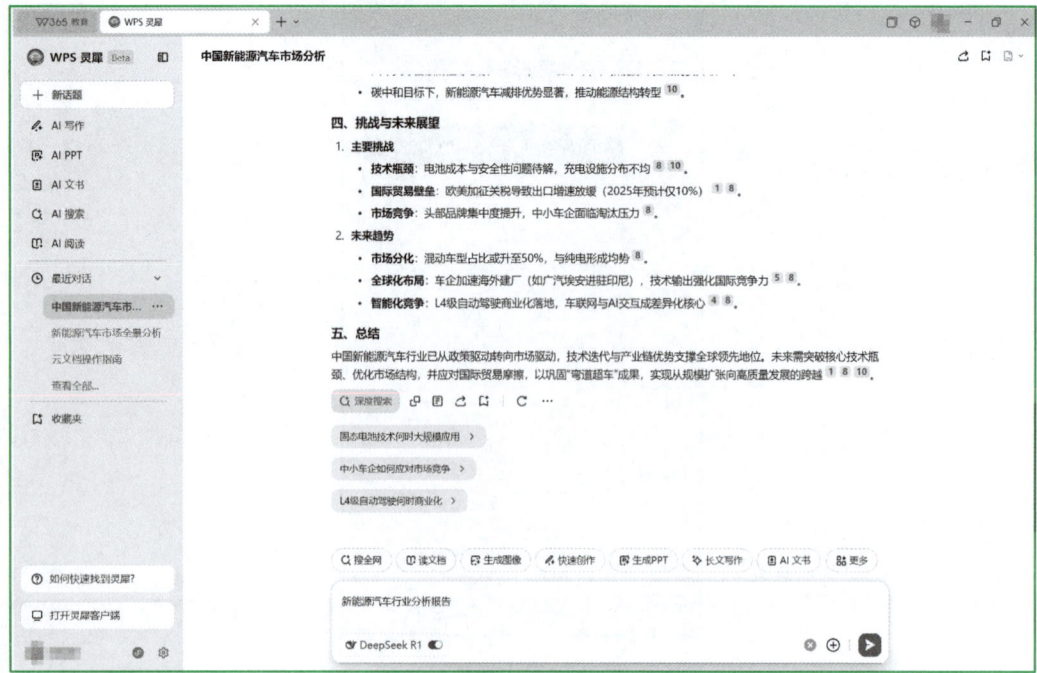

图 4-26 向灵犀提问

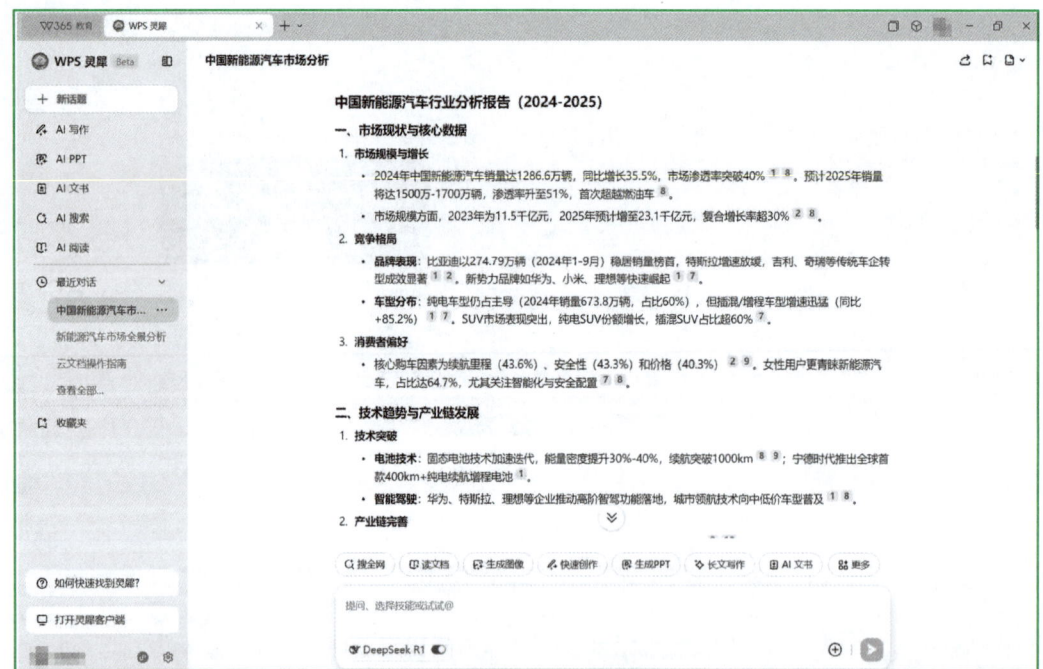

图 4-27 AI 自动生成相关内容

3. 一键生成 PPT

操作步骤如下：

生成 PPT。单击"生成 PPT"按钮，灵犀将自动生成指令"根据以下主题生产

PPT：新能源汽车行业分析报告"，如图 4-28 和图 4-29 所示。生成相应的演示文稿，如图 4-30 所示。

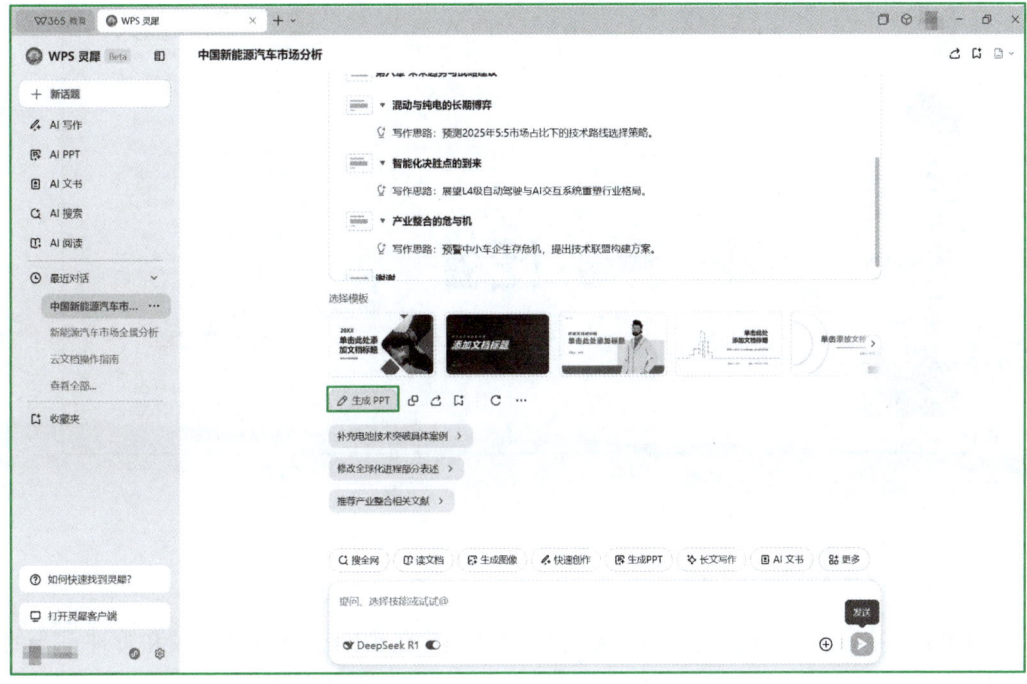

图 4-28　一键生成 PPT

图 4-29　自动生成指令

图 4-30　一键生成 PPT 效果图

4.2.3　WPS 便签的应用

　　WPS 便签是一款功能强大的便签应用程序，旨在帮助用户轻松记录和管理重要的信息、备忘录、任务清单等。该应用提供了简洁直观的界面，除了基本的文本输入外，WPS 便签还支持插入图片、绘制手写笔记、添加提醒等功能，使得用户可以更加丰富地记录和呈现信息。此外，WPS 便签还具有云同步功能，用户可以在不同设备上同步便签内容，实现跨平台的无缝体验。本节任务是掌握如何在不同终端（PC 端、网页端、微信小程序）上打开、编辑 WPS 便签，并为便签设置提醒，具体要求如下：

　　① 新建便签。

　　② 编辑便签。

　　③ 添加提醒。

➤ **知识技能点**

- 创建便签
- 编辑与使用便签
- 设置便签提醒

便签置顶和分组管理

　　除了创建、编辑和设置提醒等基本功能外，WPS 便签还提供了置顶和分组管理功能，以帮助用户更有效地组织和管理大量的便签内容。

（1）置顶功能：在管理大量的便签内容时，用户可以根据需求，通过顶部菜单栏的置顶按钮对指定便签进行置顶和取消置顶操作，通过该功能，用户可以将重要的便签置于便签列表的顶部位置，以便更好地管理和访问重要便签信息。

（2）分类管理：用户可以通过创建多个文件夹对便签进行分组管理，使得便签内容更加清晰有序、便于管理。例如，用户可以根据不同的工作项目或学习主题创建对应分组，并将相关便签移动到相应分组中，以便更高效地查找和管理便签内容。

1. 便签的创建
操作步骤如下：

方法 1：在 PC 端打开

1）打开 WPS 便签。单击"WPS Office"→"应用"按钮，进入"应用市场"，选择"便捷工具"选项卡，在其中即可找到 WPS 便签，如图 4-31 所示。

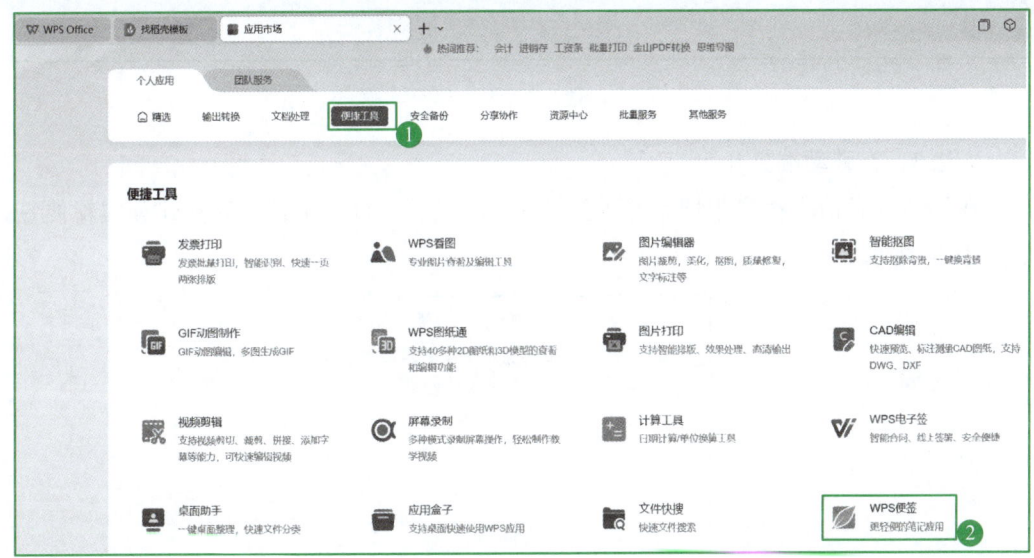

图 4-31　WPS 打开便签

2）添加 WPS 便签为"我的应用"。单击 WPS 便签右上角的五角星图标，将 WPS 便签添加到"我的应用"中，即可在"WPS Office"中直接找到 WPS 便签，如图 4-32 所示。

方法 2：在网页版打开

在 PC 端输入 WPS 便签网址后按 Enter 键，登录 WPS 账号，进入 WPS 便签，如图 4-33 所示。

图 4-32　将 WPS 便签添加到我的应用中

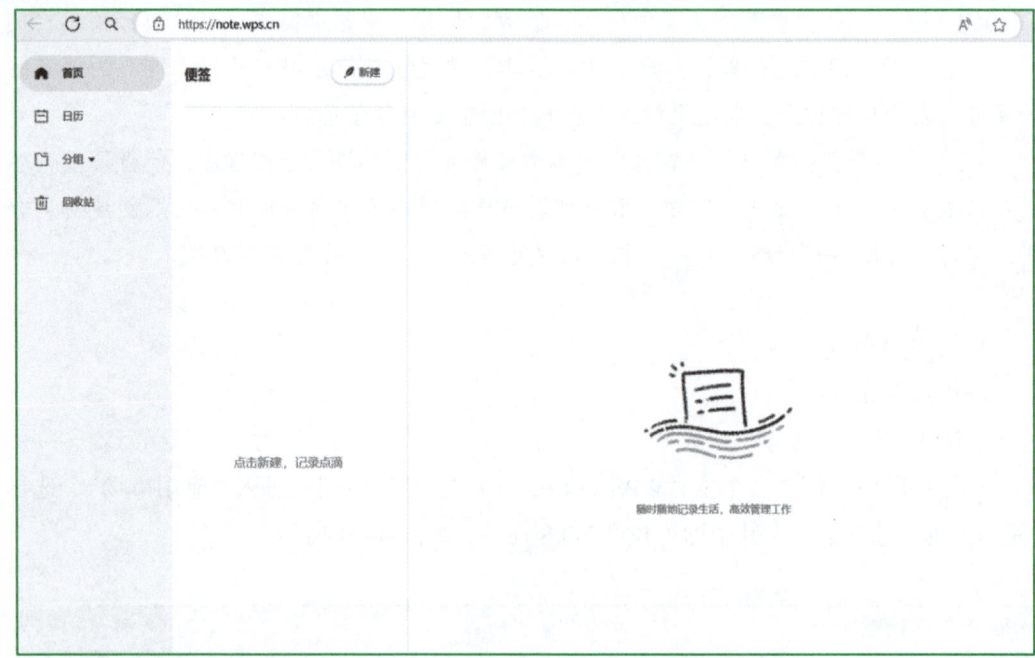

图 4-33   网页端打开便签

方法 3：在移动端打开

在移动端微信小程序中搜索并关注"WPS 便签"，打开小程序后新建和编辑便签，如图 4-34 所示。

图 4-34   小程序打开便签

2. 便签的编辑与使用

操作步骤如下：

1）新建便签。以电脑端打开的 WPS 便签为例进行编辑，打开 WPS 便签页面，单击"新建"按钮，进入新笔记编辑页面，可记录待办事项，如图 4-35 所示。

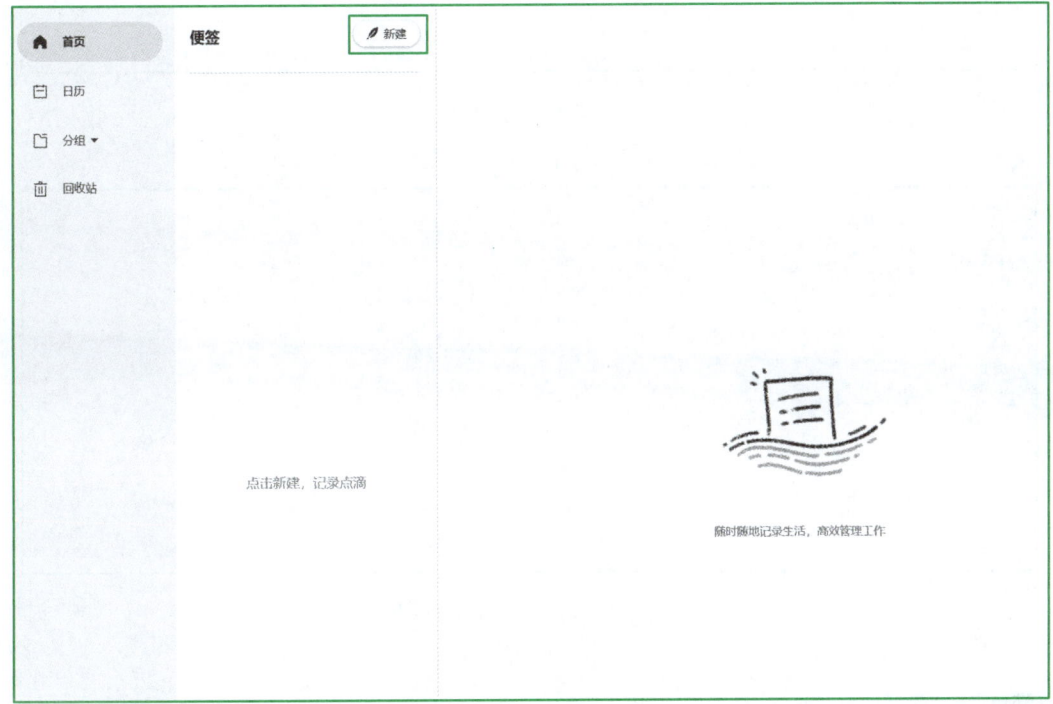

图 4-35　新建便签

2）设置便签。在编辑页面上方的"工具栏"中，可以对便签内容进行添加待办、添加到日历、移动分组，以及对字体加粗、倾斜等功能，如图 4-36 所示。

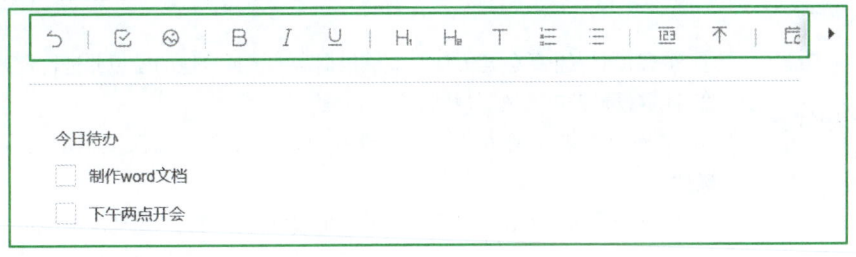

图 4-36　便签顶部工具栏

3. 便签设置提醒

操作步骤如下：

单击"添加到日历"按钮，选择待办的日期和时间后，单击"确定"按钮，将便签事项添加到日历中作为提醒，如图 4-37 所示，效果如图 4-38 所示。

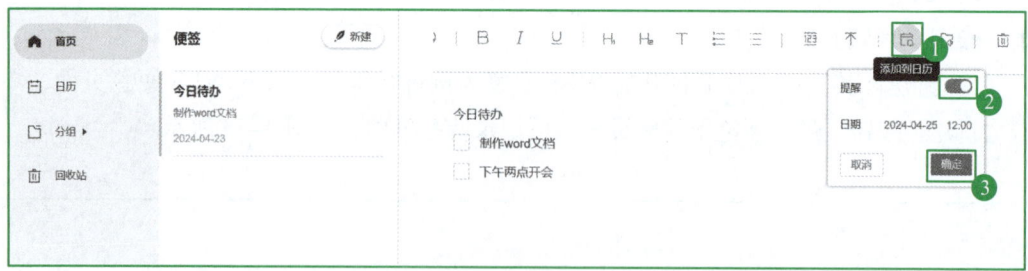

图 4-37　设置提醒

图 4-38　将便签添加到日历中

🔍 职业技能要求

职业技能要求见表 4-3。

表 4-3　任务 4.2 对应 WPS 办公应用职业技能等级认证要求（高级）

工作任务	职业技能要求
智能表单的设计与应用	① 掌握智能表单的创建方法，能够根据需求选择合适的模板并进行定制。 ② 能够设置表单的填写规则。 ③ 掌握分享表单的方法，并能够控制填写权限，确保数据的安全性和准确性。 ④ 能够查看和分析表单提交的数据，生成可视化图表，支持决策制定
WPS 灵犀的运用	① 掌握 WPS 灵犀的基本操作，能够利用 AI 功能进行文档的智能创作和编辑。 ② 掌握 DeepSeek 功能，快速找到所需信息和资料，支持文档创作。 ③ 能够使用 WPS 灵犀的 AI 功能生成 PPT，快速制作演示文稿

🔍 任务测试

一、单项选择题

1. 在创建 WPS 智能表单时，以下（　　）功能可以帮助用户快速生成表单模板。

　　A. 手动输入表单内容　　　　　　　　B. 使用预设模板

　　C. 导入 Excel 文件　　　　　　　　　D. 手绘表单布局

2. 在 WPS 智能表单中，以下（　　）方式可以将表单分享给指定成员。

　　A. 通过邮件发送表单链接

　　B. 在表单设置中添加指定成员的邮箱地址

　　C. 将表单保存到本地后通过即时通信工具发送

　　D. 打印表单后邮寄给成员

3. 在 WPS 智能表单中，数据提交后实时汇总至云端表格的功能主要依赖于以下（　　）组件。

　　A. 数据库　　　　　B. 云存储　　　　　C. 实时同步引擎　　　D. 本地缓存

4. 在 WPS 灵犀应用中，使用 DeepSeek 生成内容时，以下（　　）功能可以帮助用户快速生成图表。

　　A. 数据可视化　　　　B. 智能排版　　　　C. 一键美化　　　　D. 内容大纲

5. 在 WPS 智能表单中，以下（　　）设置可以确保只有特定用户才能够查看或编辑表单数据。

　　A. 设置表单密码　　　　　　　　　　B. 设置填写权限

　　C. 数据加密　　　　　　　　　　　　D. 数据导出

二、多项选择题

1. 在创建 WPS 智能表单时，以下（　　）功能可以提升表单的用户体验。

　　A. 添加表单说明文字

　　B. 设置必填项

　　C. 使用条件逻辑隐藏或显示某些问题

　　D. 设置表单背景图片

2. 在 WPS 智能表单中，通过（　　）可以确保数据的安全性和隐私性。

　　A. 设置表单密码　　　　　　　　　　B. 限制填写次数

　　C. 设置填写权限　　　　　　　　　　D. 开启数据加密

3. 在 WPS 灵犀应用中，以下（　　）功能可以帮助用户快速生成高质量的 PPT。

　　A. DeepSeek 生成内容　　　　　　　B. 一键美化

　　C. 智能排版　　　　　　　　　　　　D. 数据可视化

三、实操题

1. 创建并设置 WPS 智能表单

（1）打开 WPS 智能表单应用，创建一个新的表单，表单主题为"学生信息登记表"。

（2）在表单中添加字段：姓名（文本框）、性别（单选按钮，选项为"男"和"女"）、年龄（数字输入框）、专业（下拉菜单，选项包括"计算机科学""经济学""文学"等）、自我介绍（多行文本框）。

（3）设置表单的填写权限，仅允许指定的邮箱地址填写表单。

（4）将表单分享给指定的邮箱地址，并将分享链接截图提交。

2. 使用 WPS 灵犀应用生成 PPT

（1）打开 WPS 灵犀应用，选择"一键生成 PPT"功能。

（2）在生成 PPT 时，输入主题为"人工智能的发展与应用"，并选择至少 5 个关键点（如"定义""发展历程""应用场景""未来趋势""挑战与机遇"）。

（3）生成 PPT 后，使用"一键美化"功能对 PPT 进行美化，确保 PPT 整体风格一致且美观。

（4）将美化后的 PPT 第一页和最后一页截图提交。

3. 使用 DeepSeek 生成内容

（1）打开 WPS 灵犀应用，选择"DeepSeek 生成内容"功能。

（2）输入主题为"环保的重要性"，并要求生成一段不少于 200 字的介绍性文字。

（3）将生成的文字内容复制到一个新的 WPS 文档中，并将文档截图提交。

🔍 任务验收

按表 4-4 对本节任务的学习情况进行评价。

表 4-4　任务 4.2 验收评价表

任务评价指标				
序号	内容	自评	互评	教师评价
1	能够根据需求选择合适的终端进行智能文档的编辑和保存，以适应多样化的工作需求			
2	能够利用智能表单进行数据收集和分析，提高数据处理的准确性和效率			
3	能够熟练使用智能表单的自动化功能，简化工作流程			
4	能够通过 WPS 灵犀实现 AI 智能创作，提高文档编写的专业性和创新性			
5	能够运用 WPS 灵犀的 AI 功能进行数据分析和图表制作，支持决策制定			
6	能够在团队协作中有效运用智能文档和 WPS 灵犀，提升团队合作精神和协作能力			

项目小结

在本项目中，我们学习了 WPS 云文档、智能工具和便签工具在团队协作、文档版本管理与智能办公中的应用。

在"任务 4.1　云文档的高级应用"中，学习了不同终端云文档的创建、云文档的协作编辑，实现在不同终端（PC 端、网页端、微信小程序）创建云文档和访问权限设置，并通过不同设备云同步功能，能够让多个协作人员协作完成云文档的编辑，实现云文档安全访问和团队云上高效协作；同时通过文件恢复与历史版本管理，保证文档修订的可回溯性，提升读者信息安全意识。

在"任务 4.2　WPS 智能办公工具应用"中，学习了云文档的智能表单应用、WPS 灵犀的应用、WPS 便签的应用，通过智能表单完成报名接龙活动，简化报名流程，达到高效的数据收集与分析；应用 WPS 灵犀的 AI 功能，能够调用 DeepSeek 进行智能问答检索，并智能生成 PPT，同时应用 WPS 便签对任务进行智能提醒等应用，智能跟踪任务完成，大大提升了工作效率。

通过完成本项目中的各项任务，我们不仅学习了 WPS 云文档和智能工具等高级功能及其在团队协作、智能办公的实际应用，还提升了团队协作精神、数据安全意识、创新思维和高效办公能力和数字素养，这些将为我们在实际工作中应对复杂问题、提升工作效率和实现高质量交付打下坚实的基础。

参考文献

［1］ 教育部考试中心 . 全国计算机等级考试一级教程——计算机基础及 WPS Office 应用 ［M］. 北京：高等教育出版社，2022.

［2］ 徐栋，张萌，郑圣慈 .WPS 办公应用（高级）［M］. 北京：高等教育出版社，2022.

［3］ 徐维祥 . 信息技术基础模块［M］. 北京：高等教育出版社，2021.

［4］ 赖利君 .Office 2016 办公软件案例教程（微课版）［M］. 北京：人民邮电出版社，2021.

［5］ 凤凰高新教育 .WPS Office 高效办公：数据处理与分析［M］. 北京：北京大学出版社，2023.

［6］ 吴建军，马文静，刘杨 .WPS 办公应用（高级）［M］. 北京：电子工业出版社，2023.

［7］ WPS 学堂 . 不一样的 WPS：职场办公第一课［M］. 北京：电子工业出版社，2022.

［8］ 精英资讯 .Word/Excel/PPT 2019 从入门到精通（微课视频版）［M］. 北京：中国水利水电出版社，2021.

郑重声明

高等教育出版社依法对本书享有专有出版权。任何未经许可的复制、销售行为均违反《中华人民共和国著作权法》，其行为人将承担相应的民事责任和行政责任；构成犯罪的，将被依法追究刑事责任。为了维护市场秩序，保护读者的合法权益，避免读者误用盗版书造成不良后果，我社将配合行政执法部门和司法机关对违法犯罪的单位和个人进行严厉打击。社会各界人士如发现上述侵权行为，希望及时举报，我社将奖励举报有功人员。

反盗版举报电话　（010）58581999　58582371

反盗版举报邮箱　dd@hep.com.cn

通信地址　北京市西城区德外大街4号　高等教育出版社知识产权与法律事务部

邮政编码　100120

读者意见反馈

为收集对教材的意见建议，进一步完善教材编写并做好服务工作，读者可将对本教材的意见建议通过如下渠道反馈至我社。

咨询电话　400-810-0598

反馈邮箱　gjdzfwb@pub.hep.cn

通信地址　北京市朝阳区惠新东街4号富盛大厦1座　高等教育出版社总编辑办公室

邮政编码　100029

资源服务提示

授课教师如需获得本书配套的教学资源，请登录"高等教育出版社产品信息检索系统"（xuanshu.hep.com.cn）搜索下载，首次使用本系统的用户，请先进行注册并完成教师资格认证。